Heinz-Gerhard Haupt ist Professor für Sozialgeschichte in Bremen; *Karin Hausen* ist Professorin für Wirtschafts- und Sozialgeschichte an der Technischen Universität Berlin.

campus
Sozialgeschichte

Lektorat: Adalbert Hepp/Beate Koglin

Heinz-Gerhard Haupt, Karin Hausen

Die Pariser Kommune

Erfolg und Scheitern einer Revolution

Campus Verlag
Frankfurt/New York

CIP-Kurztitelaufnahme der Deutschen Bibliothek

Haupt, Heinz-Gerhard:
Die Pariser Kommune : Erfolg u. Scheitern e. Revolution / Heinz-Gerhard Haupt; Karin Hausen.- Frankfurt/Main, New York : Campus-Verlag, 1979.
(Campus : Sozialgeschichte)
ISBN 3-593-32607-8

NE: Hausen, Karin

ISBN 3-593-32607-8

Produktion: Buchteam Frankfurt
Umschlaggestaltung: Eckard Warminski, Frankfurt/Main
Druck: Beltz Offsetdruck, Hemsbach

Printed in Germany

INHALTSVERZEICHNIS

VORWORT

Das vorliegende Buch begreift die Pariser Kommune, die vom 18. März bis zum 26. Mai 1871 Frankreichs Hauptstadt der Kontrolle der herrschenden Klassen entzog, als Revolution. Das ist These und Programm zugleich. Was heißt Revolution und was bedeutet es, die Pariser Kommune als Revolution zu erforschen? Diese Frage ist vor aller empirischen Untersuchung theoretisch zu klären. Ebenso ist unsere Entscheidung für ein an Marx angelehntes analytisches Konzept, das es erlaubt, Entstehung, Verlauf, Träger, Ziele und Ergebnisse der Revolution im Zusammenhang der je spezifischen Gesellschaftsformation zu verstehen, vorab auszuweisen und zu erläutern.

Die Kommune als Revolution zu untersuchen heißt weiterhin, das Ereignis "Kommune" einzubetten in den Zusammenhang der französischen Gesellschaft des 2. Empire. Dieses war eine Gesellschaft, deren Entwicklung zwar bereits deutlich im Zeichen des Kapitalismus stand, in der aber noch die traditionellen Strukturen in Landwirtschaft und Gewerbe dominierten. Die Arbeiterklasse war nach wie vor eine zahlenmäßige Minderheit und weniger durch die Industrie als durch das Kleingewerbe geprägt. Alle in den 1860er Jahren vehement ausgetragenen Konflikte zwischen Arbeitern auf der einen und Unternehmern und bonapartistischem Staat auf der anderen Seite zielten weder ideologisch noch politisch auf eine revolutionäre Veränderung der Verhältnisse. Erst der deutsch-französische Krieg, die Belagerung von Paris und die Politik der Regierung der Nationalen Verteidigung wirkten als Katalysatoren, um die schon am Ende des 2. Empire offensichtlichen Spannungen in der Provinz und in Paris zur revolutionären Entladung zu bringen. So gesehen war die Pariser Kommune ungeplant und situationsbedingt.

Diese vom Umland isolierte Revolution in der Hauptstadt zeigt neben zum Teil chaotischer Planlosigkeit eine großartige Improvisationsfähigkeit. Das kollektive Abstreifen alter Institutionen und Vorstellungen ging einher mit dem erwartungsvollen Ausprobieren neuer Umgangsformen und Organisationsmöglichkeiten. In der öffentlichen Diskussion mischten sich ohne Berührungsangst anarchistische, proudhonistische und blanquistische

Strömungen. Formen der direkten Demokratie suchten sich gegen traditionelle Politikauffassungen durchzusetzen. Neue Öffentlichkeitsformen entstanden und ältere wurden wiederentdeckt. Staatliche Gewalt kam nur zögernd und äußerst skrupulös zum Einsatz. Dieses Buch will allerdings weniger die Fülle interessanter Erscheinungsformen präsentieren, als die Pariser Kommune systematisch als Revolution im Prozeß der Klassenauseinandersetzungen analysieren. Träger, Programm, Organisationsformen und Aktivitäten der Pariser Kommune gilt es daraufhin zu befragen und schließlich die Revolution insgesamt danach zu bewerten, wie und in welchem Maße in ihnen das Proletariat mit seinen Interessen zum Zuge kam.

Die Antworten, zu denen diese Studie gelangt, basieren in der Hauptsache auf der vor allem in Frankreich in jüngster Zeit weit vorangetriebenen Kommune-Forschung. Nur vereinzelt wird direkt auf Memoiren und andere publizierte Quellen zurückgegriffen. Um dem deutschen Leser die Lektüre zu erleichtern, sind alle Zitate ins Deutsche übersetzt. Da wir das Buch weder als Verlagsauftrag noch im Hinblick auf eine erkennbare Marktlücke geschrieben haben, hat sich das Manuskript leider im Nachhinein den Zwängen der Preiskalkulation unterwerfen müssen. Die ursprünglich ausführliche Diskussion der Revolutionstheorien und die breite Analyse der Wirtschaftsentwicklung Frankreichs bleiben dem Leser dieses Buches vorenthalten. Dieses Buch zu konzipieren und auszuführen, war für uns über lange Zeit hinweg Anlaß und Chance sehr intensiver Zusammenarbeit. In wechselseitiger Anregung und Kontrolle entwickelten und formulierten wir unsere Vorstellungen über Gegenstand, angemessenes analytisches Instrumentarium und die am Leser orientierten Ziele der Darstellung. In allen Phasen profitierte unsere Arbeit von zahlreichen Diskussionen mit Studenten und Kollegen. Für ihre kritischen Einwände und weiterführenden Anregungen haben wir vor allem Reinhard Rürup und Jörn Rüsen zu danken. In dieses Buch investierten nicht zuletzt Eva Furth und Margot Winde viel Arbeit. Ihnen danken wir.

EINLEITUNG

Hundert Jahre Pariser Kommune! Unter diesem Motto standen 1971 zahllose Monographien und Memoirendrucke, Artikel in Zeitschriften und Zeitungen, Kongresse, Ausstellungen und Feiern (1). Sie alle machten die Pariser Kommune zu einem publizistischen Ereignis. Mit diesen vielfältigen Aktivitäten kontrastierte der offensichtliche Verlust an politischer Aktualität, über den auch das Beschwören historischer Lehren aus der Kommune nicht hinwegtäuschen konnte. Aber wie sollte diese politische Bedeutungslosigkeit überraschen? Kann ein hundert Jahre zurückliegender Aufstand überhaupt noch politische Bedeutung für die Gegenwart haben? Können derart verjährte Erfahrungen noch heute relevante Einsichten vermitteln? Möglicherweise ist die Behauptung, die Geschichte sei "lehrreich" für die Gegenwart, nichts anderes als ein längst überfälliges Klischee der Kulturtradition. Die seit der Pariser Kommune grundlegend veränderten sozioökonomischen Strukturen und politischen Konstellationen sind ein durchaus gewichtiges Argument, die Kommune als historisches Ereignis in seiner Einmaligkeit zu behandeln und sich vorschnellen Aktualisierungen entgegenzustellen. Will man sich jedoch mit diesem Schluß nicht zufriedengeben und festhalten an der Forderung, Geschichtsforschung müsse Erklärungswert für die Gegenwart haben, so ist es mit dieser Forderung allein nicht getan. Im Falle der Pariser Kommune wäre vielmehr zu klären, welche Funktion es heute für Emanzipationsbewegungen haben kann, wenn sie sich ihrer Geschichte vergewissern, und in welcher Art und Weise eine solche Vergewisserung erfolgen muß, soll sie ihren anvisierten Zweck erfüllen.

Sieht man die zur Jahrhundertfeier erschienen Untersuchungen daraufhin durch, welche Bedeutung sie der Kommune für die Orientierung in der Gegenwart zuschrieben, so stößt man überwiegend auf negative oder wenig überzeugende Beispiele der Aktualisierung. Zu ihnen gehören viele der Werke, die die Kommune als Meilenstein auf dem Weg der revolutionären Emanzipation des Proletariats betrachteten. Sie beriefen sich meistens auf Einschätzungen, die Marx, Engels und Lenin gegeben haben sollen und die etwa in der UDSSR mit folgenden Worten zusammengefaßt wurden: "Die Kommune bezeichnete einen Wendepunkt in der Entwicklung der kapitalistischen Gesellschaft. Sie zeigte, daß der Kampf zwischen Proletariat und Bourgeoisie, zwischen Ausbeutern und Ausgebeuteten sich bis zu dem Punkt zugespitzt hatte, daß die Überwindung des Kapitalismus und die Machtübernahme durch die Arbeiterklasse auf der Tagesordnung stand. Die Kommune war der erste Versuch einer Diktatur des Proletariats."(Jelubowskaja u.a. (Hg.), 1971, 3). Im Bemühen, der eigenen Politik die Patina des Altehrwürdigen und den Zielen der Partei angesehene Ahnherren zu besorgen, wurde wie eh und je anhand der Kommune die bahnbrechende Kraft der Internationale, die Notwendigkeit einer leninistischen Kaderpartei und selbst die pauschale historische Legitimation der bestehenden sog. Volksdemokratien beschworen. So beanspruchte z.B. die DDR 1971 in folgenden Wendungen die historische Kontinuität: "In der führenden Rolle der marxistisch-leninistischen Partei, im bewährten Bündnis der Arbeiterklasse mit allen anderen Werktätigen werden diese wesentlichen Lehren der Kommune in der DDR verwirklicht." (2)

Die verschiedenen Gruppen der Neuen Linken und der Arbeiterbewegung in den nicht-sozialistischen Staaten bezogen sich 1971 ebenfalls in verschiedenen Beiträgen auf die Pariser Kommune. Obwohl sie sich politisch von der mumifizierten Geschichtsbetrachtung à la DDR absetzten, blieben sie allerdings in der Art und Weise, in der sie das historische Beispiel für die eigenen Ziele vereinnahmten, den aus Staatsräson diktierten Rezeptionen häufig sehr ähnlich. Diese Analysen und Gedenkartikel feierten die Kommune in erster Linie als Kultur gewordenes politisches Erbe, wobei die seit Marx vielzitierten "Fehler" der Kommune ihren angestammten Platz behielten (3). Eine politische Auseinandersetzung mit den Möglichkeiten und Grenzen, den Schwierigkeiten und ungelösten Problemen der Kommune war die seltene Ausnahme. Als eine solche ist die zu Ehren der Kommune von der C.E.R.M. in Paris veranstaltete "Woche des marxistischen Denkens" anzusehen, in der die Perspektiven einer sozialistischen Revolution im Mittelpunkt standen und dabei neben Gegenwartsanalysen auch die historische Reichweite der Pariser Kommune sehr kontrovers und kritisch diskutiert wurde (C. E. R. M. (Hg.), 1971).

Die beiden kurz vorgestellten Ansätze der Rezeption instrumentalisierten also die Pariser Kommune für die Ziele bestimmter politischer Organisationen. Das bedeutete, daß sie die für ihre Zwecke sperrigen Entwicklungen in den 72 Tagen ausblendeten und einige Themen geradezu tabuisierten. Dennoch stand dahinter zumindest der Versuch, den Zielen der Kommunarden, ihren Aktionen und Vorhaben gerecht zu werden. Demgegenüber ging es den Verlegern, die 1971 versuchten, mit Historiengemälden Geschäfte zu machen, weder um das historische Problembewußtsein von Emanzipationsbewegungen noch um sachgemäße Information über die Pariser Kommune. Die Kommune zog in die Regenbogenpresse und in die Unterhaltungsliteratur ein und zollte so den "marchands d'histoire" (Georges Lefèvre) ihren Tribut. Bietet man Geschichte dar als Tummelplatz des Zufälligen, des Details, des individuell Bizarren, so läßt sich auch die Pariser Kommune als spannendes, abwechslungsreiches und tragisch endendes Schauspiel darstellen, in dem junge, strahlende Helden gegen verwerfliche Charaktere antreten. Die Fülle biographischer Details sorgt dafür, daß die politische Bedeutung der Kommune überhaupt nicht in den Sinn kommen kann (4). Das angeblich populär-wissenschaftliche, reißerische Buch von P. Jokostra ist ein aufschlußreiches Beispiel dafür, wie sich auch ein historischer Stoff als Variante des Genres "Crime and Sex" verarbeiten läßt, sofern man nur energisch genug die sozialen, ökonomischen und politischen Zusammenhänge der gesellschaftlichen Wirklichkeit verdrängt (Jokostra, 1971).

Aus den Sackgassen kanonisierter Lesarten historischer Erfahrungen und populärwissenschaftlich aufgemachter Entproblematisierungen der Kommune führten bisweilen jedoch solche Studien heraus, die noch von der Hochphase der Studentenbewegung und des Pariser Mai 1968 geprägt waren. Wenn auch heute im Klima der häufig lähmenden Ernüchterung - ein politisch gefährliches Korrelat zu hochgeschraubter Erwartungen - der Optimismus, mit dem damals die Vergangenheit aufgenommen und die Zukunft entworfen wurde, wie eine verlorene Erinnerung wirkt, so haben diese Erfahrungen der Emanzipation und Veränderungen doch auf wichtige Aspekte der Kommune überhaupt erst aufmerksam gemacht. Schon 1965 hatte H. Lefebvre die Kommune als Fest und als lustvolles kollektives Handeln interpretiert, indem er die spontanen Ausdrucksformen der städtischen Massen herausarbeitete (Lefebvre, 1965). Seine Anregungen hat vor allem J. Rougerie, unbestrittener Wegbereiter der neuen Kommune-Forschung aufgenommen und im Rahmen der Kolloquien und Beiträge zur Jahrhundertfeier zur Diskussion gestellt (Rougerie, 1971 b). Ihm geht es nicht darum, Lehrsätze aus der Pariser Kommune zu gewinnen oder ein politisches Credo an ihr neu zu illustrieren. Er sieht seine Aufgabe vielmehr darin, die Aktionen der Pariser Bürger im Hinblick auf heute aktuelle Probleme neu zu interpretieren, wenn er erklärt: "Aber solange in einer Vielzahl von Punkten der Streit (sei er nun gut oder schlecht) anhält, ist das für mich ein Zeichen, daß die Geschichte der Kommune noch nicht abgeschlossen ist. Was gibt es trostloseres als ein klassifiziertes Ereignis, eine eingesargte Geschichte." (Rougerie, 1971 a, 409 f.). Die Struktur der Stadt, organisierte Basisinitiativen, spontane Aktionen und Reaktionen im belagerten Paris stehen im Zentrum von Rougeries Interesse und tragen deutlich den Stempel der Erfahrungen, die er während der Stadtsanierung von Paris und in der Studentenbewegung gemacht hat. Die größere Sensibilität für aktuelle Probleme und der Verzicht auf Erklärungsschemata führten ihn dazu, bislang wenig beachtete Aspekte der Kommune zu untersuchen. Aber für die Frage, welche Lehren aus der Kommune für das Verständnis der Gegenwart herzuleiten sind, sucht man bei ihm vergeblich nach einer Antwort (ebd., 270).

Lernen aus der Geschichte, soviel macht die Kommune-Rezeption des Jubiläumsjahres deutlich, wird offenbar eher verhindert als befördert, wenn man die Kommune auf eine bestimmte Lesart festlegt. Wie wenig mit einer zum Dogma erstarrten Theorie und mit kanonisierten Versionen der historischen Erfahrung politisch anzufangen ist, selbst wenn sie auf Marx zurückgehen, hat im übrigen bereits Lenin demonstriert, als er seine Kommune-Diskussion je nach den politischen Zeiterfordernissen veränderte (Meschkat, 1965). Für die wissenschaftliche Forschung hat eine vom Dogma diktierte Selbstbescheidung zur Folge, daß unbequeme Fragen ungestellt, neues Material unbearbeitet und neue Interpretationsansätze unerprobt bleiben.

Aus der Kommune heute lernen zu wollen, kann also zunächst einmal nichts anderes heißen, als die Kommune-Interpretation für aktuelle Problemstellungen offenzuhalten. Eine derartige "Aktualisierung" der Kommune-Erfahrung setzt das Abgehen von fertigen, jeder empirischen Überprüfung enthobenen Grundannahmen ebenso voraus wie die Auseinandersetzung mit neueren Forschungsergebnissen u.a. zum Sozialprofil der Kommunarden, zu den Kommune-Aufständen in der Provinz, zum Verhältnis von Spontaneität und Organisation, zum Kommune-Mythos. Um die Geschichte der Kommune für die Erklärung gegenwärtiger Gesellschaftsverhältnisse nutzbar zu machen, reicht es jedoch nicht allein aus, die Erforschung der Kommune an aktuellen Problemen auszurichten. Eine direkte und kritiklose Übernahme von historischen Erfahrungen ist ebenso vergeblich wie der Versuch, museal gepflegten Modellen neues Leben einzuflößen. Eine solche naive Rezeption übersieht, daß sich in der Zeit, die die Gegenwart von dem historischen Vorbild trennt, die gesellschaftlichen Strukturen und damit die Funktionen einzelner Bereiche der Gesellschaft verändert haben. Lernen aus der Vergangenheit ist daher immer nur mittelbar möglich. Theoretisch reflektierte Probleme und Interpretationskonzepte sowie methodische Verfahren der Analyse sind daher als Vermittler zwischen einer zurückliegenden historischen Epoche und der Gegenwart unverzichtbar.

Ausgehend von diesen Überlegungen haben wir Revolutionstheorien in unsere Arbeit einbezogen und vorab einen theoretischen Bezugsrahmen skizziert. Am Beispiel der Pariser Kommune sollen die spezifischen Bedingungen und Möglichkeiten für revolutionäre Aktionen aufgedeckt und deren Probleme und Dilemmata analysiert werden. Auf dem Wege dieser kritischen Auseinandersetzung mit einem historischen Fall hoffen wir, Instrumente und Kritierien zu entwickeln und zu überprüfen, die für eine triftige Gegenwartsanalyse vonnöten sind. Denn an einem solchen konkreten Beispiel läßt sich noch am ehesten bestimmen und diskutieren, welche Chancen und Perspektiven der Veränderung sich in je spezifischen gesellschaftlichen Krisensituationen eröffnen. Die historische Studie bietet einmal die Möglichkeit, aktuelle politische Thesen wie die vom notwendigen Zusammenhang zwischen ökonomischer Krise und politischem Umsturz sehr viel genauer als im Modell der einfachen Kausalbeziehung zu diskutieren. Zum anderen können Analysen einer historischen Revolution lehren, auch die in normalen Zeiten nicht offengelegten Kräfte- und Interessenverhältnisse zu erkennen und richtiger einzuschätzen.

Die Zuspitzung der gesellschaftlichen Verhältnisse deckt eine Reihe von gegensätzlichen Interessen- und Kräfteverhältnissen auf, die in Normalzeiten unter der Decke sozialintegrativer Ideologien, parlamentarischer Formen der Interessenvertretung und akzeptierten Formen staatlicher Repression verborgen bleiben. Insbesondere vermitteln historische Revolutionen einen Eindruck vom Zwangspotential, über das die Herrschenden verfügen, und demonstrieren damit anschaulich, daß Rechtsdurchsetzung und -sicherung erst durch das "Monopol legitimer physischer Gewaltsamkeit" (Weber), d.h. durch den stets möglichen Rückgriff auf die staatlichen Zwangsmittel funktionieren. Die geschichtlichen Erfahrungen mit revolutionären Situationen könnten endlich auch dazu dienen, mit mehr sozialer Phantasie die möglichen gesellschaftlichen Kosten einzukalkulieren, die bei dem Versuch einer revolutionären Durchsetzung neuartiger Gesellschaftsverhältnisse auftreten.

Wenn wir diese und andere Aspekte einer Revolution am Beispiel der Pariser Kommune diskutieren, so spielt dabei unser Interesse an der Arbeiterbewegung eine entscheidende Rolle. Probleme, mit denen sich heute alle an der gesellschaftlichen Emanzipation Interessierten auseinanderzusetzen haben, lassen sich am historischen Fall in einem neuen Licht erörtern. Die Form des politischen Kampfes, die nicht folgenlos für dessen Inhalt bleibt, die schwierige Aufgabe, nach dem Abstreifen der kapitalistischen Form des Produktionsprozesses auch dessen an Effizienz orientierte Produktionsorganisation zu verändern oder das mit dem Instrument der Sozialpolitik erheblich verbesserte Krisenmanagement des bürgerlichen Staates sind Diskussionspunkte, die in die Analyse der Kommune eingebracht und aus der Perspektive der historischen Erfahrung neu gesichtet werden können.

Noch aus einem weiteren Grund erscheint uns die Pariser Kommune für die Orientierung der Arbeiterbewegung besonders wichtig. Nicht nur markierte die Kommune einen tiefen Einschnitt in der Geschichte der französischen Arbeiterbewegung. In Auseinandersetzung mit der Kommune trennten sich auch die Wege der sozialistischen und anarchistischen Gruppen der Arbeiterbewegung. (Zu Bakunin s. Rudé, 1972) Wenn die Maxime der zentralen Organisation schließlich über die anarchistischen Formen der Organisierung der Arbeiterklasse siegte, wenn sich die Inhalte des Kampfes immer eindeutiger aus der marxistischen Theorie herleiten bzw. sich an dieser bewähren mußten, und wenn die Revolution als Ziel der Klassenmobilisierung sehr viel bewußter diskutiert wurde, so drückte diese Entwicklung keine historische Zwangsläufigkeit aus, sondern resultierte aus politischen Auseinandersetzungen innerhalb der internationalen Arbeiterbewegung, denen immer auch die historische Erfahrung der Kommune zugrundelag. Der gleichsam embryonale Entwicklungsstand der Arbeiterbewegung zum Zeitpunkt der Pariser Kommune bietet in diesem Kontext den Vorteil, daß die Kommunarden noch eine große Bandbreite von Handlungsalternativen naiv durchexperimentierten, die später aufgrund von praktischen Erfahrungen und wirksamen theoretischen und organisatorischen Vorentscheidungen nicht mehr praxisrelevant werden konnten. Für eine Diskussion über die Perspektiven des politischen Handelns aber ist es wichtig, sich eben dieser Vorentscheidungen und ihrer Konsequenzen bewußt zu werden.

Aus dem Ziel, die Pariser Kommune in ihrer Aussagekraft für die Gegenwart auszuholen, ergibt sich für uns folgendes Vorgehen. Da Lernen nicht in der Übertragung historischer Ereignisse auf heutige Verhältnisse ermöglicht wird, sondern über theoretische Vermittlungen geleitet werden muß, versuchen wir, unsere eigenen Fragestellungen und Vorgehensweisen zunächst abstrakt zu entwickeln, um sie dann in die Analyse der Pariser Kommune einzubringen, sie aber auch gegebenenfalls an den Ergebnissen dieser Analyse zu präzisieren und zu revidieren. In einem ersten Schritt sichten wir kurz das Angebot an Revolutionstheorien, um deren Wert einzuschätzen. Dabei benutzen wir als Kriterien deren analytische Brauchbarkeit, soziale Relevanz und politische Prämissen. Diese kritische Musterung soll deutlich machen, warum wir uns schließlich entscheiden, ausgehend von Marx, einen für unsere Zwecke brauchbaren Orientierungsrahmen abzustecken. Dieser dient dazu, die strukturellen Bedingungen von revolutionärem Handeln mit den Äußerungen des subjektiven Bewußtseins, Wollens und Handelns einigermaßen plausibel zu vermitteln, um so erfassen und deuten zu können, nicht nur warum, sondern auch wann und wie die kollektive Unzufriedenheit aus objektiven Strukturen erwächst und schließlich zu kollektivem Handeln führt, dessen Ziel es ist, die vorgegebene gesellschaftliche Situation strukturell zu verändern.

Die Pariser Kommune interessiert uns nicht nur als Gegenstand, an dem wir unsere theoretischen Vorstellungen gewinnen, überprüfen und verändern, sondern auch als eine konkrete geschichtliche Revolution. Zu deren besserem Verständnis sollen unsere Vorüberlegungen erstens die große Zahl möglicher Informationen über den historischen Fall so reduzieren, daß die für unser Erkenntnisinteresse entscheidenden Informationen übrigbleiben. Sie sollen zweitens dazu dienen, die Bewertung dieser Informationen nicht dem Belieben anheimzustellen, sondern auszuweisen. In der Auseinandersetzung mit der Kommune-Forschung hat dieses methodische Vorgehen dazu geführt, daß wir zunächst einmal durchgehend zu begründen versuchen, warum wir unsere Aufmerksamkeit auf bestimmte Probleme konzentrieren und welche Erkenntnisse deren Lösung erwarten läßt. Damit ist zweierlei gewonnen: Einmal erhalten die beschriebenen Phänomene einen deutlich umrissenen Stellenwert. Zum zweiten kann die Forschung, die überhaupt erst den Zugang zur vergangenen gesellschaftlichen Realität bahnt, kritisch daraufhin überprüft werden, welche Aussagen ihre Arbeitsergebnisse heute zulassen und welche nicht.

Unsere Auseinandersetzung mit der Pariser Kommune erfolgt in erster Linie auf der Basis bereits vorliegender Forschungen. Nur in Ausnahmefällen haben wir zur Klärung bestimmter Probleme auf gedruckte Quellen zurückgegriffen, häufiger begnügen wir uns jedoch damit, Forschungslücken zu charakterisieren und eventuell auf Möglichkeiten oder Ansätze zu verweisen, wie das fehlende Wissen erlangt werden könnte. Wir haben unsere Aufgabe also darin gesehen, einen problemorientierten Forschungsbericht zu schreiben, der die vorhandenen Detailanalysen zur Synthese bringt und die von der Forschung noch nicht beleuchteten blinden Flecken der Synthese markiert. Dabei sind wir davon ausgegangen, daß es in jedem Fall nützlich ist, wenn das deutsche Publikum über ein wichtiges Ereignis der französischen Geschichte und über die äußerst anregenden Forschungsverfahren und -ergebnisse der französischen Geschichtswissenschaft mehr erfährt, als bisher in deutscher Sprache zugänglich ist.

Der Schluß der Untersuchung bleibt schließlich der Frage vorbehalten, welche Ergebnisse ein theorieorientierter Durchgang durch die Forschungen zur Pariser Kommune für die Erklärung von Revolutionen, die Untersuchung der Kommune und die Bestimmung von deren politischer Relevanz eingebracht hat. Häufig müssen wir mit offenen Fragen schließen. Doch scheint uns dies sinnvoller, als eine analytisch kaum produktive Vollständigkeit bzw. Sicherheit vorzutäuschen. Wir fürchten allerdings, daß wir wider besseres Wollen und Wissen nicht energisch genug die exklusive Sprache der Fachleute abgelegt haben. Dieses Manko ist umso schwerwiegender, als es die Verbreitung von wissenschaftlich und politisch durchdachten historischen Kenntnissen begrenzt und damit allen entproblematisierenden populären Darstellungen der Kommune freies Feld läßt. Diese aber vertuschen die gesellschaftliche Sprengkraft, die analytisch aufbereitete Kommune-Erfahrungen heute noch haben könnten, im Gemälde des Menschlich-Allzumenschlichen und machen sie so für eine Orientierung in der Gegenwart folgenlos. Unser Vorhaben, Probleme der Gegenwart an einem historischen Fall verständlich zu diskutieren, um über dieses Vorgehen sowohl die Vergangenheit als auch die Gegenwart besser erklären zu lernen, haben wir möglicherweise mit diesem Buch nicht bereits optimal verwirklicht. Es bleibt also eine Aufgabe, die fortzuführen ist.

A. ZUR VORGESCHICHTE DER PARISER KOMMUNE

I. Vorüberlegungen zur Analyse geschichtlicher Revolutionen

Das soziale Phänomen Revolution ist seit eh und je Gegenstand heftig ausgetragener Kontroversen, die sich gleichermaßen auf Revolution als geschichtliches Ereignis, als Programm und als wissenschaftliches Konzept der Interpretation beziehen. Letztlich steht hinter diesem Streit die unterschiedliche Bewertung der Notwendigkeit, der Legitimität und des Nutzens von Revolutionen. Diese Bewertung orientiert sich an bestimmten, selten explizierten Prämissen, die stets auch die theoretische und empirische Analyse und Interpretation des Revolutionsphänomens steuern. Grob gesprochen stehen einander Revolutionsgegner und Revolutionsverfechter gegenüber. Diese beiden Lager sind durch konträre Wahrnehmung der vorrevolutionären und revolutionären sozialen Realität und konträre Projektion der gesellschaftlichen Zukunft voneinander getrennt.

Die Pariser Kommune als eine verhinderte Revolution untersuchen heißt, die Begrifflichkeit der Kommune-Anhänger aufnehmen und Position beziehen gegen die von seiten der Kommune-Gegner vorgebrachte Deutung der Kommune als eines historisch unerheblichen, kriegsbedingten Betriebsunfalles. Für eine wissenschaftlich befriedigende Basis der beabsichtigten historischen Analyse reicht es jedoch nicht aus, den Zentralbegriff Revolution (5) einzig mit diesem Hinweis auf den Wortgebrauch der damaligen Zeit zu erläutern. Da unser Arbeitsziel nicht die mehr oder weniger vollständige Beschreibung des historisch singulären Phänomens Pariser Kommune ist, kann Quellennähe kein maßgebliches Kriterium für die wissenschaftliche Brauchbarkeit des Begriffs Revolution sein. Damit das singuläre Ereignis Kommune im Rahmen der generellen Frage nach den Ursachen, Erscheinungsformen und Folgen von Revolution und ihrer Funktion im Prozeß der gesellschaftlichen Entwicklung untersucht werden kann, muß der Zentralbegriff Revolution analytische Qualitäten haben, die ihn als systematische Kategorie der Gesellschaftsanalyse ausweisen. Die dem Wort Revolution unterlegte Definition und das damit implizierte Interpretationskonzept sind also theoretisch auszuarbeiten.

1. Verwendbarkeit sozialwissenschaftlicher Revolutionstheorien.

Verbessern können Theorien die historische Analyse dann, wenn sie bei der Auswahl des Untersuchungsgegenstandes statt des Zufalls ein Relevanz-Kalkül einführen, wenn sie außerdem dazu zwingen, Phänomene nicht nur zu registrieren, sondern zu interpretieren und wenn sie schließlich durch die Vorgabe systematischer Fragestellungen ein Korrektiv liefern gegen die bei aller historischen Forschung naheliegende Tendenz zum Individualisieren. So eingesetzte Theorien tragen nicht zuletzt dazu bei, den Einfluß vorwissenschaftlicher, meistens impliziter Prämissen zu reduzieren bzw. diese zu explizieren und damit kontrollierbar zu machen. Mit solchen allgemeinen Funktionen des Theoriegebrauches vor Augen gelangt man unschwer zu einer Präzisierung dessen, was eine speziell für die Erforschung geschichtlicher Revolutionen geeignete Theorie leisten soll und wie sie dementsprechend beschaffen sein müßte. Sie sollte folgende Kriterien erfüllen:

1. Die Revolutionsdefinition muß genügend Trennschärfe besitzen, um die Spezifika der Revolution von anderen Formen des illegalen Regimewechsels, der Herrschaftskrisen, der kollektiven Gewalt und des sozialen Protestes unterscheiden zu können. Die Tatsache, daß Revolution häufig in Konzepten über solche Teilaspekte von Revolution definitorisch mitberücksichtigt bzw. subsumiert wird, macht nicht bereits eine spezielle Revolutionsdefinition überflüssig. Die Definition darf nicht so formal ausfallen, daß Revolution und Konterrevolution gleichgesetzt werden. Die Revolutionsziele müssen deshalb essentieller Bestandteil der Definition sein.
2. Das Revolutionsphänomen muß epochenspezifisch erfaßt werden, damit der jeweilige geschichtliche Stellenwert von Revolutionen ausgemacht werden kann. Für diese Aufgabe bringt es wenig ein, Revolution nur als Unterfall des sozialen Wandels zu identifizieren, und völlig sinnlos sind zeitlose Merkmalskataloge oder universalistische Definitionen, die von der Antike bis zur Gegenwart mit ein und demselben Revolutionsbegriff arbeiten. Revolution muß vielmehr in den Zusammenhang von gesellschaftlichen Strukturen und deren Veränderungsprozessen theoretisch eingeordnet werden.
3. Revolution muß immer in allen Einzelphasen (Entstehen, Verlauf, Ziel und Durchsetzungsfähigkeit) und diese wiederum in ih-

ren Beziehungen zu dem jeweiligen politischen, sozialen und ökonomischen System berücksichtigt werden. Das bedeutet:

a) daß das Entstehen bzw. die Ursachen von Revolutionen nicht auf isolierte und schon gar nicht auf individualisierende oder psychologisierende Erklärungsvariablen bzw. Ursachen (mit der diesen innewohnenden Tendenz zur monokausalen Erklärung) beschränkt werden dürfen. Vielmehr muß in jedem Fall das strukturelle Konflikt- und Krisenpotential der vorrevolutionären Gesellschaften erfaßt und dabei die Möglichkeiten und tatsächlichen Formen der revolutionären Aktualisierung sowie der status-quo-sichernden Befriedung des revolutionären Potentials ausgemacht werden;

b) daß der Verlauf der Revolution zum einen nicht zu trennen ist von den während der Konfliktsituation wirksamen gesellschaftlichen, politischen und militärischen Kräfteverhältnissen, daß er aber zugleich entscheidend geprägt wird durch die Ziele und Träger der Revolution. Die Ziele können weder allein aus psychischen Fehlentwicklungen noch aus strukturellen Defekten hergeleitet werden, sondern sind immer auch zu beziehen auf die Interessen, Ideologien und politischen Traditionen der revolutionären Massen. Die Ideen, Verhaltensweisen und Aktionen der Revolutionäre erwachsen sowohl aus der vorrevolutionären Präformierung der revolutionären Bewegung, als auch aus der situationsbedingten Spontaneität;

c) daß die Durchsetzungsfähigkeit und damit der Grad, in dem die Ziele einer Revolution realisiert werden, nicht von der Befolgung von Blanquis "Instruktionen für den Aufstand" abhängen, also keine Frage der Revolutionstechnologie, sondern eine Frage des gesamtgesellschaftlichen Zustandes sind. Entscheidend ist zum einen, wie effektiv die Ressourcen des bestehenden Systems vom konterrevolutionären Lager mobilisiert werden können und mobilisiert werden, und zum andern, in welchem Maße die revolutionären Massen imstande sind, gemäß ihren revolutionären Zielen die Reorganisation des gesellschaftlichen Lebens durchzusetzen.

4. Das Revolutionskonzept muß dazu beitragen, von den üblichen a priori positiven oder negativen Revolutionseinschätzungen wegzukommen, indem es die Möglichkeit eröffnet, Kosten und Nutzen von Revolutionen zu kalkulieren. Dieses Postulat kann nicht bedeuten, die Einschätzung einer Revolution von der Werthaltung des Urteilenden unabhängig zu machen. Es geht vielmehr darum, die dem Urteil zugrundegelegte Werthaltung bekanntzugeben, zu begründen und Urteilskriterien zu entwickeln, die die gesellschaftliche und politische Bedeutung von Revolutionen, und zwar auch die der gescheiterten oder nur zum Teil erfolgreichen, messen helfen.

Mißt man mit diesen Kritierien, inwieweit die derzeit verfügbaren sozialwissenschaftlichen Revolutionstheorien(6) für die Analyse geschichtlicher Revolutionen nützlich sind, so gelangt man zu dem Ergebnis, daß offenbar keine der Theorien alle genannten Kriterien erfüllt. Schon gar nicht haben diese Kriterien bei der Theoriebildung eine Rolle gespielt. Diese Aussage gilt - wenngleich in unterschiedlichem Ausmaß - für alle Gruppen von Revolutionstheorien: für die älteren historisch-komparativen Theorien ebenso wie für diejenigen neueren Theorien, die auf Quantifizierung abzielen oder einen systemtheoretischen Ansatz verfolgen (7).

Hält man nach einer Theorie mit hinreichender Trennschärfe Ausschau, so muß man mit Verwunderung feststellen, daß schon die einer Theorie jeweils zugrundegelegte Definition häufig nur beiläufig mitgeteilt und erst neuerdings begründet wird. Welche Phänomene unter den Begriff Revolution zu subsumieren sind und wie der Begriff zu definieren ist, darüber gehen die Meinungen weit auseinander, obwohl zugleich immer wieder so getan wird, als sei "auf Grund gleicher Begrifflichkeit auch die Gleichheit der untersuchten sozialen Phänomene" anzunehmen (Dohse, 1972, 3). Definitionsversuche bleiben in unausgewiesenen Generalisierungen stecken. Die Entscheidung darüber, welche Phänomene als gleichgeartet bzw. vergleichbar dem Begriff untergeordnet werden sollen, wurde nach Maßgabe eines impliziten Vorverständnisses von Gesellschaft gefällt. Auch erweist es sich als unmöglich, die innerhalb des gesellschaftlichen Systems auftretenden Revolutionen zu definieren, ohne sich dabei auf Aussagen über die vorrevolutionäre "normale" Gesellschaft mit ihrer Struktur sozioökonomischer Ungleichheit und Herrschaft einzulassen. Die Vergeblichkeit eines solchen Vorgehens ist allein dadurch kaschiert, daß statt Realdefinitionen, die die historisch-sozialen Tatbestände ansprechen würden, inhaltsleere Nominaldefinitionen wie "radikaler Wandel" oder ähnliches gewählt werden. Unser Kriterium der Trennschärfe ist demgegenüber viel zu konkret auf historische Revolutionserfahrungen gerichtet, als daß es bei so gearteten Abstrakta auf Resonanz stoßen könnte (8).

Auf eine epochenspezifische Erfassung des Revolutionsphänomens wird offenbar kein Wert gelegt. Ältere Theoretiker sahen ihre Aufgabe sogar erklärtermaßen darin, Aussagen über "universell gültige Formen von sozialen Ereignissen also auch von Revolutionen" zu treffen und glaubten dieses durch die "subjektive oder psychische Erklärung sozialer Phänomene" zu erreichen (Ellwood 1905/6, 114). Um universeller Theorien willen hielt man sich an vermeintlich anthropologische Konstanten. Die neueren Revolutionstheorien schweigen sich vollends darüber aus, welche zeitliche und räumliche Gültigkeit sie beanspruchen. Praktisch zielt die empirische Forschung auf "Revolutionen" des 20. Jahrhunderts, also auf relativ gleichzeitige Phänomene, die allerdings nichtsdestoweniger Gesellschaften mit höchst unterschiedlichem Entwicklungsstand zuzurechnen sind. Insgesamt wird Revolution so gut wie nie im Prozeß der historischen Entwicklung verortet.

Einzig die Definition, Revolution sei eine Form oder ein Sonderfall des sozialen Wandels, verweist auf den Entwicklungszusammenhang. Nur bei Ch. Johnson (1966) spielt sozialer Wandel für seine Revolutionstheorie eine entscheidende Rolle; aber auch in ihr bleiben die Aussagen über den Prozeß des sozialen Wandels äußerst unpräzise, und der jeweils historisch erreichte Entwicklungsstand einer Gesellschaft wird überhaupt nicht angesprochen. Die Geschichtsferne der sozialwissenschaftlichen Revolutionsforschung ist offenbar darin begründet, daß es gerade nicht deren Erkenntnisziel ist, den sozialen und damit historischen Stellenwert von Revolution auszumachen. Denn diese Revolutionsforschung versteht sich als Revolutionsvermeidungshilfe und kann daher kaum daran interessiert sein, die historische Funktion und Legitimität von Revolutionen einschätzen zu helfen. Ihr Ziel ist es vielmehr, solche Revolutionsursachen zu bestimmen, die durch systemimmanente Reformen vermeidbar erscheinen. (Jaeggi/Papcke, 1974, 21 f.)

Aus dem gleichen Grund gibt es wohl auch keine sozialwissenschaftlichen Theorien, die Revolutionen in ihren wichtigsten Einzelphasen als zielgerichteten und zugleich systembedingten und weitgehend auch systemabhängigen Prozeß erfassen. Die Tatsache, daß die Theorien mit dem Anspruch auf überzeitliche Geltung geschichtsfern konzipiert sind, hat zur Folge, daß Revolutionsziele und Revolutionsforderungen niemals inhaltlich, sondern höchstens instrumentell als ideologische Katalysatoren der revolutionären Massenaktion berücksichtigt werden und auch dieses meistens nur zu Klassifikationszwecken. Als zielorientiert kommt der revolutionäre Prozeß also überhaupt nicht in den Blick.

Am ausführlichsten werden noch die Revolutionsursachen berücksichtigt. Die ältere Forschung versuchte, Symptome der Revolutionsanbahnung zu katalogisieren. Später hielt man es für angemessen, diese Symptome in Ursachen umzudeuten. Neuerlich wird das Problem der multiplen Ursachen dahingehend vereinfacht, daß für einen einzigen Aspekt des Revolutionsausbruchs, und zwar vor allem den der kollektiven Gewaltanwendung, nach der entscheidenden Ursache gesucht und diese dann zwecks empirischer Überprüfung rigoros isoliert wird. Diese Versuche, die Revolutionsentstehung theoretisch zu erfassen, sind mit ihrer entweder unverbunden bleibenden Zusammenstellung von Faktoren oder aber rigorosen Isolierung einzelner Variablen nicht imstande, die für einen Revolutionsausbruch grundlegenden strukturellen Bedingungen zu analysieren.

Einzig Ch. Johnson (1966) hat versucht, Revolution aus dem Strukturzusammenhang des sozialen Systems heraus zu erklären. Doch ist der analytische Nutzen auch bei dieser Theorie nicht allzu hoch zu veranschlagen. Zum einen ergeben sich aus der rein formalen Abstraktion dieser Theorie bei der Annäherung an die historische Realität Schwierigkeiten. Zum andern dürfte das vorausgesetzte, in der Hauptsache konsensintegrierte Gesellschaftsmodell, welches nur in der Ausnahmesituation sozialer Dysfunktionalität strukturelle Konflikte zuläßt, schwer in Einklang zu bringen sein mit der historischen Erfahrung der gesellschaftlichen Antagonismen und dem daraus resultierenden latenten Konflikt- und Krisenpotential.

Der Revolutionsverlauf hat, seitdem sich die Sozialwissenschaftler voll und ganz auf das Entstehen der revolutionären Situation konzentrierten, keine neuen Interpretationen gefunden. Allein die ältere Forschung entwickelte Verlaufstypologien. Deren Hauptakzent lag auf dem zerstörerischen Terror, der als notwendiger Bestandteil und Kulminationspunkt der Revolution hervorgehoben wurde. Auch die Träger der Revolution erfuhren keine angemessene Analyse. Allein die revolutionären Anführer haben als Menschen, die sich durch zielorientiertes Handeln auszeichnen, und als gesonderte Gruppe in den Revolutionstheorien wiederholt Beachtung gefunden (9). Dabei standen offensichtlich konterrevolutionäre Verschwörungstheorie und deren Bekräftigung durch voluntaristische Revolutionstheoretiker Pate. Gegenüber den reaktiven Massen werden die revolutionären Führer als die aktiven Elemente gesehen. Sie fungieren als Produzenten der zur Integration der revolutionären Massen erforderlichen Ideologien.

Der materiale Inhalt von Revolutionszielen bleibt außerhalb des Argumentationshorizontes der Revolutionstheorien. Revolutionäres Handeln wird einzig als Reaktion auf Provokationen oder Frustrationen aber nicht als zielorientiertes Agieren erfaßt. Damit kann auch der Prozeß der revolutionären Gewaltanwendung nicht als Mittel zur Erreichung bestimmter Zwecke begriffen werden. Sieht man davon ab, daß es revolutionäre Ziele gibt, so erübrigt es sich auch, nach deren Durchsetzbarkeit zu fragen.

Unterscheidet man Revolutionen danach, ob sie erfolgreich, teilerfolgreich oder gescheitert sind, so ist das dabei angewandte einzig feste Kriterium der Elitenaustausch. Da nicht nur von Zielen, sondern auch von den Interessen der revolutionären Träger abgesehen wird, ist es nicht notwendig, das Verhältnis zwischen ideologischen Projektionen und revolutionären Erwartungen auf der einen und deren sozialen Verankerungen in tatsächlich revolutionären Veränderungen auf der anderen Seite zu problematisieren. Sofern Revolutionstheorie ausnahmsweise mehr als nur eine Theorie der revolutionären Situation bieten will, gerät Revolution zu einem systemischen Betriebsunfall, der aus dem momentanen Versagen der Herrschaftseliten folgt und zu beheben ist (vgl. Edwards, 1927,107 u. 195; Brinton, 1938, 270; Johnson, 1966).

Schließlich ist auch die Bewertung der Revolution entweder als soziales Unglück oder als soziale Chance über die vorwissenschaftliche Parteinahme nach wie vor kaum hinausgekommen; nur die Eindeutigkeit des Engagements hat nachgelassen. Das Statement von K. von Beyme (1973, 22): "Normative Theorie, die auch über Rechtfertigung bestimmter Revolutionen Aussagen machen, bleiben nach wie vor legitimer Teil der Revolutionsforschung", wäre dahingehend zu erweitern, daß eine Theorie, die die Kosten-Nutzen-Analyse ermöglicht, nicht nur legitimer, sondern auch notwendiger Bestandteil einer Revolutionstheorie sein müßte, die unter Revolution mehr als nur ein punktuelles Ereignis versteht. Allerdings hat dieses Postulat eine Reihe von Implikationen für den Charakter von Revolutionstheorien. Es ist schwer vorstellbar, daß man imstande sein kann, eine "normative" Theorie der Revolution zu entwickeln, bevor man dazu übergeht, Revolution als soziales Phänomen im Strukturzusammenhang einer je historisch spezifischen Gesellschaftsformation zu deuten. Auch wird man keine Bewertungskriterien entwickeln können, solange man das Revolutionsziel wegformalisiert.

Diese wenigen Hinweise mögen hinreichend verdeutlichen, daß es nach dem von uns vorgeschlagenen Kriterienkatalog wenig nützt, die eine oder andere sozialwissenschaftliche Revolutionstheorie zur Analyse einer historischen Revolution heranzuziehen. Auch dem unter Historikern beliebten Ausweg, statt einer einzigen Theorie ein Bündel von Theorien eklektizistisch zu verwenden, stehen wir skeptisch gegenüber. Denn Theorien eklektizistisch zu benutzen bedeutet, die zur Verfügung stehenden Theoreme und Hypothesen losgelöst von ihrem metatheoretischen und forschungspraktischen Entstehungszusammenhang instrumentell für die eigenen Forschungsabsichten und entsprechend den Erfordernissen des historischen Gegenstandes einzusetzen. Aber selbst sich voraussetzungslos gebende Theorien tragen die Spuren des wissenschaftlichen und politischen Kontextes, in dem sie für einen bestimmten gesellschaftlichen Zweck entwickelt wurden. Metatheoretische Positionen sind für das methodische Vorgehen und damit für die Forschungsergebnisse keineswegs folgenlos (vgl. hierzu von Beyme, 1973, 23-29).

Es ist also unerläßlich bei der Anwendung einer Theorie die genetischen und funktionalen Implikationen ihrer Entstehung zu reflektieren, um überhaupt die Aussagefähigkeit und Reichweite der mit Hilfe der Theorie erzielbaren und erzielten empirischen Ergebnisse einschätzen zu können. Steht das Urteil über die metatheoretische Basis einer Theorie fest, lassen sich Entscheidungen über die Verwendbarkeit dieser Theorie treffen. Generalisierungen auf der Basis vergleichender Bestandsaufnahmen können ebenso wie die für empirische Tests aufgestellten Hypothesen kurzer Reichweite und die Konstruktion eines umfassenden systemischen Revolutionsmodells für die Analyse geschichtlicher Revolutionen anregend sein. Sie taugen aber nicht dazu, um nach ihrem Vorbild bzw. ihren theoretischen Vorgaben Revolutionen auf ihre Ursachen, Verlaufsformen und Ergebnisse hin zu analysieren und historisch einzuschätzen. Da die Theoriedefizite nicht zuletzt von den metatheoretischen Vorgaben der Theorien herrühren, wäre es ein Fehler, beim eklektizistischen Gebrauch dieser Theorien davon abzusehen, daß sozialwissenschaftliche Revolutionstheorien seit dem Beginn des 20. Jahrhunderts von bürgerlicher Seite sehr deutlich als Gegenoffensive gegen die sozialistische Revolutionsprogrammatik und -politik konzipiert wurden (10). Revolutionstheorien sollten Wege zur Revolutionsvermeidung aufzeigen.

Wenn der Rekurs auf eine einzige sozialwissenschaftliche Revolutionstheorie für die historische Analyse ebenso wenig nützlich erscheint wie der Rückzug auf den Theorieeklektizismus, so bleibt schließlich als dritte Möglichkeit, das Arsenal der verfügbaren Revolutionstheorien daraufhin zu mustern, ob es interessante Anregungen und Gesichtspunkte anzubieten hat. Mit diesem sehr viel bescheideneren Anspruch sollte man sich dann allerdings nicht bei den speziell als Revolutionstheorien etikettierten Theorien umsehen. Interessanter sind die neueren Forschungen zu den Problemkomplexen kollektiver Gewalt, kollektives Verhalten und politische Systemkrise, die sich mit unterschiedlichen Aspekten der gesellschaftlichen Krisenentwicklung im vorrevolutionären Stadium beschäftigen (11).

Die kritische Sichtung der von den systematischen Sozialwissenschaften entwickelten Revolutionstheorien ergab einen negativen Befund (12). Derzeit erfaßt, geschweige denn löst, keine Theorie folgendes Schlüsselproblem der Revolutionsforschung: Warum werden zu einem bestimmten geschichtlichen Zeitpunkt die typischen strukturell bedingten Benachteiligungen, Konflikte und Krisen des bestehenden Gesellschaftssystems nicht nur für eine Vielzahl von Menschen bewußt und kritisierbar, sondern auch zum Anlaß, um eine radikale Systemtransformation zu ihren Gunsten auf revolutionärem Wege anzustreben und sukzessive durchzusetzen? Formuliert man dieses Problem derart, so können nur solche Theorien zu sinnvollen Aussagen führen, die einen

Zusammenhang herstellen zwischen den objektiven strukturellen Faktoren und den daraus abgeleiteten und teilweise determinierten subjektiven Faktoren des Bewußtseins, Wollens und Handelns. Diesem Anspruch aber können einzig und allein gesamtgesellschaftlich konzipierte Revolutionstheorien genügen.

So lange sich die Theorieproduktion darin erschöpft, mehr oder weniger relevante Einzelaspekte des Revolutionsphänomens zu isolieren oder auch ein Bündel solcher Aspekte klassifikatorisch zusammenzufassen und zugleich gegen andere Zusammenhänge abzuschotten, so lange es außerdem Usus der Theoriebildung bleibt, die mit einer Revolution beabsichtigten und realisierten Ziele auszusparen, wird der Rekurs auf die sozialwissenschaftlichen Theorien bestenfalls Anregungen geben, was an dem Revolutionsphänomen alles beobachtet werden kann. Es wird allerdings kaum damit zu rechnen sein, daß auf diesem Wege jemals für die Analyse und Interpretation geschichtlicher Revolutionen konsistente Orientierungshilfen zur Verfügung stehen. Letzteres ist noch am ehesten von der Weiterentwicklung der krisentheoretischen Forschungsansätze zu erwarten, da diese gesamtgesellschaftlich konzipiert sind und Ansatzpunkte bieten, um sozialen Wandel differenzierter als bisher theoretisch zu erfassen.

Geschichtsrelevant sind auch solche Theorien nur dann, wenn sie nicht wegformalisieren, daß der soziale Wandel ein Essential von Gesellschaft ist. Die theoretischen Aussagen müssen epochenspezifisch differenziert sein, um zu erfassen, daß und in welcher Weise Möglichkeiten, Formen, Inhalte und selbst Antizipationen von Revolutionen durch den jeweiligen Entwicklungsstand der Gesellschaft determiniert oder geprägt sind. Gewiß ist Revolution in ihrer konkreten Gestalt kein mechanistisch herleitbares Produkt der vorrevolutionären Gesellschaftsstruktur. Aber ebensowenig ist es ein soziales Phänomen, dessen wesentliche Merkmale sich in zeit- und epochenenthobenen Universalien erfassen lassen. Davon zu abstrahieren, daß Gesellschaft geschichtlich ist, ist selbst dann ein Unding, wenn dieses "nur" zu Zwecken der Modellbildung geschieht.

2. Vorschlag eines für die historische Analyse ergiebigeren Bezugsrahmens

Die skizzierte Heterogenität der sozialwissenschaftlichen Theorien hinterläßt eher Ratlosigkeit, als daß sie die historische Erforschung einer geschichtlichen Revolution inspirieren und systematisieren könnte. Es wäre nun naheliegend, die kritische Sichtung nicht länger auf Theorien zu beschränken, die metatheoretisch die Revolutionsvermeidung zum Ziel haben, sondern sie auf solche Theorien auszudehnen, die nach Möglichkeiten für Revolutionen suchen. Darauf wollen wir hier verzichten und stattdessen den Versuch unternehmen, in Anlehnung an Marx einen Bezugsrahmen zu skizzieren, der uns für die Analyse geschichtlicher Revolutionen besser geeignet erscheint als die bisher diskutierten Ansätze. Wenn auch eine ausgebildete, operationalisierbare Marxsche Revolutionstheorie nicht vorliegt und der Marxsche Ansatz selbst nicht vor methodischen Mängeln gefeit ist (13), so schärft die Marxsche Theorie doch den Blick für gesamtgesellschaftliche Entstehungsbedingungen von Revolutionen. Sie fragt u.a. nach der Funktions- und Strukturhierarchie in konkreten Gesellschaftsformationen und bindet die Analyse von Teilprozessen zurück an den Gesamtzusammenhang. Auch thematisiert sie zumindest das Verhältnis von objektiven und subjektiven Faktoren im Revolutionsprozeß. In diesem theoretischen Umfeld glauben wir deshalb, solche Gesichtspunkte gewinnen und entwickeln zu können, die den geplanten Forschungs- und Problembericht über die Pariser Kommune angemessen strukturieren helfen.

Wir beziehen unsere Überlegungen allein auf Gesellschaften, in denen der Kapitalismus sich durchsetzt. Damit erfassen wir ausschließlich Revolutionen, die im Prozeß der sich verallgemeinernden kapitalistischen Produktionsweise sowie der Transformation des bereits entfalteten Kapitalismus ausbrechen. Außerhalb unseres Ansatzes bleiben damit die sogenannten "frühbürgerlichen Revolutionen", die einen erst in den Anfängen steckenden Kapitalismus, der weder die Klassenstruktur der jeweiligen Gesellschaft beherrscht noch den Charakter der "revolutionären" Ereignisse prägt, zum Bezugssystem haben (14). Wahrscheinlich ist unser Konzept nicht einmal weit genug, um auch noch die Revolutionen des 20. Jahrhunderts angemessen zu erfassen, die unter den Bedingungen des Imperialismus in überwiegend agrarischen Gesellschaften an der Peripherie der kapitalistischen Welt zustande kommen (15).

Revolution ist unter den von uns bezeichneten gesellschaftlichen Voraussetzungen eine Phase des Klassenkampfes. Diese Phase zeichnet sich dadurch aus, daß eine bereits seit längerer Zeit ökonomisch herausgebildete Klasse ohne Zugang zum Machtmonopol sich mehrheitlich ihrer Interessenidentität und -solidarität bewußt wird und den Willen artikuliert, die Gesellschaftsstruktur zu ihren Gunsten zu verändern. Sie unternimmt unter Verwendung außerlegaler Mittel den Versuch, die politische Macht an sich zu reißen, um eine radikale Transformation der sozialen und ökonomischen Strukturen der Gesellschaft einzuleiten.

Mit diesem Orientierungsrahmen suchen wir im Unterschied zu den in sozialwissenschaftlichen Theorien üblichen Raum und Zeit überwindenden Generalisierungen nach Kriterien, die die Einordnung des historischen Phänomens Pariser Kommune in den Prozeß der gesamtgesellschaftlichen Entwicklung zulassen und fördern. Mit diesem Konzept kann Revolution sowohl in ihren Zielen als auch in ihrer Funktion für die gesellschaftlichen Prozesse der jeweiligen Epoche erfaßt werden. Die Konzentration der Revolutionsforschung auf das politische Leben, für das die Gesellschaft nur die Rahmenbedingungen absteckt, kann mit dem von uns gewählten Ansatz ebenso vermieden werden wie eine vermeintlich wertfreie, jedoch dem herrschenden "common sense" verpflichtete Bewertung des revolutionären Ereignisses. Schließlich grenzen wir dadurch, daß wir Revolutionen im langfristigen Konstitutionsprozeß einer Klasse ansiedeln und als Faktor von Bewußtsein und Solidarität der Klasse deuten, Revolution ab sowohl von kurzlebigen Unruhen als auch von Aufständen, an denen nur Berufsgruppen beteiligt sind.

a. Zum Konzept "Klassenkampf"

Die Kombination der Konzepte Produktionsweise und Gesellschaftsformation erlaubt es, die logischen und realhistorischen Dimensionen des Klassenbegriffs auszuloten. Als Klasse bezeichnen wir Personengruppen, deren Kohäsion, Interessen und Ziele primär durch die Matrix der sie konstituierenden Produktionsweise bestimmt werden, wenngleich kulturelle, politische und ideologische Faktoren die Einsicht in diese objektive Klassensituation aktualisieren, überlagern, verändern und verdrängen können. Während sich entwicklungslogisch eine Produktionsweise auf die Polarität von zwei Klassen gründet, treten in einer konkreten Gesellschaftsformation mehrere Klassen und Klassenfraktionen in Erscheinung, die ökonomisch mit verschiedenen Produktionsweisen verbunden sind. Nach dieser Bestimmung sind Klassen in ihrer Interessenstruktur determiniert von der Entwicklungslogik der Produktionsweise, in der sie materiell verankert sind und aus der sie ihre Ressourcen beziehen. In ihrer konkreten Konfiguration aber unterliegen sie dem prägenden Einfluß einer Gesellschaftsformation mit ihrem Mit- und Gegeneinander von Klassen und Klassenfraktionen sowie den diese Kämpfe um Dominanz begleitenden politischen und ideologischen Auseinandersetzungen.

Der hier entwickelte Begriff von Klasse ist folgenreich für den Begriff von Klassenkampf. Zum einen kann auf dieser Basis Klassenkampf nicht als prima causa des historischen Prozesses verstanden werden, denn Klassenkampf ist in der kapitalistischen Produktionsweise verortet. Zum anderen lassen sich auf der Basis dieser Überlegungen die Chancen des Klassenkampfes nicht voluntaristisch reduzieren auf die Selbstentwicklung einer Klasse als Subjekt der Geschichte, sondern müssen abgeleitet werden aus dem durch die Existenz verschiedener Produktionsweisen strukturell begründeten Geflecht verschiedener Klassenpositionen. Schließlich vermeidet dieser Ansatz eine mechanistische Fixierung des Wechselverhältnisses von Sein und Bewußtsein und macht es möglich, die politischen und ideologischen Faktoren in ihrer Wirkung auf die Herausbildung des Klassenbewußtseins und die Wahrnehmung der Klassenkampfsituation einzubeziehen.

b. Die Träger der Revolution

Lohnabhängige sind als Klasse durch ihre strukturell ökonomisch und sozial abhängige und zugleich herrschaftsunterworfene Position in der Gesellschaft charakterisiert. Die Aktionsziele dieser Klasse, die sich aus deren gesellschaftlicher Situation ergeben und auf eine Verbesserung der Klassensituation und letztlich auf die Gleichberechtigung mit der privilegierten Klasse abstellen, stehen notwendig im Widerspruch zu den Funktionsmaximen des kapitalistischen Systems. Sie befördern tendenziell die Verwandlung der kapitalistischen Produktionsweise in eine neue Form gesellschaftlicher Arbeit, Aneignung und Verwertung der erzielten Produktionswerte. Es entspricht dem primären Interesse des Proletariats diejenigen Strukturen der Ungleichheit zu verändern, die auf dem Prinzip des Privateigentums und des Profits beruhen und ökonomischen Einfluß, soziale Sicherheit und politisches Handeln verteilen. Deshalb gehen wir davon aus, daß Träger einer Revolution im Kapitalismus die Klasse der lohnabhängigen Arbeiter sein müßte.

Die entwicklungslogische Begründung dafür, daß vor allem die Arbeiterklasse revolutionäre Energien freisetzen muß und kann, sollte allerdings nicht die empirischen Probleme verdrängen, die sich bei einer Präzisierung des Begriffs "Lohnabhängige" für unterschiedliche gesellschaftliche Entwicklungsstadien stellen. Sie sind dann anzugehen, wenn man die historischen Revolutionen des 19. Jahrhunderts analysiert. Empirische Untersuchungen der französischen Revolutionen von 1789, 1830 und 1848 zeigen (vgl. Rudé, 1972, Soboul; Tilly/Lees, 1975; Labrousse, 1948), daß die revolutionären Massen sich weitgehend unter Kleinproduzenten rekrutierten, die ihre Produktionsmittel noch besaßen. Lohnabhängige waren dagegen nicht die wichtigsten Träger und schon gar nicht die maßgeblichen Nutznießer der revolutionären Ereignisse. Die Analyse der Pariser

Kommune soll überprüfen, ob sich auch in der zweiten Hälfte des 19. Jahrhunderts dieses Sozialprofil der Revolutionäre durchhielt. Dennoch wollen wir aber aus folgenden Gründen weiterhin als Träger der Revolutionen in erster Linie die Lohnabhängigen anvisieren. Denn mit diesem Bezug auf die Entwicklungsrichtung und Tendenz der kapitalistischen Produktionsweise kann der Stellenwert der Pariser Kommune deutlicher herauspräpariert werden. Gleichzeitig wird mit den Lohnabhängigen insofern eine zentrale gesellschaftliche und politische Kraft erfaßt, als deren Präsenz und Aktionen von den Herrschenden als Bedrohung erfahren und heftig abgewehrt wurden.

Die Träger der Revolution aber werden auf der anderen Seite durch die Machtverhältnisse in der revolutionären Situation selbst zurückgehalten oder vorangetrieben. Deshalb müssen auch die Träger der bestehenden Ordnung und ihre Ressourcen in die Analyse einbezogen werden; nicht zuletzt sie bestimmen das Gesetz des Handelns. Ebenso wie Qualifikation, politische Tradition oder regionale Zersplitterung etwa die Arbeiterklasse spalten, wirken auch in der Kapitalistenklasse vereinheitlichende und trennende Faktoren. Auch diese Klasse wird nicht aufgrund objektiver ökonomischer Prozesse zur monolithischen Einheit zusammengeschweißt und damit zur unangreifbaren Herrschaftsausübung befähigt. Der Grad der Einheit bzw. der Fraktionierung aber auch die Fähigkeit des Kapitals, mit sonstigen Herrschaftsträgern eine Koalition einzugehen, entscheidet mit darüber, ob die Ressourcen des staatlichen Herrschaftsapparates koordiniert eingesetzt werden können. Ob die "Partei der Ordnung" ungeachtet aller Interessenkonflikte imstande ist, in einer revolutionären Situation Einigkeit über die Einschätzung von Ursachen und Ausmaß der Herrschaftskrise und über den Einsatz reformerischer oder repressiver Mittel zur Überwindung der Krise zu erzielen, beeinflußt die Stärke der konterrevolutionären Gewalt und ist für die Überlebensfähigkeit des alten Systems bzw. für die Durchsetzungschance der Revolution ein gewiß ebenso entscheidender Faktor wie die Kraft der revolutionären Gewalt.

c. Revolution als Prozeß

Revolution kann sich nach unserer Definition nicht auf das punktuelle Ereignis der gewaltsamen Machteroberung beschränken, sondern muß notwendig den Prozeß der revolutionären Veränderung der Gesellschaft einbeziehen. Revolution bildet sich aus den Strukturen einer nichtrevolutionären Gesellschaft heraus. Das aber bedeutet, daß die Bedingungen des bestehenden Systems den Rahmen abstecken, innerhalb dessen die späteren Träger der Revolution Lernprozesse durchmachen. Die bestehende Ordnung läßt nicht nur bestimmte Kommunikations-, Organisations- und Aktionsformen des Proletariats zu bzw. unterdrückt sie und beeinflußt damit entscheidend die Entwicklung der Arbeiterbewegung. Ihr Einfluß betrifft auch die Lerninhalte, also die Möglichkeiten, die Widersprüche zwischen Kapital und Arbeit wahrzunehmen und organisatorisch und programmatisch Lösungsvorschläge auszuarbeiten. Sofern die Herrschaftselite imstande ist, die Lernprozesse der Arbeiterklasse zu kontrollieren, kann sie akute Konflikte entschärfen, bevor diese in eine revolutionäre Situation umschlagen und damit die Herrschaftskontrolle gefährden. Gelingt das Krisenmanagement nicht, wie im Fall der Kommune, so trägt selbst der erfolgreiche revolutionäre Prozeß aus den genannten Gründen notwendigerweise noch die Eierschalen der zerbrechenden Ordnung. Die Probleme der vorrevolutionären Gesellschaft - seien es nun regionale Unterentwicklung, Hungersnot oder Krieg - werden mit einem revolutionären Umsturz nicht beseitigt. Selbst wenn sie auch von den Revolutionären anders, d.h. im Interesse der Mehrheit der Bevölkerung formuliert und evtl. gelöst werden können, so stellen sie doch wichtige strukturelle Belastungen für den revolutionären Prozeß dar und erfordern neue Problemlösungen.

Bei diesem Versuch, Verlauf, Handlungsformen und -ziele der Revolution aus den Strukturen der vorrevolutionären Gesellschaft zu erklären, darf nicht davon abgesehen werden, daß sich in vorrevolutionären Krisen und Konflikten Widersprüche kumulieren und aktualisieren, und sich verschiedene Klassen artikulieren. Gleichzeitig aber setzen sie wichtige Rahmenbedingungen für die staatlichen Reaktions- und die revolutionären Aktionsmöglichkeiten. Deshalb sind sie sowohl als Resultat vorrevolutionärer Strukturen wie als Faktor des revolutionären Prozesses zu untersuchen. Ob nun Hungerkrisen, Kriege u.a., die der Revolution vorangehenden Krisen entfalten eine Eigendynamik, da sie staatliche Politik hervorrufen und Bedingungen für die Massenaktivitäten setzen.

d. Kosten-Nutzen-Analyse

Sofern die Analyse vom Prozeßcharakter von Revolutionen ausgeht, muß sie nicht zuletzt nach ihren Ergebnissen fragen. Wenn unter den Bedingungen des Kapitalismus entwicklungslogisch und schließlich auch realhistorisch nur die Arbeiterklasse als Subjekt der Revolution erfolgreich sein kann, dann ist es konsequent, die Bedeutung einer Revolution daran zu messen, inwiefern sie dazu beigetragen hat, die Situation der Lohnabhängigen zu verbessern. Verbesserung der Klassensituation meint sowohl die

Verbesserung der sozialen und ökonomischen konkreten Lebenssituation der einzelnen Lohnabhängigen, als auch die Verbesserung ihrer ideologischen, organisatorischen und damit politischen Situation als Klasse. Diese Ergebnisanalyse kann die Basis liefern für wissenschaftlich und politisch gleichermaßen brisante, damit aber keineswegs verzichtbare Schlußfolgerungen im Sinne einer, um es auf eine Formel zu bringen, "Kosten-Nutzen-Analyse". Erst wenn es gelingt, für eine solche Analyse Kriterien zu entwickeln, kann eine wissenschaftliche Einschätzung geschichtlicher Revolutionen an die Stelle der bisher weitgehend dezisionistischen Beurteilung treten, die aus purer Parteinahme resultierte und aus der Sicht der Partei der Ordnung generelle Verwerflichkeit und aus der Sicht der Partei der Revolution die generelle Wünschbarkeit von Revolution propagierte.

Gleichzeitig aber müßte eine ex-ante Analyse die Situation vor Beginn einer Revolution daraufhin prüfen, welche Anhaltspunkte eine Revolution als machbar und welche Anhaltspunkte eine Revolution als notwendig zur Erhöhung von Freiheit und Gleichheit für die bisher in politischer und ökonomischer Abhängigkeit lebenden Gesellschaftsmitglieder erscheinen ließen (vgl. Marcuse, 1965). Mit den ersten Fragen wird geprüft, ob die gesellschaftlichen Widersprüche konfliktfähig, die Trägerschichten der Revolution breit und die ideologischen sowie organisatorischen Vorbereitungen intensiv genug waren, um durch eine Revolution mehr als nur den Austausch der Staats- und Gesellschaftsspitze zu erreichen. Denn ein über die Machteroberung hinausreichender Erfolg der Revolution setzt voraus, daß das revolutionäre Subjekt sich als fähig erweist, autonom über die mit der Revolution einzuschlagende Entwicklungsrichtung und das wünschenswerte Ziel zu entscheiden.

Die zweite Richtung der ex-ante Analyse betrifft die Notwendigkeit von Revolutionen. Im Hinblick auf kommende Revolutionen schlägt Marcuse einen "historischen Kalkül" vor (ebd., 133f.). Es sei ein Vergleich anzustellen, welche Chancen das System der bestehenden Gesellschaft und welche Chancen das System einer revolutionären Gesellschaft bieten, um ein Maximum an Handlungsfreiheit, Durchsetzungsfreiheit und Gleichheit zu verwirklichen. Diese Argumentation lenkt die Aufmerksamkeit auf zwei Punkte. Zum einen müßte ein Nachweis geführt werden, daß radikale Verbesserungen für die Situation der Mehrheit der Bevölkerung und eine rationellere Verteilung der vorhandenen Ressourcen sowie mehr Selbsttätigkeit und Selbstbestimmung der Arbeiterklasse unter den vorgegebenen Strukturen der Gesellschaft unmöglich bzw. unvereinbar mit den bestehenden Strukturen sind. Zum anderen aber ist zu prüfen, ob die revolutionäre Programmatik und das revolutionäre Personal Gewähr dafür bieten, daß in

Zukunft die existierenden Ressourcen in einer für die Arbeiterklasse sinnvolleren Weise genutzt werden und daß dieses Ziel mit größtmöglicher Ökonomie an Zeit und Opfern erreicht werden kann.

Der Nutzen des hier erläuterten theoretischen Rahmens muß sich an der Analyse geschichtlicher Revolutionen erweisen. Wenn das Konzept brauchbar ist, wird es die systematische Erfassung und Ordnung der zahlreichen Revolutionsprobleme erleichtern und präzisere Fragen nach bislang unbekannten Aspekten sowie zutreffendere Aussagen über und Erklärungen von Zusammenhängen, Wechselwirkungen oder Abhängigkeitsverhältnissen von Einzelbestandteilen des revolutionären Prozesses ermöglichen.

Wir wollen mit der kritischen Sichtung der Kommune-Forschung die Probe auf das Exempel vornehmen. Mit Hilfe der theoretischen Orientierung gliedern wir die Arbeit in drei Teile. Ein erster Teil dient dazu, die Entfaltung des Kapitalismus und die Entwicklung der Gesellschaftsformation während des 2. Empire daraufhin zu untersuchen, ob die vorrevolutionäre Gesellschaft und das bonapartistische Herrschaftssystem durch strukturelle und aktuelle Konflikte belastet ist. Es geht in diesem Teil also um die strukturellen Voraussetzungen für das Aufkeimen des revolutionären Potentials. Auf dieser Basis werden dann die akuten Klassen- und Krisensituationen analysiert, aus denen heraus sich die offene revolutionäre Situation 1870/71 entwickeln konnte. Hier also interessiert die Faktorenkonstellation, die das Revolutionspotential aktualisiert und zugleich determiniert hat. Ein zweiter Teil unternimmt dann den Versuch, auf der Basis dieser Vorarbeit die charakteristische Qualität und die historische Bedeutung der Pariser Kommune einzuschätzen. Abschließend wird dann die Frage nach der Reichweite unseres Ansatzes erneut aufgegriffen. Dabei soll diskutiert werden, inwiefern er sich sowohl für die Gegenwart als auch für Revolutionen, die der Pariser Kommune voraufgingen und unter den Bedingungen einer weniger entwickelten kapitalistischen Gesellschaft stattfanden, anwenden läßt.

II. Strukturen der vorrevolutionären Gesellschaft in Frankreich vor 1870

Revolutionen als Ereignis und Prozeß verstanden, sind historisch spezifisch nur dann zu analysieren, wenn man sie auf das in der vorrevolutionären Gesellschaft strukturell bedingte und damit nicht nur im Bewußtsein, sondern auch objektiv entwickelte Konfliktpotential zurückführt. Folgt man diesem Ansatz, so ist zu klären, welche gesellschaftlichen Prozesse strukturbedingte Konflikte hervorgebracht und geprägt haben. Diese Analyse hat auf unterschiedlichen Ebenen anzusetzen. Das Tempo und Ausmaß, in dem sich die kapitalistische Produktionsweise in Frankreich verallgemeinerte, gibt den Entstehungsgrund von Konflikten an und umreißt deren Physiognomie. Im Bezugsfeld ihrer sozialen Klassen treten uns die in Krisen und revolutionären Situationen Handelnden gegenüber. Im Folgenden wird es darum gehen, für die konkrete Gesellschaftsformation des 2. Empire zu ermitteln, wie weit sich der Antagonismus von Arbeit und Kapital, von Arbeiterklasse und Bourgeoisie bereits herausgebildet hat und wie homogen bzw. heterogen die beiden Klassen in sich waren. Hierzu ist die strukturelle ebenso wie die bewußtseinsmäßige Lage von Arbeitern und Unternehmern herauszuarbeiten. Diese für die Untersuchung der Pariser Kommune unerläßliche Klärung der vorrevolutionären Situation setzt eine zumindest summarische Charakterisierung der wirtschaftlichen Entwicklung Frankreichs voraus. Einige Hinweise auf den Entwicklungsstand des französischen Kapitalismus sollen deshalb vorab zumindest die für die Herausbildung der Konfliktstrukturen wesentlichen Aspekte aufzeigen.

Die neuere wirtschaftsgeschichtliche Forschung hat deutlich gemacht, daß sich im 2. Empire das wirtschaftliche Wachstum beschleunigt und der Durchbruch zum Industriekapitalismus gelingt (Bouvier, 1972; Cameron, 1958; Crouzet, 1972; Fohlen, 1970, Lévy-Leboyer, 1968). Zugleich aber besteht Einigkeit auch darüber, daß die traditionellen ökonomischen und sozialen Strukturen in Frankreich weiterhin ein beachtliches Beharrungsvermögen zeigen. In Bergbau, Eisen- und Textilindustrie nahm die Entwicklung zur konzentrierten Großindustrie in den 60er Jahren deutliche Konturen an (Gillet, 1973; Caron, 1973). Auch zeichnet sich in diesen Sektoren ab, daß die Konkurrenz der in- und ausländischen Großunternehmen alle weiterhin mit traditionellen Produktionsformen arbeitenden Unternehmen ruinieren würde. Diese Entwicklung hin zu einer klaren Scheidung zwischen Kapital und Arbeit betraf allerdings gesamtgesellschaftlich nur einen schmalen Ausschnitt aus der französischen Wirtschaft. Während des 2. Empires hatten sich die großen Kapital- und Produktionseinheiten weder bereits innerhalb dieser drei Industriezweige durchgesetzt, noch alle übrigen Sektoren erfaßt. Im Gewerbe überwog weiterhin die Werkstatt und Fabriken blieben die Ausnahme (Markovitch, 1967). Der handwerklich qualifizierte Facharbeiter prägte weitaus stärker als der ungelernte Industriearbeiter die Arbeiterklasse (Moss, 1975). Im Kleinhandel gab es noch starke Wachstumsimpulse. Insbesondere aber wahrte der Agrarbereich, der nach wie vor die Mehrheit der Franzosen ernährte, auch im 2. Empire seine traditionellen Strukturen. Der Zustrom von ländlichen Arbeitskräften in die Industriezentren blieb ein dünnes Rinnsal(Armengaud, 1961; ders.1972; Corbin, 1975; Vigier 1977). Ja der agrarische Kleinbetrieb erlebte aufgrund der guten Preise für landwirtschaftliche Produkte und der steigenden Kosten für Arbeitskräfte sogar eine Spätblüte (Dupeux, 1962). Insgesamt war der ökonomisch und gesellschaftlich dominante landwirtschaftliche Sektor kaum betroffen vom Siegeszug des Kapitalismus, in dessen Gefolge sich die Polarisierung von Unternehmern und Arbeitern breit machte.

Der Gulliver der großen Industrie zerrte zwar an den Fesseln der ihn hindernden Handwerker, Manufakturunternehmer, Kleinbauern und Kleinhändler, aber er blieb weiterhin außerstande, diese Fesseln zu zerreißen. Wenn sich auf der einen Seite das Aussehen und das Leben der Großstädte entscheidend veränderte, so blieben auf der anderen Seite vornehmlich die ländlichen Regionen Süd- und Mittelfrankreichs vom Atem der neuen Zeit so gut wie unberührt (Sorlin, Bd. 1, 1969). Noch hat sich dank steigender Agrarpreise und Umsätze die landwirtschaftliche Kleinproduktion halten können; noch ist auf der Basis handwerklicher und manufaktureller Produktionsformen eine gewisse Prosperität zu erreichen; noch machen es ländliche Nebenindustrien möglich, daß weiterhin zahlreiche Arbeiter auf dem Land leben. Nach wie vor bilden vor- und frühkapitalistische Wirtschaftsorientierung und Produktionsformen Bastionen gegen einen schnellen Siegeszug des Kapitalismus mit seiner fortschreitenden Konzentration und Zentralisation von Kapital und Arbeit. Es war eben dieses Neben- und Gegeneinander von Tradition und Neuerung, was die Gesellschaftsformation des 2. Empire charakterisierte und in den sozialen und politischen Konflikten deutlich zutage treten sollte.

Im Hinblick auf unsere Prämisse, daß Revolutionen als Phase des Klassenkampfes zu verstehen sind, liefern die bisherigen Feststellungen als ersten Orientierungspunkt eine Warnung. Es wäre falsch, im Falle von Frankreich 1870/71 Klassenkampf im Milieu des vollentwickelten Industriekapitalismus interpretieren zu wollen. Was aber heißt unter den Bedingungen dieser spezifischen Entwicklungssituation Klassenkampf? Erst auf der Basis einer Analyse der Klassenverhältnisse ist es möglich, Klassenkampf in Hinsicht auf eine konkret historische Situation zu analysieren. Die Entwicklung von Bourgeoisie und Proletariat zu antagonistischen Klassen ist logisch mit der Entwicklung des Kapitalismus verbunden. Diese Zuordnung präzisiert jedoch nur die Grundlinien ihres gegenseitigen Abhängigkeitsverhältnisses. Zusätzlich muß das tatsächliche soziale und politische Profil der beiden antagonistischen Klassen der Gesellschaftsformation des 2. Empire nachgezeichnet werden, bevor die akute Klassenkampfsituation anhand der historischen Konfiguration von Konflikten, deren Gegenstand und Auswirkungen untersucht werden kann.

1. Die Bourgeoisie des 2. Empire

Anders als für die Sozialgeschichte der französischen Arbeiterklasse, die im letzten Jahrzehnt einen spektakulären Aufschwung genommen hat, gibt es für die Bourgeoisie in der zweiten Hälfte des 19. Jahrhunderts so gut wie keine Forschungen. Dieser ungleichgewichtige Forschungsstand wirkt sich nachteilig auf die folgende Charakterisierung der sozialen Grundklassen aus. Dort, wo über die Arbeiterklasse differenzierte Aussagen möglich sind, fehlen die erforderlichen Vorarbeiten, um auch für die Bourgeoisie entsprechende Fragen gleichermaßen ausführlich abzuklären. Die unzureichende Literaturlage läßt es aber zumindest ansatzweise zu, die Klassensituation an folgenden zwei Problembereichen zu erfassen: Wir fragen zunächst, ob die Klasse im 2. Empire als strukturelle und politische Einheit in Erscheinung trat. Dann diskutieren wir, ob die Bourgeoisie eine mit dem bonapartistischen Staat versöhnte oder eine ihm entfremdete Klasse war. Zusammengenommen eröffnen diese Untersuchungsansätze die Möglichkeit, die Widerstandskraft des bestehenden Systems und die Durchsetzungsfähigkeit der herrschenden Klasse bzw. deren Verwundbarkeit durch revolutionäre Umsturzversuche zu bestimmen.

a. Die Bourgeoisie als herrschende Klasse

Von Bourgeoisie als herrschender Klasse zu sprechen, ist eine Vorabinterpretation, die hier nicht mehr und nicht weniger besagen soll, als daß es sinnvoll ist, nach der Bourgeoisie als einer zur Klasse zusammengefaßten gesellschaftlich dominanten Gruppierung zu fragen. Der Begriff "Bourgeoisie" wird hier im Sinne von Marx verwandt und faßt alle auf Grund ihres Besitzes im kapitalistischen System Herrschenden zur Klasse zusammen. Dabei trägt die Kategorie "Bourgeoisie" der Tatsache Rechnung, daß im 19. Jahrhundert endgültig der Besitz die frühere ständische Privilegierung von Gesellschaftsgruppen ablöste. Nicht die Unterscheidung nach Adel und Bürgertum, sondern die ökonomische und damit soziale und politische Position im System der kapitalistischen Produktionsweise ist für die Zurechnung zur Bourgeoisie entscheidend (16).

Im Hinblick auf eine Revolutionsanalyse gibt die Frage nach der herrschenden Klasse Aufschluß darüber, wie immun bzw. widerstandsfähig eine bestehende Gesellschaftsordnung gegen revolutionäre Umsturzversuche ist (Labrousse, 1948). Unter diesem Aspekt ist für uns vor allem von Interesse, in welchem Maße die Bourgeoisie als eine Klasse von homogener Einheit anzusehen ist und mit welchem Reibungsverlust das Zusammenspiel zwischen politischem System, Regierungselite und herrschender Klasse funktionierte. Die Krisenjahre 1870/71 und deren Überwindung lassen Spannungen oder auch Konflikte innerhalb der Bourgeoisie und zwischen Bourgeoisie und napoleonischem Herrschaftssystem vermuten. Wir interessieren uns dabei zunächst dafür, ob es aufgrund der bestehenden Produktionsweisen objektive Divergenzen zwischen Klassenfraktionen der Bourgeoisie gegeben hat und wie deren politische Artikulierung aussah.

Die Fraktionierung der Bourgeoisie wird im allgemeinen dort festgestellt, wo das System der Arbeitsteilung Interessengegensätze hervorbringt. Handel und Industrie sind das bekannteste Gegensatzpaar; aber Banken und Industrie sowie die einzelnen Industriebranchen untereinander zeichnen sich ebenfalls nicht durch anhaltende Interessenharmonie aus (17). Die Fraktionierung der Bourgeoisie resultiert allerdings nicht allein aus dem System der Arbeitsteilung. Ein weiterer, speziell für die Dynamik der Entwicklung symptomatischer Faktor der Fraktionierung ergibt sich aus dem System der Konkurrenz. So hatte in Frankreich während des 2. Empire die Expansion der kapitalistischen Produktionsweise in lokal- und branchenmäßig sehr unterschiedlichem Ausmaße die Industriebourgeoisie gegenüber derjenigen Bourgeoisiefraktion gestärkt, die weiterhin der früh- und manufakturkapitalistischen Entwicklung verbunden blieb (18). Manufakturbesitzer und Verleger, die eher durch Arbeitsteilung als durch Maschinisierung Produktivitätsfortschritte erzielten und von ländlicher Nebenindustrie profitierten, Geldverleiher, die sich die Geldnot der Bauern zunutze machten, Grundrentiers, die ihr Land von Pächtern bestellen ließen, Rentiers, die vornehmlich Einkünfte aus Staatsrenten bezogen, sowie Kaufleute, denen eine kaum vom Kapital revolutionierte Distributionssphäre ein gesichertes Auskommen gewährleistete, sie alle sind gewiß einer durch das Kapital geprägten Bourgeoisie zuzurechnen, sofern sie von der gegenwärtigen oder vergangenen Mehrarbeit von Lohnarbeitern profitierten. Doch anders als die Vertreter des Industriekapitals zogen sie ihren Nutzen aus Archaismen.

Diese Bemerkungen dürfen nicht als theoretisch und empirisch abgesicherte Analysen mißverstanden werden. Die sozialgeschichtliche Erforschung der Bourgeoisie im 19. Jahrhundert ist nach wie vor lückenhaft. Der bereits 1960 unternommene Versuch von J. Lhomme, die Jahrzehnte von 1830 - 1880 als Zeit der ökonomischen, politischen und damit auch sozialen Herrschaft der "grande bourgeoisie" zu charakterisieren, wartet noch auf eine dem neuesten Forschungsstand angepaßte Neufassung. Tragfähig bleiben vermutlich die von Lhomme für die Zurechnung zur "grande bourgeoisie" aufgestellten Kriterien, daß diese Personengruppe nicht nur 1. über sehr große Einkommen verfügte, sondern 2. auch ein Arbeits- und nicht ein Rentnerdasein führte und dabei 3. besonders lukrative Tätigkeiten ausübte. Zu überprüfen ist jedoch, ob diese Klasse tatsächlich in der Form hierarchisch strukturiert war, daß Industrielle und Bankiers an der Spitze, die Großkaufleute in der Mitte und die hohen Beamten auf der unteren Stufe der Hierarchie anzusiedeln sind (Lhomme 1960, 17-28). Falsch ist es in jedem Fall, und darauf wurde wiederholt aufmerksam gemacht, wenn Lhomme das Großbürgertum in prinzipielle Opposition zum grundbesitzenden Adel setzt. Eine solche ständische Entgegensetzung der Interessen geht nach A. Daumard schon an der Realität der Juli-Monarchie vorbei, "weil sich zumindest die reichsten Bürger und Adligen die verschiedenen Einkommensquellen teilten" (19). Die Spezialuntersuchungen von A. Daumard über die Pariser Bourgeoisie in der ersten Jahrhunderthälfte und noch stärker die von A.J. Tudesq über die "Notablen" von 1840-1849 zeigen eindeutig, daß Adel und Bürgertum ebensowenig wie Grundbesitzer und Industrie prinzipielle Gegensätze waren, sondern sich im industriekapitalistischen Engagement speziell in Bergbau, Metallurgie und Nahrungsmittelindustrie sehr wohl und sehr häufig ergänzten. Die innerhalb der herrschenden Klasse zutage tretenden politischen und zur Jahrhundertmitte hin zunehmend gewichtigeren wirtschaftspolitischen Meinungsverschiedenheiten gingen vor allem auf regionale bzw. branchenspezifische Interessenunterschiede zurück. Insgesamt wächst auf Kosten der lokalen Notablen der Einfluß der Geschäftswelt mit zunehmender Konzentration der Unternehmen, des Kapitals, der Zuständigkeiten und damit der ökonomischen Macht (Tudesq, 1964, 668). Die Geschichte der herrschenden Klasse während des 2. Empire zu schreiben, ist eine schwierige Aufgabe, an der wir uns glücklicherweise hier nicht zu versuchen brauchen (Ansätze bei Daumard, 1976). Wir beschränken unsere Ausführungen allein auf den für die Analyse der Klassenkampfsituation besonders aufschlußreichen Aspekt, welche Interessendivergenzen innerhalb der Bourgeoisie die Klasseneinheit möglicherweise störten oder sogar sprengten.

Eine geeignete Sonde, um derartige Interessengegensätze innerhalb der Bourgeoisie auszumachen und deren Artikulation und Auswirkungen innerhalb des politischen Systems zu beobachten, liefert die napoleonische Freihandelspolitik (zum Forschungsstand s. Ratcliffe, 1973). 1860 schloß Napoleon III. im Alleingang einen im Stil Metternichscher Geheimdiplomatie ausgehandelten Handelsvertrag mit England und ließ diesem weitere Verträge folgen. Für Napoleon war dieses erklärtermaßen eine Maßnahme, um die kapitalistische Entwicklung voranzutreiben (20). Innenpolitisch bedeutete es ein schwer kalkulierbares Risiko, die Freihandelspolitik ohne Rücksicht auf diejenigen Kreise der Wirtschaft durchsetzen zu wollen, die von den seit 1819 in wachsendem Umfang speziell gegen die übermächtige englische Konkurrenz aufgerichteten Schutzzollmauern profitiert hatten. Wie nicht anders zu erwarten, wirkte der Freihandelsvertrag mit England, der vor 1860 schon mehrmals angestrebt, auf Protest aber jedesmal aufgeschoben worden war, wie ein Stich ins Wespennest (Plessis, 1973, 206 f; Lhomme, 1960, 235-241; Dunham 1930, 123-142). Die Staatstätigkeit geriet frontal in das Schußfeld jener Kapitalfraktionen, die vom status quo alles, von einer beschleunigten Kapitalakkumulation wenig, Verlust oder gar Ruin zu erwarten hatten. Diese industriellen Kreise reagierten prompt. Textilindustrielle aus Rouen sollen im Sonderzug nach Paris gefahren sein, die aus Lille und Roubaix ersuchten vergeblich um Audienz beim Kaiser und beim Staatsminister Rouher (Schnerb, 1949, 107). Die heftige Kritik vor allem der Textilfabrikanten, aber auch derjenigen Hüttenbesitzer, die noch mit Holzkohle arbeiteten, konnte auch dadurch nicht gemildert werden, daß Kreditspritzen als Modernisierungshilfen angeboten wurden (Dunham, 1930, 143-160). Demgegenüber erhielt der Vertrag ungeteilten Beifall bei solchen Industriellen, die bereits über neue und moderne Maschinen verfügten und von der neuen Handelspolitik nur profitieren konnten (21). Diese ökonomische Interessendivergenz schlug sich im Spektrum der politischen Parteien nieder.

Die politische Einheit der Bourgeoisie Anfang der 50er Jahre wurde in den 60er Jahren ganz offensichtlich brüchig. 1863 wurden für die Wahlen zum Corps Législatif immerhin 300 Oppositions-Kandidaten aufgestellt, und zu ihnen zählte nicht nur die politisch breit angelegte Phalanx der Republikaner, sondern außer einer großen Anzahl Legitimisten erstmals auch die bislang nicht in Erscheinung getretenen Orléanisten sowie klerikale bzw. protektionistische Unabhängige (Rémond, 1969, 145 ff). Vergleicht man das Wahlergebnis von 1863 mit dem von 1857, so zeigt der Rückgang der Stimmenthaltungen bei gleichzeitiger Zunahme der oppositionellen Stimmen, daß die Opposition gegen das Regime deutlichere Konturen annahm (nach Plessis, 1973, 209):

Jahr	Stimmenthaltungen	Stimmen für offizielle Kandidaten	Stimmen für Oppositionskandidaten
1857	35,5 %	57,6 %	7,0 %
1863	27,0 %	53,0 %	20,0 %

Die hier angezeigte Entwicklung prägte sich in den folgenden Jahren noch stärker aus, wie die Wahlen von 1869 zeigten. Dabei bezeichnet die sozio-ökonomische Unterscheidung zwischen "alter" und "neuer" Bourgeoisie in etwa die beiden politischen Lager innerhalb der Bourgeoisie. Hinter der schutzzöllnerischen Protestbewegung der Industriellen tauchte die Figur des aus dem Exil heimgekehrten Thiers auf (Schnerb, 1949, 107; Girard, u.a., 1967, IX). Bei den Wahlen von 1869 kandidierten Textilindustrielle vornehmlich als oppositionelle Liberale, worin man "einen Protest gegen die Zollpolitik" sah (Girard u.a. 1967, VI). Demgegenüber waren Industrielle, die mit dem staatlich geförderten Eisenbahnbau verbunden waren, Kandidaten der Regierung. Es wäre allerdings zu kurz gegriffen für die politische Spaltung der Bourgeoisie in ein liberales und ein bonapartistisches Lager einzig und allein den Handelsvertrag verantwortlich zu machen (Jeloubovskaja, 1959, 628 f.). Die Tatsache, daß Schwerindustrielle 1869 sowohl im Lager der Regierung als auch in dem der Opposition zu finden waren, verweist nachdrücklich darauf, daß die politische Parteinahme selten durch einen einzigen Faktor determiniert wird. Im Falle der Schwerindustriellen scheint beispielsweise die grundsätzliche Übereinstimmung mit der "monopolistischen" Politik des Regimes die Haltung der einen, hingegen deren Ablehnung sowie der Protest gegen die Wirtschafts- und Außenpolitik die Haltung des anderen Teils der Schwerindustriellen beeinflußt zu haben.

Insgesamt dürfte es für die Spaltung der Bourgeoisie in eine Regierungs- und eine Oppositionspartei eine erhebliche Rolle gespielt haben, daß auf die ökonomischen Flitterwochen der 1850er Jahre mit ihren steigenden Preisen und Profiten um 1865 relativ magere Jahre folgten, in denen zwar die Industrieproduktion weiterhin wuchs, doch die Preise und offenbar auch die Gewinne stagnierten (22). Die Investitionsneigung der französischen Industrie war nach der zyklischen Krise von 1864 so gering (23), daß sie ab 1867 nur äußerst zögernd zu den bereitstehenden billigen Krediten griff.

Als Ursachen für diese kriselnde Situation sind nicht zuletzt auch die von Zeitgenossen vielfach düster eingeschätzten politischen Perspektiven zu nennen. Napoleons expansive Außenpolitik, seine Forderung nach dem linken Rheinufer, Luxemburg und Belgien sowie die Mexiko-Expedition mit ihren einen Krieg heraufbeschwörenden diplomatischen Begleiterscheinungen blieb keineswegs unkritisiert und schon 1858/60 hatte der Italienfeldzug, der das Bündnis von Thron und Altar gefährdete, zwar den nationalistischen Mittelstand, aber nicht die Bourgeoisie begeistert (Plessis, 1973, 194 f.; vgl. auch Case, 1954).

Die politische Einheit der französischen Bourgeoisie zerbrach in dem Maße wie sich im 2. Empire die politische und wirtschaftliche Großwetterlage verdüsterte und der Staat eindeutig zugunsten der Großindustrie intervenierte. Mit der Trennung zwischen Liberalen und Bonapartisten, Schutzzöllnern und Freihändlern sind Spaltungselemente in der Bourgeoisie benannt. Diese wurden in Auseinandersetzung mit dem politischen System der 1860er Jahre aktuell, deckten aber zugleich eine tieferliegende, durch konkurrierende Produktionsweisen begründete Klassenfraktionierung auf. Gewiß waren innerhalb der Bourgeoisie politische Kontroversen und strukturelle Gegensätze nicht deckungsgleich. Dennoch wäre es lohnend, sehr viel genauer als bisher zu untersuchen, inwiefern die politischen Optionen der Bourgeoisiefraktionen direkt oder indirekt mit Interessenlagen zusammenhingen, die sich aus der Zugehörigkeit zu verschiedenartigen Produktionsformen bzw. zu unterschiedlichen Sparten der arbeitsteiligen kapitalistischen Produktions- und Verwertungssysteme ergaben. Da derartige Untersuchungen noch fehlen, wollen wir unsere bisherigen häufig hypothetischen Bemerkungen dadurch ergänzen, daß wir bei veränderter Fragerichtung das Verhältnis zwischen der herrschenden Klasse und dem politischen System des Bonapartismus näher analysieren.

b. Bonapartismus und Bourgeoisie

Der Bonapartismus wird in Anlehnung an die Marxschen Analysen häufig als Regime charakterisiert, das die verschiedenen Bourgeoisiefraktionen der 2. Republik in dem Moment aus einem politischen Patt herausführte, als dieses für sie angesichts der "roten Gefahr" und der Wirtschaftskrise bedrohlich wurde (24). Das Jahr 1852 war mit seinen ausstehenden Parlaments- und Präsidentschaftswahlen schon lange ein Fixpunkt, dem die Radikalen mit Hoffnung, die herrschenden Orleanisten, Legitimisten und gemäßigten Republikaner mit Furcht entgegensahen. Die Bourgeoisie habe in dieser Situation die Usurpation der politischen Macht durch Napoleon III. akzeptiert, weil er imstande schien, ihr als Klasse den Privatbesitz an Produktionsmitteln zu sichern, während sie selbst zur politischen Herrschaft unfähig, da viel zu heterogen war. Es ist nützlich, diesen tragfähigen Interpretationsansatz in mehreren Aspekten zu differenzieren, um daraus nicht ein allzu simples, gleichsam instrumentelles Verhältnis der herrschenden Klasse zum politischen System abzuleiten.

Hätte die Bourgeoisie tatsächlich ihren politischen Machtanspruch voll und ganz an Napoleon III. abgetreten, um sich ausschließlich der Entfaltung ihrer ökonomischen Macht zu widmen, so würde sie in den zwei Jahrzehnten Bonapartismus zumindest partiell verlernt haben, ihre Interessen auch politisch direkt zu vertreten (Moissonnier, 1973, 165). Träfe das zu, so hätten die Pariser Kommune und die lokalen Kommune-Aufstände von einem solchen Prozeß der politischen Regression der herrschenden Klasse profitieren müssen. Die Versuche, das bestehende System zu revolutionieren, hätten dann zum Gegner eine ökonomisch heterogene und politisch paralysierte Bourgeoisie gehabt. Für eine solche Annahme spricht wenig, wenn man berücksichtigt, daß auch das bonapartistische System mit seiner autoritären Spitze auf eine breit gefächerte Hierarchie von Vollzugsorganen angewiesen war. In diesem weiteren politischen Herrschaftsapparat aber blieb die Bourgeoisie immer präsent.

Industrielle, Kaufleute und Bankiers avancierten zu Senatoren und Conseillers d'Etat und behaupteten damit ihren Einfluß in der Belle Etage des bonapartistischen Institutionenbaus (Plessis, 1973, 49). Die gleiche Gruppe stellte zudem 1852 24 %, 1869 25 % der Abgeordneten des Corps Législatif (ebd., 52). Bereits diese Hinweise raten davon ab, die These von der politischen Abdankung der Bourgeoisie allzu wörtlich zu verstehen und sie auf alle Entscheidungs- und Einflußbereiche auszudehnen (25). Es ist wohl realistischer anzunehmen, daß es keinen radikalen Bruch zwischen der herrschenden und der regierenden Klasse gegeben hat. Zwar beließ der Bonapartismus der Bourgeoisie nicht die volle Verfügung über die politische Macht. Die neue Verfassung hob das Prinzip der Verantwortlichkeit der

Minister vor dem Parlament auf und sah institutionell die Möglichkeit autoritärer Entscheidungen vor. Doch haben die herrschenden Bourgeoisiefraktionen weiterhin via Selbstverwaltungsorgane auf verschiedenen Ebenen aktiv in die Administration ihrer Interessen eingegriffen (26).

Noch ein weiterer Punkt läßt sich als Beleg für die Hypothese anführen, daß das 2. Empire das politische Potential der Bourgeoisie keineswegs verminderte. Die Bourgeoisie hatte nach der Absetzung Napoleons offensichtlich keine Mühe, innerhalb der Bürokratie ein erfahrenes politisches Ersatz- und Zusatzpersonal zu finden, das in seinen Aktionen vor, während und nach der Kommune seine Leistungsfähigkeit unter Beweis stellte. Die ungeachtet aller Veränderungen des politischen Systems anhaltende soziale Kontinuität in den repräsentativen Körperschaften (Conseils généraux, Conseil d'Etat) und im Amt der Präfekten ist inzwischen nachgewiesen worden (Girard u.a., 1967, Wright, 1972; Le Clère/Wright, 1973). Entsprechende Untersuchungen über die Kontinuität in der übrigen Verwaltung, die sich mit deren Struktur und Funktionen ebenso sehr beschäftigen müßten, wie mit deren personeller Ausstattung, fehlen bislang noch. Sie wären nicht zuletzt wichtig im Hinblick auf folgende These von Max Weber, die auch für die Bewertung der Pariser Kommune bedeutsam ist: "Unter allem Wechsel der Klassen in Frankreich seit der Zeit des ersten Kaiserreichs blieb der Herrschaftsapparat im wesentlichen derselbe. Indem dieser Apparat, wo immer er über die modernen Nachrichten- und Verkehrsmittel (Telegraph) verfügte, eine "Revolution" im Sinne der gewaltsamen Schaffung ganz neuer Herrschaftsbildung rein technisch und auch durch seine innere durchrationalisierte Struktur zunehmend zur Unmöglichkeit macht, hat er - wie in klassischer Weise Frankreich demonstriert - an die Stelle der "Revolution" die "Staatsstreiche" gesetzt - denn alle gelungenen Umwälzungen liefen dort auf solche hinaus." (Weber, 728)

Wie immer der Einfluß der Bourgeoisie auf die Regierung von Napoleon III. zur Geltung gekommen sein mag, feststeht, daß das Zusammenspiel zwischen ihnen einer Vernunftehe gleichkam, die von Seiten der Bourgeoisie umso leichter aufkündbar war, als Napoleon weder innerhalb der Verwaltung noch im weiteren Bereich des politischen Systems über eine sichere bonapartistische Anhängerschaft verfügte (Plessis, 1973, 74-78; Zeldin, 1958, bes. 19-27; Mundt, 1973, 230). Für die seit 1830 herrschende Klasse aber war die jeweilige Regierungsform nur von pragmatischem Wert. Sobald zweifelhaft wurde, ob das Regime tatsächlich imstande sei, die Interessen aller maßgeblichen bürgerlichen Kreise zu vertreten, gewann die Forderung nach Restauration der bürgerlichen Freiheitsrechte schnell an Boden und die Kontrolle der politischen Gewalt via Parlament und Öffentlichkeit schien das Gebot der Stunde. Die von Dupeux in seiner Fallstudie über Mittelfrankreich für die 1860er Jahre gemachten Beobachtungen dürften allgemeinere Geltung haben: "Indem die Großbourgeoisie jetzt den Akzent auf die Freiheit setzte, um die sie sich im Augenblick des Staatsstreiches wenig gekümmert hatte, wollte sie ein Aufsichtsrecht über die Regierung zur Geltung bringen, um sich gegen die Überraschungen des persönlichen Regiments vorab zu schützen und die Ausrichtung des politischen Lebens entschiedener zu beeinflussen."(Dupeux, 1962, 429 f.)

Es ist also angebracht, die Bonapartismus - These weiter zu modifizieren. Das Funktionieren eines politischen Systems läßt sich nicht reduzieren auf die ausschließliche Hege und Pflege der für die herrschenden Klassen zentralen Interessen. Denn über die zutreffende Interpretation der zentralen Interessen und über die geeigneten Mittel ihrer politischen Realisierung sind zumal bei einer gewissen Heterogenität der herrschenden Klasse gegensätzliche Ansichten möglich und wahrscheinlich. Wenn der Bonapartismus in den 60er Jahren mit einer sich politisch artikulierenden bürgerlichen Opposition einen Teil seiner sozialen Basis verliert, so zunächst einmal wegen der zunehmenden kontroversen Interpretation des allgemeinverbindlichen "nationalen Interesses".

Das Bild von Napoleon III. als Herrscher der und für die Bourgeoisie hatte während der 50er Jahre relativ glaubwürdige Konturen angenommen. Als Napoleon jedoch in den 60er Jahren zugleich mit der Wende zur pro-monopolistischen Staatsintervention auch seine Politik gegenüber der Arbeiterklasse neu ausrichtete, wuchsen die generellen Zweifel am persönlichen Regiment. Die bonapartistischen Versuche, die Arbeiter für das Regime zu gewinnen, sind ein Beispiel dafür, wie stark das Interesse an Stabilität und Massenloyalität staatliches Handeln mitbestimmt; und zwar selbst auf die Gefahr hin, daß die Interessen der herrschenden Klasse vorübergehend verletzt werden, wenn sich eine Harmonisierung konkurrierender Staatsaufgaben als unmöglich erweist (27). Zur Interpretation dieser Arbeiterpolitik taugen daher Konzepte wenig, die staatliche Gewalt ausschließlich als Instrument der herrschenden Klasse begreifen.

Im ersten Jahrzehnt mischten sich in der bonapartistischen Arbeiterpolitik repressive und paternalistische Maßnahmen (28). Die bereits während der 2. Republik vorgenommene Einschränkung der Freiheitsrechte wußte Napoleon III. auszunutzen und zu verschärfen (29). Außerdem ging unmittelbar nach dem Staatsstreich eine Verhaftungswelle über das Land. Weit mehr als 25.000 Personen wurden im Anschluß an die heftigen Protestbewegungen des Südens, aber auch als vorsorgliche Sicherheitsvorkehrung verhaftet. Diese Maßnahmen und das allgemeine Klima der Angst erstickten weitgehend die politischen Aktivitäten der "démocrates-socialistes" und die 1848/49 aufkommende Arbeiterbewegung (30). Noch im Frühjahr 1858 nahm die Regierung das Orsini-Attentat zum willkommenen Anlaß, durch weitere Verhaftungen die Furcht vor Repressionen erneut anzuheizen (Wright, 1969), bevor 1859 mit der Amnestie die Liberalisierung des Regimes einsetzte. Die gewaltsame Unterdrückung aller sozialpolitischen Bewegungen war aber nicht die einzige Devise. Zugleich sollten unpolitische, korporative Organisationen die materielle Situation der Lohnarbeiter verbessern und damit die Selbstorganisation der Produzenten überflüssig machen (Bernard, 1939; Kulstein, 1969, 84-88, 100 f.). Außerdem arrangierte man massenwirksame Zeremonien, Demonstrationen und Ereignisse, um die den Massen abfällig unterstellte Forderung nach "panem et circenses" zu erfüllen.

Weder Repression noch Paternalismus und partielle Zugeständnisse, blendende Repräsentation und rauschende Feste reichten allerdings aus, um das Regime auf Dauer auch gegenüber der Arbeiterklasse zu festigen oder gar in dieser zu verankern. Letzteres aber war eine in die Verfassung des Empire insofern eingebaute Notwendigkeit, als Napoleon III. mit der Wiedereinführung des allgemeinen Wahlrechts für alle Männer über 21 Jahre, die mindestens 6 Monate an einem Ort ansässig waren, seine Herrschaft durch das Volk legitimieren ließ. Zwar machte er von dem nicht ungefährlichen Instrument des Plebiszits nur 1851 und 1870 mit großem Erfolg Gebrauch. Doch gaben die Wahlen zum Corps Législatif (1852, 1857, 1863, 1869) immer erneut Gelegenheit, die Volksloyalität zum persönlichen Regiment zu prüfen. Stellt man in Rechnung, daß die offiziellen Kandidaten der Regierung im Wahlkampf erheblich privilegiert waren, dann liefert das Wahlergebnis in etwa ein Loyalitätsbarometer, sofern man zu den für die Kandidaten der Opposition abgegebenen Stimmen auch noch die Stimmenthaltungen hinzuzählt. Die Wahlergebnisse zeigen, daß sich 1852 immerhin 44,9 %, 1857 42,5 % 1863 47 % und 1869 54,2 % der Wähler dafür entschieden, nicht die Kandidaten der Regierung zu wählen.

Oppositionskandidaten, die in erster Linie auch von der Arbeiterbevölkerung gewählt worden sind, firmierten zumeist als Republikaner. Die republikanische Opposition, die seit 1857 deutlich im Vormarsch war, konzentrierte sich vor allem auf die Großstädte. Die Zahl der in das Corps Législatif hineingewählten Republikaner stieg immerhin von 4 im Jahre 1852 auf 30 im Jahre 1869 (Zeldin, 1958, 40, 42). Dieses Anwachsen einer politischen Opposition war keineswegs nur konjunkturell bedingt, sondern offenbarte besonders nach 1860 das dem Bonapartismus inhärente Strukturproblem mit aller Schärfe. Auch eine autoritäre Staatsgewalt war nicht imstande, die Harmonisierung von Kapital und Arbeit herbeizuführen. Der Liberale Prévost-Paradol traf den entscheidenden Punkt, wenn er über Napoleon III. sagte "er wird nicht die Armen auf wunderbare Weise entlasten, ohne die Reichen zu vernichten. Er wird nicht zugleich Monsieur Thiers und Monsieur Proudhon sein." (Zit. bei Plessis, 1973, 78) Je stärker das bonapartistische Regime im zweiten Jahrzehnt unter den Druck der liberalen Opposition geriet, desto ausgeprägter wurde bei Napoleon die Bereitschaft, durch liberale Reformen der Opposition Wind aus den Segeln zu nehmen, und vor allem durch substantielle Zugeständnisse an die Arbeiter diese für sein Regime zu gewinnen. Beide Versuche, die soziale Basis seiner Regierung zu erweitern, blieben erfolglos. Während die Entwicklung hin zum "liberalen Empire" zu zaghaft blieb, um den Liberalen ihr Programm abkaufen zu können, gewann Napoleon auch mit dem Gesetz vom 25. Mai 1864, das dem Arbeiter das Koalitionsrecht einräumte, keineswegs die erhoffte Unterstützung der Arbeiter.

Eine heftige Streikbewegung und die allenthalben unternommenen Versuche, dauerhafte Organisationen aufzubauen, waren die direkten Auswirkungen der neuen Arbeiterpolitik. Für eine an Ruhe und Ordnung interessierte Regierung erwies sich mithin die Arbeiterpolitik als ein Bumerang. Da zudem die Bourgeoisie mit den offenen Arbeitskämpfen das längst gebändigt geglaubte "rote Gespenst" erneut zu bedrohlicher Kraft gelangen sah, begegnete auch sie der liberalen Arbeiterpolitik mit lebhafter Opposition, was sich wiederum ruinös auf die soziale und politische Basis des Regimes auswirken mußte.

Was die sozialpolitische Neuorientierung des Bonapartismus zusammen mit der dadurch freigesetzten Streik- und Organisationsbewegung der Arbeiterschaft für die politische Einheit der Bourgeoisie und für das Verhalten der Bourgeoisie zum bonapartistischen Regiment bedeutet hat, läßt sich auf der Basis der bisherigen Forschung nicht eindeutig entscheiden. Wenn V. Hunecke fordert "die Politik der herrschenden Klassen in ihrer Determinierung durch die sozialen Massenbewegungen zu erkennen", und für das Ende der 1860er Jahre die Politik durch die "globale Bedrohung der Interessen der Bourgeoisie" bestimmt sieht (Hunecke, 1974, 91), dann geht diese These von der richtigen Einsicht aus, daß eine agierende und organisierte Arbeiterklasse die Verwertung von Kapital erschwert und deshalb Gegenmaßnahmen der Kapitalisten herausfordert. Nur ist mit dieser These noch nichts ausgesagt über das Definieren der essentiellen Kapitalinteressen und deren Umsetzung in politische Maßnahmen. Es ist zumindest wahrscheinlich, daß die staatlichen Instanzen bei der Auseinandersetzung mit den sozialen Massenbewegungen Zielkonflikte zwischen Stabilitäts-, Massenloyalitäts- und Verwertungszwängen zu lösen hatten.

Darüber hinaus ist zu fragen, ob die Bourgeoisie in den 60er Jahren einheitlich auf die Massenbewegungen reagierte. Gewiß scheint den Forschungen von J. Bouvier und A.-J. Tudesq zufolge Sozialkonservativismus innerhalb der Bourgeoisie seit langem vorherrschend gewesen zu sein (Tudesq, 1964; Bouvier, 1953 und 1958). Das Ausmaß und die politische Ausrichtung der Revolutionsfurcht könnte aber dennoch bei der Industriebourgeoisie anders ausgeprägt gewesen sein als bei der mit früh- und manufakturkapitalistischen Entwicklungsstadien verbundenen Bourgeoisie.

Aussagen über den Zusammenhang zwischen Revolutionsfurcht in der herrschenden Klasse und Funktion von staatlicher Repression machen erhebliche methodische Schwierigkeiten. Man kann zwar davon ausgehen, daß die Furcht vor der "roten Gefahr" seit dem Lyoner Aufstand von 1834 und der Pariser Junischlacht von 1848 in der Bourgeoisie lebendig war (Bezucha, 1974, 180 ff.; Price, 1972, 128-154). Damit ist jedoch noch nicht bekannt, welches die Anlässe sind, in denen sich diese Furcht aktualisiert und manifestiert, und welches dann die angeforderten und tatsächlich ergriffenen Maßnahmen sind, um die Unruhestifter zu pazifizieren. Gerade für die Analyse des politischen Verhaltens der Bourgeoisie zu Ende des 2. Empire muß gefragt werden, ob bereits die Streikbewegung vor 1870, die Aufstände in einigen Provinzstädten nach dem 2. September 1870 oder aber erst die Pariser Kommune jene Revolutionsfurcht für die Regierenden zu einem gewichtigen und ernst zu nehmenden Faktor der Politik gemacht haben, dessen Vorhandensein Dupeux in seiner Fallstudie attestiert (31).

Möglicherweise lassen sich die blutige Niederschlagung der Streiks in La Ricamarie (13 Tote) und Aubin (14 Tote) im Sommer 1869 und die drei Prozesse gegen die Führer der Internationale in Frankreich 1868 und 1870 als ein Versuch der Regierung interpretieren, ihren arbeiterfreundlichen Sündenfall vergessen zu machen. Diese erneut repressive Wendung des Bonapartismus gegen die Arbeiterbewegung drückt zwar objektiv durchaus den Klassencharakter des Regimes aus, doch läßt sich ihre politische Funktion gewiß nicht ausschließlich auf die Stabilitätssorge des Kapitals reduzieren. Denn gerade in dieser Zeit wurden in der republikanisch-liberalen Publizistik aber auch in Unternehmerkreisen Stimmen laut, die die Stabilisierung der Verhältnisse nicht in der autoritären Repression, sondern in der partnerschaftlichen Integration der Arbeiter suchten (L'Huillier, 1957, 73-78). Dagegen ließe sich die überraschende Mehrheit, die das Empire im Plebiszit vom Mai 1870 gewann, auch als Vertrauensbeweis für ein Regime interpretieren, das sich auf seine Initialfunktion besonnen und den Arbeitskämpfen Paroli geboten hat (Dupeux, 1962, 429). Leider ist das Ergebnis des Plebiszits aufgrund der Doppeldeutigkeit der gestellten Frage, derzufolge ein Ja entweder eine generell positive Haltung zum Regime oder aber nur zu dessen liberaler Entwicklung bedeuten konnte, politisch nicht eindeutig zu interpretieren. Immerhin dokumentieren die 1.582.000 Nein-Stimmen des Plebiszits, daß es im Jahre 1870 keineswegs eine einheitliche Option für das Regime gegeben hat (Rémond, 1969, 198-200, Zeldin, 1963, 153-167).

Nimmt man alle Probleme zusammen, die die Allianz zwischen Bourgeoisie und Bonapartismus belasteten, so ergibt sich als Fazit, daß am Ende des autoritären Regimes innerhalb der Bourgeoisie über der Freihandels-, Außen- und Arbeiterpolitik Kontroversen aufbrachen, die die Einheit der 1850er Jahre zerstörten. Ihren politischen Niederschlag fand diese Entwicklung im geteilten politischen Engagement der Bourgeoisie, die auf der einen Seite nach wie vor im bonapartistischen Lager stand, auf der anderen Seite aber das teils oppositionelle liberale und das republikanische Lager vorzog. Napoleons Versuch, die soziale Basis seiner Herrschaft nach links zu erweitern, brachte keinen durchschlagenden Erfolg (32). Das 2. Empire scheiterte bei dem Vorhaben, sich gleichzeitig auf eine einheitliche Bourgeoisie zu stützen, kapitalistisches Wachstum zu fördern und Pazifizierung sowie materielle Besserstellung der arbeitenden Massen zu realisieren. Napoleon konnte weder genug Thiers sein, um dessen schutzzöllnerische und liberale Freunde für sich zu gewinnen, noch Proudhon ersetzen, um dessen Anhänger für seine Sache zu mobilisieren. Als der Bonapartismus überdies im deutsch-französischen Krieg von 1870 seine außenpolitisch-militärische Unfähigkeit unter Beweis stellte, fielen ohne Zögern auch jene von ihm ab, die bis dato ihre materielle Existenz mit der des Empire verknüpft hatten. Das Regime verschwand, wie Rémond bemerkt (Rémond, 1969, 200), ohne daß sich eine Stimme zu seiner Verteidigung erhob.

2. Die Entwicklung der Arbeiterklasse

a. Die Arbeits- und Lebensverhältnisse

Im entfalteten Kapitalismus müssen revolutionäre Bewegungen, die explizit oder auch nur implizit auf die Überwindung der strukturellen gesellschaftlichen Antagonismen abzielen, in der Arbeiterklasse verankert sein, um überhaupt erfolgreich sein zu können. Voraussetzung dafür, daß diese Klasse ein revolutionäres Potential herausbildet, ist nach unserer Revolutionsdefinition das Entstehen einer strukturell einheitlichen Arbeiterklasse und deren bewußtseinsmäßige und organisatorische Vorbereitung zu klassengemäßem politischen Handeln. Als Vorstudie für die Analyse einer Revolution des 19. Jahrhunderts ist daher zu klären, ob Lohnarbeiter in großer Zahl für revolutionäre Massenaktionen hätten aktiviert werden können und welches die möglichen Ziele und Mittel derartiger Aktionen waren. Eine solche Untersuchung muß ansetzen bei der für Arbeiter je aktuellen Arbeits- und Lebenssituation und deren Entwicklung, da es diese Situation ist, die das politische Handeln von Arbeitern herausfordert und konditioniert. Im folgenden werden wir genauer untersuchen, welche Bedingungen die Mobilisierung der Arbeiterklasse begünstigten bzw. verhinderten. Später wird am Beispiel der Pariser Kommune zu überprüfen sein, ob in einer konkreten Krisensituation die strukturellen Gegebenheiten tatsächlich aktualisiert und für die Träger der Revolution handlungsbestimmend wurden.

Vorab ist es nützlich, daran zu erinnern, daß während des 2. Empire trotz der beschleunigten Entwicklung des Kapitalismus die Arbeitssituation für die Mehrzahl der gewerblichen Lohnarbeiter keineswegs bereits durch die große Industrie bestimmt wurde (33). Noch zählten zu der äußerst heterogenen Arbeiterschaft der Industriearbeiter ebenso wie der Heimarbeiter, der ausschließlich gewerblich Tätige ebenso wie der halb gewerblich, halb landwirtschaftlich tätige Arbeiter (34), der Lohnarbeiter ebenso wie der teilweise bzw. zeitweilig Selbständige, der Handwerker ebenso wie der angelernte oder ungelernte Arbeiter (35). Unter diesen Voraussetzungen war Homogenität der Interessen innerhalb der Arbeiterschaft ebenso wenig wahrscheinlich wie eine Aktionseinheit der Klasse. Die unterschiedlichen Gruppen von Arbeitern sind in Zahlen kaum zu erfassen. Für das Ende des 2. Empire wird die gesamte Industriearbeiterbevölkerung auf ca. 9 Millionen Personen, also rund 1/4 der Gesamtbevölkerung geschätzt. In den Großstädten stellten allerdings die Arbeiter mit ihren Familien 40-60 % der Gesamtbevölkerung (Sorlin, 1969, 163, 118 f.).

Nach der Berufszählung von 1866 setzten sich die Erwerbstätigen noch immer zu fast 2/3 aus "patrons et isolés" und nur zu 1/3 aus Arbeitern, Angestellten und Arbeitslosen zusammen (36). Die Mehrzahl der Arbeiter war nicht in der gewerblichen, sondern nach wie vor in der agrarischen Produktion beschäftigt; 3.131.000 in Landwirtschaft, 4.237.000 in der Industrie und 3.260.000 im Dienstleistungsbereich (Toutain, 1963, Tab. 61-63). Die gewerblich tätigen Arbeiter verteilten sich ungefähr folgendermaßen auf die einzelnen Industriebranchen: Textil = 54 %, Holz = 13 %, Bau und Metall = je 11 % Bergbau = 4,5 %, Papier/Chemie und Nahrungsmittel = je 3 % (ebd. Tab. 77). Die Struktur der einzelnen Branchen ist aufschlußreich für die vorherrschende Betriebs- und Arbeitsorganisation. Nimmt man das Verhältnis der Unternehmer zur Gesamtzahl der Beschäftigten eines Industriezweiges als Indikator für diesen Zusammenhang, so waren 1866 nur die Bereiche Metall (Hütten und Verarbeitung) mit 4,2 %, Chemie (inkl. Tabak und Gummi) mit 9,7 %, Papier/Druck mit 10,4 %, Bergbau mit 17 % und Textil (ohne Bekleidung) mit 7,4 % Unternehmern zumindest teilweise großbetrieblich und arbeitskräfteintensiv organisiert (ebd. Tab. 99, 111, 108, 117). In allen übrigen Industrien kamen im Durchschnitt auf 1 Unternehmer höchstens 3 sonstige Arbeitskräfte. Was die Qualifikationsstruktur anbelangt, so schätzt M. Perrot, daß es im letzten Drittel des Jahrhunderts in der Industrie 30-35 % Facharbeiter, 40-45 % angelernte Arbeiter und 20 % Hilfsarbeiter gab (Perrot, 1974, 340 ff.). Für die Zeit von 1850-1870 ist wohl mit einem größeren Anteil von Facharbeitern zu rechnen.

Gewerbliche Frauen- und Kinderarbeit sind in den offiziellen Statistiken, u.a. wegen der Schwierigkeit, die "mithelfenden" Familienangehörigen zu erfassen, schlecht dokumentiert. Immerhin wurden schon 1847 in Betrieben mit mindestens 10 Beschäftigten, die also nicht in einen Haushalt integriert gewesen sein dürften, neben 670.000 Männern auch 254.000 Frauen und 130.000 Kinder gezählt (Dupeux, 1974, 132). Um die Jahrhundertmitte waren rund 30 % aller Erwerbstätigen und 30 % aller Industriebeschäftigten Frauen, ein Anteil, der bis 1900 kontinuierlich stieg. Die nach der Berufszählung von 1866 in der Industrie beschäftigten 1.269.700 Frauen dürften wohl ausnahmslos Lohnarbeiterinnen gewesen sein. Rund 85 % von ihnen arbeiteten in der Textil- und Bekleidungsindustrie. In letzterer stellten sie 78 %, in der Textilindustrie 45 % aller Beschäftigten (37). Für Industriearbeiterinnen gab es bis zum Ende des 2. Empire keine besonderen Schutzbestimmungen. Als Preis für ihre Arbeit wurde generell weniger als die Hälfte des Männerlohnes bezahlt (Guilbert, 1966, 17, 23 f.). Das Lohngefälle erreichte seinen Tiefstand bei der Kinderarbeit. Kinder als Lohnarbeiter waren dem "freien Spiel der Kräfte" erbarmungslos ausgeliefert; das völlig unzureichende Schutzgesetz von 1841 blieb nur papierne Proklamation (38).

Diese Zahlen liefern Anhaltspunkte für die Entwicklung der gewerblichen Lohnarbeiterschaft bis zum Ende des 2. Empire. Sie sagen allerdings noch wenig aus über deren Arbeits- und Lebenssituation. Informationen über die Bedingungen der proletarischen Existenz im 19. Jahrhundert sind nach wie vor am besten anhand der Indikatoren Lohn, Arbeitslosigkeit, Arbeitszeit und schließlich - allerdings schon weniger zufriedenstellende - der Wohnverhältnisse aufbereitet worden. Es wäre jedoch notwendig, die ohnehin spärlichen Kenntnisse über die Arbeits- und Lebenssituation jeweils auf die verschiedenen Phasen des individuellen Lebens- bzw. Familienzyklus von Arbeitern zu beziehen, um so die zusätzlich zu allen konjunkturellen Wechselfällen typischen Krisenzeiten in einem Arbeiterleben abzustecken. Eine solche Annäherung an die konkreten Lebensverhältnisse ist bei dem derzeitigen Stand der Forschung nicht möglich. Wir arbeiten daher im folgenden mit den oben genannten sehr groben Indikatoren, die statt Entwicklungen der Arbeiterklasse, eher Entwicklungen in ihr anzeigen.

Die Frage, ob der Reallohn der Arbeiter während des 2. Empire im Zuge der beschleunigten Entfaltung des Kapitalismus anstieg oder fiel, läßt sich auch heute noch nicht eindeutig beantworten (39). Rougerie kommt in seiner Studie über den Reallohn von Pariser Arbeitern zu dem Schluß, daß das Elend zwar fortbestand, die materielle Situation sich aber im Schnitt nicht verschlechterte. Von einer absoluten Verelendung könne also keine Rede sein (40). Demgegenüber gelangt G. Dupeux zu weitaus optimistischeren Ergebnissen, wenn er für die Zeit von 1853 bis 1868/71 im Departement Loir-et-Cher einen Anstieg des Reallohns bei Landarbeitern um 33 %, bei Bauarbeitern um 30 % und in der Kleinindustrie um 27 % errechnet (Dupeux, 1962, 276; ders. 1974, 138). Sehr viel zurückhaltender beurteilt schließlich P. Pierrard die Lohnentwicklung in Lille. Dort soll der männliche Durchschnittslohn zwischen 1852 und 1870 zwar schneller als die Getreide- und Brotpreise gestiegen, aber hinter den Bohnen-, Fleisch-, Eier- und Kartoffelpreisen zurückgeblieben sein. In Lille muß daher ebenso von einer Verschlechterung der materiellen Situation der Arbeiter gesprochen werden, wie in Grenoble, wo gegen Ende des Empire die Lohnerhöhungen mit den steigenden Lebenshaltungskosten nicht Schritt halten konnten (Pierrard, 1965, 507; Léon, 1954 b).

Die lokalen bzw. regionalen Untersuchungen machen bereits deutlich, daß das durch den Verkauf der Arbeitskraft gefristete Leben in jedem Fall ein Leben in Armut war, aber dennoch eines auf höchst unterschiedlichem Niveau der Armut und mit höchst unterschiedlicher Entwicklungsperspektive. Die Lebensbedingungen der Arbeiter differieren nicht nur je nach ihrem Platz in der Lohnhierarchie, sondern auch je nach Industriebranche. Während beispielsweise die Reallöhne der Bergarbeiter konstant blieben oder anstiegen, sanken die der heimgewerblichen Weber in der gleichen Zeit unter das Existenzminimum (41).

Selbst eine differenzierende Analyse der Lohndaten erfaßt die Einkommensverhältnisse jedoch nur unzureichend, solange die Beschäftigungsdauer pro Jahr unbekannt bleibt. Die notwendige Gegenüberstellung von Lohndaten und Arbeitslosenziffern scheitert weitgehend daran, daß Angaben über Beschäftigungsquoten in Frankreich äußerst spärlich sind. Bruhat u.a. halten es für wahrscheinlich, daß Arbeiter in Paris in der Regel drei bis vier Monate arbeitslos waren, wobei die saisonbedingte Arbeitslosigkeit im Bekleidungs- und Baugewerbe besonderes Gewicht gehabt haben dürfte (Bruhat u.a. 1971, 29). Konjunkturelle Arbeitslosigkeit, in den 60er Jahren vor allem in der Textilindustrie weit verbreitet (42), lastete als latente Bedrohung auf jeder Arbeiterexistenz. Sie bedeutete krasse Not auch dann, wenn sie den hausindustriellen Produzenten, die nach Stücklohn bezahlt wurden, in Gestalt der anhaltenden Unterbeschäftigung aufgezwungen wurde.

Der Kampf um den Lohn verschränkte sich mit dem Kampf um den Arbeitstag, sobald in der zentralisierten Produktion der Lohnarbeiter seine frühere relative Zeitautonomie verloren hat. Der gesetzliche 12-Stunden-Tag war daher nicht von ungefähr eine Errungenschaft der Revolution von 1848, die allerdings ihrer Zeit vorauseilte und mit der Restauration der Verhältnisse rückgängig gemacht wurde. Während des 2. Empire lag die Arbeitszeit selten unter 11 und häufig höher als 12 Stunden. Ganz offensichtlich hing die tatsächliche Länge des Arbeitstages - und die Auseinandersetzungen um die Arbeitszeit in der 2. Hälfte des 19. und im 20. Jahrhundert bestätigen diese Annahme - vom gesellschaftlich-politischen Durchsetzungsvermögen der Arbeiter ab. In der Streikbewegung der 1860er Jahre war die Verkürzung der Arbeitszeit eine der häufigsten Forderungen (43).

Für die Arbeitssituation ist die Länge des Arbeitstages indes erst dann wirklich aufschlußreich, wenn zugleich die Intensität und die Bedingungen der Arbeit bekannt sind. Technologische und organisatorische Innovationen steigerten nach 1850 die Arbeitsproduktivität pro Arbeiter erheblich. Welche Veränderung der Arbeitssituation sich hinter diesem Zuwachs verbirgt, läßt sich nur im Einzelfall ausmachen. Der generell im 2. Empire festzustellende Übergang vom Tages- zum Leistungslohn war gewiß die einschneidendste Maßnahme, um die Intensität der Arbeit zu erhöhen. Ob demgegenüber die Maschinisierung im einzelnen die Arbeit erleichterte oder erschwerte, bedarf der Detailstudien, die kaum verfügbar sind (44). Sicher ist jedoch, daß die Umstellung von Hand- auf Maschinenarbeit dem Arbeiter nicht nur neue Arbeitstechniken, sondern auch ein neues Arbeitsverhalten abverlangte und damit erhebliche Probleme des Umlernens mit sich brachte (vgl. Melucci, 1976).

Eines der für die allgemeine Lebenssituation der Arbeiter gravierendsten Probleme scheinen die Wohnverhältnisse gewesen zu sein. Das über die Jahrhundertmitte hinausreichende schnelle Städtewachstum (45) sprengte die Kapazitäten der alten Städte. Die einsetzende Sanierung der Großstädte, Haussmanns Aktivitäten in Paris sind nur die bekanntesten, trug in einer Hinsicht dazu bei, die Städte an diese neue Situation anzupassen (Pinkney, 1958). Sie bewirkte aber zugleich, daß die sozial durchmischten Stadtkerne aufgelöst und reine Arbeiterviertel den Bürgervierteln gegenübergestellt wurden. Zudem hat L. Chevalier für Paris festgestellt, daß der Bauboom hauptsächlich die Bürgerviertel, das Bevölkerungswachstum dagegen die Arbeiterviertel betraf (Chevalier, 1950). Dementsprechend haben vor allem Arbeiterfamilien mit Wohnraumknappheit, Überbevölkerung der Wohnungen, unzureichenden sanitären Einrichtungen und hohen Wohnungsmieten zu kämpfen. Infolgedessen lag die Sterblichkeitsrate, und zumal die der Kindersterblichkeit, in den Arbeitervierteln weit über denen der bürgerlichen Viertel (Armengaud, 1976, 199 f., Sorlin, 1969, 124 f.). Die Wohnprobleme scheinen im übrigen nicht nur auf die schnell anwachsenden Städte beschränkt gewesen zu sein. Dort, wo in ländlichen Regionen Industriezentren entstanden, stiegen die Wohnkosten rapide. Nach R. Trempé erhöhten sich beispielsweise im Bergbaugebiet Carmaux die Durchschnittskosten für ein Haus von 1866 bis 1876 um 92 % (Trempé, 1975, 244; vor allem dies., 1971, 238-286). Besonders katastrophal waren die Wohnprobleme für Arbeiter, die kurz- oder langfristig keinen Verdienst hatten, also für alle Neuankömmlinge in der Stadt, für alle arbeitsuntüchtigen Personen und für alle diejenigen, die in konjunkturellen Krisen ihren Arbeitsplatz verloren hatten und nicht aus einem Sparguthaben die laufenden Kosten bestreiten konnten (Murard/Zylberman, 1976, 49 ff.).

Beurteilt man die proletarische Lebenssituation allein anhand der bislang diskutierten objektiven Kriterien, so scheint das nach wie vor miserable Leben unter harten Arbeitsbedingungen während des 2. Empire eher eine Tendenz zum Besseren, denn zum Schlechteren gehabt zu haben. Gewiß hat Napoleon III. sein vor der Februarrevolution proklamiertes Programm der Auslöschung des Pauperismus während seiner Regierungszeit auch nicht annähernd realisieren können. Dennoch hat sich seit dem Ende der 1850er Jahre das für die Arbeiterbevölkerung repräsentative Existenzminimum im Niveau deutlich angehoben.

Die Lage der Arbeiterklasse in der Gesellschaft des 2. Empire bliebe allerdings unzureichend charakterisiert, würde man nicht die Situation der Armen und Reichen, der Lohnarbeiter und Unternehmer zueinander ins Verhältnis setzen und messen. Eben dieser Abstand zwischen proletarischer und großbürgerlicher

Existenz aber vergrößerte sich deutlich. In den Städten demonstrierte der Kontrast von Villen- und Arbeitervierteln anschaulich, wie der gesellschaftliche Reichtum sich extrem ungleich verteilte (Sorlin, 1969, 122-24, 153 f.). Greift man auf die gewiß in manchem korrekturbedürftigen, aber in der Aussagetendenz wahrscheinlich treffenden Zahlen von F. Simiand zurück, so stieg zwischen 1850 und 1870 der Reallohn von Index 100 auf 128, doch der des Profits von 100 auf 386 (46). Ein noch beredteres Zeugnis ergibt sich aus der systematischen Analyse von Nachlaßverzeichnissen. Eine solche von F.P. Codaccioni vorgenommene Untersuchung für Lille kommt zu folgender prozentualen Verteilung des Gesamtwertes der Erbmasse im Verhältnis zum Prozentsatz der Verstorbenen pro Gesellschaftsklasse (Zit. nach Plessis, 1973, 157)

	1821		1856 bis 1858		1873 bis 1875	
	Verstorbene	Erbmasse	Verstorbene	Erbmasse	Verstorbene	Erbmasse
Herrschende	7,06	57,6	8,1	89,9	9,07	89,82
Mittelklasse	30,74	40,9	32,4	9,5	23,35	9,94
Unterklasse	62,19	1,4	59,4	0,4	67,55	0,23

Diese Statistik besagt, daß sich im zweiten Drittel des 19. Jahrhunderts der Besitz in den Händen der Herrschenden zunehmend konzentrierte, Bürger und Adelige, nicht jedoch Arbeiter und Angestellte die Nutznießer der kapitalistischen Entwicklung waren. Diese eindeutige Aussage schränkt auch A. Daumards richtiger Hinweis nicht ein, daß speziell für die Unterklassen die tatsächlich vererbten Werte noch kein vollwertiger Indikator für den Lebensstandard sind, da bei zusätzlichem Einkommen zunächst einmal die Gegenstände und Mittel des täglichen Konsums verbessert worden sein dürften (Daumard u.a., 1973, 122 f.; 155 - 157).

Die bislang diskutierten objektiven Kriterien, erfassen - auch wenn sie etwa um die Gesundheitsverhältnisse ergänzt würden - die Situation der Arbeiterklasse nur zu einem Teil. Zur Analyse der Lage der Arbeiterklasse gehört notwendigerweise auch die Frage, ob die Arbeits- und Lebenssituation als erträglich oder unerträglich wahrgenommen, erfahren und angesprochen wurde. Um mit M. Perrot zu sprechen: "Man weiß seit langem, daß nichts stärker gesellschaftlich vermittelt ist als ein Bedürfnis. Soziale Unzufriedenheit kann auch nichtökonomische Gründe haben: Wird sie gefühlt, vorgestellt, so hat sie ebenso viel Dynamik. Antriebe und Frustrationen sind integraler Bestandteil der Arbeiterbewegungen: ihre Geschichte ist auch die des Wunsches." (Perrot, 1974, 64)

b. Die Mobilisierbarkeit und Mobilisierung der Arbeiterklasse

Um für das Ende des 2. Empire festzustellen, welches Handlungspotential die Arbeiterklasse im Zuge der Entwicklung der Produktions- und Klassenverhältnisse ausgebildet hatte, orientieren wir uns an zwei Fragen: In welcher Situation befanden sich Arbeiter, die zur Durchsetzung ihrer gemeinsamen Interessen Aktionen starteten; welche organisatorischen und bewußtseinsmäßigen Folgen hatten Aktionen, die in definierten Situationen unternommen wurden?

Um dies zu klären, ist die spezielle Kampfform des Streiks besonders geeignet. Denn Streik ist diejenige Form der Auseinandersetzung, in der der Gegensatz zwischen Kapitalisten und Proletariern und damit die klassenmäßige Grundlage der kapitalistischen Produktionsweise selbst direkt im Zentrum des Konfliktes steht. Mit der Analyse von Streiks läßt sich daher erfassen, welches Bewußtsein die Arbeiter von ihren Interessen und vom Klassengegensatz haben. Zudem bietet sich der Streik speziell für das 2. Empire als Untersuchungsgegenstand an. Da die Arbeiterorganisationen zu Beginn des Syndikalismus noch wenig entwickelt und damit außerstande waren, die Aktionen der Arbeiter durch organisatorische Strukturen, Strategien und Taktiken von Gewerkschaften und Parteien zu kanalisieren, traten im Streik die Dispositionen der Arbeiter viel deutlicher zutage als später. Deshalb gilt das Urteil von M. Perrot besonders für diese Zeit: "Als wichtigste Form der Arbeiterbewegung ist der Streik der direkte, unvermittelte Ausdruck der Unzufriedenheit oder der Hoffnung von unten." (Perrot, 1974, 424). Schließlich wird mit der erstmaligen Legalisierung von Koalitionen und Streiks im Jahre 1864 das späte 2. Empire zur Blütezeit des Streiks.

Trotz des strikten Verbots fehlten Streiks auch vor 1864 keineswegs, wie die zahlreichen Gerichtsverfahren wegen Mißachtung des Koalitionsverbotes bezeugen (47). Doch gab erst die Aufhebung des Koalitionsverbotes 1864 den Startschuß für eine umfangreiche und vehemente Streikbewegung, deren Ablauf sich mit den von M. Perrot (48) ermittelten Zahlen nachzeichnen läßt:

Jahr	Zahl der Streiks	Umfang (Streikende)	Durchschnittsumfang (Z/U)
1864	110	19.740	179
1865	58	27.645	476
1866	52	14.037	269
1867	76	32.074	422
1868	58	20.304	350
1869	72	40.625	564
1870	116	88.232	760

Das Ausmaß der Streikbewegung erreichte in den beiden Jahren vor der Pariser Kommune einen Gipfel, der bis 1914 nicht wieder erklommen wurde. Die schnelle Ausdehnung der Streiks ging einher mit deren wachsendem Erfolg. Wurden 1864 63 % und 1866 50 % der Arbeitskämpfe mit der Erfüllung der Streikziele bzw. mit einem Kompromiß beendet, so waren es 1869 80 % und 1870 78 % (Perrot, 1974, 66).

Die Breitenwirkung der Streiks sollte indes nicht überschätzt werden. Denn vor 1870 kam auf 186 in der Industrie beschäftigten Personen nur ein Streikender (ebd., 53). Gleichzeitig lag die durchschnittliche Beteiligung an den Arbeitskämpfen im 2. Empire aber sehr hoch. Mit durchschnittlich 760 Teilnehmern pro Streik erzielte die Streikbewegung in den Jahren 1864 bis 1870 einen in der französischen Streikgeschichte bis 1914 einmaligen Rekord (ebd. 49). Die einzelnen Industriebranchen wurden von der Streikbewegung unterschiedlich betroffen. Die meisten Streiks gab es im Bereich Textil und Bekleidung. Diesem folgte im kurzen Abstand die Holz-, Stein- und Bauindustrie sowie die Metallbranche (ebd., 66).

Ausgehend von diesen Streiks und deren Teilnehmern wollen wir im folgenden nach den Bedingungen fragen, unter denen im 2. Empire Arbeiter mobilisierbar waren. Mit den Streikenden erfassen wir die aktivsten Arbeiter. Sie sind es, die Ende der 60er Jahre den Streik als erfolgreiches Mittel der Interessendurchsetzung einüben und durch die Breitenwirkung der Streiks eingeleitete Lernprozesse verallgemeinern und vorantreiben können. Ganz offensichtlich gewinnen die Arbeiter in dieser Streikbewegung zunehmend bessere Einsichten in ihre Lage und zugleich Erfahrungen mit den Mitteln und Wegen, diese radikal zu verändern. Uns interessiert zunächst, inwiefern das Handeln als Klasse abhängt von der Physiognomie der Arbeiterschaft. Bei dieser Analyse beziehen wir die Streikbereitschaft zunächst auf die Konzentration der Produktionsmittel, d.h. Betriebsgröße, dann auf die Qualifikation der Arbeit und schließlich auf die Mobilität bzw. Herkunft der Arbeiter. Diese drei Bezugspunkte halten wir, was im einzelnen zu erläutern sein wird, für brauchbare Indikatoren des je erreichten Entwicklungsstandes. Wir sind uns dabei bewußt, daß das Ergebnis der folgenden Untersuchung tendenziell zu optimistisch sein wird, weil die Streikenden unter den Arbeitern in der Minderheit blieben, wir aber das Gros der Nichtstreikenden nicht berücksichtigen können.

Die Betriebsgröße, ihrerseits der direkte Ausdruck der Konzentration der Produktionsmittel, ist als Indikator interessant, weil die Bedingungen des modernen Arbeitskampfes erst mit der großen Industrie geschaffen worden sein sollen. Sicher ist, daß die großindustrielle Form der Kapital- und Betriebsorganisation das Abhängigkeitsverhältnis zwischen Lohnarbeiter und Unternehmer entpersönlicht und daß Aktionen zur Verbesserung der Arbeitssituation gleichzeitig von der Mehrzahl der Arbeiter getragen werden müssen. Nur als massenhafte Aktionen haben sie Aussicht auf Erfolg. Haben diese neuen Arbeitsbedingungen nun die Chancen für einen erfolgreichen Arbeitskampf erleichtert oder erschwert?

Zunächst einmal ist im 2. Empire zwar die Zahl der Industriearbeiter gestiegen (49), doch dominieren zahlenmäßig weiterhin die Arbeiter der handwerklichen Kleinbetriebe. Für diese Kleinbetriebe glaubt man zumeist eine gewerkschaftlich und politisch zurückhaltende Arbeiterschaft annehmen zu sollen, da dort die lückenlose Überwachung, die Isolierung von anderen Arbeitern und die paternalistische Ideologie der Unternehmer alle Arbeiteraktivitäten unterdrücken. Eine empirische Untersuchung der Mitte der 60er Jahre einsetzenden Streikbewegung hat indes gezeigt, daß die Arbeiter der alten Berufe wie Schneider, Maurer und Tischler, deren Arbeitsplätze weiterhin in Kleinunternehmen lagen, die Streiks trugen und daß diese erst anschließend auf die Textilindustrie und den Bergbau übergriffen (Perrot, 1974, 74). Noch für die beiden Jahrzehnte nach dem 2. Empire ist die Gegenüberstellung von mobilen Arbeitern der Großbetriebe und passiv-apathischen der Kleinunternehmer verkehrt. Denn zwischen 1871 und 1890 finden 25 % aller Streiks in Unternehmen mit weniger als 20 Arbeitern statt und 24, 8 % aller Streiks in Unternehmen mit 100 bis 250 Arbeitern (ebd., 55).

Trotz dieser Einschränkungen bleibt es jedoch in der Tendenz richtig, die modernen Formen des Arbeitskampfes mit dem Aufkommen der großen Industrie in Zusammenhang zu bringen. Zum einen dürften vor allem Streiks in Großbetrieben erhebliche, über das eigentliche Kampfziel hinausreichende mobilisierende Wirkung gehabt haben, weil sie spektakulärer waren als die in Kleinbetrieben. Zum anderen läßt sich die zugrunde gelegte Hypothese empirisch stützen, wenn man nicht allein die Betriebsgröße, sondern auch die branchenmäßige Verteilung der Streiks beobachtet. Untersucht man den prozentualen Anteil der einzelnen Branchen an der gesamten Streiktätigkeit zusammen mit dem prozentualen Anteil einer Branche an der Gesamtzahl der in der Industrie Beschäftigten, so ergibt sich folgendes Bild (50).

Branche	Anzahl der Streiks in Prozent	Anteil der Beschäftigten in Prozent
Bergbau/Steinbrüche	7, 7	2, 3
Nahrungsmittel	2, 9	6, 7
Chemie/Papier	3, 8	2, 5
Textil/Bekleidung/Leder	38, 2	47, 7
Holz	16, 3	13, 8
Metall	12, 8	11, 2
Bau/Steine	16, 2	13, 7
Verschiedene	1, 7	2, 2
	99, 6	100, 1

Nach dieser Aufstellung streikten zwar die traditionell organisierten Industrien nach wie vor am meisten. Aber die Streikbereitschaft aller in einer Branche beschäftigten Arbeiter ist nicht nur in traditionellen, sondern auch in solchen Wirtschaftszweigen entwickelt, die wie der Bergbau oder die Metallindustrie von der Entwicklung zur großen Industrie erfaßt wurden.

Die bisherigen Beobachtungen lassen sich mit einer weiteren Hypothese interpretieren. Man kann davon ausgehen, daß Arbeiter eine neue Form der betrieblichen Organisation, wie sie ihnen in Gestalt der großen Industrie entgegentritt, zunächst einmal kennenlernen müssen, bevor sie imstande sind, die dieser Organisationsform angepaßten Aktionsformen zu entwickeln. Die Tatsache, daß Arbeiter in modernen Großbetrieben gezwungen sind, in großer Zahl zusammenzuarbeiten, schafft allein die Möglichkeiten für militante Massenaktionen; um diese neue Form des Arbeitskampfes zu entwickeln, aber müssen zunächst einmal Erfahrungen verarbeitet werden. Einen solchen Lernprozeß hat R. Trempé am Beispiel der Bergarbeiter von Carmaux nachzeichnen können, bei denen kollektive Verhaltensformen allmählich die früheren individualistischen ablösten (Trempé 1975, 214 f.). M. Perrot generalisiert entsprechende Beobachtungen: "Die ursprüngliche Akkumulation einer Arbeiterpopulation geht deren Eintreten in den Arbeitskampf voraus, die beiden Tatbestände sind nicht gleichzeitig, sondern finden nacheinander statt ... Die Phase der Enteignung, der 'primitiven Rebellion', um einen Ausdruck von Eric Hobsbawm aufzunehmen, geht der Ausbildung der Arbeiterbewegung voraus. Diese fordert eine gewisse Stabilisierung, eine Kontinuität: sie ist die Sache der Erben." (Perrot, 1974, 57).

In einem zweiten analytischen Zugriff wollen wir die Streikbewegung im Verhältnis zur Qualifikationsstruktur der Arbeiterklasse betrachten. Damit greifen wir die vieldiskutierte Frage auf, ob die bewußte Frontstellung gegen die kapitalistische Ausbeutung vorrangig in Gang gesetzt und getragen wurde von den qualifikationslosen bzw. am stärksten dequalifizierten Arbeitern, deren Arbeitssituation am unerträglichsten war, oder von den hochqualifizierten handwerklichen Arbeitern mit ihren durch fortbestehende berufliche Autonomie gestärkten Selbstbewußtsein und ihrer Fähigkeit zur Einsicht in die Koordination der Produktion (s. die These von S. Mallet, 1962).

Nach den Forschungen von M. Perrot ist dieser Zusammenhang allerdings für das 2. Empire differenziert zu beurteilen. Während die Arbeiter beider Qualifikationstypen offenbar keinerlei Unterschiede in der Streikbereitschaft aufweisen, weichen sie in den jeweils gewählten Aktionsformen deutlich voneinander ab. Anders als die zielorientierten Streiks der handwerklichen Arbeiter in den Jahren 1864/65 waren die Defensivaktionen der ungelernten Arbeiter des Jahres 1867 kaum organisiert, häufig spontan und gewaltsam. Xenophobie und Luddismus begleitete sie bisweilen (Perrot, 1974, 77). Die Unterscheidung zwischen Industrie- und Handwerksarbeitern ist allerdings insgesamt unbefriedigend, da sich ein handwerklicher und ein proletarischer Teil der Arbeiterklasse nicht fein säuberlich auseinander dividieren läßt (51).

Immerhin haben die Arbeiten von M. Perrot gegen die These von S. Mallet deutlich gemacht, daß zumindest für die Zeit von 1871 bis 1890 in Streiks nicht in erster Linie eine Arbeiteraristokratie auf handwerklicher Basis agiert hat. In 80 % der Streiks dominierten ungelernte Arbeiter; sie stellen 49 % der Streikenden und bewirkten 60 % der verlorenen Arbeitstage (Perrot, 1974, 337 f.). Die handwerklich organisierte Arbeiteraristokratie hält Perrot sogar für besonders schlecht geeignet, um im entfalteten Kapitalismus die Interessen der Arbeiterklasse zu vertreten. "Die Qualifikation wertet die Erfahrung auf, sie beachtet nicht die Jugend, sie mißachtet die Frau, den Unfähigen und Glücklosen. Sie richtet im Schoße der Arbeiterklasse die bürgerliche Faszination der 'Leistung' auf, sie hält die ... Illusion des sozialen Aufstiegs aufrecht" (ebd., 341). Das Gros der Streikenden wurde allerdings auch nicht von dem anderen Extrem, den Hilfsarbeitern gestellt. Wo die ungelernten Arbeiter auf der untersten Stufe der Betriebshierarchie standen, zeigten sie sich sogar auffallend wenig aktionsbereit. Anders verhielten sie sich hingegen, wenn sie, wie im Tiefbau, den Werften, der Chemie- und Nahrungsmittelindustrie, als hierarchisch kaum strukturierte Gruppe zusammenarbeiteten. Diese Beobachtungen gelten zwar erst für die Zeit nach dem 2. Empire (ebd., 342 f.). Sie verdeutlichen aber für die uns interessierende Zeit zumindest, daß sich das Aktionspotential der Arbeiterklasse keineswegs gradlinig aus deren Qualifikationsstrukturen herleiten läßt.

Mit der lokalen Mobilität der Lohnarbeiter soll ein letzter Faktor angesprochen werden, der für die allmählich sich herausbildende Kampfform der Arbeiterklasse einflußreich war. Immerhin setzten bürgerliche Zeitgenossen noch um die Jahrhundertmitte die arbeitenden Klassen gleich mit den gefährlichen Klassen (L. Chevalier, 1958). Die nicht seßhaften Stadtbewohner galten als potentielle Aufrührer. Nicht von ungefähr wurden deshalb in der Wahlrechtsänderung von 1850 Männer, die nicht seit 3 Jahren im Wahlbezirk ansässig waren, vom allgemeinen Wahlrecht ausgeschlossen (52) und 1854 zur Kontrolle der Arbeiter das Arbeitsbuch (livret) wieder eingeführt. Wie stark die lokale Mobilität der französischen Arbeiterbevölkerung war, ist heute nicht bekannt. Doch kann man davon ausgehen, daß bei der halbagrarischen Arbeiterschaft der Prozentsatz an Saisonarbeitern immer sehr hoch lag und daß auch die Gruppe derjenigen, die in der ersten Generation von der agrarischen oder handwerklichen Produktion zur Industrie abwanderten, groß war. Nach den Ergebnissen von Thernstrom (1964) für Newburyport/USA wäre es zudem interessant zu wissen, wie hoch der Wanderungsumsatz innerhalb einer einzelnen städtischen Arbeiterpopulation gewesen ist. Für diese quantitativen Aspekte der lokalen Mobilität gibt es bis heute keine gesicherten Zahlen. Kaum besser weiß man darüber Bescheid, wie die hohe Mobilität auf das Aktionspotential der Arbeiterschaft zurückgewirkt haben mag.

Wandernde Lohnarbeiter können wie ehemals die Handwerksgesellen wichtige Zwischenträger für den Erfahrungsaustausch unter einzelnen lokalen und regionalen Arbeiterschaften gewesen sein. Aus den Streiks der 60er Jahre ist bekannt, daß sich Arbeiter offenbar als "Aufrührer" betätigten (Perrot, 1974, 345 ff.). Bedeutsam kann es auch gewesen sein, wenn Wanderarbeiter ihre Erfahrung aus dem einen Lebensbereich zurückgetragen haben in den anderen. So sollen während der 2. Republik für die Erfolge der sozialen Demokraten im Limousin vornehmlich die Maurer des Departement Creuse, die zur Arbeit nach Paris zogen, verantwortlich gewesen sein (Corbin, 1974; ders. 1975). Möglicherweise hat es aber auch wesentlich zur Arbeiterbewegung beigetragen, daß Arbeiter ihre Erfahrung als freie Produzenten aus dem weniger reglementierten bäuerlichen oder handwerklichen Leben in die Industriezentren mitbrachten und daran die Wirklichkeit der hierarchisch und nach Prinzipien strengster Disziplin organisierten Betriebe maßen. Umgekehrt spricht einiges dafür, daß die nicht seßhaften Lohnarbeiter das Aktionspotential der Arbeiterschaft eher gelähmt als gefördert haben. In Aubine (Aveyron) haben offenbar die aus dem ländlichen Milieu stammenden Bergarbeiter die Streiks eher gebremst (L'Huillier, 1957, 23). Ungelernte Hilfsarbeiter zeigten zudem generell wenig Bereitschaft, sich den Aktionen der gelernten Arbeiter anzuschließen (Perrot, 1974, 243).

Für das jeweilige Engagement am Arbeitsort dürfte es entscheidend gewesen sein, ob die Arbeit in der Industrie als vorübergehende Beschäftigung oder als dauernde Basis der Existenz gesehen wurde, ob jemand in der ersten Generation Industriearbeiter war oder den Beruf schon ererbt hatte. Für die Bergbaugebiete von Aubine und Carmaux wurde beispielsweise nachgewiesen, daß in der Phase der Eingewöhnung bei den Arbeitern individualistische Verhaltensweisen dominierten. Typisch waren: "... Vernachlässigung der elementarsten Sicherheitsvorschriften, ... Revolte gegen die Vorarbeiter, ... anarchisches Verhalten am Arbeitsplatz, individuelle Proteste beim Direktor, Geschenke, mit denen man versuchte, von ihm einen besseren Posten zu erhalten oder eine Sanktion zu umgehen" (Trempé, 1975, 239). Mit der Zwangssozialisierung im kapitalistischen Betrieb wichen jedoch diese "sozialrebellischen" Verhaltens- und Reaktionsweisen solchen Aktionsformen und Zielsetzungen, die dem Rahmen der kapitalistisch organisierten Produktion Rechnung trugen. An die Stelle der personenbezogenen Angriffe trat der Kampf um Lohn und Arbeitszeit, der Verzweiflungsstreik in konjunkturellen Krisen wich den mit besseren Erfolgschancen gestarteten Streiks bei günstiger Konjunktur. Ein solcher Lernprozeß konnte allerdings auch über Jahrzehnte hinweg blockiert werden, wie das Beispiel jener passiven bretonischen Arbeiter zeigt, die in der zweiten Jahrhunderthälfte die Pariser Vororte bewohnten (Perrot, 1974, 242).

Um die im 2. Empire mögliche politische Mobilisierbarkeit der Arbeiterklasse näher zu bestimmen, haben wir untersucht, wie die Beteiligung an Arbeitskämpfen zusammenhing mit der Größe der Betriebe, der Qualifikation und lokalen Mobilität der Arbeiter, also mit Merkmalen, die für den Weg der Arbeiterklasse in die "Moderne" charakteristisch sind. Mit diesem Vorgehen ließen sich die für diese Zeit typischen Strukturmerkmale des Proletariats verdeutlichen und Urteile, die vom Erfahrungsbereich des entfalteten Kapitalismus aus gefällt werden, als falsch zurückweisen bzw. differenzieren. Die weiterführende Frage lautet jetzt, ob die Streikbewegung der 1860er Jahre der Auftakt war für die "Organisation der Arbeiter zur Klasse" (Marx, MEW 31, 529).

Mit welchen Zielen und in welcher Form organisierten sich Arbeiter während des 2. Empire? Hinter dieser Frage steht die Annahme, daß die Möglichkeit und Fähigkeit der Arbeiter, als Klasse zu handeln, entscheidend von der Art ihrer Organisation abhängen. Die Streikbewegung der 1860er Jahre hat offenbar in erheblichem Maße die gleichzeitigen Versuche beeinflußt, dauerhafte Arbeiterorganisationen zu schaffen. Vorteil und Notwendigkeit eigenständiger Organisation traten in den Streiks, zumal wenn Unternehmer und Staat mit Repression reagierten, überdeutlich zutage. Auch forderte die Streiksituation die Arbeiter dazu heraus, gemeinsame Interessen zu formulieren, sich untereinander zu verständigen und gemeinsam zu handeln. Teilweise führte die Streikerfahrung sogar zu dem Schluß, daß die Auseinandersetzungen mit den Unternehmern nicht ausschließlich ökonomische, sondern immer zugleich auch politische Kämpfe waren. Die Streikbewegung wird also die Organisationsbewegung gefördert und deren Inhalt und Ziele mitbestimmt haben. Dieses Zusammenwirken ist umso mehr zu betonen, als einerseits die meisten Arbeitskämpfe dieser Zeit ohne organisatorisches Relais stattfanden und andererseits Organisationen, die sich auf die Arbeiterklasse beriefen, häufig von Bürgern und Kleinbürgern getragen wurden (53).

Zusammenschlüsse von Lohnabhängigen sind keineswegs eine Errungenschaft der 2. Hälfte des 19. Jahrhunderts, wie die trotz des Koalitionsverbotes weitverzweigten Aktivitäten der Gesellenvereine und Geheimgesellschaften beweisen (Coornaert, 1966; Droz, 1975, Bd. 3, 34-98). Doch entwickelten diese älteren Arbeiterorganisationen erst mit der Revolution von 1848 eine deutlich erkennbare neue und in die Zukunft weisende Qualität. So tauchten z. B. in Paris neben den weiterhin berufsständischen Organisationen syndikalistische auf, die sich nicht mehr ausschließlich für das Wohl des Berufes, sondern verstärkt auch für die Bedingungen interessierten, unter denen Proletarier ihre Arbeitskraft verkauften (Gossez, 1967, Moss, 1975). Auch in den Dörfern der Provence, die M. Agulhon untersucht hat, mauserten sich die dörflich geselligen Kommunikationsformen zu Foren der politischen Diskussion, auf denen der Bürger als Wortführer der Interessen des "Volkes" zunehmend verdrängt wurde(Agulhon, 1970, 479).

Als die politische Repression unter Napoleon III. diese Entwicklung stoppte, wurden ersatzweise die noch legalen Organisationen zu Zentren politischer Diskussion und Agitation. Vor allem die Hilfskassen (Sociétes de secours mutuels), die seit Beginn des 19. Jahrhunderts bestanden und eine rudimentäre Kranken- und Altersversorgung der Mitglieder sicherstellten (54), dienten den Arbeitern weiterhin als Ort, um sich zu verständigen und abzusprechen. Nicht einmal die ihnen seit 1851 auferlegte polizeiliche Kontrolle konnte diese über den eigentlichen Versicherungszweck hinausreichende politische Funktion der Kassen unterbinden. Der Handlungsspielraum der Kassenorganisationen wurde allerdings entschieden eingeschränkt durch das 1852 erneut ausgesprochene Verbot, Arbeitslose mitzuversichern. Die seit eh und je kritisierte Möglichkeit, die offiziellen

Hilfskassen oder aber geheime Nebenkassen im Arbeitskampf als Streikkassen einzusetzen, wurde damit so gut wie unterbunden (Dolléans/Dehove, 1953, 234-244). Insgesamt dürften die Hilfskassen, die 1851 immerhin 2.237 Gesellschaften mit 255.472 Mitgliedern und 1869 sogar 6.139 Gesellschaften mit 794.473 Mitgliedern ausgemacht haben sollen (Bron. 1968, 184), für die Organisation der Arbeiter große Bedeutung gehabt haben (55). Interessant ist hier das Beispiel Le Creusot, wo die Hilfskassen zum Kristallisationspunkt der Organisationsbestrebungen und gewerkschaftspolitischen Auseinandersetzungen wurden, weil ungeachtet der finanziellen Beteiligung der Arbeiter der Unternehmensleiter allein die Kasse verwaltete und autoritär über die Höhe und Nutznießer der Leistungen bestimmte (F. L'Huillier, 1957, 39 f.; Dumay, 1976, 120-126).

Ihren eigentlichen Aufschwung nahm die Arbeiterbewegung jedoch erst, als sich in den 60er Jahren das politische Umfeld entscheidend veränderte. Die politische Repression wich einer Politik der Tolerierung von Arbeiteraktivitäten (56). Bedeutsam war vor allem, daß 1864 Koalitionen und 1868 Vereine legalisiert und in der gleichen Zeit das Pressewesen zunehmend liberalisiert wurden. Die Arbeiterbewegung verließ in diesen 60er Jahren allmählich das Kielwasser der reformerischen bürgerlichen Parteien, um sich entschiedener gegen das System des Kapitalismus selbst zu richten. Die Organisationsversuche zielten nicht darauf ab, abgehobene politische Parteien zu gründen, sondern die bestehenden Arbeits- und Lebenszusammenhänge organisatorisch zu erfassen. Die Bewegung entwickelte sich auf zwei vielfach miteinander korrespondierenden Gleisen. Von entscheidender Bedeutung war auf der einen Seite die Gründung gewerkschaftlicher Vereinigungen und auf der anderen Seite der Aufbau der "Ersten Internationale", oder korrekter: der "Internationalen Arbeiter-Assoziation". Befördert wurde die Organisationsentwicklung bis zu einem gewissen Grade durch eine Reihe von Zeitungen, die von bürgerlichen Journalisten getragen und geschrieben wurden, sich jedoch an Arbeiter richteten und detailliert über die einzelnen Arbeitskämpfe und Entwicklungsschritte der Arbeiterbewegung berichteten (57).

Nach der Aufhebung des Koalitionsverbotes begannen die Arbeiter allenthalben, sich an ihrem Arbeitsplatz zu organisieren. Die vornehmlich seit 1860 rekonstruierten Kooperativen sowie Hilfs- und Kreditvereine(Rougerie, 1968, A. I. T., 98; Gaillard, 1965) vermehrten sich sehr schnell und verwandelten sich im Zuge der Streiks zunehmend in gewerkschaftliche Vereinigungen (58). Außerdem wurde 1864 im "Manifest der Sechzig" erstmals öffentlich gefordert, sog. Arbeiterkammern (chambres syndicales ouvrières) als offizielle Vertretung von Arbeiterinteressen einzurichten. Die Arbeiterkommission auf der Pariser

Weltausstellung von 1867, wie schon 1862 wiederum aus gewählten Delegierten einzelner Berufe zusammengesetzt, griff diese Forderung auf. 1868 genehmigte schließlich die Regierung die Gründung von Arbeiterkammern, die hauptsächlich dazu dienen sollten, mit den Unternehmern einer Berufssparte kollektive Lohntarife auszuhandeln und abzuschließen (Dolléans/Dehove, 1953, 303 f.; 325-330). Daraufhin kam es in schneller Folge zur Gründung von Kammern. Für Paris setzt M. Perrot den Aufschwung der Gewerkschaften für die Jahre 1867/68 an. 1870 registrierte die Zeitung "Le Rappel" dort allein 75 Arbeiterkammern (Perrot, 1974, 423). Nach J. Rougerie besaß in Paris Ende der 1860er Jahre nahezu jeder Beruf seine Vertretung.

Untereinander hatten sich diese Arbeiterkammern nach einer breiten Streikbewegung im Jahre 1869 zu einer Föderation zusammengeschlossen und eine zentrale Solidaritätskasse eingerichtet, um Streiks finanziell besser unterstützen zu können (59). Ähnlich verlief die Entwicklung in anderen Städten. Es zeigte sich schnell, daß die Arbeiterkammern keineswegs ausschließlich dazu dienten, allein auf friedlichem Wege Lohnforderungen an die Unternehmer heranzutragen. Die Kammern fungierten zugleich als Organisationszentren für Streiks und darüber hinaus allgemein als Plattform der Diskussion und Selbstverständigung. In ihnen wurde für einen politischen Zusammenschluß der Arbeiter der Boden bereitet, wie er sich mit der Internationalen Arbeiter-Assoziation anbahnte. Aktive Führer der sich schnell ausweitenden Arbeiterbewegung wie der Buchbinder E. Varlin erkannten sehr wohl, welchen Vorteil das Ineinandergreifen von beruflicher und politischer Organisation für die Mobilisierung der Arbeiter hatte. "Die Arbeiterorganisationen jedweder Form ... gewöhnen die Menschen nicht nur daran, sich untereinander abzustimmen oder zu verständigen, sondern auch daran, sich überhaupt mit ihren Angelegenheiten zu befassen, sich zu organisieren, ihre materiellen und moralischen Interessen zu artikulieren und zu überdenken. Und dieses wird immer unter allgemeinen Gesichtspunkten geschehen, denn ihr direktes individuelles und persönliches Interesse verschwindet, sobald sie zu einer Gemeinschaft gehören."(Rougerie, 1968, A. I. T., 127). Wenn auch Varlins Hoffnung auf das Zurücksetzen der individuellen Ziele naiv anmutet, so schätzte er doch die Erfahrung von Solidarität politisch richtig ein. Die mächtige Dynamik der Arbeiterbewegung um 1870 führt J. Rougerie mit Recht darauf zurück, daß die neuartigen Aktions- und Organisationsformen gleichzeitig aufkamen und dieselbe Stoßrichtung hatten: "Kein Streik einer Berufsgruppe ohne ein Minimum an beruflicher Organisation; der kurzzeitige Zusammenschluß ruft entweder die Bildung von Gewerkschaften hervor oder enthüllt die Existenz von bis dahin geheimen sogenannten Widerstandsgesellschaften, die man bereits als Gewerkschaften bezeichnen kann. Eine große Zahl dieser neuen Gewerkschaften erklärt ihren Beitritt zur Internationale." (Ebd. 108)

Die ersten französischen Sektionen der Internationalen Arbeiter-Assoziation wurden 1864 gegründet, mauserten sich aber erst nach 1867 von einer Reformbewegung zu einer sozialistischen, allerdings keineswegs marxistischen Arbeiterorganisation. Zentrum der Organisation waren die streikbewegten Städte Paris, Lyon, Marseilles und Rouen. Mit Ausnahme von Le Creusot konnte die Internationale allerdings in der modernen Schwerindustrie keinen Fuß fassen. Mißt man den Einfluß der Internationale allein an der Zahl der tatsächlich eingeschriebenen Mitglieder, so erfaßte sie nur einen Bruchteil der französischen Arbeiterschaft, selbst wenn man in Rechnung stellt, daß neben der Individual- auch die Kollektivmitgliedschaft häufig war. Für ganz Frankreich schätzt man kaum mehr als insgesamt 10.000 Mitglieder (ebd., 111; Maitron, 1968, 132). Weit davon entfernt also, während des 2. Empire eine Massenpartei zu sein, glich die Internationale - um die Metapher des Sozialisten Rappoport aufzugreifen - eher einer großen Seele in einem kleinen Körper (zit. bei Maitron, 1968, 133). Ihre Ausstrahlungskraft reichte jedoch weit über den begrenzten Mitgliederstamm hinaus und in die mitgliederstarken Arbeiterkammern und Kooperativen hinein. Für Paris hat J. Rougerie (1973, A.I.T., 7-10; 1968, A.I.T., 106) die Rechnung aufgestellt, daß es nach dem 3. Prozeß gegen die Internationale (22.6. - 5.7.1870) Mitte Juli 1870 zwar nur 1.250 zahlende Mitglieder gab, der direkte Einfluß der Pariser Sektionen sich aber auf 20.-30.000 Personen erstreckt haben dürfte. Denn die 1869 wesentlich von dem Internationalisten Varlin aufgebaute "Chambre Fédérale des Sociétés Ouvrières" koordinierte allein 60 der insgesamt in Paris vorhandenen 100 Arbeiterkammern, und von diesen ist für 20 sicher, daß sie zugleich Mitglieder der Internationale waren. Das an dieser organisatorischen Verzahnung deutliche Bestreben der Internationalisten, bereits bestehende Handlungs- und Diskussionszusammenhänge weiterzuentwickeln, zeigt sich auch in der Gründung von Volksküchen.

Als Gegengewicht zu den karikativen oder von der Stadtverwaltung finanzierten Volksküchen richtete die Internationale bis 1870 in Paris drei kooperativ betriebene Restaurants ein, die sich zu wichtigen Kommunikationszentren der Arbeiter entwickelten. Selbst wenn die Mitglieder der Arbeiterkammern und die Besucher der "Marmites" nicht formelle Mitglieder der Internationale waren, so ist doch wohl anzunehmen, daß sie der Internationale nahestanden und sich in deren Parolen wiederfanden. Ganz offensichtlich wirkte die Internationale unmittelbar vor dem deutsch-französischen Krieg als wichtiger Kristallisationspunkt für die Hoffnungen und Wünsche von Arbeitern.

Die Tatsache, daß gerade die älteren, handwerklichen Berufe und nicht das moderne Proletariat der konzentrierten Schwerindustrie die Internationale trugen, ist vermutlich weniger Indiz für eine eingeschränkte politische Reichweite, als für die Bedeutung einer langen Tradition des Kampfes gegen Unternehmer und der darin erworbenen Organisationserfahrung (Rougerie, 1968, A.I.T., 113). Wichtiger ist, daß die Internationale nicht als (Kader-)Partei, sondern als breite Bewegung der Arbeiterklasse funktionierte. Sie unterschied sich von den Organisationen der blanquistischen Berufsrevolutionäre durch die der jeweiligen Arbeits- und Lebenssituation angepaßte Form der Organisation (zu den Blanquisten s. Dommanget, 1947; ders., 1960; Deppe, 1970); von größeren Parteien differierte sie durch die geringe Zahl ihrer Mitglieder.

Es wäre gewiß falsch, von der Internationale auf das Bewußtsein und die politischen Ziele der französischen Arbeiterklasse überhaupt zu schließen. Der Einfluß der Internationale mußte gering bleiben, so lange sie nur in wenigen Regionen verbreitet und überdies uneinheitlich war. Ein gültiges Zeugnis dafür, daß die Arbeiter unter den Bedingungen der weniger eingeschränkten politischen Betätigung und im Zuge der heftigen Streikbewegung begannen, sich kollektiv und bewußt mit ihrer gesellschaftlichen Situation auseinanderzusetzen, sind schon eher die Gründungen der zahlreichen Kampf- und Verteidigungsorganisationen.

Aber selbst ausgehend von der Mitgliedschaft in solchen Organisationen ist es kaum möglich auszumachen, in welchem Maße bereits sozialistische Zielorientierungen die älteren bürgerlichen Reformvorstellungen abgelöst hatten. J. Gaillard hat zu Recht vor der Versuchung gewarnt, aufgrund von Streiks oder von Kommune-Aufständen die Arbeiterklasse insgesamt dem Sozialismus zuzurechnen; denn am Ende des 2. Empire und noch zu Beginn der 3. Republik blieben Arbeiter und Arbeiterorganisationen eng mit radikalen und neojakobinischen Ideologien und Organisationen verbunden (Gaillard, 1971, 28 und passim). Das 1864 veröffentlichte "Manifest der Sechzig", das die erstmals zu den Parlamentswahlen von 1863 realisierten und im oppositionellen Lager heftig umstrittenen eigenständigen Arbeiterkandidaturen rechtfertigte, dokumentiert diese Zwitterstellung. Die Arbeiter analysierten darin sehr entschieden, daß trotz gleicher politischer Rechte von realer Gleichheit aller Bürger solange keine Rede sein kann, wie die sozialen Rechte alle dem Gegensatz von Kapital und Arbeit geschuldete Ungleichheit zementieren. Dann aber fordern sie als Zukunftsperspektive: "Freiheit der Arbeit, Kredit, Solidarität - das sind unsere Träume. An dem Tag, an dem diese Träume in Erfüllung gehen ... wird es weder Bourgeoisie noch Proletarier, weder Unternehmer noch Arbeiter geben.(Abgedruckt in Gérard, 1972, 47; vgl. auch Dolléans/Dehove, 1953,

306-310) Dieser proudhonistisch gefärbte Aufruf ähnelte stark dem Programm, mit dem der Radikale Gambetta 1869 im Pariser Arbeitervorort Belleville gewählt worden war, als er versprach, für die Restauration der Demokratie und die Beseitigung der Monopolstellung aller Reichen und Großen einzutreten (60). Auch in den Programmen der Ligen, die 1870 in Südfrankreich zur Abwehr der preußisch-deutschen Angreifer gegründet wurden, erklangen neben den dominanten nationalistischen und föderalistischen Tönen nur in wenigen Orten gesellschaftliche Forderungen (zit. in Rougerie, 1973, 177). Selbst die vagen republikanischen Prinzipienerklärungen sind ein Schritt weg von den keineswegs bereits begrabenen Hoffnungen auf eine Versöhnung zwischen Kapital und Arbeit, wie sie noch 1869 die Bergarbeiter in Saint Etienne formulierten (L'Huillier, 1960, 35 f.).

Allerdings sind unter einer Minderheit von Arbeitern durchaus auch weitergehende Einsichten in die Grundstrukturen der kapitalistischen Gesellschaft und die Unvereinbarkeit zwischen den Interessen der Unternehmer und denen der Lohnarbeiter zu finden. So lehnte es die Arbeiterföderation des Arrondissement Rouen ab, gemeinsam mit den Unternehmern gegen die Freihandelsverträge zu protestieren (ebd., 34 f.). In systematischer Form formulierte E. Varlin, eine der beherrschenden Figuren der Internationale, nicht nur die Eigenständigkeit der Arbeiterinteressen, sondern auch die Lernprozesse, in denen die Arbeiterklasse zu dem Bewußtsein ihrer Rechte gelangen könne. Er deutet Streik als "Widerstand der Arbeit gegen das Kapital" (zit. von Rougerie, 1968, A.I.T., 125), weist aber zugleich darauf hin, daß Arbeitskämpfe allein nicht genügen. Die Arbeiter müssen vielmehr in ihren Organisationen die Erfahrungen verarbeiten. In Varlins Analyse fehlt das Vertrauen in die sozialpolitischen Maßnahmen des Staates ebenso wie die Hoffnung auf eine vernünftige Versöhnung der Klassen. Seine Aktivitäten zielen darauf ab, die Arbeiter zum Kampf gegen den Klassenantagonismus zu mobilisieren und ihnen in den Arbeiterorganisationen die Möglichkeit zu eröffnen, ihre Fähigkeiten frei zu entfalten und Fertigkeiten, die für das Funktionieren der zukünftigen sozialistischen Gesellschaft unerläßlich sind, einzuüben. "Wenn wir keinen zentralisierenden und autoritären Staat wollen, der die Betriebs- und Manufakturdirektoren ernennt, die ihrerseits die Unterdirektoren, Vorarbeiter usw. ernennen, und wenn wir keine Form der Arbeitsorganisation wollen, in der die Arbeit hierarchisch von oben nach unten organisiert wird und in der der Arbeiter nur ein unbewußtes Rädchen ohne Freiheit oder Initiative ist, wenn wir dies alles nicht wollen, dann müssen wir auch anerkennen, daß die Arbeiter selbst ihre Arbeitsinstrumente besitzen und über diese frei verfügen sollen..." (zit. von Rougerie, 1971 b, 22).

Die unter Arbeitern verbreiteten theoretischen Konzeptionen waren also weder vereinheitlicht noch in ihrer Grundstruktur ähnlich. Nach wie vor klafften die durch intensive und extensive Ausbeutung charakterisierte Lage der Arbeiter und die noch weiterhin überwiegend harmonisierende Gesellschaftsauffassung auseinander (61). Nach den vorliegenden Forschungen scheint die massive Streikbewegung, die gleichwohl nur einen Bruchteil der Arbeiterklasse mobilisierte, allerdings Lernprozesse beschleunigt zu haben. Die Arbeiter begannen in eigenständigen Organisationen und Programmen sich vom radikalen Bürgertum abzugrenzen und sich darauf einzustellen, daß die Interessen der Lohnarbeit mit denen des Kapitals unversöhnbar seien. Solange die schweigende Mehrheit der Nichtstreikenden keinen Historiker gefunden hat, läßt sich das Ausmaß dieser tendenziell neuen Ausrichtung der Arbeiterbewegung jedoch nicht abschätzen.

Sicher ist freilich, daß die Pariser Kommune die in den 60er Jahren begonnene autonome Manifestation der Arbeiterinteressen fortsetzte. Für die Kommune standen erprobte Aktions- und Organisationsformen ebenso bereit wie theoretische Vorgaben zur Deutung des Bestehenden und zur Projektion des Erwünschten. Im Prozeß der Selbstverständigung, Selbstorganisation und Selbstverteidigung, der zumindest bei einer vorpreschenden Minderheit der Arbeiterklasse eingesetzt hatte, waren die Aufstände in der Provinz und vor allem die Pariser Kommune vorläufige Kulminationspunkte. Da die Streikbewegung und in ihrem Gefolge die Organisationswelle die Arbeiter besonders in den großen Städten bereits zum Kampf gegen die kapitalistische Ausbeutung angetrieben hatte, konnten Krieg und Belagerung als zusätzlich mobilisierende Kraft wirken. Dennoch: Die Organisation der Arbeiter "zur Klasse" (Marx) hatte im 2. Empire gerade erst begonnen.

Das aus der Entwicklungslogik des Kapitalismus gewonnene Genrebild einer Arbeiterklasse, die durch die Subsumtion unter das Kapital ihre innere Einheit und militante Geschlossenheit gewinnt, hat sich unter der Lupe der realhistorischen Untersuchung zu einem Bild aus der Schule der Pointillisten entwickelt. Zwar waren alle Lohnarbeiter geeint durch die Notwendigkeit, ihre Arbeitskraft zu verkaufen. Doch diese Einheit wurde vielfach gebrochen durch die nach Branche und Region variierende Lohnarbeitersituation und das Konkurrieren um die verfügbaren Arbeitsplätze. Unsere nachdrücklichen Hinweise auf die Komplexität der Verhältnisse, die in Analysen allzu häufig Resignation vor einer vermeintlich unstrukturierten geschichtlichen Wirklichkeit sind, bezwecken hier etwas anderes. Sie dienen als Warnung vor einer abstrakten Betrachtung von Arbeiterklasse und Arbeiterbewegung (62). Denn diese ist mit ihrer simplen Analogisierung zwischen Produktionsweise und gesellschaftlicher Auseinandersetzung außerstande zu berücksichtigen, daß der Widerspruch zwischen

Lohnarbeit und Kapital der kapitalistischen Produktionsweise zwar inhärent und für diese konstitutiv ist, aber über lange Zeit latent bleiben kann, ohne eine aktuelle Krisenhaftigkeit des Systems heraufzubeschwören. Für das 2. Empire von einer strukturell heterogenen Arbeiterklasse auszugehen, heißt nur um so nachhaltiger nach jenen Einflüssen und Erfahrungen zu forschen, die es möglich machten, daß bestimmte Parolen und Ziele innerhalb der Arbeiterschaft ein breites Echo fanden. Sie führten schließlich in der Pariser Kommune dazu, Arbeiterinteressen deutlich den Kapitalisteninteressen entgegenzusetzen. Es heißt allerdings auch, neben den aktionsfördernden Faktoren nach den aktionshemmenden Einflüssen zu suchen, die die diversen Kommune-Aufstände schnell wieder verflackern ließen.

c. Potentielle Bündnispartner

Angesichts der für das 2. Empire offensichtlichen numerischen und organisatorischen Schwäche der Arbeiterklasse drängt sich die Frage nach potentiellen Bündnispartnern einer revolutionären Bewegung auf. Eine mögliche These wäre, daß der Konzentrations- und Expropriationsprozeß im Zuge der allgemein ökonomischen Entwicklung Bedingungen dafür schuf, daß die von der voranschreitenden kapitalistischen Entwicklung bedrohten Arbeiter, Kleinbürger und Kleinbauern sich ihrer gemeinsamen Interessen bewußt wurden und ins Lager der Opposition tendierten. Für das Kleinbürgertum glaubt M. Moissonnier eine solche Annäherung am Ende des 2. Empire annehmen zu können: "Es scheint also, als habe die allgemeine Entwicklung der Antagonismen und der Kräfteverhältnisse innerhalb der kaiserlichen Gesellschaft die Voraussetzungen geschaffen für eine Annäherung zwischen einem Teil der Mittelklasse und den revolutionären Arbeitern. "(Moissonnier, 1973, 167). Als Gründe für eine solche Annäherung nennt er ausgehend von der Entwicklung in Lyon 1870/71 nicht nur, daß angesichts der Passivität der herrschenden Klasse die Militanz der revolutionären Arbeiter die Kleinbürger stark beeindruckt habe, sondern auch, daß die kaiserliche Politik Kleinhandel und Handwerk besonders stark belastet und das Kleinbürgertum während des 2. Empire nicht weniger als die Arbeiter zur politischen Einflußlosigkeit verurteilt habe.

Diese These gewinnt an Gewicht, wenn man die prekäre wirtschaftliche Situation von Kleinproduzenten bedenkt und sich die fließenden Übergänge zwischen Arbeiterklasse und Kleinkapitalisten vergegenwärtigt. Freilich lassen sich nach wie vor deutliche Unterscheidungsmerkmale zwischen der wirtschaftlichen Lage der Kleinbürger und der der Arbeiter ausmachen, wie der gut untersuchte Fall von Lille zeigt. Während 1856 immerhin

40,6 % der verstorbenen Kleinbürger eine Erbschaft hinterließen, die durchschnittlich 5.234 Francs betrug, waren es bei den Arbeitern nur 15 %, die im Durchschnitt einen Wert von 86 Francs vererbten (Codaccioni, 1971, Bd. 1, 154). 1873 hatte sich dieses Verhältnis zugunsten der Kleinbürger noch weiter verschoben. Nur noch 2,87 % der Arbeiter hinterließen ihren Kindern eine Erbschaft im Werte von durchschnittlich 48 Francs, wohingegen jetzt 62,84 % der verstorbenen Kleinbürger durchschnittlich 14.439 Francs vererbten (ebd., 255).

Mit der Feststellung, daß sich die Situation der Arbeiter offenbar insgesamt verschlechterte, während die der Kleinbürger sich verbesserte, ist allerdings nur eine unterschiedliche Entwicklungstendenz dieser beiden Klassen herausgearbeitet, nicht aber deren interne Differenzierung bestimmt. Von den Handwerkern, die nicht im Konsumbereich tätig waren, starben 1873 immerhin 47,8 % ohne Hinterlassenschaft. Nur die Gastwirte, Bäcker und Schlächter waren imstande, bei ihrem Tode zu 80 % Geld oder Immobilien zu vererben. Noch deutlicher wird das Bild, wenn man berücksichtigt, daß zwischen 1857 und 1873 die Kleinbürger unter den Verstorbenen von 32,4 % auf 23,2 % zurückgingen und die der Handwerker, die nicht im Konsumbereich arbeiteten, von 14,9 % auf 6,1 %. Das Kleinbürgertum in Lille expandierte zahlenmäßig nicht mehr, sondern ging in seiner Bedeutung zurück. In ihm bestanden große Unterschiede zwischen dem prosperierenden Teil, der im Distributionssektor und in der Lebensmittelherstellung zu finden ist, und den sonstige Güter fertigenden Handwerkern. Weiterhin differenzierten die Lebens- und Arbeitsbedingungen zwischen der Minderheit, die in ihrem Einkommen der herrschenden Klasse nahe kam, und jener Hälfte, die bei ihrem Tode über keinerlei Vermögen verfügte.

Zwischen diesen besitzlosen Handwerkern und den Arbeitern dürften um 1870 kaum noch tiefgreifende Unterschiede bestanden haben (ebd. 204). Gewiß trennte beide Gruppen der Besitz bzw. Nicht-Besitz von Produktionsmitteln. Dieses Unterscheidungsmerkmal verliert jedoch dann an Bedeutung, wenn Handwerksmeister mit ihren lohnabhängigen Arbeitern selbst reell vom Verleger abhängig waren, wenn umgekehrt Facharbeiter wie beispielsweise die Zimmerleute zwar ihre Arbeitsmittel selbst besaßen, aber zugleich lohnabhängig waren, wenn formell unabhängige, reell jedoch abhängige Handwerker ohne Lohnarbeiter arbeiteten, oder wenn in Fabriken einzelne Arbeiter als Zwischenmeister fungierten (Labrousse, 1965, 2 ff.; Gaillard 1977, 423 ff.). Solange allerdings nicht für einzelne Branchen und Regionen genauer untersucht ist, wie die Entfaltung des Kapitalismus die Situation von kaufmännischen und handwerklichen Kleinbetrieben beeinflußt hat, läßt sich die Annahme, daß sich die objektiven Interessen von Arbeitern und Kleinbürgern stark annäherten, nur mit vereinzelten Beobachtungen stützen.

Gleichermaßen hypothetisch müssen beim gegenwärtigen Forschungsstand die Aussagen über die wahrscheinlichsten Formen und Inhalte der Interessenartikulierung des Mittelstandes bleiben. Es ist anzunehmen, daß die tendenzielle Bedrohung der kleinbürgerlichen Existenz höchst unterschiedlich erfahren und die Verbesserung der Situation von einander durchaus widersprechenden Maßnahmen erwartet wurde. Sahen sich Kleinbürger in ihrem Eigentum schlechthin bedroht, so lag es nahe, daß sie den wirksamsten Schutz von den "Großwürdenträgern des Eigentums" (Marx) erwarteten. Stellten sie im Einklang mit zeitgenössischen Schriften zur politischen Ökonomie als Ursache allen Unheils den Mißbrauch des Eigentums durch die "Großen" und "Müßiggänger" fest, so boten sich ihnen als Helfer aus der Not diejenigen politischen Gruppierungen an, die analog zu Gambettas Programm von Belleville die Wiederherstellung und Ausweitung der demokratischen Rechte bis hin zur Wahl der Beamten und der Ablösung der stehenden Heere forderten und zugleich die "Aufhebung der Privilegien und Monopole, die wir als Prämie auf den Müßiggang definieren" auf ihre Fahnen geschrieben hatten (zit. bei Rémond, Bd. 2, 1969, 213). Schließlich war drittens eine Allianz mit der Arbeiteropposition möglich, die eine bessere Zukunft allein von der Veränderung des sozioökonomischen Systems erwartete. Die Frage, inwieweit sich die Interessen von Kleinbürgern denen der Arbeiter angenähert hatten und darüber hinaus eine gemeinsame Basis der politischen Interessenvertretung bestanden haben mag, läßt sich also nicht befriedigend beantworten. Wir werden bei der Analyse der Kommune-Aufstände die Frage nach Bündnissen zwischen Kleinbürgern und Arbeitern erneut zu diskutieren haben.

Noch entscheidender als von der Bündnisbereitschaft des Kleinbürgertums mußte die Erfolgsaussicht einer Revolution im Frankreich des 2. Empire davon abhängen, ob die nach wie vor mehrheitlich ländlich-agrarische Bevölkerung mit der Arbeiterklasse zusammenging. In der Kommune-Diskussion ist aus der Perspektive der russischen Revolution wiederholt in diesem Punkt das Versagen der Kommune kritisiert worden. Die Pariser Kommunarden hätten versäumt, die real vorhandene Interessenidentität mit der kleinbäuerlichen Bevölkerung für ihre gemeinsame politische Sache zu mobilisieren. Wie aber sah es tatsächlich mit dieser Identität oder zumindest Affinität der Interessen aus?

Trotz aller sozio-ökonomischen Differenzierung der Landbevölkerung waren die agrarischen Verhältnisse in der Zeit von 1850 und 1870 bemerkenswert stabil (Duby/Wallon 1976, 221 ff.).

Zu dieser Stabilität gehörte auch, daß sich keine nennenswerte Opposition gegen das bonapartistische Herrschaftssystem regte (ebd. 357 ff.). Zweifellos gab es innerhalb der Agrarbevölkerung durchaus einschneidende Interessendivergenzen. Mit zunehmender ökonomischer und sozialer Differenzierung prägte sich auch auf dem Lande der Gegensatz zwischen Lohnarbeit und Kapital allmählich heraus. Vor allem in den Bereichen Weinbau und Holzindustrie nahmen die Auseinandersetzungen bereits Formen des Klassenkampfes an (Gratton, 1971, 9 f.; 59-64, Smith, 1974/75). Dieser Entwicklungstendenz wurde jedoch noch weitgehend ideologisch gegengesteuert durch den Versuch, die ländliche Bevölkerung in einer defensiven Einheitsfront gegen Stadt und Land zusammenzuhalten. Die von P. Barral (1968) als "agrarisme" bezeichnete Ideologie und Politik der Abgrenzung betonte die Gleichartigkeit der agrarischen Arbeit, die Gemeinsamkeit der ländlichen Lebenssituation und hob damit offenbar erfolgreich das Einende gegenüber den objektiven Interessendivergenzen ins Bewußtsein. Der seit der Revolution von 1789 hervorstechende Konservatismus der bäuerlichen Bevölkerung scheint sich insgesamt verstärkt zu haben. Um P. Vilar zu zitieren: "Es handelte sich um das Verhaftetsein der großen Zahl mit den individualistischen Strukturen des Besitzes, wie sie 1789 und aus der napoleonischen Gesetzgebung hervorgegangen waren. Die Masse der französischen Bauern des 19. Jahrhunderts hatte ihre Revolution bereits hinter sich." (Vorwort zu Gratton, 1971, 9)

Dennoch ist auch an diesem Bild des konservativen Landes eine Korrektur angebracht. Nachdrücklich hat Agulhon darauf hingewiesen, daß 1849 die demokratisch-sozialistische Parteiung Wahlerfolge zumindest in der Provence errang und daß es in diesen Regionen als Reaktion auf den Staatsstreich von Napoleon zu heftigen Bauernrevolten kam (Agulhon, 1973, 178 ff.). Es wäre interessant zu wissen, ob diese Aktionen noch nach 1852 für die politischen Erfahrungen und Äußerungen der Landbevölkerung Folgen hatten, oder ob auch hier unter dem Druck der Repression und steigender Agrarpreise der politische Konformismus Oberhand bekam. Es ist zumindest nicht auszuschließen, daß die politische Bauernopposition bis 1870 fortbestand.

Das seit 1848 wirksame allgemeine Wahlrecht und die gleichzeitig intensivierte Alphabetisierung des Landes (63) wären im Zusammenhang einer solchen Analyse des politischen Verhaltens von bäuerlichen Gruppen detaillierter zu untersuchen. Immerhin konnten demokratisch-republikanische Kandidaten 1869 erstmals auch in Gegenden ohne große Städte, nämlich im Osten Frankreichs, an der Mittelmeerküste und im Languedoc, Erfolge verzeichnen (Duby/Wallon, 1976, Bd. 3, 364 ff.). Freilich blieben Wahlsiege höchst selten, was bei dem Einfluß der örtlichen Honoratioren und bei der Kontrolle vonseiten staatlicher Stellen nicht verwundern kann. Es käme darauf an, die Fortschritte, die verschiedene republikanische Kandidaten auf dem Lande machten, daraufhin zu untersuchen, ob sich eine langsame politische Veränderung unter der Agrarbevölkerung anbahnte. Nach dem bisherigen Stand der Kenntnisse bleibt jedoch zu vermuten, daß auf dem Lande im Zeichen der allgemeinen Stabilität keine Voraussetzungen für soziale Aktionen größeren Ausmaßes vorhanden waren. Sollte sich diese Annahme empirisch erhärten lassen, so würde der Marxschen Analyse der Agrarsituation der Boden entzogen und damit vom Fehlerkatalog der Kommune ein gewichtiger Punkt abgezogen werden müssen (64).

Die hier versuchte Bestandsaufnahme sollte den am Ende des 2. Empire erreichten Entwicklungsstand der kapitalistischen Produktionsverhältnisse und der antagonistischen Klassen aufdekken, um so herauszufinden, welches die strukturellen Gegebenheiten und Bedingungen waren, die der revolutionären Situation am Ende des 2. Empire ihren Stempel aufdrückten. Ein zusammenfassendes Fazit dieser Diskussion des Forschungsstandes ist bei der wiederholt betonten regionalen und branchenmäßigen Verschiedenartigkeit der Entwicklungen ein Wagnis, das wir jedoch mit folgenden sehr vorläufigen Aussagen bewußt eingehen. Während des 2. Empire wird unter den Bedingungen eines sich in den sechziger Jahren deutlich abflachenden konjunkturellen Hochs die Entwicklung zur großen Industrie beschleunigt. Dennoch sind die älteren Produktionsformen keineswegs bereits zum Untergang verurteilt. Die Bourgeoisie, nicht zuletzt wegen der unterschiedlichen Entwicklungsdynamik des Kapitalismus in sich stark differenziert, bewahrt auch unter dem bonapartistischen Regime die Möglichkeit der politischen Einflußnahme und verbessert nach 1848 ihre Fähigkeit, als Klasse einheitlich zu agieren, sobald die Arbeiterklasse gegen die ökonomische und politische Herrschaft der Bourgeoisie in die Offensive geht. Als Gegenpol zur Bourgeoisie entwickelt sich die auch 1870 noch zahlenmäßig minoritäre und sozio-ökonomisch wenig homogene Klasse der Lohnarbeiter. Das Verhältnis von Industriearbeitern zu handwerklichen oder landwirtschaftlichen Arbeitern bzw. Kleinproduzenten scheint, zumindest nach den bisherigen Forschungen zu schließen, weder klare Trennungslinien noch auch klare Affinitäten aufgewiesen zu haben, welche ein Bündnis gegen die herrschende Klasse nahe gelegt hätten. Ganz offensichtlich ist es auch unmöglich, in dieser Entwicklungsphase einen harten Kern der besonders mobilisierbaren Arbeiter aufgrund der strukturellen Bedingungen herauszukristallisieren. Nur soviel läßt sich sagen, daß generell die Mobilisierbarkeit und Mobilisierung der Arbeiter im 2. Empire trotz der relativen Verbesserung ihrer materiellen Situation keineswegs zurückging. Erste Organisationsansätze und ideologische Grundlagen schufen vielmehr die Voraussetzungen für den Revolutionsversuch der Kommunarden.

Insgesamt gelangen wir mit der Analyse der strukturellen Bedingungen, unter denen Klassenkampf in Frankreich vor 1870 stattfinden mußte, allerdings zu einem ähnlich pessimistischen Ergebnis wie Marx im Jahre 1870. Er erwartete von der deutschen oder englischen nicht aber von der französischen Arbeiterklasse einen revolutionären Schlag gegen das Bestehende. Die Entfaltungsmöglichkeiten von revolutionären Aktionen waren unter den Bedingungen der Gesellschaftsformation des 2. Empire äußerst begrenzt. Von diesen gesellschaftlichen Strukturen und Interessenlagen abzusehen und darauf zu vertrauen, daß die in einer revolutionären Situation erzielten Erfolge genügend Eigendynamik entwickeln, um die gesellschaftlichen Verhältnisse zum Tanzen zu bringen, wäre illusionäre Blindheit. Allzu häufig wurde bei Urteilen über die Pariser Kommune und deren Fehler davon abstrahiert, daß die Strukturen der französischen Gesellschaft selbst den Aktionen der Kommunarden enge Grenzen setzten. Zwar basierte die französische Gesellschaft bereits auf dem Gegensatz von Lohnarbeit und Kapital, doch das Gewicht von früh- und manufakturkapitalistischen Produktionsformen komplizierte das Klassengeflecht derart, daß der Gegensatz kaum zutage trat. Bei gesellschaftlichen Auseinandersetzungen wurden die Fronten zwischen Bourgeoisie und Arbeiterklasse nach wie vor vielfach verzerrt durch die Zwischengruppe der Kleinproduzenten in Gewerbe und Handwerk.

Diese Feststellungen münden in die weiterführende Frage, welche Faktoren am Ende des 2. Empire demnach daraufhin gewirkt haben, gesellschaftliche Widersprüche und soziale Konflikte in eine Konfrontation von Proletariat und Bourgeoisie umzusetzen. Zugleich ist die umgekehrte Frage zu stellen, welche Auswirkungen die Heterogenität der beiden Klassen für das tatsächliche Erscheinungsbild dieser Auseinandersetzung gehabt hat. Nach der Analyse der strukturellen Bedingungen von Klassenkampf geht es damit jetzt um die aktuellen Anlässe der Pariser Kommune.

B. ANALYSE DER PARISER KOMMUNE

Das Erkenntnisinteresse und die damit vorgegebenen Interpretationsrichtungen bestimmen die Akzente der Analyse. Diese keineswegs originelle Feststellung gilt auch für die Untersuchung der Pariser Kommune. Deutet man die Kommune als Zufall bzw. konjunkturbedingten Unfall einer ansonsten gesunden und ausgewogenen Entwicklung der Gesellschaft oder als ein Werk gerissener Rädelsführer, die aus Fanatismus oder Selbstbefriedigung die unschuldige, unwissende Masse zu schlimmen Taten verführten, dann erschöpft sich die Analyse der Revolutionsursachen in der Suche nach bestimmten Ereignissen, Maßnahmen oder Verhaltensweisen, die für das Zustandekommen der revolutionären Situation verantwortlich sind. Versucht man indes, die 72 Tage dauernde Kommune-Revolution in die Geschichte der Klassenkämpfe einzuordnen, so muß über die gleichsam konjunkturellen Ursachen hinaus bestimmt werden, wie der jeweilige Stand der Klassenkonstellation und -kämpfe die entstehende revolutionäre Situation prägte und wie die offene revolutionäre Konflikt- und Krisensituation ihrerseits in die Bedingungen und Erscheinungsformen des Klassenkampfes eingingen. Die Entwicklungen und Aktionen, die zu einer explosiven Situation in Paris führten, sollen also im Kontext des herrschenden Kräfteverhältnisses und umgekehrt die Organisations- und Handlungsfähigkeit der gesellschaftlichen Gruppen unter Berücksichtigung der im Laufe des Jahres 1870 und im Frühjahr 1871 akuten Konflikte untersucht werden.

I. Aktuelle Bedingungen des Klassenkampfes 1870/71

Vor 1870 stand einer sozio-ökonomisch differenzierten und politisch zerstrittenen Bourgeoisie eine sozio-ökonomisch noch nicht vereinheitlichte und politisch kaum organisierte Arbeiterklasse gegenüber. Im folgenden gilt es nun zu klären, ob die gesellschaftliche Ausnahmesituation des deutsch-französischen Krieges und der Mobilisierung zur nationalen Verteidigung die strukturellen Antagonismen verstärkte oder verwischte, ob sie den Zusammenhalt der einzelnen Klassen intensivierte oder zugunsten der integrierenden Einheit "Nation" auflöste, und wo sich die Zwischenschichten der Kleinbürger und Kleinbauern gesellschaftlich und politisch ansiedelten. Es ist dabei u.a. wichtig zu wissen, welche Kommunikationsformen und -wege den Arbeitern zur Verfügung standen, um sich untereinander und mit möglichen Bündnispartnern zu verständigen und zur politischen Aktion zu vereinigen. Der deutsch-französische Krieg, die revolutionären Bewegungen in der Provinz und schließlich die Entwicklung in Paris vor dem 18. März 1871 interessieren uns also unter der doppelten Fragestellung, wie sich in ihnen Probleme der französischen Gesellschaft äußerten und ob sie strukturbedingte gesellschaftliche Frontstellungen verschärften, verlagerten oder abstumpften.

1. Der deutsch-französische Krieg

"Wägt man die einzelnen Entstehungsgründe der Kommune von 1871 in ihrer Gewichtigkeit ab, so kristallisiert sich die oft nicht genügend berücksichtigte Tatsache des deutsch-französischen Krieges und der Niederlage Frankreichs als unbestreitbare Hauptursache heraus." (Grützner, 1963, 2.) Als G. Grützner 1963 so entschieden einen Kausalzusammenhang zwischen Krieg und Kommune-Aufstand herstellte, tat er es in dem sicheren Bewußtsein, daß nach den "objektiven" Kommune-Forschungen u.a. von E. Mason (1930) die Kommune nichts anderes gewesen sei als ein kriegsbedingter Zwischenfall. Diese Position geht von der Annahme aus, daß Volksaufstände bzw. Revolutionen in erster Linie Ausdruck des staatlichen Autoritätsverlustes sind und daß verlorene Kriege die staatliche Autorität erschüttern. Die Erklärung, das Herrschaftssystem sei durch externe Ursachen durcheinandergeschüttelt worden, kommt diesem Ansatz umso mehr entgegen, als sich damit die Frage nach strukturellen Krisenmomenten des Gesellschaftssystems nicht stellt. Eine solche Prämisse ist jedoch eher geeignet, Revolutionsphänomene interpretatorisch zu tilgen als zu analysieren. Die geringe Relevanz einer Interpretation, die Krieg als "Hauptursache" der Revolution ausgibt, ist daher theoretisch leicht auszumachen, nicht zuletzt weil Kriege ihrerseits wiederum Ergebnis bestimmter gesellschaftlicher Bedingungen und nur aus diesen zu verstehen sind.

Wenn man aber davon ausgeht, daß Revolutionen zurückverweisen auf die strukturelle Krisenhaftigkeit eines Gesellschaftssystems und daß das momentane Revolutionsereignis eingebettet ist in längerfristige Prozesse und Bewegungen, so ist die Bedeutung des Krieges für die Auslösung und den Verlauf der Pariser Kommune dennoch nicht zu unterschätzen. Denn die bestimmte Form einer Krise wirkt auf den Revolutionsprozeß zurück. So ist etwa entscheidend, in welchen Zeiträumen und durch welche Faktoren eine latente Krise in eine akute und schließlich in eine revolutionäre Situation umgewandelt wird. Bruhat u.a. betonen deshalb mit Recht: "Die Kommune darf also nicht als 'Zwischenfall' betrachtet werden, der einzig und allein durch die Folgen des deutsch-französischen Krieges ausgelöst worden wäre. Trotzdem ist der Gang der Ereignisse durch den Verlauf dieses Krieges und seine Wechselfälle nicht wenig beeinflußt worden. Er verschärfte die innere durch eine äußere Krise, die turbulenten Ereignisse zwangen Organisationen und Menschen, neue und zuweilen widersprüchliche Positionen zu beziehen." (Bruhat u.a., 1971, 53) Dieser Ansatz läuft allerdings seinerseits Gefahr, über der Aktualisierung gesellschaftlicher Konflikte zu vergessen, daß Kriege häufig genug auch dazu dienen, innergesellschaftliche Konflikte zumindest vorübergehend stillzulegen. Die Frontstellung gegen den Kriegsgegner kann alle Binnenkonflikte im Kampf gegen den Außenfeind integrativ ableiten und sie überschatten. Dadurch kann er die Gesellschaft ideologisch und institutionell zusammenschließen und das Zusammengehörigkeitsgefühl ihrer Mitglieder festigen. An den Revolutionsversuchen im Frankreich der Jahre 1870/71 ist interessant, daß sich darin keine der bislang entwickelten Funktionen, die Kriege für Revolutionen haben können, ausschließlich verwirklichte. Der deutsch-französische Krieg hatte in Paris und in der Provinz durchaus gegensätzliche Folgen, und legte auf der einen Seite in der französischen Gesellschaft bereits relativ offene Konflikte still, während er sie auf der anderen Seite aktualisierte.

Wie immer diplomatisches Spiel und Kriegskalkül zusammengewirkt haben mögen, um als letzte Konsequenz am 19. Juli 1870 Frankreichs Kriegserklärung zu zeitigen, sozialimperialistische Ziele spielten auf französischer Seite dabei gewiß eine gewichtige Rolle (vgl. u.a. Dansette, 1972, 384-391; Kolb, 1970; Zeldin, 1963). Zusammen mit dem Krieg proklamierte Napoleon III. ganz im Sinne bonapartistischer Herrschaftstechnik nationale Einmütigkeit. Der Aufruf, mit dem die bonapartistische Lyoner Zeitung "Le Pays" am 16. 7. den Krieg vorbereitete, ist dafür charakteristisch: "Franzosen aller Parteien, Republikaner, Orléanisten, Legitimisten, Bonapartisten, hört mir zu, denn bald wird die Kanone unsere Stimmen übertönen ... Wie schön ist der Krieg, wenn er über den Einzelinteressen schwebt." (Zit. n. Moissonnier, 1972, 191; vgl. auch Dupuy, 1959) Der hier und anderen Orts beschworene Burgfrieden zum höheren Zwecke des Nationalkrieges fand allerdings im Juli keineswegs ungeteilte Zustimmung (Bruhat u.a., 1971, 54 f.). Teile des Bürgertums - mit Thiers als beredtem Wortführer - fürchteten die Unterbrechung der Geschäfte durch einen Krieg, dessen Siegeschancen allzu ungewiß waren. Auch die Aussicht, daß der Krieg innenpolitisch erneut zur Restauration eines autoritären Kaisertums führen könnte, dämpfte die Kriegsbegeisterung (Girard, 1960/61, 70). Aus den Reihen der Arbeiter hatten schon am 12. Juli 400 Mitglieder und Sympathisanten der Internationale öffentlich gegen den drohenden Krieg demonstriert und von weiteren 250 Kriegsgegnern aus Paris und Umgebung Unterstützung erhalten (Rougerie, 1973, 7). Auch in Lyon demonstrierten am 20. Juli Mitglieder und Anhänger der Internationale unter Antikriegsparolen und verbündeten sich dabei mit den Radikalen (65). Noch deutlicher als diese pazifistischen Demonstrationen beweisen die trotz des militärischen Konfliktes anhaltend heftigen Streiks, daß die Arbeiter offensichtlich nicht bereit waren, sich für dynastische Zwekke der nationalen Sache zu unterwerfen (Perrot, 1974, 79). Nicht zuletzt zeugen schließlich die extremen Schwierigkeiten bei der Mobilmachung davon, wie sehr die nationale Kriegsbegeisterung ausblieb, die bonapartistische Regierungskreise erwartet hatten.

Von Anfang an brachte die Kriegserklärung der Regierung öffentliche Kritik ein, die um so heftiger wurde, je offensichtlicher die Überlegenheit der Deutschen zutage trat. Mit jeder verlorenen Schlacht und Festung (4.8. Wissembourg, 6.8. Froeschwiller, Forbach, 14.8. ff. verlustreiche Schlacht um Metz, 2.9. Fall Sedans) verlor Napoleon III. an Prestige, und zielte die Kritik immer deutlicher über die Herrscherfigur hinaus auf das gesamte Herrschaftssystem. "Anstatt die lebendigen Kräfte der Nation hinter dem Empire zu versammeln, wurde der Krieg zum Hauptmotiv der Opposition."(Gaillard, 1971, 33)

Das mit dem Krieg verbundene sozialimperialistische Kalkül der bonapartistischen Regierung, gesellschaftliche Probleme zu verdrängen und dem Kaisertum eine neue Legitimitätsgrundlage zu verschaffen, schlug fehl. Diesem Scheitern folgte jedoch nicht mechanisch und unmittelbar eine allgemeine Gesellschaftskrise oder gar eine Revolution. Denn als das bonapartistische Herrschaftssystem ins Wanken geriet und schließlich am 4. September gestürzt wurde, spitzte sich nur in denjenigen Großstädten die politische Situation revolutionär zu, in denen die innergesellschaftlichen Konflikte während des Krieges in unverminderter Schärfe fortbestanden hatten. Aber Paris und einige andere Städte machen noch nicht Frankreich aus. Gegenüber diesen vereinzelten Revolutionsansätzen fällt vielmehr auf, daß nach dem Sturz des 2. Empire der bürgerliche Staat nicht nur in Gestalt der "Regierung der Nationalen Verteidigung" fortbestand, sondern die systemgefährdenden Bewegungen auch nach relativ kurzer Zeit unter Kontrolle hatte. Deshalb wäre es falsch, die Untersuchung der Kriegsfolgen nur auf die Kräfte zu konzentrieren, die eine Veränderung der Gesellschaft intendierten, statt auch jene einzubeziehen, die das Fortbestehen der bürgerlichen Gesellschaft garantierten. Im folgenden wird vielmehr nach den Ressourcen zu fragen sein, die es dem bürgerlichen Staat erlaubten, relativ leicht der aufkommenden revolutionären Bewegungen Herr zu werden. Unter diesen Ressourcen sind besonders die Verfügung über einen intakten Beamtenapparat und das staatliche Monopol über den Einsatz physischer Zwangsmittel zu beachten. Was dagegen die Oppositionsbewegung anbelangt, so lautet die Frage: Warum kamen nur einige wenige revolutionäre Bewegungen in Gang, und warum blieben sie zu isoliert und ohnmächtig, um den Staat, geschweige denn die Gesellschaft des agonisierenden 2. Empire grundlegend umzugestalten?

Wie wenig tiefgreifend die militärische Niederlage die bürgerliche Staats- und Gesellschaftsform erschüttert hatte, läßt sich daran zeigen, daß der in Paris vollzogene Regimewechsel in der Provinz nur vorübergehend turbulente Auswirkungen hatte. Gewiß war der nördliche Teil Frankreichs, also ca. ein Drittel des Landes durch die deutsche Besetzung zu politischer Untätigkeit verurteilt. Nach dem Fall von Sedan am 2. September stießen die deutschen Truppen schnell bis zur Seine vor und belagerten Paris bereits seit dem 18. September. Ein wirksames politisches Echo konnte die Ausrufung der Republik mithin allein in Mittel- und Südfrankreich haben. Besondere Aufmerksamkeit verdient dabei der Süden des Landes, der schon 1850/51 versucht hatte, mit einer mächtigen demokratischen Bewegung gegen die Zerstörung der Republik zu kämpfen (Agulhon, 1973). Soweit bisher bekannt ist, konnten Radikale und Sozialisten zwar in einigen wichtigen Städten, über die später zu berichten sein wird, bedeutende Machtpositionen erobern. Doch kam es zu keinem revolutionären Flächenbrand, weil sich die ländlichen Regionen abwartendreserviert verhielten.

Ohne Kenntnis darüber, ob die im September allenthalben erhobenen Forderungen nach Säuberung der Verwaltung, Polizei und Armee von Bonapartisten tatsächlich zum Zuge kamen oder ob sie unter dem Druck der inneren und äußeren Gefahren stillschweigend zurückgestellt wurden, läßt sich schwer entscheiden, ob der Zusammenbruch des bonapartistischen Regimes den Aktionsspielraum für den bürgerlichen Staat auf der einen und für die Demokraten-Sozialisten auf der anderen Seite erweiterte oder verengte (vgl. Moissonier, 1972, 123-133). Knappe Angaben von J. Bouvier und J. Gaillard deuten die Zerrüttung in der Verwaltung, die Schwäche der staatlichen Repressionsinstanzen und die Verunsicherung in der Armee zwar an, kommen aber nicht über verstreute Hinweise hinaus zu einer umfassenden Analyse (66). Da bislang über das Ausmaß, in dem die überkommenen Herrschaftsstrukturen erschüttert wurden, ebensowenig bekannt ist, wie über die nach vorübergehendem Umbruch erneut einsetzende Restauration der vorherigen Verwaltungs- und Verkehrsformen, bleiben Aussagen über die Widerstandskraft des bestehenden Systems hypothetisch.

Es scheint aber, als habe J. Gaillard die Situation während der ersten Wochen der 3. Republik mit der durch die Karenz der Zentralgewalt provozierten Mobilisierung eigenständiger Kräfte zumindest in den städtischen Zentren der Provinz richtig beschrieben:

> "Der Krieg verstärkt den latenten Föderalismus der verschiedenen Komitees, die das Heil der Republik in ihre Hand genommen haben. Nicht damit zufrieden, Gesetze zu machen und die Verwaltung zu säubern, greifen sie auch das militärische Kommando an und erzwingen in mehreren Städten (Grenoble, Marseille) den Rücktritt der Kommandanten. Die ersten von Gambetta ausgesandten Regierungsbevollmächtigten lassen es geschehen, weil sie entweder Schlimmeres vermeiden wollen oder selbst ernsthaft meinen, daß für den äußeren Sieg die Säuberung der Kommandos notwendig sei. Da aber gleichzeitig die Plünderung der Arsenale und Waffendepots den Revolutionären eine ernstzunehmende Bewaffnung ermöglicht, drohen im Schoße der großen Republik wirkliche kleine Republiken zu entstehen." (Gaillard, 1971, 36)

In einigen Städten war mit dieser vorübergehenden Doppelherrschaft der Keim für weitere Konflikte angelegt. Als die Zentralgewalt so bald wie möglich versuchte, das politische Kräfteverhältnis zu ihren Gunsten zu verändern und die in einzelnen Kommunen anfangs durchgesetzten tendenziell oder offen antibürgerlichen Maßnahmen rückgängig zu machen, provozierte sie damit in Einzelfällen wie in Lyon und Marseille Aufstandsversuche, die allerdings scheiterten. Insgesamt reichte in den Dörfern und in der Mehrzahl der Städte der Sturz des Bonapartismus und der aufkeimende Föderalismus nicht aus, um in der französischen Gesellschaft latent vorhandene Widersprüche revolutionsmächtig zu aktualisieren.

Daß der Krieg und seine politischen Folgen nicht nur die Selbstverständlichkeit bürgerlicher Gesellschaft erschütterte und an wenigen exponierten Stellen politisch-revolutionäre Bewegungen hervorrief, sondern auch die Identifizierung mit dem Bestehenden befördern konnte, läßt sich an dem im Laufe der Monate veränderten innenpolitischen Stellenwert des Krieges aufzeigen. Der rasche Siegeszug der preußisch-deutschen Truppen offenbarte nicht nur die militärische Unfähigkeit des Bonapartismus, sondern auch die Gefährlichkeit des Gegners. Dessen annexionistische Kriegsziele bedrohten nicht mehr nur allein den Kaiser, sondern auch die nationale Integrität von Frankreich. In dieser Situation verwandelte sich für weite Kreise der französischen Opposition der dynastische Aggressionskrieg in einen nationalen Verteidigungskrieg. Die "Regierung der Nationalen Verteidigung", die den Bruch mit dem Empire besiegeln und die Republik wieder begründen sollte, erhielt daher als vordringlichste Aufgabe den Auftrag, die bis dahin kaum ausgeschöpften nationalen Abwehrkräfte gegen Preußen-Deutschland zu mobilisieren. Bezeichnenderweise waren die von der Pariser Volksbewegung getragenen Demokraten und Sozialisten um des gemeinsamen patriotischen Zieles willen in dieser Situation zur Loyalität gegenüber der neuen Regierung bereit, obwohl sie bei der Regierungsbildung am 4.9. auf der ganzen Linie überspielt worden waren. Die in Paris sehr populäre Verteidigungsbereitschaft war allerdings keineswegs überall gleichermaßen hoch. Nur für die ausschließlich in den Städten verwurzelte Linke wirkte in der Folgezeit die Tradition des revolutionären Volkskrieges von 1793 als Fanal des eigenen Kriegsengagements. Das Interesse der rechten Kräfte ging dagegen im Laufe des Herbstes immer deutlicher dahin, diesen Krieg so schnell wie möglich zu beenden (67). Bis in das Regierungslager hinein wirkte diese politische Kontroverse. Während der Radikale Gambetta als Vertreter der Regierung am 2. Oktober das belagerte Paris mit dem Ballon verließ, um von Tours aus in der Provinz für den "Krieg bis zum Äußersten" zu mobilisieren (68), sondierten Thiers und Favre als Vertreter der gleichen Regierung Mitte September und Anfang Oktober, gegen welche Konzessionen Waffenstillstand und Friedensschluß einzuhandeln seien, und unterzeichneten nach erneuten Verhandlungen schließlich am 28. Januar einen Waffenstillstandsvertrag. Nicht weniger konträr war in der breiten Bevölkerung die Einstellung zum Krieg. In erster Linie war es die kriegsunwillige Landbevölkerung, die bei den Wahlen zur Nationalversammlung am 8. Februar allen linken und republikanischen Kandidaten, die die Fortführung des Krieges statt Friedensverhandlungen auf ihre Fahnen geschrieben hatten, eine unerwartet deutliche Abfuhr erteilte (69). Die parlamentarische Mehrheit fiel an die konservativen Notabeln und gemäßigten Republikaner, und damit war gegen die wenigen in den großen Städten gewählten Demokraten der Weg für den harten Vorfrieden und nach dessen Ratifikation am 1. März der Weg für die Friedensverhandlungen geebnet.

Welche Motive und Interessen auch immer diese unterschiedliche Stellung zum Krieg im einzelnen beeinflußt haben mögen, feststeht, daß sich bereits im Herbst 1870, also lange vor der revolutionären Kommune von Paris, Momente des Nationalkrieges mit denen eines Bürgerkrieges in den Einschätzungen und Aktionen sowohl der linken Kriegsbefürworter als auch der rechten Kriegsgegner überlagerten. Der Binnenfeind erschien agrarischen und vor allem bourgeoisen Kreisen insgesamt gefährlicher als der Außenfeind (70). Unter städtischen Arbeitern und Kleinbürgern - um die Fronten hier so pauschal zu bezeichnen- herrschte dagegen die Meinung vor, durch die Mobilisierung der "nation en armes" lasse sich der Krieg erfolgreich zuende führen (71). In dieser Verbindung von unterschiedlichen sozialen und nationalen Argumenten waren Konflikte geradezu einprogrammiert.

Sie brachen auf in den Auseinandersetzungen um die Nationalgarde und die Regierungspolitik und offenbarten eine je nach Gegend und gesellschaftlicher Physiognomie unterschiedliche Funktion des Nationalismus. Je nach politischem Interesse erschien Volksbewaffnung als notwendige Voraussetzung einer erfolgreichen militärischen Verteidigung oder als gefährliche Vorleistung an eine unruhige Volksmasse. Von der Regierungspolitik erwartete das eine Lager eine auf Kosten der Begüterten durchgesetzte Konzentration der nationalen Kräfte für den Kampf, das andere Lager jedoch primär die Sicherung des gesellschaftlichen Status quo. Schließlich bewirkte der Nationalismus auf der einen Seite zwar Regierungstreue, wenn er nämlich imstande war, die Bevölkerung enger mit der Regierung als der einzig legitimen und handlungsfähigen Instanz zu verbinden. Daneben aber entstand aus der Erkenntnis, daß die "Regierung der Nationalen Verteidigung" nach dem berühmten Ausspruch von Marx zur "Regierung des Nationalen Verrats" geworden sei, auch ein deutlich antigouvernementaler Nationalismus.

Die Ambivalenz der politischen Situation trat bereits im August mit aller Deutlichkeit zutage, als es um die Einberufung der Nationalgarde ging. Die Nationalgarde, als kommunale Bürgermiliz 1789/90 entstanden, hatte im Laufe der Jahrzehnte teils als kommunale Ordnungsmacht gegen Volksunruhen, teils als Bastion der Bürgermacht gegen die militärisch-staatliche Zentralgewalt, teils als Verstärkung der regulären Truppen und der Polizei fungiert. Sie hatte sich in der 2. Republik vorübergehend zum demokratischen Machtfaktor gemausert, als allen Bürgern zwischen 20 und 60 Jahren unabhängig vom Zensus die Mitgliedschaft und die Wahl ihrer Führer eingeräumt wurde. Napoleon III. löste daraufhin 1852 die Nationalgarde de facto auf, indem er das Recht auf Einberufung, Auflösung und Ernennung der Führer an sich zog. Aber im Militärgesetz von 1868 wurde die Nationalgarde, wenngleich in veränderter Form, wiederbelebt, als es darum ging, ohne große zusätzliche Kosten das französische Militärpotential zu erhöhen und zu diesem Zweck neben dem stehenden Heer die mobile Nationalgarde aus Reservisten und sonstigen Wehrfähigen zu schaffen. Damit nahm das seit 1848/49 gefürchtete Gespenst der Volksbewaffnung erneut Gestalt an, wie Kritiker des Gesetzes mit aller Deutlichkeit feststellten (Girard, 1965). Als 1870 mit den ersten Kriegsniederlagen der Ruf nach der Einberufung der Nationalgarde laut wurde, stieß er daher bei den Vertretern der "Ordnungspartei" nicht von ungefähr auf hartnäckig taube Ohren. Denn sie sahen in der Nationalgarde weniger ein erhöhtes Verteidigungspotential als eine vor allem in den traditionellen Unruheherden der Großstädte gefährliche Bewaffnung des Volkes.

Die Kontroverse um die Einberufung der Nationalgarde spitzte sich beispielsweise in Marseille so weit zu, daß am 7.8.1870 Demonstranten das Rathaus stürmten und für kurze Zeit ein revolutionäres Komitee einsetzten, um die Einberufung der Nationalgarde zu erreichen (Greenberg, 1971). Auch in Lyon entbrannte an dieser Frage der Konflikt, dessen Bedeutung für die Fortführung des Krieges umso offensichtlicher war, als bis Ende Juli noch nicht einmal die in Lyon stationierte Garnison des stehenden Heeres an die Front beordert worden war Moissonnier, 1972, 200f.). Selbst als am 8. August, nicht zuletzt aufgrund des innenpolitischen Drucks, alle tauglichen Männer bis zum Alter von 40 Jahren zur Nationalgarde einberufen wurden, war der Streit keineswegs beigelegt. Denn die Regierung versuchte nun, die Bildung und vor allem die Bewaffnung der Bataillone aus politisch unzuverlässigen Stadtvierteln so lange wie möglich hinauszuzögern (Girard, 1965, 348 f.). Als die "Regierung der Nationalen Verteidigung" nach dem 4. September nicht länger umhin konnte, auf breitester Basis zu mobilisieren, verlagerte sich der Konflikt auf die Frage, wer die Oberherrschaft über die bewaffneten Massen übernehmen solle. Denn die Gefahr war groß, daß die breite Bewaffnung der Nationalgarde und deren teilweise Rekrutierung aus den städtischen Unterschichten einen Einbruch in die für den bürgerlichen Staat lebenswichtige Verfügungsgewalt über die Repressionsmittel brachte. Daß diese Befürchtungen berechtigt waren, sollte sich in Paris zeigen, wo die Nationalgarde die Regierung wirksam bedrängte und die Bevölkerung zu mobilisieren vermochte. General Trochu, der sich von der "Regierung der Nationalen Verteidigung" unter der Parole "Für Familie, Eigentum und Religion" (Bruhat u.a., 1971, 60) an die Spitze der Pariser Nationalgarde hatte setzen lassen, behauptete rückblickend: "Vier Monate habe ich ohne Waffen gegen die bewaffnete Anarchie gekämpft."(72) Er unterschlägt allerdings, daß bis zum Januar die "regierungstreuen" Bataillone die "revolutionären" in Schach zu halten vermochten. Die militärische Kapitulationsbereitschaft von Regierung und Bourgeoisie und deren Anspruch auf das Monopol an physischen Gewaltmitteln lief allerdings nur in Paris, wo sich die Bewaffnung der Nationalgarde zwingend aus den Erfordernissen der nationalen Verteidigung begründete, völlig der Existenz und den Forderungen der stark von den Unterschichten beschickten Nationalgarde zuwider und führte dort zu heftigen Konflikten. Dagegen blieb in den Städten der Provinz der latente Gegensatz zwischen der Bourgeoisie, die um der innenpolitischen Machtbehauptung willen zur außenpolitisch-militärischen Kapitulation bereit war, und den proletarisch-kleinbürgerlichen Massen, die in der Tradition des großen Revolutionskrieges gleichzeitig Demokratie und nationale Unversehrtheit zu behaupten hofften, weitgehend verdeckt (73).

Ein Grund hierfür lag sicherlich darin, daß die Nationalgarde in der Provinz nach sozialer Zusammensetzung und ideologischer Orientierung sehr viel bürgerlicher blieb als in Paris. Hiermit dürfte zum zweiten zusammenhängen, daß in der Provinz die Integrationskraft des Nationalismus sehr viel stärker als in Paris zum Zuge kam. Während in Paris die Organisationen der Linken im Kampf gegen die Regierung nationalistische Parolen mit gesellschaftspolitischen Forderungen verbanden, konnten in der Provinz die Regierungsvertreter mit dem Rekurs auf die nationale Unabhängigkeit die Loyalität der Bevölkerung bewahren bzw. zurückgewinnen.

Aufschlußreich sind hierfür die Programme der in den nicht von den Deutschen besetzten Landesteilen zur Verteidigung der Republik gebildeten "Ligen". Die am 18. September von Delegierten aus 13 Departements des Südostens gegründete "Ligue du Midi" verzichtete in ihrem Programm zwar nicht völlig auf soziale Forderungen, doch verließen diese nicht den Bannkreis des Radikalismus, wenn neben Säuberungen, Pressefreiheit und Verbot der religiösen Schulen gefordert wurde, daß den Reichen eine Steuer von 30 Millionen Francs auferlegt, der Besitz von Verrätern konfisziert und Staat und Kirche getrennt werden sollten. Demgegenüber sind im Programm der "Ligue du Sud-Ouest" soziale Forderungen überhaupt von nachgeordneter Bedeutung. Da der Akzent aller Programme auf der nationalen Unabhängigkeit lag, hatte Gambetta keine Schwierigkeiten, diese Bestrebungen in das von ihm wirkungsvoll beschworene Werk der nationalen Verteidigung zu integrieren und die Ligen schließlich aufzulösen (Gaillard, 1971, 37 f.).

Nur das "Comité central fédératif" in Lyon, das in der Hauptsache von Revolutionären der älteren Tradition getragen wurde, setzte sich für einen Volkskrieg ohne und gegebenenfalls auch gegen Gambetta und für die "levée en masse" ein. Es forderte neben der Dienstverpflichtung aller Männer zur Nationalgarde die Einrichtung von Kriegswerkstätten, eine Zwangsanleihe und den Fronteinsatz auch für die bürgerlichen Bataillone der Nationalgarde (Moissonnier, 1972, 229 ff.). Solche eindeutig jakobinischen Akzente und antibürgerlichen Tendenzen scheinen in den verschiedenen Verteidigungsorganisationen jedoch die Ausnahme geblieben zu sein. Mit dem nach Mittelfrankreich vordringenden Feind standen ausschließlich patriotische Ziele im Mittelpunkt und drängten sozio-ökonomische Interessengegensätze in den Hintergrund. Es wäre sicherlich lohnend, Gambettas Aktivitäten in der Provinz zur Sammlung aller Kräfte für den Verteidigungskrieg, die ihn sehr schnell in offenen Gegensatz zu der bereits kapitulationsbereiten Regierung in Paris brachten, unter dem Aspekt des innenpolitischen Krisenmanagements zu untersuchen. Es spricht viel dafür, daß seine demagogisch-nationalistische Agitation in der Provinz dazu diente, das bereits politisch mobilisierte Konfliktpotential in der Gemeinschaftsideologie und -politik des Nationalismus aufzufangen (74).

Auch bei der Mobilisierung der ökonomischen und technischen Ressourcen für den Krieg stand die Regierung vor dem Dilemma, um der innergesellschaftlichen Stabilität willen, Maßnahmen nicht oder nur halb durchzuführen, die zur Erhöhung des Verteidigungspotentials notwendig gewesen wären. Mit einer staatlich dirigierten Kriegswirtschaft, wie sie erstmals im Ersten Weltkrieg zum Zuge kommen sollte, hätte sich die gemäßigt republikanische "Regierung der Nationalen Verteidigung" in Gegensatz zu ihrer eigenen sozialen Trägerschicht im bürgerlichen Lager gesetzt. Um die Kriegskosten aufzubringen und die Zivil- zur Kriegsgesellschaft umzuorganisieren, riskierte die Regierung daher nicht, Eigentumsrechte einzuschränken oder den Besitz zu belasten. Weder waren die Republikaner bereit bzw. imstande, durch dirigistische Eingriffe in die Wirtschaft die infrastrukturellen Voraussetzungen für eine "levée en masse" zu schaffen, noch den Krieg durch radikale fiskalische Maßnahmen zu Lasten der Besitzenden zu finanzieren. Die Regierung griff einzig auf das Mittel der Anleihe zurück, welches zumindest versprach, die Bankiers, die die Anleihe vertrieben, und die Rentiers, die die Anleihe zeichneten, fester an die Regierung zu binden (Katzenbach, 1951, Bouvier, 1953 u. 1958). Die unzulänglichen Regierungsmaßnahmen provozierten vor allem bei den Arbeitern und vornehmlich den Arbeitern der Großstädte (Paris, Lyon, Marseille) Mißtrauen und Kritik. Sie sahen damit nicht allein ihren Verdacht bestärkt, daß die Regierung trotz allem patriotischen Verbalradikalismus die militärische Kapitulation bereits programmiert habe. Je mehr sie der kriegsbedingten Wirtschaftsflaute existentiell ausgeliefert waren und keine Aussicht hatten, im Falle einer Versorgungskrise bei feindlicher Besetzung oder Belagerung ihrer Stadt aus eigenen Vorräten wirtschaften zu können, um so näher lag es für sie, wie vom Konflikt um die Nationalgarde so auch vom Ausbleiben der zur Verteidigung notwendigen Regierungsmaßnahmen auf den Klassencharakter der Regierung zu schließen.

Aus diesen Auseinandersetzungen und Entwicklungen hat M. Moissonnier geschlossen, daß die französische Gesellschaft im Zuge des deutsch-französischen Krieges und der Bewegungen in der Provinz insgesamt in eine akute Krise geraten war (Coll. Univ. 1972, 133). Wenn diese These auch auf die Notwendigkeit aufmerksam macht, Einzelaufstände in ihrer gesellschaftlichen Aussagekraft zu untersuchen und den Zusammenhang zwischen Revolutionsversuchen zu sehen, so geht sie als Charakterisierung der politischen und gesellschaftlichen Situation insgesamt doch wohl zu weit. Freilich lassen sich in verschiedenen Bereichen des Staatsapparates Krisenelemente nachweisen. Die Verselbständigung einzelner lokaler Instanzen von der Zentralgewalt, die Säuberung der Verwaltung, die hier und dort unabhängig von der Regierungszentrale vorgenommen wurde und schließlich die Volksbewaffnung, die das staatliche Monopol legitimer physischer Gewaltsamkeit potentiell in Frage stellte, alle diese Entwicklungen markierten und verschärften gesellschaftliche Konflikte und schwächten zumindest temporär die Position der "Regierung der Nationalen Verteidigung". Aber diese Selbständigkeitsbestrebungen erfaßten weder alle Gegenden noch alle Klassen. Kriselte es unter Arbeitern und Kleinbürgern einiger großer Städte, so unterstützten agrarische und bürgerliche Kreise durchweg die bestehende Ordnung. Die Regierung verfügte nicht nur über eine tragfähige soziale Basis, sondern auch über ausreichende Ressourcen. Nach einer turbulenten Übergangsphase funktionierte die Bürokratie offenbar wieder zuverlässig und das Heer sowie die Mehrheit der Nationalgarde blieben loyal. Die von Moissonnier diagnostizierte Krise der gesamten französischen Gesellschaft erweist sich bei genauerem Zusehen nicht als Flächenbrand, sondern als eine kleine Zahl lokal begrenzter Brandherde. Dieses Ergebnis gilt es als Bezugspunkt im Gedächtnis zu behalten, wenn im folgenden die Konstellation der Kräfte, Zielvorstellungen, Organisationen und Ereignisse in denjenigen Städten untersucht werden sollen, die der Pariser Kommune ähnliche Aufstandsversuche hatten.

2. Die revolutionären Bewegungen in der Provinz

Die bislang diskutierte Frage, ob die politischen Bewegungen im und nach dem deutsch-französischen Krieg imstande waren, die Ressourcen des staatlichen Systems zu erschüttern, wollen wir nur indirekt wieder aufnehmen, wenn wir die revolutionären Bewegungen in der Provinz untersuchen. Die Probleme, die uns jetzt interessieren, sind direkter auf das Modell des Klassenkampfes ausgerichtet. Es gilt zu untersuchen, ob sich der entwicklungslogische Antagonismus von Lohnarbeit und Kapital im Verlauf der Jahre 1870 und 1871 unter dem Eindruck von Krieg, Politik der nationalen Verteidigung und Kommune nun auch politisch durchzusetzen begann. Einiges spricht dabei für die gegenteilige Annahme, daß Verwerfungen und Differenzierungen der Gesellschaftsstruktur die Wirksamkeit eben jener Faktoren abschwächten, die die strukturellen Widersprüche hätten aktualisieren können. Diesen Fragenkomplex wollen wir zum einen anhand der politischen Frontstellungen in einigen Städten, zum andern anhand der politischen Vorstellungen der Opposition beantworten, indem wir klären, ob sich die oppositionellen Bewegungen an der unversöhnbaren Feindschaft zwischen der Klasse der Lohnarbeiter und der der Kapitalisten orientierten und dementsprechend bei ihnen der Wille zur grundlegenden Veränderung der Gesellschaft überwog, oder ob sehr viel gemäßigtere politische Vorstellungen ihr Handeln motivierten und ausrichteten.

Es ist heute nicht mehr ganz aussichtslos, derartig weitreichende Fragen beantworten zu wollen, denn in den letzten Jahren hat sich das Forschungsinteresse in diese Richtung verschoben. Lange Zeit hatte die Forschung die politische Entwicklung in der Provinz nur als Anhängsel der Pariser Ereignisse gewürdigt. Alle Untersuchungen standen unter der zentralen Frage, warum das revolutionäre Paris isoliert und damit der Regierung Thiers die Möglichkeit gegeben worden war, das militärische Potential konzentriert gegen die Hauptstadt ins Feld zu führen.

Hatte die Provinz die Pariser Kommune verraten oder hatte sich Paris nicht genügend um die Provinz gekümmert? Eine derartige Problemstellung hat durchaus ihre Berechtigung, sie greift jedoch zu kurz, sobald man die Pariser Kommune unter der Perspektive des Klassenkampfes analysieren will. Paris kann dann nicht länger als pars pro toto herhalten. Denn bei einer solchen Sichtweise muß nicht nur berücksichtigt werden, daß die Entfaltung des Kapitalismus in den einzelnen Regionen und Branchen mit höchstunterschiedlicher Intensität zum Zuge kam, sondern auch, daß Ungleichzeitigkeit die Entwicklung der Klassenantagonismen und deren Niederschlag im politischen System prägte. J. Bouvier hat in dem Sammelwerk von Bruhat u.a. erstmals sehr nachdrücklich auf diesen Punkt aufmerksam gemacht und damit der einsetzenden Provinzforschung wichtige Impulse gegeben (75).

Die Breite der revolutionären Bewegungen in den Jahren 1870 und 1871 macht eine Vorentscheidung darüber erforderlich, welche Phase der Provinzaufstände für unsere Fragestellungen am aufschlußreichsten ist. Das systematische Sammeln aller Indizien über Volksunruhen und -bewegungen in der Provinz hat zahlreiche isolierte und nicht zur gleichen Zeit stattfindende Aufstandsversuche in der Provinz lokalisiert (s. Karte in Rougerie, 1973, 162). Es erscheint sinnvoll, diejenigen Aufstände, die die Pariser Kommune begleiteten, von jenen zu unterscheiden, die bereits im Herbst und Winter 1870 ausbrachen. In den Großstädten der Provinz hatte die Bedrohung des Status quo bereits 1870 ihren Höhepunkt erreicht und war also der Pariser Entwicklung deutlich vorausgelaufen. Bis zum Jahresende gelang es jedoch der zunächst gelähmten Zentralgewalt, die für die Bourgeoisie bedrohliche radikale Bewegung zu unterdrücken. Daher war die Opposition in der Provinz bereits erheblich geschwächt, als sie nach der Proklamation der Kommune im März und April erneut den Aufstand gegen die Herrschenden versuchte. Ihr Kampf war um so aussichtsloser, als die erstarkte Zentralgewalt in den Städten Gewehr bei Fuß stand, um in der Provinz eine offene Bürgerkriegssituation bereits im Keim zu unterdrücken. Die genauere Analyse der autonomen Oppositionsbewegung in der Provinz unterstreicht das politische Gewicht dieser gegenüber Paris phasenverschobenen Entwicklung in der Provinz. Vor allem diese Phasenverschiebung und die im Vergleich zu Paris nach Form und Inhalt deutliche Kurzatmigkeit der revolutionären Provinzbewegungen fordern zur Erklärung heraus.

Ein solcher vergleichender Ansatz legt es nahe, die Untersuchung vor allem auf die Vorläufer der Pariser Kommune in der Provinz zu konzentrieren, da für die März- und Aprilbewegungen die Entfaltungsmöglichkeiten bereits stark beschnitten waren. Obwohl Versailles nahezu ein Informationsmonopol während der Pariser Kommune besaß, ist die Skala der in der Provinz allenthalben anzutreffenden Sympathiebekundungen für die Kommunarden sehr breit. Eine vorläufige Auflistung der Orte, in denen Aufstände, Handgreiflichkeiten oder auch nur Demonstrationen oder demonstrative Handlungen die Verbundenheit zu den Pariser Kommunarden und die Gegnerschaft zur Regierung Thiers bzw. gegen die lokalen Behörden artikulierten, umfaßt mehr als 40 Namen (Bruhat u.a., 1971, 258, 272, Anm. 76). Auch kam es im Anschluß an Paris in den Städten Lyon (23. - 24. 3 und 30. 4.), Marseille (23. 3. - 4. 4.), Narbonne (24. - 31. 3.), Toulouse (24. 3.), St. Etienne (25. - 27. 3.), Le Creusot (26.-27. 3.) zur Proklamation der Kommune (vgl. Gaillard, 1971). Doch blieben diese Kommunen kurzlebige Unternehmen, die konfrontiert mit dem militärischen Aufgebot der Zentralgewalt und der neutralen oder sogar feindlichen Haltung der Nationalgarde zum schnellen Untergang verurteilt waren. In den meisten dieser erneut aktiven Städte waren bereits im Herbst und Winter 1870 Versuche unternommen worden, nicht nur die Vertreter des bonapartistischen Regimes zu vertreiben, sondern die politische Entwicklung auch noch über die im ersten Anlauf erreichten radikal-demokratisch organisierten und orientierten Gemeindeverwaltungen hinauszutreiben. In diesen Städten scheinen die Nachrichten aus Paris alle bereits unterdrückten Hoffnungen auf eine - um den Begriff aus der 1848er Revolution zu übernehmen - demokratisch-soziale Gesellschaft wiederbelebt zu haben. Nicht von ungefähr war daher die Pazifizierung dieser Unruheherde in der Provinz für Versailles der Auftakt zum Bürgerkrieg gegen Paris. Als am 4. April die Kommune in Marseille fiel, stand Paris bereits unter Beschuß (76).

Für unsere Frage nach der revolutionären Mobilisierung der Provinzbevölkerung unter den aktuellen Bedingungen des Krieges und des Regimewechsels sind diese durch die Pariser Kommune inspirierten Aufstandsversuche jedoch weniger aufschlußreich als die Erhebungen des Spätsommers. Nachdem in Le Creusot, Lyon und Marseille oppositionelle Demonstrationen bereits im August die Vertreter des bonapartistischen Regimes verunsichert hatten, schuf die Niederlage von Sedan Anfang September allenthalben Handlungsspielraum für breite republikanische Bewegungen, in denen die Radikalen deutlich die Oberhand gewannen. Allerdings waren die städtischen Massenbewegungen nur in Lyon und Marseille stark genug, um eigene Vorstellungen einer autonomen Republik realisieren zu können. In der Eisen- und Stahlstadt Le Creusot mit ihrer modernen Fabrikarbeiterbevölkerung gelang es dem Präfekten, der Bewegung die Spitze abzubrechen, indem er den Arbeiterführer Dumay, der den großen Streik von

1870 mitorganisiert hatte, in das Bürgermeisteramt berief und ihn damit dem Gemeinderat auslieferte, der unverändert in seiner alten bourgeoisen Zusammensetzung fortbestand (Dumay, 1976, 148-262). Die Unruhen in anderen Städten erschöpften sich darin, den Weg für politische Siege der Republikaner zu bahnen, und bestenfalls wie in Grenoble und Toulouse den Rücktritt des Stadtkommandanten zu erzwingen. Alle diese Aufstände und Unruhen des Spätsommers standen gleichzeitig unter dem Zeichen des republikanischen Neubeginns nach dem Sieg über den Bonapartismus und unter dem Zwang, den Krieg gegen die preußisch-deutschen Eindringlinge fortzuführen. Aus der Überlagerung dieser beiden Aufgaben zogen die Provinzbewegungen ihre Stärke, aber auch ihre Schwäche. Einerseits erleichterten die anstehenden Aufgaben die Mobilisierung von politischen Energien, andererseits steckte die Vaterlandsverteidigung als oberstes Ziel immer wieder die Grenzen der Mobilisierung so ab, daß zusätzlich zur politischen nicht auch noch die soziale Umwälzung zum Programm erhoben werden konnte.

Stärker als diese gleichsam konjunkturellen sollen uns hier die strukturellen Ursachen interessieren, die zur Erklärung der politischen Ruhe in der überwiegenden Mehrheit der französischen Städte angeführt werden können. Welchen Einfluß hatte auf die Provinzbewegungen einmal der objektive Entwicklungsstand von Lohnarbeit und Kapital, zum anderen die in gewerkschaftlichen und politischen Aktionen gemachten Erfahrungen der Arbeiter? Diese Frage kann beim gegenwärtigen Stand der Forschung nicht für alle Städte Frankreichs erörtert werden. Fallstudien liegen vor für Lyon und Marseille, mithin für die zweit- und drittgrößte Stadt Frankreichs und die beiden Orte, in denen die revolutionären Bewegungen am weitesten vorpreschten, und für Bordeaux, die provisorische Hauptstadt zu Beginn der 3. Republik, in der sozialistische Oppositionsgruppen nicht zum Zuge kamen (Olivesi, 1950; Moissonnier, 1972; Archer, 1973; Girault, 1971). Im Vergleich dieser drei Städte läßt sich daher ermitteln, ob vornehmlich strukturelle Unterschiede oder eher politisch-akzidentelle Ursachen für ein unterschiedliches politisches Verhalten verantwortlich sind.

In Lyon gelang es den gut organisierten Radikalen demokratischer und sozialistischer Prägung in einer ersten Phase am 4. September 1870 einen Wohlfahrtsausschuß durchzusetzen und in den folgenden zehn Tagen ungeachtet aller zentralen Weisungen aus Paris in Maßnahmen und Dekreten lokale Autonomie zu manifestieren, wie sie in Paris zur gleichen Zeit das "Comité central des 20 arrondissements" vergeblich verlangte. Die Macht des Wohlfahrtsausschusses endete am 15. September, als ein neu gewählter Stadtrat die Regierung übernahm. Obwohl gemäßigte Republikaner den Stadtrat bildeten, legalisierten sie die vom Wohlfahrtsausschuß eingeleiteten Maßnahmen. Das hinderte die Revolutionäre der ersten Stunde allerdings nicht, in den verschiedenen Clubs und Komitees weiterhin aktiv zu bleiben. Der chaotische Aufstand unter Bakunins Regie am 28. September, dem 40 000 Nationalgardisten ein schnelles Ende bereiteten (Gaillard, 1971, 44), war keineswegs nur ein aktionistisches Unternehmen, sondern fiel in eine Phase sich täglich steigernder soziopolitischer Bewegungen, die eine mehr am Volk orientierte, demokratischere Form der nationalen Verteidigung zum Ziel hatten (Moissonnier, 1972, 252-266). Obwohl die mißglückte Kommune-Ausrufung am 28. 9. zu einigen gezielten Verhaftungen und Verfolgungen führte und so die Wirksamkeit der Arbeiterorganisationen einschränkte, kamen die Massenbewegungen in Lyon noch keineswegs zum Stillstand, wie die erneuten Zusammenstöße am 3. 11. und 16. - 20. 12. zeigten. Erst mit dem Beginn des Jahres 1871 setzte eine weitgehende Demobilisierung ein. Die am 23. 3. versuchte Proklamation der Kommune wurde schon am 24. 3. ohne Widerstand militärisch unterdrückt, nachdem zwischen dem Rat der Stadt und den Revolutionären keine Einigung hatte erzielt werden können und die Nationalgarde sich von der Kommune-Bewegung distanzierte. Nur in La Guillotière, dem Stadtviertel mit der modernen Lyoner Großindustrie, einem hohen Wanderungszuwachs während der letzten Jahre und besonders großer Armut, symbolisierte die rote Fahne noch bis zum 30. 4. Widerstand gegen Versailles und Solidarität mit Paris. Die Niederschlagung eines letzten unter Mitwirkung von Pariser Kommunarden unternommenen Aufstandsversuches setzte schließlich auch hier den Schlußpunkt unter die radikale Autonomiebewegung.

Anders als Lyon hatte Marseille (Gaillard, 1971, 44-46; Greenberg, 1971, 171-213) bereits seit 1865 einen gemäßigt republikanischen Stadtrat, der zudem bei den Wahlen im August 1870 weiter nach links rückte und im September kraft eigener Machtvollkommenheit seinen Bürgermeister ernannte. Daneben installierte sich am 4. 9. in der Präfektur als Zeichen der Machtübernahme eine revolutionäre Zivilgarde. Ein Wohlfahrts-, Sicherheits- und Verteidigungsausschuß wurden eingerichtet und koexistierten zunächst mit dem gewählten Stadtrat. Bis zum 4. 11. herrschte in Marseille eine Art direkter Demokratie des bewaffneten Volkes. Deren Maßnahmen und Aktionen reichten keineswegs weniger weit als in Lyon (Olivesi in: Coll. Univ. 1972, 145 ff.). Nach einem Konflikt zwischen dem auf Gambetta eingeschworenen Stadtrat und den Revolutionären löste der Präfekt die Zivilgarde schließlich am 7. 11. auf und setzte für den 13. 11. Neuwahlen an, aus denen die Anhänger von Gambetta mit einer sicheren Mehrheit hervorgingen. Die Verhältnisse blieben stabil, bis am 23. März 1871 eine Provokation des neu ernannten Präfekten die revolutionäre Bewegung erneut mobilisierte. Die Revolutionäre versuchten, den Stadtrat zur Zusammenarbeit mit der revolutionär eingesetzten Departementskommission zu gewinnen, um zusammen mit den Pariser Kommunarden die Republik gegen die Nationalversammlung in Versailles zu verteidigen. Da sowohl der Stadtrat als auch die Nationalgarde ein Zusammengehen mit den Revolutionären ablehnten, konnten die Versailler Truppen am 3. 4. die dauerhafteste aller Kommune-Proklamationen in der Provinz gewaltsam beenden.

Betrachtet man die revolutionären Bewegungen in Lyon und Marseille näher unter der Frage, welche Bedingungen ihren relativen Erfolg ermöglichten, so wird man zunächst einmal festzuhalten haben, daß mit dem beträchtlichen Anteil von Arbeitern an der Bevölkerung in diesen Städten nicht nur ein Resonanzboden für politisch progressive Parolen vorhanden war, sondern in den Arbeitervierteln auch Bataillone der Nationalgarde bereit standen, die sich im Konfliktfall zunächst auf die Seite der Aufständischen schlugen. Darüber hinaus waren in beiden Städten die Lohnarbeiter bereits seit den großen Streiks der Vorkriegszeit gut organisiert. Zum festen Kern der Revolutionäre zählten immer auch die unter energischer Führung aufgebauten Sektionen der Internationale. Die Unterscheidung zwischen Internationalisten und Mitgliedern von demokratischen Clubs scheint allerdings im Zuge der revolutionären Mobilisierung schnell hinfällig geworden und einem dauerhaften Bündnis unter deutlicher Führung radikaler Demokraten gewichen zu sein. In beiden Städten kam damit eine Variante des Radikalismus zum Zuge, dessen nach wie vor primär politisches Programm durch die stärkere Berücksichtigung von Arbeiterinteressen um einige soziale Elemente angereichert war. Überdies waren die bereits seit längerem arbeitenden politischen Organisationen und Clubs imstande, die mehr oder weniger spontane Massenbewegung auf bestimmte Ziele auszurichten und ihr damit Stoßkraft zu verleihen. Schließlich existierten offenbar schon seit längerem relativ rege Kontakte zwischen den Radikalen-Internationalisten aus beiden Städten und der weiteren Region, die wenn auch keine Koordination der Handlungen, so doch wohl zumindest eine kontinuierliche Kommunikation ermöglicht haben dürften.

Schon an diesem hier nicht gewichteten Ursachenbündel läßt sich ablesen, daß es wohl nicht der Gegensatz von Lohnarbeit und Kapital war, der als latente und aktuelle Konfliktzone diesen umfangreichsten aller revolutionären Aufstände in der Provinz zugrundelag. Die revolutionäre Massenbewegung rekrutierte sich nicht einmal in Lyon und Marseille ausschließlich oder in der Hauptsache aus Lohnarbeitern (Archer, 1973) und auch die politischen Gruppierungen waren dort nicht klassenmäßig exklusiv. Diese Feststellung besagt jedoch nicht, daß die Anlässe, Formen und Ergebnisse der in Lyon und Marseille ausgetragenen Konflikte nicht deutlich durch die in diesen Städten herrschenden Gesellschafts- und Machtverhältnisse geprägt waren. Gegenüber anderen Provinzstädten preschten die revolutionären Bewegungen in Lyon und Marseille weit vor.

Das von J. Girault erforschte Bordeaux (Girault, 1971) kann hier paradigmatisch für weite Teile Frankreichs gelten. Gewiß ist einschränkend zu sagen, daß Bordeaux als Hort der Stabilität und Ordnung (77) seit Dezember Gambetta als Stützpunkt diente, um die Nationale Verteidigung zu organisieren, und im Februar als Ort ausgewählt wurde, um die Sitzungen der nach dem Waffenstillstand gewählten Nationalversammlung abzuhalten. Diese vorübergehende Hauptstadtfunktion von Bordeaux stabilisierte die politische Situation, zumal die zahlreich hier zusammengezogenen Polizei- und Militärkräfte jegliche soziale Bewegung scharf unter Kontrolle hielten. Dennoch dürften die Gründe dafür, daß in Bordeaux die Republikaner das Ruder fest in der Hand behielten und sehr geschickt eine gemäßigte Politik durchsetzten, tiefer liegen.

Entscheidend scheint gewesen zu sein, daß trotz einer seit 1866 krisenhaften Wirtschaftssituation mit hoher Arbeitslosigkeit, zahlreichen Streiks und Existenznöten der industriellen Kleinstbetriebe die Arbeiterschaft nach wie vor viel zu stark in den traditionellen früh- und manufakturkapitalistischen Verhältnissen eingebunden blieb, um den offensichtlichen Gegensatz von Arm und Reich als Klassenantagonismus politisch umsetzen zu lernen. Die herkömmlichen Arbeiterorganisationen der Hilfskassen und Gesellenverbände wurden nicht weiterentwickelt. Die 1866 gegründete Sektion der Internationale blieb eine Eintagsfliege. Die politische Heimat der Arbeiter war nach wie vor der bürgerliche Radikalismus. Die nach dem Fall von Metz wiederbegründete Internationale verschrieb sich zunächst voll dem patriotischen Krieg. Noch bei der Kontroverse über Kapitulation oder Fortführung des Krieges blieb in Bordeaux die Kluft zwischen sozialkonservativer Bourgeoisie, die die soziale Gefahr des patriotischen Krieges sehr früh einkalkulierte, und republikanischen Kleinbürgern und Arbeitern, die mit der Nation die Republik verteidigen wollten, verdeckt. Erst im April, als Versailles die in Bordeaux favorisierte Politik der Verständigung mit Paris offen zurückwies und für den Bürgerkrieg gegen Paris rüstete, geriet auch in Bordeaux die Politik der friedlichen Koexistenz vorübergehend aus dem Gleis, als Militär, Polizei und Nationalgarde am 17. 4. Straßendemonstrationen zugunsten der Pariser Kommune gewaltsam unterdrückten. In Bordeaux hatte also die weiterhin dominierende kleinbetriebliche Form der Produktion zusammen mit dem Vorherrschen radikaler Ideologien ganz offensichtlich eine konfliktträchtige Polarisierung der Gesellschaft in Ausbeuter und Ausgebeutete gebremst.

Der gesellschaftliche Entwicklungsstand Frankreichs - der allerdings für die einzelnen Städte weder bereits im Hinblick auf die gesellschaftlichen Kräfteverhältnisse noch auf die Wirksamkeit bestimmter Ideologien genau genug untersucht worden ist - spiegelte sich offenbar auch in den Programmen und Maßnahmen, die die verschiedenen revolutionären Massenbewegungen zusammenhielten. In der Provinz nicht anders als in Paris hieß die zentrale revolutionäre Parole Autonomie und Dezentralisierung. Nach A. Olivesi kreiste in Marseille die politische Diskussion der Radikalen um die politischen Schlagworte "Sezession, Separation, Unabhängigkeit, Föderalismus, Regionalismus, Dezentralisation, Autonomie" (Olivesi in Coll. Univ. 1972, 146), und auch für Lyon charakterisiert M. Moissonnier die "autonome städtische Demokratie" als Ziel der revolutionären Bewegung (Moissonnier, 1972, 212, 327). So lauteten die mobilisierenden und integrierenden politischen Programme nicht allein des Spätsommers und Winters 1870, sondern auch des Jahres 1871. Welche Interessen und Vorstellungen gingen in diese Parole ein? Schon von ihrer Struktur her hat die Forderung nach lokaler Autonomie einen mehr ausgleichenden Charakter. Denn sie blendet die Unterschiede zwischen Gegenden und Klassen aus und ist somit für Mitglieder des Bürgertums ebenso akzeptabel wie für Arbeiter. In der Tat haben sich verschiedenste Interessen mit der Parole verbunden. Legitimistische Notabeln führten im 2. Empire einen hartnäckigen Kampf gegen die Zentralisierung, die ihren Einfluß in ländlichen Regionen empfindlich schmälerte. Sie fanden unverhofft Verbündete in verschiedenen Teilen der Arbeiterbewegung (vgl. Basdevant - Gaudemet, 1973; Greenberg, 1971; Zeldin, 1973, 521-544). Die Zielsetzungen beider Gruppen waren jedoch völlig verschieden. Ging es den Notabeln um die Wahrung ihrer Privilegien und Klientel, so verbanden sozialistische Lehren mit der lokalen Autonomie die Hoffnung, Entfremdung abzubauen. Nach J. Gaillard (in Coll. Univ. 1972, 135-137), läßt sich nachweisen, daß die republikanische Bewegung zumindest im Südosten Frankreichs mit der Gemeindeautonomie Vorstellungen einer direkten Demokratie verband.

Diese neue demokratische Form, die die Kontrolle des Gewählten durch den Wähler garantieren sollte, strebte keine sozialistische Umwälzung der Gesellschaft, sondern eine Lösung der sozialen Frage durch politische Mittel an. Durch die

Verwirklichung des Assoziationsprinzips - meinte man - könne das Proletariat verschwinden. Ein solches Programm, in dem sich nach J. Gaillard sowohl bürgerliche als auch proletarische Radikale wiederfinden konnten, war verwandt mit den proudhonistischen Vorstellungen von der Assoziation der Arbeit, die den Übeln der Zentralisierung des Kapitals entgegenwirken sollte. Nach der Fokustheorie sollten lokale Exempel proletarischer Selbstorganisation und solidarischer Produktion soviel Überzeugungskraft entwickeln, daß sie schließlich imstande wären, die staatliche und gesellschaftliche Macht des Kapitalismus zu unterlaufen und Klassengegensätze zu überwinden (78). Diese Konzeption, die mit der Welt der kleinen Werkstätten und Läden den Handwerkertraum von einer überschaubaren, brüderlich aufgebauten, konkurrenz- und konfliktfreien Wirklichkeit heraufzauberte, leuchtete ein, solange sie die nach wie vor dominanten Züge des französischen Kapitalismus thematisierte. Die Hoffnung, daß in den Städten eine autonome Regierung durch das Volk für das Volk regieren würde, war gerade im Hinblick auf die durch das schnelle Wachstum stark belasteten Städte keineswegs abwegig (Gaillard, 1971, 140 f.). Was eine derartige Übernahme der lokalen Gewalt durch die in Großstädten einflußreichen Arbeiter und Kleinbürger hätte bewirken können, hat Jules Guesde im nachhinein (1877) optimistisch formuliert: "Aber wer verstünde nicht, daß dann, wenn wir diese beiden Punkte erlangt hätten (die Ausrufung der Republik und der Gemeindeautonomie, die Verf.), wenn die großen Städte, in denen die Arbeiter vorherrschen, absolute Herren ihrer öffentlichen Macht, ihrer Verwaltung und Gesetzgebung geworden wären, die wirtschaftliche Revolution nur eine Sache von Monaten, wenn nicht von Wochen gewesen wäre!"(Moissonnier, 1973, 173).

Die Dezentralisierungsforderung bewährte sich allerdings nicht allein deshalb als politisches Programm, weil sie die verschiedenen radikalen Ideologien und Interessen zu bündeln vermochte. Dieses Programm gewann noch aus einem anderen Grunde zunehmend an Bedeutung. In der Provinz kam die Kampagne für Dezentralisierung und Föderalismus sogar erst voll zum Zuge, als die weitergehenden Versuche einer radikalen Umgestaltung Frankreichs im Winter 1870 gescheitert waren (Moissonnier, 1973, 158). Denn gegenüber der im Februar gewählten und mehrheitlich konservativ besetzten Nationalversammlung avancierte nun erst recht die Sicherung der Republik auf der Basis von autonomen Gemeinden zum politischen Imperativ und zum kleinsten gemeinsamen Nenner, um den sich Sozialisten und Republikaner sammeln konnten. Das von Thiers mit äußerstem Druck in der Nationalversammlung durchgesetzte neue Gemeinderecht vom 16. April 1871, demzufolge nur Gemeinden mit weniger als 20 000 Einwohnern ihren Bürgermeister selbst wählen durften (Greenberg, 1971, 319), setzte daher nicht von ungefähr in der Provinz zwischen den einzelnen Stadträten eine breite Föderationsbewegung in Gang, während die gleichen Städte geflissentlich eine klare Parteinahme im anstehenden Bürgerkrieg zu umgehen suchten und stattdessen auf eine Versöhnung zwischen Versailles und Paris hinarbeiteten (Gaillard, 1971, 88-92). Eine Adresse der Delegierten von Stadträten aus 16 Departements des Südens forderte noch am 14. Mai 1871 die Einstellung aller Kampfhandlungen gegen Paris und bekräftigte feierlich, "die Republik als die einzig legitime und für das Land mögliche Regierung und die kommunale Autonomie als einzige Basis einer republikanischen Regierung" (zit. bei Gaillard, 1971, 127).

Verlauf und Programm der revolutionären Massenbewegung in der Provinz unterstreichen, daß die Phasenverschiebung zwischen der politischen Entwicklung in der Provinz und in Paris dazu beitrug, das bestehende System zu stabilisieren. In der Provinz war bereits Ende 1870 entschieden, daß der politische Radikalismus nicht auf den revolutionären Umsturz hinarbeitete, sondern die legalen Möglichkeiten zugunsten der Gemeindefreiheiten auszuschöpfen suchte. Ein Bruch mit Versailles stand nicht mehr zur Debatte. Die durch die Pariser Kommune ausgelöste zweite Aufstandswelle war von Anfang an durch die voraufgegangenen entmutigenden Niederlagen ebenso belastet wie durch die feindliche Haltung nicht nur der regulären Armee, sondern auch der Nationalgarde. Außerdem hatten die voraufgegangenen Monate die in den Städten verfügbaren Ressourcen viel zu sehr erschöpft, als daß Versuche, finanziell und militärisch Solidarität mit der Pariser Kommune zu bekunden, noch Aussicht auf großen Erfolg hätten haben können.

Unsere zweite Folgerung bringt die Kurzatmigkeit der revolutionären Bewegungen in Zusammenhang mit dem in seiner Grundstruktur nicht über den Radikalismus hinausweisenden Programm. Nicht der Klassenantagonismus und dessen Überwindung motivierte die Aktionen, sondern die Hoffnung, mit mehr direkter Demokratie alle sozialen Probleme politisch lösen zu können. Es ist bezeichnend, daß sich in Lyon und Marseille die revolutionären Massen zwar immer wieder aus den in den Nationalwerkstätten und bei Festungsarbeiten beschäftigten Arbeitslosen rekrutierten, deren elementare Bedürfnisse in den Aktionsprogrammen jedoch kaum berücksichtigt wurden (Gaillard, 1971, 74). Überhaupt scheint die mit den Streiks begonnene Organisation der Lohnarbeiter zur Klasse der späteren revolutionären Bewegung kaum ihren Stempel aufgedrückt zu haben und im politischen Tagesgeschehen auch völlig verlorengegangen zu sein. Das selbst in den fortgeschrittensten Industriestädten der Provinz zu beobachtende

Haltmachen der Bewegung an einem Radikalismus demokratisch-sozialistischer Färbung ist das auffallende und nach wie vor erklärungsbedürftige Phänomen der Jahre 1870/71. Der in diesem Zusammenhang beliebte Hinweis auf das Fehlen einer organisierten und organisierenden Partei (bes. deutlich bei Bruhat u.a., 1971, 166, 266.) leistet derzeit kaum mehr, als den Mangel an Realanalyse zuzudecken. Denn solange zu wenig darüber bekannt ist, bis zu welchem Grad und wie sich die Lohnarbeiterschaft in den einzelnen Städten materiell und bewußtseinsmäßig zur Klasse konstituiert hatte, ist es vorschnell, ohne Kenntnis der gegebenen Kräfteverhältnisse die Existenzvoraussetzungen und Wirkungsmöglichkeiten für eine Arbeiterpartei einfach zu unterstellen. Das Zurückstecken, wenn nicht gar Untertauchen der Internationale zumindest aber deren Einmünden in den Radikalismus während der Bewegungen von 1870/71 sollte Warnung genug sein, die Organisationen vor und während der Kommune über den groben Leisten der Kaderpartei zu schlagen.

Die revolutionären Bewegungen in der Provinz sind schließlich ein gutes Beispiel für den Unterschied zwischen der Entwicklungslogik des Kapitals und den gesellschaftlich realisierten Entwicklungen. Denn der entwicklungslogisch zwingende und sich im 2. Empire entfaltende Antagonismus zwischen Lohnarbeit und Kapital muß keineswegs notwendigerweise als latentes Konfliktpotential das bestehende Gesellschaftssystem so unterminieren, daß bei einem akuten Krisenanlaß - in diesem Falle Krieg und Regimewechsel - kein anderer als eben dieser Antagonismus die Konfliktfronten beherrscht. Vielmehr zeigt sich in diesem Fall, daß die starke Differenzierung der Grundklassen und die Pufferrolle von gewichtigen kleinbürgerlichen und bäuerlichen Zwischenklassen den Antagonismus überhaupt nicht eindeutig zutage treten läßt. Auch aktualisierte die Krise die Widersprüche nicht einheitlich, sondern je nach den lokalen und regionalen sozioökonomischen und politischen Bedingungen unterschiedlich und machte damit die allzu leicht unterstellte Katalysatorenwirkung von Krieg und Regierungskrise zunichte. Für das Frankreich der Jahre 1870/71 hätte eine tiefgreifende Veränderung des bestehenden Herrschafts- und Gesellschaftssystems weder zum gleichen Zeitpunkt noch in den gleichen Dimensionen die einhellige Meinung und Absicht aller unterprivilegierten Arbeiter sein können. Die Erfahrungen der Streikbewegung, des Krieges und der Nachkriegszeit trugen zwar in Teilen der Arbeiterklasse und des Kleinbürgertums dazu bei, Solidarität und den Willen zur Gesellschaftsveränderung zu verbreiten. Doch blieb die radikalrepublikanische Form einer Republik das Äußerste, was diese Bewegung anzustreben versuchte und aufgrund ihrer strukturellen Voraussetzungen wohl auch nur anzustreben vermochte. Vieles spricht dafür, daß sich in den Programmen und Organisationen des sozialisierenden Radikalismus nichts anderes ausdrückte als die sozioökonomische Mischform der kleinen Leute, der nicht mehr autonomen Handwerker und noch nicht industriellen Lohnarbeiter und der Intellektuellen, die ihren festen gesellschaftlichen Platz in dem allmählich sich entfaltenden Dienstleistungssektor noch nicht gefunden hatten. Wohl zu Recht kommt J. Gaillard zu dem Schluß, daß 1870 "die Verhältnisse nirgendwo in Frankreich reif sind, um eine Volksherrschaft (pouvoir populaire) einzurichten" (Gaillard, 1971, 46).

3. Das belagerte Paris im Zeichen der "Regierung der Nationalen Verteidigung"

Analog zu der Untersuchung der revolutionären Bewegungen in der Provinz soll auch bei der Analyse der Pariser Entwicklungen in den Jahren 1870 und 1871 die Frage im Mittelpunkt stehen, welche Ereignisse dazu geführt haben, die latent vorhandenen gesellschaftlichen Gegensätze so zuzuspitzen, daß schließlich am 18. März und danach eine offene Konfrontation zustande kam. Dabei wollen wir wiederum versuchen, in erster Linie die gesellschaftlichen Faktoren der aktuellen Ereignisse und Situationen herauszuarbeiten und damit festzustellen, welche Auswirkungen die Politik der "Regierung der Nationalen Verteidigung" und die Aktivitäten der verschiedenen politischen Organisationen auf die Aktualisierung von Gegensätzen in der Pariser Gesellschaft hatten. Im Unterschied zu Lyon und Marseille ist dabei für Paris die Belagerungssituation als Sonderbedingung sehr hoch zu veranschlagen. Die unmittelbare Präsenz des preußisch-deutschen Gegners wirkte als handlungsrelevante Bedingung für die Aktionen und Reaktionen von Regierung und Opposition. Außer dieser besonderen militärischen Situation sind wohl vor allem die von Lyon und Marseille abweichenden Kräfteverhältnisse im Stadtinnern zur Erklärung dafür heranzuziehen, daß die Kurve der Radikalisierung in Paris, zumindest ab November 1870, anders als in der Provinz verlief.

In Paris begann die 3. Republik nicht wie anderswo mit einer Phase der direkten Demokratie. Die bedrohliche Massenbewegung von Anfang September hatte sich mit der Einsetzung der "Regierung der Nationalen Verteidigung" am 4. September zunächst noch auffangen lassen, obwohl die neueingesetzte Regierung den revolutionären Massen keineswegs vielversprechende Perspektiven eröffnete. Die Politiker, die die Macht übernahmen, um einer weiterreichenden Revolution zuvorzukommen, hatten zwar zur Opposition gegen Napoleon III. gezählt, sich aber nicht gerade als Vertreter des Volkes hervorgetan. Die radikalen Republikaner Rochefort und Gambetta waren in dieser Ministerrunde nichts anderes als das isolierte Alibi vor dem Pariser "peuple" (79). Die angesichts dieser Regierungsmannschaft erstaunliche Kompromißbereitschaft der radikalen Revolutionäre und Arbeiterführer und das überraschend schnelle Abflauen der Pariser Massenbewegung erklärt sich wohl allein aus der allgemeinen Bereitschaft, um der militärischen Verteidigung willen auch dieser Regierung zunächst einmal Vertrauen zu schenken. Selbst die revolutionären Blanquisten unterwarfen sich nach der Ausrufung der Republik der patriotischen Raison und erklärten: "Die aus der großen Bewegung des 4. September hervorgegangene Regierung repräsentiert den revolutionären Gedanken und die nationale Verteidigung: Das genügt. Alle Opposition, aller Widerspruch muß gegenüber dem Gemeinwohl verschwinden." (80)

Die anfangs in der Verteidigung des Vaterlandes bewiesene Einmütigkeit aller Republikaner sollte allerdings nicht von Dauer sein. Im Laufe der Wochen und Monate konnte der "Verbrüderungsschwindel" (Marx) immer weniger darüber hinwegtäuschen, daß sich eine tiefe Kluft auftat zwischen denen, die sich ängstlich um die Bourgeoisie scharrten, weil sie in der Dynamik der Volksbewaffnung den Umsturz des Bestehenden erahnten und ein neues 1793 fürchteten, und jenen, die aus Gründen der nationalen Verteidigung für Enteignung, Beschlagnahmungen, Volksbewaffnung und Volkskontrolle optierten (Rougerie, 1971, 37f.). Je mehr sich bei letzteren die nationalistischen mit antibürgerlichen Forderungen verbanden, um so deutlicher spaltete die Entscheidung für oder gegen die Fortführung des Krieges die Bevölkerung in ein proletarisches und ein bürgerliches Lager. Die erneute Radikalisierung der Pariser Bevölkerung begann mit wachsendem Mißtrauen und steigerte sich zu immer entschiedener Opposition gegen die "Regierung der Nationalen Verteidigung". Der am 31. Oktober von den proletarischen Bataillons der Nationalgarde zusammen mit einer Reihe von "Wachsamkeits-Komitees" unternommene Versuch, eine revolutionäre Kommune einzusetzen, scheiterte allerdings aufgrund mangelnder Koordination und führte dazu, daß für die nächsten Wochen allgemeine Resignation die revolutionäre Bewegung lähmte. Das Plebiszit vom 3. November und die Munizipalwahlen vom 5. und 7. November machten darüber hinaus nur allzu deutlich, daß die Revolutionäre in der Stadt eine Elite ohne Mannschaft waren (Rougerie, 1971, 53). Noch hatte die Regierung ihren Kredit bei der Pariser Bevölkerung nicht in dem Maße verspielt, wie die politischen Führer geglaubt hatten, obwohl das Abstimmungsergebnis im proletarischen Norden und Osten bereits unüberhörbare Alarmzeichen setzte (81).

Erst die Not des Belagerungswinters und die kaum noch zu

verschleiernde Kapitulationsbereitschaft der Regierung gaben den revolutionären Bewegungen Ende Dezember wieder Aufwind. Doch auch im Januar gelang es nicht, durch Aufrufe und Aktionen die Bevölkerung für den Umsturz zu mobilisieren. Allerdings verfehlte auf der anderen Seite auch die Ende Januar von der Regierung eingeleitete Verhaftung exponierter Revolutionäre und das Verbot der radikalen Clubs und Zeitungen seine Wirkung. Derartige Unterdrückungsmaßnahmen heizten die schon durch den Waffenstillstand am 28. Januar und den Wahlerfolg der Konservativen am 8. Februar explosiv aufgeladene Stimmung in der Stadt eher an. So kam es im Laufe des Februar in Paris zu einer offenen revolutionären Situation, als sich die Nationalgarde zur Verteidigung der Republik organisierte, einzelne Arrondissements faktisch beherrschte und verwaltete und als die legale Regierung dieser neuen Entwicklung ohnmächtig gegenüberstand. Um diesen im Vergleich zur Provinz nur sehr langsamen, dafür aber zu einem späten Zeitpunkt sich beschleunigenden Prozeß der Radikalisierung in Paris zu deuten, soll im folgenden zunächst untersucht werden, inwieweit die "Regierung der Nationalen Verteidigung" das in sie gesetzte Vertrauen bestätigte bzw. enttäuschte, um daran anschließend zu klären, in welchem Maße revolutionäre Organisationen dazu beitrugen, den Vertrauensschwund in offene Opposition gegen die Regierung umzusetzen und so die revolutionäre Kommune vorzubereiten.

Für die "Regierung der Nationalen Verteidigung" war es von Anfang an charakteristisch, daß sie mühsam zwischen weitreichenden Versprechungen, mit denen sie der Pariser Bevölkerung entgegenzukommen schien, und hinhaltenden Maßnahmen, mit denen sie sich aus der Affäre zu ziehen hoffte, lavierte. An drei besonders akuten politischen Fragen, der Volksbewaffnung, den Munizipalwahlen und der Versorgung mit Lebensmitteln wird das dergestalt vorprogrammierte "Versagen" der Regierung offensichtlich. Auf militärischem Gebiet kam die neue Regierung den populären Forderungen zunächst einmal insofern entgegen, als sie die bereits am 11. August beschlossene Volksbewaffnung seit Anfang September in vollem Umfang realisierte. Jetzt erhielten alle Männer Waffen, wenngleich die besseren Waffen wohl nach wie vor nur selten in die Arbeiterviertel gelangt sein dürften. Die Nationalgardisten lebten zu Hause, versammelten sich jedoch täglich zu Übungen und im Wechsel zum Einsatz auf den Befestigungsanlagen. Sie waren nach Wohnvierteln organisiert und wählten ihre Bataillonsführer selbst. Die überzeugendste Neuerung, die die "Regierung der Nationalen Verteidigung" mit dem Beschluß vom 10. September einführte, war ein täglicher Sold von 1,50 Francs für alle bedürftigen Nationalgardisten. Geht man davon aus, daß trotz der anfallenden Rüstungsarbeiten die kriegsbedingte Arbeitslosigkeit in Paris hoch war, so erhält dieser Sold als quasi Arbeitslosenunterstützung eine sozialpolitische Bedeutung. Aufgrund dieser Entscheidungen konnte es scheinen, als setze die Regierung auf einen bedingungslosen Kampf gegen die preußisch-deutschen Gegner.

Um so enttäuschender war die Erfahrung der folgenden Monate, in denen die Nationalgarde kaum eingesetzt wurde. Sofern es überhaupt zu militärischen Bewegungen kam, waren daran ausschließlich die in Paris stationierten Truppen der regulären Armee und der Mobilgarde beteiligt (82). Schon im September und Oktober führte dieses bei aller verbalen Kampfbereitschaft offensichtliche Hinhalten wiederholt zu heftigen Demonstrationen, die insbesondere von Bataillonen der Nationalgarde aus den Arbeitervorstädten getragen wurden. Auch der Aufstand des 31. Oktober entzündete sich an der patriotischen Empörung über erneute Niederlagen und am Vorwurf, daß die Regierung solche Niederlagen mit verschuldet habe, indem sie das kampfbereite Volksheer am Einsatz hinderte. Der verlustreiche und vergebliche Ausfall nach Buzenval vom 19. Januar (83), an dem erstmals auch die Nationalgarde teilnahm, bestärkte den Eindruck, die Regierung habe mit der Garde schon immer und jetzt besonders brutal Schindluder getrieben.

Der zehn Tage später abgeschlossene Waffenstillstandsvertrag sollte diese desillusionierende Vermutung voll bestätigen. In den sechs Monaten von September 1870 bis Februar 1871 hatte die provisorische Regierung ihren ursprünglichen Anspruch, Frankreich und speziell Paris wirksamer gegen die preußisch-deutschen Truppen zu verteidigen als das imperiale Regime, nicht erfüllt. Ihr hinhaltendes Taktieren gegenüber den Forderungen nach Kriegsfortführung, die in der Nationalgarde und den populären Pariser Stadtvierteln besonders laut wurden, verloren zunehmend an Überzeugungskraft. Da die oppositionellen Kräfte in der nationalen Unabhängigkeit weniger einen Wert an sich, als die unerläßliche Voraussetzung dafür sahen, Angriffe gegen die gerade wiederhergestellte Republik abzuwehren, kritisierten sie die Regierungspolitik als Gefahr sowohl für die nationale Existenz als auch für den Fortbestand der Republik.

Auch auf die Forderung nach einer gewählten Kommunalregierung reagierte die "Regierung der Nationalen Verteidigung" zunächst mit hinhaltenden Versprechungen und schließlich mit einem Entgegenkommen auf nur halbem Wege. Paris hatte im Gegensatz zu den anderen französischen Städten bereits seit den Zeiten Napoleons I. keine Selbstverwaltungsorgane mehr gekannt. Die direkt dem Innenminister unterstellten Präfekten des Departements Seine und der Pariser Polizei verwalteten gemeinsam die Hauptstadt. Beraten wurden sie dabei von den Bürgermeistern der schließlich 20 Pariser Arrondissements. Zur Verwaltung der einzelnen Arrondissements wurden je ein Bürgermeister und dessen drei Stellvertreter vom Präfekten eingesetzt. Gewählte Vertreter der Pariser Bevölkerung gab es ausschließlich auf der Ebene der Arrondissementsverwaltung und auch diese vier Repräsentanten hatten nur beratende Stimme (Greenberg, 1971, 75 f.). Im Sommer 1870 erhoben auch die Pariser unüberhörbar die Forderung, daß das Regierungspersonal des Empire ausgewechselt und durch gewählte Volksvertreter ersetzt werden müßte. Anders als in der Provinz hätte damit aber in Paris das gesamte System der Stadtverwaltung zur Disposition gestanden. Die neue Regierung sicherte am 4. September auch hier zunächst Entgegenkommen zu und setzte bereits am 6. September anstelle der Präfekten eine neue Gemeindeverwaltung mit einem Gouverneur an der Spitze ein. Der erwartete nächste Schritt, nun auch Munizipalwahlen auszuschreiben, blieb jedoch aus. Der zunächst auf den 28. September festgesetzte Wahltermin wurde am 26. September verschoben und ein neuer Termin nicht bekannt gegeben. Der Ruf nach der gewählten oder sogar revolutionären Kommune blieb solange ungehört bis der Aufstand vom 31. Oktober fast den Sturz der Regierung gebracht hätte. Mit dem an diesem Tage gegebenen Regierungsversprechen, am 5. und 7. November Wahlen abzuhalten, schien die Regierung den formulierten Erwartungen entgegen zu kommen. Auch dieses Angebot blieb allerdings weit hinter dem Programm der gewählten Kommune zurück. Denn es beschränkte sich zunächst nur auf die Verwaltungsebene der Arrondissements. Überdies wurden die gewählten Bürgermeister in Gesamt-Pariser-Angelegenheiten erstmals überhaupt am 28. Dezember zusammengerufen. Da die städtische Autonomie nicht nur ein wesentlicher Programmpunkt verschiedener sozialistischer und radikaler Gruppen war, sondern in einzelnen Stadtvierteln durch informelle Gruppen, Clubs und Komitees bereits praktiziert wurde, konnte die reservierte politische Haltung der Regierung gegen diese ausgelegt und mit ihrer Verteidigungs-, Wirtschafts- und Sozialpolitik zu einem eindrucksvollen Bündel von Klagen verschnürt werden.

Das Alltagsleben unter den Bedingungen der Belagerung und seit dem 5. Januar auch der Beschießung der Stadt war schließlich ein dritter Bereich, von dem her die Pariser Bevölkerung mit zwar weniger programmatischen dafür aber umso dringenderen Forderungen an die Regierung herantrat. Von Anfang an wurde das Wirtschaftsleben der Hauptstadt stark beeinträchtigt durch die Kriegsereignisse. Um einer drohenden Konkurswelle vorzubeugen, dekretierte bereits die kaiserliche Regierung am 13. August ein Moratorium für alle fälligen Handelswechsel. Angesichts der Not der kleinen Leute, die sich durch die am

20. September einsetzende Belagerung von Paris fortlaufend verschärfte, verordnete die "Regierung der Nationalen Verteidigung" am 30. September ein Moratorium für die fälligen Mieten und die kostenlose Rückgabe aller im Pfandhaus verpfändeten Gegenstände, deren Wert unter 15 Francs lag. Diese Maßnahmen einer fürsorgerischen Notstandspolitik reichten jedoch bei weitem nicht aus. Mit der drohenden und am 20. September vollzogenen Einschließung von Paris hätte die Regierung auch die Versorgung der Stadt zu einer ihrer Hauptaufgaben machen müssen. Gerade an diesem Punkte entzündete sich die Kritik.

Strittig war weniger die Frage, ob die Regierung überhaupt bis zum 20. September vorsorglich genügend Vorräte eingelagert hatte, sondern mehr die Tatsache, daß die Regierung auf die weitergehenden tagespolitischen Forderungen nach einer Bewirtschaftung und Rationierung der in der Stadt vorhandenen Vorräte nicht einging. Auch in den Hungermonaten des Winters regierten allein Angebot und Nachfrage die Verteilung der Lebensmittel und Brennstoffe. Die vorhandenen Güter wurden dort vermarktet, wo Höchstpreise bezahlt werden konnten, die Armen hatten das Nachsehen. In den Armenvierteln kamen Katzen und Ratten auf den Tisch, während teure Restaurants weiterhin vollständige Menüs anboten und die finanzkräftigeren Kreise auf gehortete Vorräte oder Schwarzmarktangebote zurückgreifen konnten. Im Dezember 1870 rechnete man offiziell mit 471 454 Bedürftigen, die in den proletarischen Vierteln des 13. und 19. Arrondissements sogar rund 50 % der Bevölkerung ausmachten (Escourrou, 1965, 201). Der Hunger- und Kältetod wütete vornehmlich in diesen Stadtvierteln und unter den Armen. Um diese notdürftig zu versorgen, richtete die Regierung zwar zahlreiche Volksküchen ein. Doch orientierte sich die regionale Verteilung der Küchen offenbar keineswegs ausschließlich an dem Ausmaß der Bedürftigkeit. Die zahlreichen Küchen in bürgerlichen Vierteln legen vielmehr die Vermutung nahe, daß die Einrichtung von Küchen unter anderem auch ein Mittel war, um die Besitzenden vor den Betteleien und Diebstählen der Hungernden zu schützen (ebd., 1965). Erschwerend kam hinzu, daß die Witwen-, Waisen- und Invalidenversorgung nur unzureichend geregelt war.

Die Folgen der Hungersnot sind unterschiedlich zu beurteilen, je nach dem, ob man sie kurz- oder mittelfristig betrachtet. Kurzfristig dürfte die relative politische Ruhe in Paris während der Monate November, Dezember und Januar unter anderem wohl darauf zurückzuführen sein, daß der Kampf um das Überleben alle Kräfte der elenden Bevölkerung in Anspruch nahm. Das wieder aufflammende revolutionäre Engagement der Pariser Massen im Februar fiel u.a. auch damit zusammen, daß die große Winterkälte aufhörte und sich mit dem Waffenstillstand auch die Versorgung der Stadt besserte. Mittelfristig hatten die Erfahrungen von Hunger und Kälte die unterschiedliche Verteilung der Ressourcen in der Stadt bewußt gemacht und die Seite markiert, auf der die Regierung zu finden war. Dieser sinnlich erfahrene Klassencharakter der Pariser Gesellschaft und Regierung ging in einem zwar nur schwer zu bestimmenden Ausmaß, aber deutlich erkennbar, in die gesellschaftlichen Konflikte des Frühjahrs 1871 ein.

Wenn sich die Massen in Paris anders als in der Provinz nicht damit begnügten, ihre regierungs- und gesellschaftskritischen Gefühle eruptiv zu demonstrieren, so liegen wesentliche Gründe dafür nicht allein in den Erfahrungen mit der Verteidigungs-, Sozial- und Wirtschaftspolitik, sondern auch in den dauerhaften Organisationsstrukturen, auf denen die Pariser Massenbewegung fußte. Hier ist allerdings nicht in erster Linie an die Pariser Sektion der Internationale zu denken (Rougerie, 1973). Die nach der Niederschlagung der Kommune eingeleitete Jagd auf Internationalisten hat lange dazu geführt, die Rolle der Pariser Sektionen für die Massenmobilisierung allzu hoch zu veranschlagen. Gewiß hatten die Pariser Arbeiter zum Ende der 1860er Jahre über die Internationale und die damit verbundenen Gewerkschaftskammern einen hohen Organisationsgrad erreicht, und sie ließen sich auch nicht mehr durch die Inhaftierung ihrer Führer einfach entpolitisieren.

Doch war die Internationale als Organisation nach den drei Prozessen der Jahre 1869 und 1870 viel zu geschwächt, um sich 1870 an die Spitze der Pariser Bewegung setzen zu können. Zudem hörte die Pariser Sektion nach dem 4. September offenbar für gut einen Monat auf, als eigenständige Organisation zu arbeiten. Währenddessen aber machten sich Internationalisten als erste daran, in der ganzen Stadt revolutionäre Basisorganisationen zu gründen. Am 4. September formulierten Vertreter der Internationale und der Gewerkschaftskammern ihre fünf Forderungen an die neue Regierung: Munizipalwahlen, Schaffung einer munizipalen Polizei, Herstellung der umfassenden Presse-, Versammlungs- und Vereinsfreiheit, Annullierung aller politischen Urteile, allgemeine Volksbewaffnung (abgedruckt in Rougerie, 1971 b, 31). Schon einen Tag später wurde auf Initiative von Internationalisten in der Tradition der Pariser Sektionen von 1792/93 damit begonnen, in den einzelnen Arrondissements "comités de vigilance" zu gründen, deren Aufgabe es anfangs nur sein sollte, die Regierung zu unterstützen und anzutreiben. Zur Koordination der Aktivitäten sollten diese Wachsamkeitskomitees je vier Delegierte in das "Comité central républicain de defense nationale des vingt arrondissements de Paris" schicken. Dieses Zentralkomitee tagte bereits am 11. September zum erstenmal und fungierte bis Ende Oktober als Schaltstelle der Massenbewegung. Mit dem sog. ersten "Roten Plakat" trat das Zentralkomitee am 15. September erstmals an die Öffentlichkeit und forderte von der Regierung im Namen der Volksversammlungen genau bezeichnete Maßnahmen für die innere Sicherheit, für die Versorgung und Unterbringung, für die Verteidigung von Paris und die Verteidigung der Departements (84). Die Tatsache, daß zu diesem Zeitpunkt noch 30 der 48 Unterzeichner des Aufrufes zur Internationale zählten, verleitet leicht dazu, deren Bedeutung zu überschätzen.

Obwohl die Internationalisten die Organisierung der Massen in Gang gebracht hatten, bestimmten sie in der Folgezeit keineswegs allein deren Programm und Aktionen. Vielmehr spiegelten die Wachsamkeitskomitees deutlich die politische Situation der einzelnen Arrondissements wider. In ihnen arbeiteten ebenso wie in dem Zentralkomitee Radikale und Sozialisten unterschiedlichster Prägung zusammen. Nach Rougerie zogen sich die Internationalisten bereits Mitte Oktober aus der Komitee-Bewegung zurück, um sich an den Wiederaufbau ihrer eigenen Organisation zu machen. Diese Kehrtwendung erfolgte möglicherweise nicht nur deshalb, weil die allzu gemäßigt-republikanischen Komitees keine sozialistische Politik mehr zuließen, also die Komitee-Bewegung als gescheitert anzusehen war, sondern auch, weil die aktionistische Oppositionspolitik der Blanquisten abgelehnt wurde (85). Die Rekonstruktion der eigenen Organisation war insofern erfolgreich, als die Internationalisten bis Februar in Paris rund 26 Sektionen wieder oder neu aufbauten (Rougerie, 1973, 46). Da jedoch die als notwendig erachtete zentrale Koordination mißlang und die Formen und Ziele des aktuellen politischen Engagements der einzelnen Sektionen weit auseinandergingen, läßt sich von der Politik d e r Internationale auch in diesen Monaten kaum reden.

Wenn sie auch die Internationalisten enttäuschten, so verliehen die Wachsamkeitskomitees der Massenbewegung dennoch Dauer. Sie beeinflußten und kontrollierten zumindest die Reorganisation der Verwaltung auf der Ebene des Arrondissements, und zum Teil regelten sie darüber hinaus auch wichtige Angelegenheiten des täglichen Lebens in eigener Regie (86). Über diese aktuellen Aufgaben hinaus fehlte ihnen jedoch der Elan, die Bewegung in Richtung auf eine sozialistische Zukunft voranzutreiben. Auch als sich Ende September die Opposition gegen die Regierung immer lebhafter zu Worte meldete, tauchten selbst in Verlautbarungen des Zentralkomitees keine sozialistischen Perspektiven auf.

Nach den enttäuschenden Erfahrungen von Ende Oktober und Anfang November unternahmen die revolutionären Sozialisten daher nicht nur im Rahmen der Internationale einen erneuten Versuch, ihre Kräfte organisatorisch zu bündeln. Überall wurden neue revolutionäre Clubs gegründet, die sich politisch deutlicher abgrenzten und straffer organisierten. Die nun zum Programm erhobene revolutionäre Kommune praktisch durchzusetzen, war seit Ende Dezember speziell das Ziel der Revolutionäre aus Belleville und dem "Rive gauche". Mit dem zweiten "Roten Plakat" vom 5. /6. Januar traten sie jetzt als "Delegation der 20 Arrondissements" an die Öffentlichkeit und deuteten mit diesem Namen an, daß sie sich als Vertreter der Stadt verstanden (Rougerie, 1971, Paris libre, 59-63). Das mit 140 Unterschriften von bekannten Internationalisten und Blanquisten versehene Plakat rief jetzt direkt zum Kampf gegen die Regierung der Nationalen Verteidigung auf, weil diese die Sache der Verteidigung, die Sache des Volkes, verraten habe. Die Parole "allgemeine Requierierung, allgemeine Rationierung, Massenangriff" fand jedoch nicht das erwartete Echo. Als darauf hin eine Aktionseinheit der Sozialisten aller Arrondissements nicht mehr zu erhoffen war, versuchte das 18. Arrondissement, wo seit November der "Club de la Révolution" alle Aktivitäten koordinierte, im Alleingang am 22. Januar das Hôtel de Ville zu erobern und die revolutionäre Kommune einzusetzen (Wolfe, 1968). Trotz der allgemeinen Empörung über den nun im Waffenstillstand vom 18. Januar endgültig manifest gewordenen Verrat der Regierung wirkte auch diese Aktion nicht wie der Funke am Pulverfaß. Zwar konnte die Regierung nicht wie am 31. Oktober die zuverlässigen Bataillone der Nationalgarde aus den bürgerlichen Arrondissements zur Wiederherstellung von Ruhe und Ordnung ins Feld führen, sondern mußte auf die bretonische Mobilgarde zurückgreifen (Azéma/Winock, 1964, 34), doch blieb ihre Stellung dem äußeren Anschein nach unerschüttert. Ja, die relativ einfache Niederschlagung dieser revolutionären Bewegung ermutigte die Regierung sogar zu besonders harten Repressionsmaßnahmen, was sich bald als gefährliche Fehleinschätzung der Situation herausstellen sollte (87).

Während die Revolutionäre und revolutionären Organisationen der ersten und zweiten Stunde Mitte Februar durch ihre wiederholten Mißerfolge desorientiert und zudem durch die Repression der Regierung empfindlich geschwächt waren, entwickelte sich aus der Nationalgarde unvermutet eine neue revolutionäre Organisation. Die Internationale, die sich auf ihre eigene Organisation und Programmdiskussion zurückgezogen und darüber die aktuellen politischen Bewegungen verpaßt hatte, wurde von dieser Mitte Februar auftauchenden politischen Konkurrenz überrascht und verhielt sich ihr gegenüber lange abwartend (J. Rougerie, 1973, 46-49). Die zahlreichen Demonstrationen und Aufrufe gingen im Februar und März von der Nationalgarde aus, die schon seit Anfang des Jahres als politischer Unruhefaktor hervorgetreten war.

Bislang weiß man allerdings wenig darüber, wie sich die basisdemokratische Organisation dieses Volksheeres seit September entwickelt hat. Sicher ist, daß die Nationalgarde von Anfang an über Organisationen verfügte, die nicht allein militärischen, sondern auch sozialen und politischen Zwecken dienten. Insbesondere die Versammlung der gewählten Bataillonskommandanten und der Delegierten aus den "Conseils de famille" galten der Regierung als gefährliche Einrichtungen, deren Autonomie sie zu beschränken versuchte. Bereits im November kam es zu Angriffen auf die Wahlautonomie der Bataillone (Gaillard, 1971, 52 f.; Rougerie, 1971 b, 84), und im Januar wurde die Versammlung der Delegierten verboten.

Als Organisation mit politischem Anspruch trat die Nationalgarde allerdings erst Mitte Februar an die Öffentlichkeit (vgl. Rougerie, 1971 b, 81-100; auch Cerf, 1971, 95-102). Wenn sie jetzt erklärtermaßen gegen die amtierende Regierung agitierte, so gaben neben der Kapitulation die akute Gefährdung der Republik und die direkten Angriffe auf die Fortexistenz der Nationalgarde dafür den Ausschlag. Nach einer ersten Zusammenkunft von 3000 Delegierten der einzelnen Bataillone am 15. Februar wurde innerhalb eines Monats nicht nur eine Föderation aller Bataillone beschlossen, sondern mit der Wahl eines "comité central de la fédération des bataillons de la garde nationale" auch bereits realisiert. Die Delegierten der einzelnen Kompanien wählten Bataillonsdelegierte, diese wiederum Legionsdelegierte, die ihrerseits schließlich die Zusammensetzung des Zentralkomitees bestimmten. Zur Gründungssitzung der Föderation am 15. März hatten bereits 215 von 260 Bataillonen ihre Delegierten entsandt. Im fünfzigköpfigen Zentralkomitee saßen entschiedene Republikaner, die für Weiterführung des Krieges, Republik und Volksbewaffnung eintraten, ihre Ansprüche gegen die etablierten Gewalten durchsetzen wollten, aber keineswegs als überzeugte proletarische Revolutionäre anzusprechen sind. Diese revolutionäre Zurückhaltung minderte allerdings nur in einem geringen Maße die in der Föderation der Nationalgarde enthaltene politische Brisanz. Vielmehr war das handlungsfähige Zentralkomitee, das sich auf die bewaffnete Nationalgarde als Massenbasis stützen konnte, über Nacht in Paris zum Machtfaktor ersten Ranges aufgestiegen (88). Für die Partei der Ordnung mußte das nun politisch organisierte Volksheer um so gefährlicher erscheinen, als nach dem Ende der Belagerung insbesondere die gutbürgerlichen Bataillone dadurch stark geschwächt waren, daß jetzt reiche Bürger Paris verließen. Diese dergestalt sozial veränderte Nationalgarde entwickelte sich nun gerade durch die Bedingungen des Waffenstillstands zur bedeutendsten bewaffneten Macht von

Paris. Denn während die Mobilgarde und die Linientruppen ihre Waffen abgeben mußten, konnte die Nationalgarde ihre Waffen behalten. Den 200 000 bis 300 000 Nationalgardisten standen auf der Regierungsseite daher nur noch 12 000 Liniensoldaten und 3 000 Gendarmen gegenüber (Azéma/Winock, 1964, 38).

Lissagaray, der wohl beste und zuverlässigste zeitgenössische Chronist, vermerkt über diese Entwicklung zur revolutionären Situation: "Was die Gefahren der Belagerung nicht vermocht, das brachte die (National-)Versammlung zustande, die Vereinigung des Kleinbürgertums mit dem Proletariat. Die ungeheure Majorität von Paris sah ohne Verdruß, wie sich dieses Verteidigungsheer der Republik organisierte."(Lissagaray, (1876), 71) Die während der Belagerung lebendige nationale Empörung hatte nicht ausgereicht, um im Sinne der Radikalen und Sozialisten eine Einheitsfront gegen die Regierung zustande zu bringen. Dazu bedurfte es erst der antirepublikanischen und gegen Paris allergischen Nationalversammlung, die mit ihren Beschlüssen dem Pariser "peuple" klarmachte, daß die ökonomische Existenz der kleinen Leute und die Verteidigung der Republik eine und dieselbe Sache geworden waren. Im Unterschied zur sozial- und wirtschaftspolitisch präzisierten Opposition gegen die "Regierung der Nationalen Verteidigung", die vornehmlich von sozialistischen Gruppen getragen wurde, zeichnete sich die neue Opposition dadurch aus, daß sie politisch und gesellschaftlich relativ diffus blieb und sich auf die Erhaltung der Republik, die Pariser Autonomie und die Respektierung der durch die Kriegsereignisse entstandenen Notlage sowie die daraus erforderlichen sozialpolitischen Stützungsmaßnahmen bezog. Die offensive, mit nationalistischen Argumenten unterlegte Opposition in den ersten Wochen der 3. Republik wich in Paris nunmehr defensiven Parolen, die allerdings eine erheblich größere Wirkung erzielten.

Um die Unterschiede zwischen der Volksbewegung in Paris und in den revolutionären Großstädten Lyon und Marseille zu erklären, muß man an drei Bereichen ansetzen: den äußeren Bedingungen, der Regierungspolitik und der Organisation der Opposition. Zunächst einmal bürdete die Präsenz des fremden Heeres buchstäblich vor den Toren der Stadt der Bevölkerung im belagerten Paris weitaus größere materielle und physische Belastungen auf als den Bewohnern der anderen Städte. Wenn der Pariser "peuple" immer wieder mit besonderer Sensibilität auf Fragen der Verteidigung reagierte, so war das u.a. eine Antwort auf die ständig akute Gefahr von außen. Die Notsituation in Paris enthüllte darüber hinaus sehr viel stärker als in den Provinzstädten die üblicherweise verdeckten gesellschaftlichen Unterschiede und damit den Skandal, daß von den Bürgern der Stadt je nach Klasse unterschiedlich hohe Opfer abverlangt wurden. Außerdem fiel die repressive Regierungspolitik in der Hauptstadt sehr viel direkter und härter aus als in der Provinz. Gerichtsverfahren gegen vermeintliche Rädelsführer und Verbote von Zeitungen und Clubs sowie die Aufhebung der Moratorien für Wechsel und Mieten drückten in beredter Sprache aus, daß die Herrschenden Anfang 1871 entschlossen waren, die rebellische Stadt zur Raison zu bringen. Andererseits war in Paris der Organisationsgrad der Opposition höher und deren Programmatik aggressiver. Das zeigt sich nicht nur an dem dichten Pariser Netz von Clubs, Wachsamkeitskomitees und der organisatorischen Infrastruktur der Nationalgarde, sondern auch daran, daß in Paris der Ruf nach dem Rücktritt oder Sturz der Regierung relativ früh auftauchte. Alle diese Unterschiede zwischen den Zentren revolutionärer Aktivität in Frankreich verweisen forschungsstrategisch auf die Notwendigkeit, zur Erklärung der politischen Entwicklung außer den sozio-ökonomischen auch die politischen Bedingungen und historischen Erfahrungen der einzelnen Städte stärker einzubringen. Denn zwischen der strukturellen gesellschaftlichen Stellung von Klassen und deren politischer Artikulation besteht weder ein direkter unmittelbarer Zusammenhang noch eine unausweichlich festgelegte Beziehung.

Die Analysen dieses Kapitels sollten den Zusammenhang zwischen Krieg und Krisenaktualisierung aufdecken. Der Vergleich zwischen der weitreichenden und anhaltenden Radikalisierung in Paris und den sehr bald politisch eingedämmten Massenbewegungen in der Provinz legt es nahe, abschließend noch einmal darauf einzugehen, daß ein Krieg die gesellschaftlichen und politischen Verhältnisse durchaus auch stabilisieren kann. Vorzugsweise ist hier an den Nationalismus als Integrationsideologie zu denken. Die bereits diskutierten Erklärungen für die unterschiedliche Entwicklung in Paris und in der Provinz lassen sich im Hinblick auf die integrative Wirkung des Nationalismus noch einmal neu ordnen.

Die nationalistische Ideologie, die die französische Bourgeoisie seit 1792 mit viel Geschick einzusetzen verstand, um ihre Herrschaftsansprüche als allgemeingültige auszugeben, veränderte während des Krieges 1870/71 immer wieder ihre Stoßrichtung. Sie wurde schließlich sogar zur ideologischen Waffe in den Händen der erklärten Gegner der Bourgeoisie. Für die Arbeiterbewegung erwies sich der Rekurs auf das nationale Interesse einerseits als wirksames Mobilisierungsmittel, um arbeiternahen Organisationen eine breitere soziale Basis zu verschaffen und gleichzeitig die amtierende Regierung mit Erfolg zu diskreditieren. Andererseits aber führten die nach dem 4. September wieder belebten "nationalen Erinnerungen von 1792" (Marx) immer wieder dazu, daß unter dem Primat der nationalen Unabhängigkeit soziale Forderungen von der Tagesordnung verdrängt wurden (89). Auch die nicht mehr direkt im Dienste der Bourgeoisie stehende nationalistische Propaganda erwies sich also als zweischneidiges Instrument, insofern sie zwar mit großem Erfolg dazu beitrug, die Arbeiter zu mobilisieren und zu organisieren, gleichzeitig aber die Arbeiter wiederum einband in die vermeintliche Allgemeinverbindlichkeit nationaler Werte. Die nationalistische Propaganda trug bis zu einem gewissen Grade dazu bei, den Gegensatz zwischen Lohnarbeit und Kapital zu aktualisieren, doch verlor sie darüber niemals völlig ihre herkömmliche Funktion, die Konfliktfronten im Innern durch die nationalen Kriegsfronten zu verschleiern.

1870/71 kamen in Frankreich diese beiden gegensätzlichen Funktionen zum Zuge. Während sich in Paris unter der Parole des Nationalismus die soziale Opposition formierte, diente die gleiche Parole in der Provinz dazu, die auseinanderstrebenden Kräfte zu sammeln. Die Illusion eines über alle politischen, sozialen und ökonomischen Konflikte hinweg im Kampf gegen Preußen-Deutschland zur Nation geeinten Volkes verlor in Paris anders als in der Provinz ihre Bannkraft, und die Ideologie des Nationalismus konnte so in Paris zum Vehikel gesellschaftspolitischer Veränderungen werden. Desillusionierend wirkte hier zum einen die Belagerung der Stadt, die eben nur als nationales Schicksal alle Pariser gleich betraf, ansonsten aber die extrem ungleiche Verteilung der Lebenschancen, die ungeachtet aller nationalen Einheit fortbestand, mit schonungsloser Brutalität offenlegte Zum anderen verlor das Programm der nationalen Verteidigung gerade in Paris an Glaubwürdigkeit, wo die drei einzigen Ausfälle aus der belagerten Stadt erfolglos blieben und die sinnlosen Unternehmungen leicht der politischen und militärischen Führung als mutwilliges Verheizen der unliebsamen Nationalgarde angelastet werden konnten. Der in Paris erreichte hohe Grad der Massenmobilisierung und -organisation erwies sich in dieser Situation als kritisches Potential, das die legitimatorische Funktion der Größe "Nation" zu verdächtigen und zu hinterfragen imstande war.

In den vom Kriegsgeschehen nicht direkt betroffenen Teilen der Provinz fehlte es dagegen sowohl an konkreter Erfahrung als auch an einer gezielten Gegenpropaganda seitens der organisierten Massenbewegung, um die Ideologie der Nationalen Sammlung an den Taten der Regierung zu messen und so ernsthaft infrage zu stellen. Im Unterschied zu der Pariser Entwicklung trugen in der Provinz der Krieg und die Kapitulationspolitik der "Regierung der Nationalen Verteidigung" kaum dazu bei, die gesellschaftlichen Widersprüche zuzuspitzen. Während in Paris die erfahrene Kriegssituation die bürgerliche Staatsmacht diskreditierte und Einsichten in deren Klassengebundenheit vermittelte, wirkte der Krieg in den nicht besetzten Teilen der Provinz eher als Integrationsmittel, nicht zuletzt deshalb, weil die Arbeiterklasse dort nicht weit genug entwickelt war, um aktive Oppositionsgruppen zu bilden.

Für die folgende Analyse der Pariser Revolution ist nun weiter zu fragen, in welchem Maße die revolutionäre Bewegung die "nationalen Erinnerungen von 1792" hinter sich ließ und sich an einer gegenwarts- und zukunftsorientierten sozialpolitischen Programmatik orientierte. Anders gewandt lautet die Frage, zu welchen Schlußfolgerungen die Pariser Bevölkerung durch diejenigen Lernprozesse gelangte, die die "Regierung der Nationalen Verteidigung" und Versailles durch ihren Defaitismus und ihre in den Grenzen des bürgerlichen Liberalismus befangene Wirtschafts- und Sozialpolitik in Gang gesetzt hatten.

II. Die Pariser Kommune als Revolution

Die Kommune als Revolution zu klassifizieren, heißt deren historische Bedeutung trotz ihres Scheitern hoch zu veranschlagen. Die Kommune stellte - den Zeitgenossen durchaus bewußt - das Organisations- und Herrschaftssystem der bürgerlich-kapitalistischen Gesellschaft grundsätzlich infrage. Entsprechend dieser politischen Relevanz zeichnete sich keineswegs allein die aktuell politische, sondern auch die spätere historische Auseinandersetzung mit dem Faktum Kommune durch bewußt deklarierte oder unter dem Anspruch der "Objektivität" verborgene Parteilichkeit aus (90). Die Kommune-Gegner versuchten bis zur Jahrhundertwende in immer neuen Variationen, die Erinnerungen an die Kommune mit Hilfe von Horrorgeschichten über Horden entfesselter Untermenschen und vom Ausland lancierter Verschwörerzirkel zu kanalisieren (91). Als der größere zeitliche Abstand mehr politische Distanz zuließ, traten an die Stelle dieser durchsichtigen Gegenpropaganda die Aussagen einer sich "objektiv" nennenden Geschichtswissenschaft. Deren Ziel war es, die Kommune zu einer kriegsbedingten Episode, einem momentanen Versagen des politischen Systems, einer quantité négligeable zu reduzieren (Mason, 1930). Ihren Anspruch der Objektivität untermauerten diese Historiker damit, daß sie Front machten gegen den als unwissenschaftlich kritisierten "Kommune-Mythos" der "parteilichen Kommune-Anhänger".

Das Etikett der Mythenproduktion erhielten dabei alle diejenigen Kommune-Interpretationen, die zugleich Ausdruck und Mittel der nachhaltigen Orientierung der internationalen Arbeiterbewegung an der Kommune waren. Denn der Rückbezug auf die Kommune diente nicht allein der Integration, sondern auch der ideologischen Vergewisserung der Arbeiterbewegung, da sie als Auftakt zur proletarischen Revolution galt und geschichtliche Erfahrungen bereitstellte, um zukunftsweisende theoretische und strategische Probleme zu klären. Die in der Tradition der Arbeiterbewegung entwickelten Forschungsschwerpunkte der Kommune-Anhänger trugen dementsprechend deutlich den Stempel der je aktuellen Erfordernisse bzw. Kontroversen der einzelnen Fraktionen der Arbeiterbewegung bis hin zur hagiographischen Festschreibung des Kommune-Bildes im Stalinismus (Meschkat 1965, Haupt, 1972). Nach einer Phase des Stillstands wurden in Frankreich Ende der 50er Jahre aufgrund verschiedener Impulse neue und fruchtbarere Wege für die Kommune-Forschung eingeschlagen.

Seit diesem Neubeginn richtet sich das Forschungsinteresse vorrangig darauf, die Charakteristika der Pariser Kommune im Zusammenhang mit den 1870/71 wirksamen sozio-ökonomischen Bedingungen zu erforschen und zu erklären. Die alte Streitfrage, ob die Pariser Kommune "Abendrot" oder "Morgendämmerung", letzter Ausläufer der bürgerlichen oder Vorläufer der sozialistischen Revolution gewesen sei, wird heute weniger alternativ formuliert und außerdem auf neuen Wegen beantwortet. Die früher mit großer Entschiedenheit immer erneut kritisierten Mängel und Fehler der Kommune - fehlende Kaderpartei, anarchistische Tendenzen, fehlendes Bündnis mit den Bauern, kleinbürgerlicher Kleinmut vor der Eroberung der Bank von Frankreich und sträfliches Abwarten gegenüber Versailles (92) - versucht man neuerdings nicht nur zu behaupten, sondern genau zu untersuchen und dabei das widerspruchsvolle Erscheinungsbild der Kommune auch in seinen Positiva herauszuarbeiten.

Wir wollen im folgenden diese Kommune-Forschung auswerten. Unser Ziel ist dabei weder ein chronologischer und damit primär ereignisgeschichtlicher Überblick über das Geschehen noch eine andere Art von Gesamtdarstellung. Wir werden vielmehr für den historisch-spezifischen Fall Pariser Kommune Fragen diskutieren, die theoretisch relevant sind und in aktuellen Diskussionen über revolutionäre Veränderungen heutiger Gesellschaften einen wichtigen Stellenwert haben. Von einem solchen Vorgehen erhoffen wir, besser als bisher die Ergebnisse und Lücken der Forschung erfassen und einordnen zu können.

Es sind die sozialen Träger einer Revolution, die mit ihrer Herkunft und ihren Interessen den Handlungsrahmen einer revolutionären Bewegung abstecken, auch wenn sie nicht den Charakter der Revolution determinieren. Nach unserer bisherigen Analyse war die Arbeiterklasse in der Gesellschaft des 2. Empire zahlenmäßig in der Minderheit, strukturell höchst verschiedenartig, ideologisch gespalten und organisatorisch erst ansatzweise geeint. Anders als in der bisherigen globalen Betrachtung geht es jetzt darum, die systematischen Fragen nach der Mobilisierbarkeit von Arbeitern auf eine konkrete Untersuchung der mobilisierten Teile der Pariser Bevölkerung auszurichten. Dabei interessiert uns nicht nur, welchen Platz die sozialen Träger der Kommune in der französischen Gesellschaft des Jahres 1871 einnahmen, sondern auch, was sie für die Teilnahme am Aufstand motiviert hat. Unsere Frage lautet jetzt, welches die berufs-, herkunfts-, generations- und geschlechtsspezifischen Gegebenheiten waren, die das Engagement der in Paris revolutionär Agierenden befördert haben. Erst wenn das Sozialprofil der revolutionären Massen, das durch die Strukturen der vorrevolutionären Gesellschaft geprägt wird, bekannt ist, läßt sich bestimmen, welche Interessen in das zielgerechte Handeln der Massen eingegangen sind. Um allerdings die Ziele und Maßnahmen der politischen Organisationen während der 72 Tage der Pariser Kommune interpretieren zu können, muß man zusätzlich zur Klassenlage die speziellen Erfahrungen und spezifischen Interessen der Kommunarden berücksichtigen (93).

Eine solche Betrachtungsweise geht davon aus, daß die Aktionen der Revolutionäre zielgerichtet sind und daß sich ihre Ziele aus ihrer Situation erklären lassen, die sowohl durch die Struktur der jeweiligen Gesellschaft als auch durch die je spezifische Konjunktur definiert ist. Ergibt sich in einer revolutionären Situation die Notwendigkeit, daß verschiedene gesellschaftliche Gruppen Bündnisse eingehen, so sind damit für die Arbeiterklasse die Möglichkeiten begrenzt, ihre Ziele lupenrein durchzusetzen. Das Abwägen verschiedener Interessen gegeneinander, die Suche nach einem Kompromiß wird zur Voraussetzung von Revolutionen, in denen Klassenbündnisse notwendig sind. Auch nötigen die aktuellen Bedingungen, unter denen Revolutionen ausbrechen, immer erneut dazu, bestimmte Interessen zurückzustellen, Fortschritte nur etappenweise im Veränderungsprozeß anzupeilen. Diese Gesichtspunkte sind für die Deutung der Pariser Kommune besonders wichtig. Denn einmal war die Arbeiterklasse nicht die in der Gesellschaft zahlenmäßig dominierende Klasse, so daß sich die Allianz mit Kleinbürgern geradezu aufdrängte, zum zweiten setzten der deutsch-französische Krieg, die Besetzung Frankreichs durch die deutschen Armeen sowie die Belagerung von Paris durch die Truppen der legalen Regierung Thiers allen revolutionären Transformationen enge Grenzen. Mit Rücksicht auf diese äußerst ungünstigen Bedingungen für eine Revolution ist es deshalb wichtig, die Maßnahmen der Pariser Kommune daraufhin zu untersuchen, welche Interessen sich in ihnen haben durchsetzen können, welche Kompromisse notwendig waren und wie die "restriktiven Bedingungen" (Kirchheimer, 1967) der revolutionären Situation diesen Maßnahmen den Stempel aufdrückten.

Wenn Revolution als ein langwieriger Prozeß verstanden wird, in dessen Verlauf eine revolutionäre Massenbewegung Erfahrungen verarbeitet und Verhaltens- und Handlungsformen entwickelt, so verdienen die organisatorischen Formen, in deren Rahmen sich die Menschen trafen, verständigten und handelten, besondere Aufmerksamkeit. Diese Formen haben in Diskussionen über Organisationsmodelle der bürgerlichen Gesellschaft und der Arbeiterbewegung schon immer eine zentrale Rolle gespielt, nicht zuletzt deshalb, weil sie sich nicht eindeutig negativ oder positiv bewerten lassen. Organisationen können die Interessen einer Massenbewegung kanalisieren oder auch hemmen, aber ebenso gut bündeln oder überhaupt erst einsatzfähig machen. Nicht von ungefähr hat die Pariser Kommune immer wieder als Beleg für die Wirksamkeit von Organisationsmodellen unterschiedlicher Provenienz hergehalten. Schon deshalb ist es von Interesse herauszuarbeiten, wie sich die Pariser Bevölkerung tatsächlich über ihre Interessen, Ziele und Hoffnungen verständigte und die Zusammenarbeit, Vorbereitung und Durchführung von Aktionen bewerkstelligte. Die seit dem Herbst 1870 in Paris entstandenen Organisationen erweisen sich zudem als brauchbares Stimmungsbarometer der Pariser Bevölkerung. Denn am Einfluß und der Verbreitung einzelner Organisationen lassen sich Zustimmung oder Ablehnung der Bevölkerung gegenüber Parolen, Interpretationsmustern oder Handlungsanweisungen ablesen.

Schließlich sind neben den Öffentlichkeitsstrukturen und politischen Organisationsformen auch die administrativen Organisationsprinzipien ein wichtiger Indikator für das Selbstbewußtsein der revolutionären Massen. An ihnen zeigt sich, ob die Revolutionäre an die Stelle der vorrevolutionären Herrschaftsformen neue Formen der Organisation des gesellschaftlichen Lebens, die mit den Prinzipien der Selbstverwirklichung und -tätigkeit der Massen besser übereinstimmten, setzen wollten und konnten. Versuche, die Verwaltung zu reorganisieren, sind daher ein Test für die politische "Reife" der Revolutionäre, für eine Reife also, die ihnen eine konterrevolutionäre Propaganda a priori abspricht, wenn sie in jeder Revolution nur Zerstörung und Chaos sieht. Die revolutionäre Umstrukturierung der Verwaltung interessiert uns allerdings nicht nur als Hinweis darauf, ob die Massen fähig sind, sich auf staatlicher Ebene selbst zu organisieren, sondern auch als Rahmen für das alltägliche und politische Leben der Massen während der Revolution. Allein schon der Nachweis, daß der "peuple" von Paris sich selbst organisieren konnte, ist damals wie heute politisch bedeutsam. Noch wichtiger aber ist es aufzuzeigen, wie Programm und Realisierung in diesem Bereich ineinandergegriffen haben, wie demokratische Prinzipien und effiziente Verwaltung, gesellschaftsverändernde Zielsetzung und administrative Mittel miteinander vereinbar waren.

Methodisch geht es uns im folgenden Kapitel darum, Kommune als Testfall für revolutionstheoretische Fragestellungen zu benutzen und sie in ihren Besonderheiten wie im Vergleich zu anderen Revolutionen einzuordnen. Damit treffen wir eine Vorentscheidung über den Modellcharakter der Kommune als Revolution. Die Kommune als Revolution zu behandeln, ist aber nur dann sinnvoll, wenn vorab geklärt ist, inwiefern die Bedingungen, unter denen der 72-tägige Kampf stattfand, die Reichweite der Revolution und damit die revolutionstheoretische Generalisierbarkeit ihrer Erscheinungsformen begrenzten. Deshalb sind der Untersuchung der Kommune als Revolution einige Bemerkungen vorauszuschicken, um den Pariser Aufstand von anderen Revolutionen zu unterscheiden und die Reichweite der von uns erarbeiteten Schlußfolgerungen abzustecken.

1. Spezielle Bedingungen der Pariser Kommune

Die Kommune war ein 72-tägiger Aufstand innerhalb einer Stadt während einer Belagerungssituation. Mit dieser Aussage sind sowohl negative als auch positive Bedingungen für die Kommune als Revolution angesprochen. Die militärisch schwierige Lage und die geringe zeitliche Spanne, über die die Kommune verfügte, sind Faktoren, die die Möglichkeiten einer umfassenden Revolutionierung der Stadt begrenzten. Durch den städtischen Rahmen und eine relativ große Einmütigkeit in der Bevölkerung blieben der Kommune dagegen Probleme erspart, die sich etwa im Bezugsfeld des Nationalstaates und bei einer aktiven konterrevolutionären Bevölkerung stellen würden.

Die kurze zeitliche Dauer ihres Experiments erlaubte den Kommunarden nicht, Revolution als Prozeß der Veränderung von staatlichen und gesellschaftlichen Strukturen, von Verhaltensweisen und Bewußtsein durchzuführen (94). Von der Kommune ist daher kaum Aufschluß zu erwarten über die zumeist heftigen und lang anhaltenden Interessenkonflikte und ideologischen Auseinandersetzungen, die eine revolutionäre Transformation einer Gesellschaft begleiten. Auch über die Möglichkeit, langfristige Entwicklungen in Gang zu setzen, Revisionsinstanzen in den revolutionären Prozeß einzubauen, Fehler zu entdecken und zu beheben, wird man aus einer Analyse der Kommune wenig erfahren. Die Entwicklung ging im Zeitraffertempo vonstatten.

In wenigen Wochen legte die Kommune bestenfalls Keime für mehrere Jahrzehnte später aufgenommene Entwicklungen, antizipierte Probleme - wie im Bereich der Schulreform (Dommanget, 1964) und bei der Gleichbehandlung von Frauen (Thomas, 1963) - und sprach Schwierigkeiten an (95). Sie war jedoch zu kurz, um sozio-ökonomische und politische Strukturen umzuwandeln und um Bewußtsein und Verhalten in der Bevölkerung zu verändern. Sofern nach dem berühmten Ausspruch von E. Labrousse die soziale Entwicklung der ökonomischen und die mentale der sozialen hinterherhinkt, sind von der Kommune schwerlich Aussagen über die Möglichkeiten der Bewußtseins- und Verhaltensänderung in Revolutionen zu erwarten. Zeitgenössische Darstellungen, die Paris nach dem 18. März als Idyll ohne Richter, Polizei und Verbrechen schildern, verdienen Skepsis (96). Denn es ist kaum plausibel, daß in einer Gesellschaft, in der die sozialen und ökonomischen Strukturen erst allmählich und zaghaft verändert wurden, in der die Aufklärungs- und Überzeugungsarbeit erst in den Anfängen stand, derartig einschneidende Verhaltensänderungen zustande gekommen sein sollen. Für das durch die Kommune veränderte Verhalten ist die Nationalgarde mit ihrer selbstzerstörerischen Disziplinlosigkeit (s. u. S. 179 ff.) wohl repräsentativer als die obige Idylle. An der Nationalgarde zeigen sich die tradierten Verhaltensmuster ebenso wie die Schwierigkeiten, die entstehen, wenn die Autorität der negativen Sanktionsinstanzen erschüttert ist, aber neue Normen sich erst allmählich herausbilden.

Eine weitere Einschränkung, die Pariser Kommune als Modell einer Revolution zu behandeln, ergibt sich aus ihrer besonderen militärischen Lage. Die Anwesenheit deutscher Truppen im Norden von Paris sowie die Kampfhandlungen zwischen der aufständischen Stadt Paris und der legalen Regierung in Versailles seit Anfang April begrenzten die politischen Möglichkeiten der Kommune (97). Die gleichzeitige Bedrohung durch eine ausländische Macht, die Gewehr-bei-Fuß im Lande stand, und durch die Konterrevolution, die über die wichtigsten militärischen und politischen Ressourcen des Landes verfügte, war eine einschneidende Hypothek der Kommune. Von Preußen-Deutschland konnten die Kommunarden nur so lange Neutralität erwarten, wie sie die politische Macht der legalen Regierung schwächten und damit die Verhandlungsposition des deutschen Reiches aufbesserten (Kolb, 1972; Wolter, 1971). Es war aber abzusehen, daß ein Sieg der revolutionären Kommune wie eine Kriegserklärung an Deutschland gewirkt und militärische Reaktionen zur Folge gehabt hätte. Die Versailler Regierung zeigte sich ihrerseits keineswegs geneigt, einen Kompromiß mit der Kommune einzugehen, wie ihn bis in den Mai 1871 hinein die Bürgermeisterpartei anstrebte. Die Handlungsprinzipien von Thiers waren: Bedingungslose Unterwerfung der rebellierenden Bevölkerung unter die legale Regierung, der Herolde der lokalen Selbstverwaltung unter die Vertreter des Nationalstaates, der Sozialisten unter den "ordre moral" (Greenberg, 1971, 101f.; 288).

Von anderen Revolutionen unterscheidet die Kommune allerdings weniger diese doppelte Frontstellung als die Art, wie sie sich dieser Bedrohung stellte. Im Unterschied zu 1792/93 beherrschte 1871 die Belagerungssituation, der Aufmarsch der Versailler Truppen und das stets näher rückende militärische Geschehen nicht in dem Maße das öffentliche Leben in Paris, wie es die "nation en armes" getan hatte (98). Die Kommunarden reagierten weder mit "Kriegskommunismus", noch mit schneller Kapitulation auf die Besatzungssituation und die konterrevolutionären Angriffe. Sie versuchten vielmehr, ihre Erneuerungsbestrebungen nicht dem Diktat militärischer Unternehmungen zu unterwerfen. Nach dem 18. März verzichteten sie auf eine militärische Lösung des offen ausgebrochenen Gegensatzes zwischen Paris und Versailles. Der Marsch nach Versailles unterblieb. Auch riefen die Kommunarden nicht zum Kampf gegen die ausländischen Besatzer auf, sondern versuchten, mit der deutschen Regierung ein Stillhalte-Abkommen auszuhandeln.

Angesichts und trotz dieser Bedrohung feierte die Pariser Bevölkerung die Proklamation der Kommune am 26. März vielstimmig und enthusiastisch als Stunde Null, als Neubeginn und als Tabula rasa der alten Ordnung (Rougerie, 1971b 145-147). Im Unterschied zu anderen Revolutionen zog die unmittelbare Ausgestaltung der Gegenwart mehr Energien auf sich als die Sicherung der Zukunft. Dieser prinzipiellen Ausrichtung der Kommune zum Trotz dürfte die Verteidigung der Stadt allerdings doch den Handlungen des Kommune-Rates und der Kommunarden ihre Grenzen und Prioritäten aufgezwungen haben. Fragen der Versorgung der Stadt, der Ausrüstung und Verpflegung der Soldaten, der militärischen Organisation mußten in einer Stadt an Bedeutung gewinnen, die seit Anfang April tagtäglich unter Granatenbeschuß stand. Es fehlen bislang Untersuchungen, um die genaue Beanspruchung des Kommune-Rates durch die Kriegshandlungen angeben zu können. Die finanziellen Folgekosten der militärischen Aktivitäten und das Ausmaß, in dem die Güterproduktion nach militärischen Bedürfnissen ausgerichtet wurde, sind ebensowenig bekannt, wie der Prozentsatz der Pariser Bevölkerung, der aktiv am Kriegsgeschehen teilnahm. Auch könnte erst eine detaillierte-Untersuchung zeigen, wie stark der Kommune-Rat und seine Unterkommissionen unter dem Druck der konterrevolutionären Bedrohung handelten, welche Rücksicht auf die Präsenz der deutschen Truppen genommen werden mußte, in welchem Maße die ungünstige militärische Situation alle Initiativen, das Leben in der Stadt zu verändern, begrenzte. Alles in allem ist die Pariser Kommune das Beispiel einer Revolution, die unter einer doppelten inneren und äußeren Bedrohung ausbrach. Von vergleichbaren anderen historischen Revolutionen unterscheidet sie sich durch die Art und Weise, wie sie die aus dieser Situation entstandenen Probleme anging.

Schließlich begrenzt auch der kommunale Rahmen die Möglichkeit, ausgehend von der Pariser Kommune Aussagen über Revolutionen im allgemeinen zu machen. Die Kommune blieb von ihrem Hinterland abgeschnitten, weil einerseits die Kriegshandlungen den Waren-, Personen- und Postverkehr zwar nicht unterbrachen aber beschränkten (99), und weil andererseits die Provinz relative Ruhe bewahrte. Die vereinzelten Aufstände, die der Unterstützung der Pariser Kommune dienen sollten, waren im März 1871 weniger aufsehenerregend und wirkungsvoll als die zahlreichen Provinzkommunen des Vorjahres, und sie waren deutlich durch die vorausgegangenen Repressionen und die erschöpften finanziellen Ressourcen geschwächt. Von den preußisch-deutschen und den konterrevolutionären Truppen umzingelt und zudem verspätet hinter den großen Kommune-Aufständen der Provinz herhinkend, konnte Paris nur auf seine eigenen Kräfte hoffen. Damit blieb die Pariser Kommune eine Revolution in dem von Rousseau als Ideal gepriesenen Rahmen einer Stadt.

Die Begrenzung der Revolution auf eine einzige, wenn auch große Stadt hat Folgen für deren Inhalt und Formen. Im kommunalen Rahmen bleiben die Aufgaben des Staates begrenzt und die Institutionen, die das politische Leben organisieren, können relativ einfach sein. Stellen sich auf lokaler Ebene auch ähnliche Probleme wie im nationalen Rahmen, so erhalten sie doch dadurch eine andere Qualität, daß sie weniger umfangreich und vielschichtig sind und die zu ihrer Lösung notwendigen organisatorischen Formen weniger bürokratisch und kompliziert sein können. Es verweist auf die relative Einfachheit kommunaler Tätigkeitsfelder, wenn in der Kommune die Aufgaben der Exekutive nur wenig spezifiziert wurden (Andrieu, 1971). Aus dem gleichen Grunde konnte in der Kommune die Repräsentation von Interessen basisnäher gestaltet und der zentrale bürokratische Apparat auf ein Minimum beschränkt werden. Da der Kommune-Rat wesentliche Funktionen dezentral organisierte und sich nur in wichtigen Existenz- und Strukturfragen die Entscheidungskompetenz vorbehielt (100), konnten in den Arrondissementsverwaltungen die Kenntnisse der lokalen Verhältnisse und der Interessen optimal zum Zuge kommen. Damit scheint die Kommune das ideale Modell einer Verwaltung entworfen zu haben, welche imstande ist, Interessen, Informationen und Entscheidungen eng zu verkoppeln. Dieses Modell, in dem die Kenntnis der anstehenden Probleme auf eigener Erfahrung beruhte und die Kommunikation zwischen den Betroffenen relativ unkompliziert war, aber steht und fällt mit den einfacheren Strukturen einer Stadt. Die Kommune als politische Form zu verallgemeinern, ist daher nicht ohne weiteres möglich.

Noch gewichtiger ist zum letzten, daß die überdurchschnittlich hohe soziale und politische Homogenität der Pariser Bevölkerung während der 72 Tage der Kommune den Charakter einer Modell-Revolution nimmt. Sieht man von den ersten beiden Wochen ab, in denen sich konservative oder konterrevolutionäre Bürger in geheimen Verbindungen und offenen Demonstrationen gegen den 18. März und die Proklamation der Kommune äußerten (vgl. Rougerie, 1971b, 122ff.; Bruhat u.a., 1971, 103-107), so hat die Flucht bzw. die "innere Emigration" dieser Kreise der Bevölkerung die Kommune vor der internen Auseinandersetzung mit den Feinden der Revolution bewahrt. Bislang liegt zwar noch keine quantitative Untersuchung über die Abwanderung des Bürgertums vor. Aber indirekt ist aus den Reaktionen im Kommune-Rat und in den Zeitungen zu schließen, daß sich die Gegner der Kommune innerhalb der Stadtmauern außer bei der Verbreitung von Gerüchten oder Spitzeltätigkeiten nicht offen manifestiert haben. Damit wird auch erklärlich, warum die hier und dort in Clubs geäußerte Forderung, mit den Methoden der "terreur" die Feinde der Revolution unnachsichtig zu verfolgen (Rougerie, 1971 b, 218 f.), wenig Resonanz fand. Sie war eher eine Reminiszenz an 1793 als eine Antwort auf bedrohliche Gegenwartsprobleme. Mit der Flucht der Regierung und dem Beginn der Konterrevolution hatten sich die Auseinandersetzungen nach außen, in den Konflikt mit Versailles und damit auf militärisches Gebiet verlagert. Für die Kommune bedeutete dieses, daß die Absicherung der Revolution gegen ihre Gegner bis auf die verzweifelten Kämpfe der letzten drei Wochen kaum eine strukturprägende Wirkung hatte; die repressiven Momente einer Revolution traten daher weit zurück hinter den innovativen.

Die skizzierten Sonderbedingungen sind folgenreich für die Gesamtbewertung der Pariser Kommune. Die erzielbaren Ergebnisse der Analyse werden dahin tendieren, die in einer Revolution notwendige Auseinandersetzung mit der Gegenrevolution zu unterschätzen, hingegen die Möglichkeiten basisnaher und unbürokratischer Herrschaftsformen zu überschätzen. Wegen der geringen Dauer der Kommune werden zudem stärker die Versprechungen als die Verwirklichungen, die embryonalen Formen als die ausgewachsenen Ergebnisse zutage treten. Dieser Bias der Argumentation rührt aus den Spezifika des Untersuchungsgegenstandes Kommune her.

2. Die Pariser Kommune als Revolution des Proletariats

Wir gingen davon aus, daß in einer kapitalistischen Gesellschaft eine Revolution nur dann zum Zuge kommen kann, wenn sie von der Arbeiterklasse getragen wird. Mit der jetzt aufgeworfenen Frage nach den tatsächlichen sozialen Trägern der Pariser Kommune gilt es diese theoretische Bestimmung empirisch zu überprüfen. Wenn sich dabei erweisen wird, daß die Klasse der lohnabhängigen Industriearbeiter nicht das Gros der Mobilisierten und Mobilisierenden ausmachte, - ein Ergebnis, das bei dem 1870 erreichten Entwicklungsstand des französischen Kapitalismus nicht überraschen kann - so zwingt uns dieses Ergebnis, den entwicklungslogischen Revolutionsbegriff stärker der Realität anzunähern, d.h. nicht länger von der konkreten Physiognomie der Arbeiterklasse und möglichen Klassenbündnissen zu abstrahieren.

Um die sozialen Träger der Kommune zu charakterisieren, untersuchen wir zunächst, aus welchen sozialen Gruppen sich die Pariser Revolutionäre rekrutierten bzw. welches die Binnenstruktur des revolutionären "peuple" war. Auf der Basis des so ermittelten Sozialprofils gilt es weiterhin zu bestimmen, welche Interessenlagen, Motivationen und Erwartungen das Verhalten und Handeln der Kommunarden geprägt haben mögen. Die so umfassend wie möglich durchgeführte Charakterisierung der Kommunarden wird schließlich einmünden in die weiterführende Frage, welche Folgen die ermittelten Klassen- und Interessenlagen der Kommunarden für den Verlauf und Charakter der Revolution gehabt haben.

a. Sozialprofil der Kommunarden

Es wäre gewiß eindrucksvoll, die mit der Frage nach den revolutionären Trägern eingeleitete Suche nach dem Zusammenhang zwischen sozialer Herkunft, Beruf, Erfahrungen und politisch-revolutionärem Engagement zunächst anhand von Biographien auszuleuchten. Leider gibt es bis heute nicht einmal für die 1870/71 in Paris besonders exponierten und damit namhaft gewordenen Revolutionäre hinreichend systematische Untersuchungen, auch wenn Maitron mit seinem biographischen Lexikon - einer wahren Fundgrube - dafür inzwischen eine gesicherte Materialsammlung zur Verfügung gestellt hat (Maitron, 1967; Bruhat u.a., 1971, 318-338; Rougerie, 1973, 373f.). Die Möglichkeiten des biographischen Ansatzes lassen sich zumindest illustrieren an dem Werdegang des Nationalgardisten E. Moreau, dessen durch Tagebuchaufzeichnungen und Briefe bekannte individuelle politische Entwicklung die allgemein zu beobachtende politische Radikalisierung der Pariser Bevölkerung bestätigt (Cerf, 1971). Moreau (1838-1871), Sohn wohlsituierter bürgerlicher Eltern, kehrte im August 1870 aus London zurück, wo er sich glücklos als Papierblumenfabrikant versucht hatte, um als Anhänger von Napoleon III. das Vaterland zu verteidigen. Der bei seinem Eintritt in die Nationalgarde unpolitische Moreau begrüßte dann im September den Sturz des Empire, begegnete den Verteidigungsanstrengungen der Regierung der nationalen Verteidigung aber bereits Ende September mit stetig wachsendem Mißtrauen. Spätestens Mitte Januar war er überzeugt, daß diese Regierung das Volk verrate. In der Folgezeit organisierte Moreau, der schon seit November als Sekretär des Bataillonskommandanten die Initiative zur Gründung von Selbsthilfeorganisationen im Bataillon (Sociétés Fraternelles) ergriffen hatte, den Widerstand der Nationalgarde gegen die Regierung. Er war wesentlich beteiligt am Zustandekommen der Föderation der Nationalgarde im Februar und wurde am 10. 3. zum Mitglied des Zentalkomitees der Nationalgarde gewählt. Nach dem 18. 3. sollen alle Maßnahmen und speziell die sozialen bis sozialistischen Töne in den Erklärungen des Zentralkomitees, das bis zum 26. 3. als provisorische Regierung fungierte, wesentlich von Moureau bestimmt worden sein.

Soweit eine eindrucksvolle Biographie, die deutlich macht, wie ergiebig eine systematische Rekonstruktion und Auswertung möglichst vieler Biographien sein würde (101). Dennoch lassen sich über diesen Weg nur die revolutionären Kader, nicht aber die revolutionären Massen erforschen. Um die Namenlosen in der revolutionären Masse zu identifizieren, ist mit viel Erfolg ein anderer Weg eingeschlagen worden. Nach A. Soboul und G. Rudés Arbeiten über das Volk von Paris in der Großen Französischen Revolution, haben anhand der staatlichen Repressionsakten Ch. Tilly, H. Lees (1975) J. Rougerie (1964b, 125-134; 1971b, 257-263) und A. Kriegel für 1848, 1871 und 1920 die sozioprofessionelle Herkunft der jeweils gegen das bestehende System politisch mobilisierbaren Bevölkerung untersucht. Die Akten der Repressionsorgane, insbesondere die der Militär- und Sondergerichte, sind so gut erhalten, daß sie es erlauben, ein Porträt der Aufständischen zu zeichnen.

So hat Rougerie anhand der 36. 309 erhaltenen Dossiers der vor Kriegsgerichte gestellten Kommunarden die Sozialstruktur der revolutionären Massen ermittelt. Dies Verfahren ist sicherlich zulässig, weil mit einer systematischen Vernichtung der Akten einer bestimmten Bevölkerungsgruppe unter den Verhafteten nicht zu rechnen ist (Rougerie, 1971b, 25f.). Die auf dieser Quellenbasis erzielbaren Forschungsergebnisse behalten ihre Bedeutung selbst dann, wenn der Aussagewert der Quellen in folgenden Punkten kritisch einzuschränken ist. Anzunehmen ist z. B., daß besser situierte Kommunarden eher imstande waren, sich der Repression zu entziehen. Bedacht werden muß auch, daß in nachrevolutionären Zeiten der Unterdrückung Verrat, Verleumdung und Denunziation wuchern, daß sich mit den politischen Konflikten persönliche Abrechnungen mischen und daher nicht alle Angeklagten aus stichhaltigen politischen Gründen inhaftiert und angeklagt wurden.

Noch gewichtiger ist ein dritter Einwand, den Sewell für 1848 vorgebracht hat, der aber ebenso für 1871 gilt (Sewell, 1974).

Verfolgungsakten fixieren die Revolutionäre in einer Momentaufnahme, lassen aber nicht erkennen, wie breit die Bevölkerung insgesamt, im Falle der Kommune also die Bevölkerung von Paris, mobilisiert war bzw. ablehnend oder feindlich abseits stand. Verhaftet wurden nach dem 30. Mai zunächst 43.522 Personen, von denen später 10.137 als politische Verbrecher verurteilt wurden. Ohne Frage eine kleine Minderheit von Bürgern, deren politische Aktivitäten gerichtsnotorisch geworden sind. Diesen aktiven Revolutionären sind die rund 34.000 Toten der Blutwoche wohl hinzuzuzählen (Rougerie, 1971b, 257). In welchem Verhältnis allerdings diese Kommunarden-Gruppe zur übrigen Pariser Bevölkerung stand, ist nicht einmal zahlenmäßig zufriedenstellend zu ermitteln. Denn die zuletzt 1866 mit 1,8 Millionen Personen gezählte Bevölkerung (ebd., 9) war durch Kriegsopfer und Abwanderung von in erster Linie wohl begüterten Einwohnern während der Belagerungs- und Kommune-Zeit zahlenmäßig beträchtlich dezimiert und strukturell verändert worden.

Trotz dieser notwendigen Einschränkungen behalten die von Rougerie anhand der 36.309 Dossiers ermittelten Informationen zur Sozialstruktur der Kommunarden ihren Wert. Daß die Verhaftungsweise einzelne Gruppen von Kommunarden mit unterschiedlicher Intensität heimsuchte, ist am ehesten für Kinder und Frauen wahrscheinlich. Doch gab es unter den Gefangenen immerhin 538 Kinder unter 16 Jahren und 819 Frauen. Die von Rougerie festgestellte Altersstruktur der Kommunarden (ebd., 258)

unter 16 Jahren	-	1,4%
16 - 20 Jahre	-	10,5%
20 - 40 Jahre	-	54,7%
40 - 60 Jahre	-	31,2%
60 und mehr	-	2,2%

zeigt, daß jugendlicher Übermut gewiß kein ausschlaggebender Impuls für revolutionäres Engagement gewesen ist. Auch läßt sich daran, daß 33,6% der Verhafteten verheiratet waren und Kinder hatten, die Breite der Volksbewegung ablesen. Am aussagekräftigsten für das Sozialprofil ist die Berufszugehörigkeit der Kommunarden. Die Verhafteten verteilten sich auf folgende Berufe (ebd.):

Arbeiter im Bereich

Eisen	13, 2 %	Angestellte	8, 1 %
Stein	12, 9 %	Dienstboten/	
Holz	8, 9 %	Hauswarte	6, 6 %
Leder	6, 1 %	Kleinhändler	3, 6 %
Druckerei	3, 9 %	Für den Handel	
Bekleidung	4, 1 %	arbeitende Gewerbe	9, 4 %
Kunstgewerbe	4, 7 %	Freie Berufe	4, 7 %
Tagelöhner	11, 2 %	Großhändler	0, 7 %
		Deserteure	2, 0 %

Damit war die Pariser Kommune eine mehrheitlich von Arbeitern getragene Revolution. Zwar gab es auch Journalisten, Ärzte und Anwälte unter den Kommunarden, aber diese blieben ebenso wie die Hausbesitzer und Kaufleute eine verschwindende Minderheit. Der Kleinhandel und die Angestelltenschaft waren demgegenüber auffallend stark vertreten. Doch das Gros der Aufständischen (65 %) ist als Arbeiter einzustufen. Was aber ist unter "Arbeiter" zu verstehen? Glichen sie den handwerklichen Sanskulotten von 1792 oder waren sie bereits Industriearbeiter ohne eigene Produktions- und Subsistenzmittel und auf Gedeih und Verderb auf den Verkauf ihrer Arbeitskraft angewiesen?

Um in dieser Frage weiterzukommen, unterscheidet Rougerie hilfsweise zwischen alten und neuen Berufen (ebd. 12ff.; ders. 1964a; 1964b, 128f.) und arbeitet im Vergleich von 1848 zu 1871 eine tendenzielle Verschiebung des Sozialprofils der Revolutionäre heraus, die 1871 stärker als 1848 den neuen Berufen angehörten. Über ein Drittel der Verhafteten sei den neuen Berufen (Bau- und Metallbereich, Ungelernte), dagegen nur ein Fünftel den traditionellen Berufen (Holz, Möbel, Bekleidung, Luxuswaren, Druckereien) zuzurechnen. Diese Verlagerung des revolutionären Zentrums von den alten zu den neuen Berufen folgt zunächst einmal - das machen Untersuchungen von J. Rougerie und L. Chevalier (Chevalier, 1950) übereinstimmend deutlich - direkt den Veränderungen der Pariser Beschäftigungsstruktur mit ihrer wachsenden Bedeutung der Bau- und Metallindustrie. Bei näherem Hinsehen ist dann allerdings festzustellen, daß zwar der Anteil der Bauarbeiter unter den verhafteten Kommunarden in etwa deren Bedeutung in der arbeitenden Bevölkerung von Paris im Jahre 1866 entspricht, daß dagegen die Metallarbeiter deutlich überrepräsentiert waren. Sie machten 1866 8 % der Beschäftigten, jedoch 1871 13, 2 % der Verhafteten aus (102). Auffallend ist auch, daß Umsatzsteigerung und wachsende Beschäftigungszahlen in Erzeugung und Vertrieb von Nahrungsmitteln keinen Niederschlag fanden in der Verhaftetenquote. Dem Kleinhandel bzw. den für den Handel arbeitenden Gewerben gehörten nur 13 % der Kommunarden, aber 1866 18 % der Beschäftigten an; allein zwischen 1847/48 und 1860 hatte sich der Umsatz dieses Erwerbszweiges verfünffacht (Gaillard, 1977, 377). Insgesamt läßt sich also sagen, daß die neuen Berufe parallel zur industriellen Entwicklung in Paris stärkeres Gewicht unter den politisch Aktiven des Jahres 1871 gewannen.

Auch diese Feststellung ist noch nicht sonderlich aussagekräftig, solange die innere Struktur der fraglichen Branchen, vor allem das Verhältnis von Kleinstproduktion zu Industrieproduktion, Verlagssystem und Heimarbeit unberücksichtigt bleibt. J. Gaillard hat mit Recht darauf aufmerksam gemacht, daß die Verschiebung von den alten zu den neuen Berufen weder mit dem Wandel vom Traditionalen zum Modernen, noch mit dem Übergang vom Klein- zum Großbetrieb identisch sein muß (ebd. 433). Häufig stünden die alten Berufe technologischen Neuerungen positiv gegenüber, während Metallbetriebe mit ihren "neuen" Berufen sehr wohl auf kleiner Stufenleiter und mit traditionellen Methoden weiterproduzierten. Im Paris des Jahres 1870 dominierte - nach Gaillard - noch immer der Kleinbetrieb und prägte den Charakter der Pariser Arbeiterklasse. Ja, wenn man die "façonniers", die gegen Stücklohn arbeitenden Hausindustriellen, von denen es 1872 in Paris allein 62.000 gab, unter die Kleinfabrikanten zählt, so hat im Unterschied zur Entwicklung auf nationaler Ebene in Paris die Zahl der Kleinbetriebe sogar während des 2. Empire zugenommen. Nicht nur die Gesamtzahl der Industriebetriebe in Paris stieg von 55.100 im Jahre 1851 auf 82.838 im Jahre 1871 und ein Jahr später sogar auf 100.000. Entgegen der national wirksamen Tendenz zur Kapitalkonzentration nahm in Paris sogar der Prozentsatz der Kleinstbetriebe mit weniger als zwei Arbeitern zu und der mit mehr als zehn Beschäftigten ab (ebd., 432).

	Weniger als 2 Arbeiter pro Werkstatt	2-10 Arbeiter	mehr als 10 Arbeiter
1847/48	50,4 %	38,7 %	10,9 %
1860	62,0 %	31,0 %	7,0 %

Selbst in den neu eingemeindeten Vororten, in denen Großbetriebe sich besonders leicht niederlassen konnten, gab es neben den Groß- zahlreiche Kleinbetriebe (ebd., 434). Diese zunächst überraschende Expansion der kleinen Werkstätte ist eine Folge sowohl der zunehmenden Arbeitsteilung und Spezialisierung in Industrie und Handwerk als auch der Übernahme technischer Neuerungen wie Nähmaschine, mechanischer Säge, kleinerer Dampfmaschinen bzw. Einzelanschlüssen an die Dampfkraft. Sie wird allerdings erkauft durch überaus schwierige Lebens- und Arbeitsbedingungen, die für die Handwerker nicht anders als für die Lohnarbeiter galten. Im Paris des 2. Empire setzte sich zunehmend die Trennung von Gewerbe und Handel und damit das Verlagssystem durch, welches die sozialen und wirtschaftlichen Kosten der Fabrikation einseitig auf Kleinproduzenten abwälzt. Der Kleinproduzent trägt die fixen Kosten für Wohnung, Licht und Heizung. Ihn allein drücken die Lasten der konjunkturellen und saisonalen Arbeitslosigkeit, die in der Schuhindustrie und Konfektion 4 bis 6 1/2 Monate gedauert haben soll (ebd., 451). Ehemalige Lohnarbeiter, die nur eine dünne Kapitalbasis und kaum Kreditmöglichkeiten besaßen und einzig ihre Geschicklichkeit als Handwerker in den selbständigen Betrieb einbrachten, überlebten nur unter höchsten Opfern. J. Gaillard resümiert ihre Beobachtungen: "Der Kleinbetrieb nimmt an Zahl, jedoch nicht an Größe zu. Er lebt, aber äußerst kümmerlich." (Ebd., 451) Der Besitz an Produktionsmitteln bürgte 1870 also keineswegs mehr für wirtschaftliche Unabhängigkeit, wie auch der Begriff "ouvrier-patron" zeigt, mit dem die Zeitgenossen die 62.000 Hausindustriellen des Jahres 1872 bezeichneten (ebd., 432). Ganz offensichtlich lebte in Paris zu dieser Zeit - von einigen Ausnahmen, besonders im Luxushandwerk abgesehen - wohl die Mehrheit der Kleinstunternehmer unter nahezu proletarischen Bedingungen (Sorlin, 1969, 118ff.).

Mit der Unterscheidung zwischen neuen und alten Berufen ist ebenfalls wenig über die Qualifikationsstruktur ausgesagt. Letztere ist auch nicht einfach aus der jeweiligen Betriebsgröße herzuleiten, denn handwerklich ausgebildete Arbeiter sind nicht ausschließlich in Kleinbetrieben anzutreffen. J. Gaillard hat gezeigt, daß während des 2. Empire auch in Paris der Prozeß der Dequalifizierung von Arbeitskraft mächtig zum Zuge kam. Symptomatisch hierfür ist, daß die Zahl der Lehrlinge in Paris stagnierte, obwohl gleichzeitig die der Arbeiter anstieg (Gaillard, 1977, 415ff.), so daß nicht von ungefähr im 2. Empire die berufliche Ausbildung zu einem gewichtigen politischen Thema wurde. Weitere wichtige Indizien für die Dequalifizierung der Arbeitskraft sind der Anstieg der Frauenlohnarbeit und der Zustrom von Arbeitskräften aus der Provinz. Den männlichen Zuwanderern blieb generell das traditionelle Pariser Kunsthandwerk verschlossen. Arbeit fanden sie lediglich in der Metall- und Chemieindustrie (ebd., 202) und bei Erd-, Transport- und Maurerarbeiten, die mit dem Bau der Rue de Rivoli und den Markthallen in großem Umfang anfielen (ebd., 404f.). Einzig von der Metallindustrie ist bekannt, daß sie in der Provinz sogar Facharbeiter anwarb (ebd., 423f.).

Noch offensichtlicher zeigt sich die veränderte Qualifikationsstruktur darin, daß die prekäre materielle Situation der Arbeiterfamilien immer mehr Frauen in den Produktionsprozeß trieb und diese dort, obwohl sie keinerlei berufliche Ausbildung hatten, Verwendung fanden. Standen 1860 den 234. 442 männlichen noch 105. 087 weibliche Arbeiter gegenüber (Verhältnis 2, 23 : 1), so hatte sich 1873 das Verhältnis bereits auf 272. 352 zu 191. 564 (Verhältnis 1, 42 : 1) angenähert (ebd., 406). Außer in der Konfektion und Textilindustrie, den traditionellen Frauenbranchen, wurden Frauen auch in anderen Branchen verstärkt eingesetzt. Dieser Einsatz diente ganz offensichtlich dazu, das Lohnniveau der dort beschäftigten Männer zu senken. Frauenlohnarbeit wurde u. a. auch deshalb von den männlichen Arbeitern und der sich ausbildenden Arbeiterbewegung durchweg negativ beurteilt und bekämpft (ebd., 411).

Die Kommune war eine von Arbeitern getragene Revolution. Allerdings handelt es sich in Paris um eine Arbeiterklasse, die sich in ihrer Mehrheit noch nicht aus dem prägenden Rahmen des Kleinbetriebes mit seiner handwerklichen Qualifikation gelöst hatte. Diese handwerklichen Lohnarbeiter sahen sich aus zwei Richtungen bedroht. Einmal durch die Transformation des Handwerksbetriebes zum Heimgewerbe, das vom Zwischenhändler abhing und die Arbeitsbedingungen für den "ouvrier-patron" und seine Arbeiter verschlechterte; zum anderen durch die Dequalifikation der Arbeit, die in wichtigen Branchen die Ausbreitung der Frauenarbeit und den Zustrom provinzieller Arbeiter ermöglichte.

Unser Exkurs über die Industrie- und Berufsstruktur in Paris dürfte deutlich gemacht haben, daß es äußerst schwierig und weitgehend überhaupt nur hypothetisch möglich ist, vom Sozialprofil der Kommunarden aus weiter zu ermitteln, was diese Arbeiter der verschiedenen Berufsgruppen motivierte, die Kommune aktiv zu unterstützen und welche Vorstellungen und Erwartungen sie an die Kommune herantrugen. Fest steht allerdings, daß sich diese Frage nicht abstrakt vom proletarischen Lebensschicksal her beantworten läßt. Vielmehr ist anzusetzen bei den unterschiedlichen Formen der konkreten Ausbeutung, was u.a. bedeutet, ungeachtet der systematisch wichtigen Unterscheidung zwischen den Besitzern und Nichtbesitzern von Produktionsmitteln die de facto sehr ähnliche Situation von handwerklichen Kleinbürgern und Lohnarbeitern einzubeziehen. Denn es war eben diese aus der sozioökonomischen Zwitterlage der revolutionären Träger resultierende breite Streuung der Interessen, der die Kommunarden bei Strafe ihres Untergangs politisch gerecht werden mußten.

Die Entscheidung, ob bzw. inwiefern die Kommune eine Revolution des Proletariats war, wird noch durch einen weiteren Punkt erschwert. Rougeries Beobachtung, daß sich die soziale Zusammensetzung der Aufständischen entsprechend den industriellen Strukturveränderungen zugunsten der Metall- und Bauarbeiter verschoben hat, gilt nur für die Masse der Kommunarden, nicht aber für die politischen und militärischen Kader der Kommune. Anders als die Masse rekrutierten sich die Kader einerseits aus Krämern, freiberuflich Tätigen und Angestellten, andererseits aus den politisch schon immer aktiven traditionellen Berufen des Druckerei-, Luxusgüter-, Leder- und Holzgewerbes. Selbst für die Pariser Sektion der Internationale hat J. Rougerie gezeigt, daß von den 640 mit Berufsangabe ermittelten Mitgliedern die Mehrheit dem Pariser Kunsthandwerk angehörten, während die Leder-, Textil- und ungelernten Arbeiter eine Minderheit bildeten. Allerdings spielten dort auch die freiberuflich Tätigen, Krämer und Angestellten nur eine geringe Rolle (103). Die Kader der Nationalgarde, also deren gewählte Offiziere und Unteroffiziere, waren während der Kommune vornehmlich Angestellte, Krämer sowie Druckerei-, Holz- und Lederarbeiter. In das 38-köpfige Zentralkomitee der Nationalgarde, das gegen die drohende politische Restauration eine breite Abwehrfront der Republikaner organisieren sollte, wurden am 10. 3. 1871 allein 16 Freiberufliche und Angestellte, 18 Arbeiter und 3 Fabrikanten/Patrons, die bis auf drei Metallarbeiter alle der Pariser Luxusindustrie angehörten, und nur ein Tagelöhner gewählt (Rougerie, 1971b, 97ff.).

Aus den direkten Wahlen am 26. 3. 1871 und den Nachwahlen vom 16. 4. ging auch der Kommune-Rat in ähnlicher sozialer Zusammensetzung hervor. Nach der Einschätzung von Azéma/Winock (Azéma/Winock, 1964, 72-74; 182f.) - sie berücksichtigten ausschließlich solche Ratsmitglieder, die ihr Mandat auch ausübten und ordneten diese nach dem jeweils zuletzt ausgeübten Beruf sozioprofessionell ein - stellten Handarbeiter zwar die Mehrheit der 81 Gewählten, doch unter diesen 33 Männern waren nur neun aus dem Metallbereich und maximal zwei ungelernte Arbeiter. Ihnen zur Seite aber standen allein 30 Intellektuelle, 11 Angestellte, 5 Vertreter des Handels und 2 ehemalige Soldaten.

Es wäre allerdings voreilig, von diesen "unproletarischen" Kadern darauf zu schließen, daß die Kommune ebenso wie alle voraufgegangenen Revolutionen, eine kleinbürgerliche Revolution war, ein Argument, das früher häufig gegen die marxistische Kommune-Interpretation ins Feld geführt wurde. Denn der angedeutete Unterschied zwischen dem Sozialprofil der revolutionären Massen und dem ihrer Führungsmannschaften ist kein Spezifikum der Pariser Kommune, sondern ein in der Arbeiterbewegung häufig anzutreffendes und durchaus erklärliches Phänomen. Wenn 1871 die Nationalgarden ihre Offiziere wählten, so dürfte deren

Fähigkeit, die Interessen der Nationalgarde gegenüber Regierung und Öffentlichkeit nicht nur mündlich, sondern auch schriftlich vertreten zu können, ein gewichtiges Kriterium gewesen sein (104). Entsprechendes gilt wohl auch für die Kandidaten zum Kommune-Rat. Wenn schließlich unter den Arbeitern in den politischen und militärischen Kadern speziell die handwerklich qualifizierten Arbeiter überrepräsentiert sind, so wohl nicht nur, weil die Vertreter insbesondere dieser Berufe bei der Verteidigung ihrer Interessen die erforderlich politische Erfahrung gewonnen hatten, sondern auch, weil deren wirtschaftliche Situation insgesamt sicherer war als die der ungelernten Arbeiter.

Die bisherige Analyse des Sozialprofils der Kommunarden und der von ihnen gewählten Kader hat die Gruppe der Revolutionäre deutlicher in die zugehörigen sozialen und ökonomischen Verhältnisse eingeordnet. Die mögliche Motivation zum revolutionären Engagement ist damit allerdings bei weitem noch nicht ausreichend geklärt, geschweige denn erklärt.

b. Strukturelle Ursachen des revolutionären Engagements

In der älteren Forschung hat man sich lange damit begnügt, die Revolutionsbereitschaft der Pariser Bevölkerung hauptsächlich mit gekränktem Patriotismus zu erklären. Die wenig glaubwürdigen Verteidigungsmaßnahmen der "Regierung der Nationalen Verteidigung", der am 28.1. geschlossene Waffenstillstand, die seit dem 12.2. zum Frieden um jeden Preis bereite Nationalversammlung in Bordeaux, die demonstrative, wenngleich nur vorübergehende Besetzung von Paris durch deutsche Truppen am 1.3. und schließlich das hartnäckige Bemühen der Regierung Thiers, die Pariser Nationalgarde zu entwaffnen bis hin zur Nacht-und-Nebel-Aktion um die Kanonen auf dem Montmartre am 17./18.3. bilden dann die Kette der den Aufstand auslösenden Momente. Als zweiter Ursachenkomplex, der sich mehr auf die Bedürfnislage der Pariser Bevölkerung bezieht, wurden zusätzlich die von der Notablen-Versammlung in Bordeaux gegen Paris gerichteten Provokationen angeführt. Von einer Konstituante und einer Regierung, die Paris gemieden und zugleich am 15.2. beschlossen hatte, den Sold nur noch an solche Nationalgardisten zu zahlen, die eine Bescheinigung ihrer Bedürftigkeit beibringen konnten, und am 10.3. das Moratorium für Mieten und Wechsel aufgehoben hatte, konnten die Pariser nichts Positives erwarten. So war es nur konsequent, wenn sie ihre Gefolgschaft revolutionär aufkündigten. Diese ereignisgeschichtlichen Erklärungen (vgl. z.B. Brabant, 1940; Kranzberg, 1950; Lissagaray, 1876) sind zweifellos für die Auslöser der Revolution aussagekräftig. Unsere Frage nach den Ursachen, Motiven und Intentionen des Engagements in der Kommune, die an die Analyse des Sozialprofils der Kommunarden anknüpft, will jedoch mehr als nur die momentanen Reaktionen erfassen. In diese Richtung der Analyse zielt bislang am entschiedensten ein städtesoziologischer Interpretationsansatz.

Es war der französische Soziologe H. Lefebvre, der nach C. Talès zuerst auf die Bedeutung der städtischen Strukturen zur Erklärung der Kommune hingewiesen hat. J. Rougerie hat diese Anregung aufgenommen und die Physiognomie von Paris herausgearbeitet (Talès, 1924; Lefebvre, 1965, etwa 147ff.; Sagave 1971; Rougerie, 1971b, 16ff.; 1977). Paris sei durch Bevölkerungswachstum und Stadtsanierung während des 2. Empire zu einem Spiegelbild der Klassengesellschaft geworden, wo die Arbeiterklasse an den Rand der Stadt gedrängt war und die Arbeiterbezirke einen "roten" Gürtel um das bürgerliche Stadtzentrum legten. In Vororten wie Belleville habe Armut und Krankheit, Unwissenheit und Kinderreichtum einen für den Einzelnen kaum zu durchbrechenden Teufelskreis gebildet (Rougerie, 1960; auch Jacquemet, 1975). Dieses Abdrängen an die Peripherie, das einherging mit einer unerträglichen Konzentration von Armut, hätte dann die Rückeroberung des Stadtzentrums zu einem der zentralen Impulse der Kommunarden werden lassen. "Die Kommune von 1871 war zu einem großen Teil die Wiedereinnahme des Zentrums, des wahren Paris mit seinem Rathaus, die von den in die Außenviertel Exilierten ausging; die Kommune wird die Einnahme von Paris durch die wahren Stadtbewohner, die Rückeroberung der Stadt durch die Stadt." (J. Rougerie, 1971b, 19)

Diese Argumentation unterstellt offenbar einen gleichsam natürlichen Instinkt, die angestammte Heimat zurückzugewinnen. Sie befriedigt insofern nicht, als sie die Erfahrungen der sozialen Segregation und konkreten Klagen der an die Peripherie Gedrängten ebenso wenig nachweist wie konkrete Heimkehr-Forderungen. J. Gaillard hat diesen Erklärungsansatz weitergeführt und präzisiert. Ihre Forschungen legen den Akzent darauf, daß sich in der Opposition gegen die Haussmannsche Urbanisierungs- und Segregationspolitik Arbeiter und Handwerker, Krämer und Kleinbürger haben treffen können. Denn sie alle seien Opfer der rapide steigenden Mieten und zunehmenden Hauszerstörungen gewesen. Nur eine Minderheit habe davon profitiert und sich durch Vermietung und Untervermietung den Übergang von der Lohnabhängigkeit zur Selbständigkeit finanziell ermöglicht (Gaillard, 1977, 132ff.; 313).

Gaillard bestätigt Rougeries Angaben zur politischen Morphologie der Stadt. Während 1848 vom Place d'Etoile noch demonstrierende Arbeiter in die Stadt gezogen seien, waren die westlichen Stadtviertel 1871 eine reine Domäne der Bourgeoisie, die in und nach der Blutwoche an den gefangenen Kommunarden ihren Haß gegen die Plebs austobten (Gaillard, 1977, 560ff.; Rougerie, 1977). Gegen eine gleichsam topographische Erklärung der Kommune macht Gaillard jedoch zwei gewichtige Einwände geltend. Gewiß seien zahlreiche Arbeiter und Handwerker vor den hohen Mieten in die Außenarrondissements ausgewichen. Aber trotz der verschlechterten Bedingungen hätten kleine Leute auch im Zentrum ausgeharrt und besonders die "Garnis" eine Bevölkerung beherbergt, die sich soziologisch von der der Außenviertel nicht unterschied (Gaillard, 1977, 564). Sie stellt in diesem Zusammenhang die berechtigte Frage, ob nicht auch in diesen "Garnis" die "Classes dangereuses" zu suchen seien. Mit ihrem zweiten Einwand warnt Gaillard davor, über den Versuchen der Kommune, die Stadtmitte für die von dort Vertriebenen zurückzugewinnen, die gegenrevolutionären Wirkungen zu unterschätzen, die die Strukturveränderungen des Zentrums gehabt haben dürften. Seit 1848/49 hätte das Zentrum von Paris selbst mit seiner Entwicklung des tertiären Sektors, seiner Ausdehnung nach Osten und dem Bau eines Handels- und Luxusviertels um die Oper herum urbanistische Gegengewichte gegen revolutionäre Umsturzversuche ausgebildet, so daß dort mit beträchtlichen Verteidigungsanstrengungen zum Schutze des Bestehenden zu rechnen sei (Gaillard, 1977, 571f.).

Die vorliegenden stadtsoziologischen Analysen sind nicht fein genug, um Veränderungen bzw. Fortbestand von politischen Meinungen und politischem Handeln erklären zu können. In jedem Fall dürfte die Untersuchung einzelner Arrondissements ein ertragreicher nächster Schritt der Forschung sein. Bei allen noch offenen Fragen haben die bisherigen Interpretationsversuche aber zumindest darauf aufmerksam gemacht, daß Mietprobleme und Wohnverhältnisse für die politische Mobilisierung der Stadtbewohner gewichtige Faktoren sind. Wenn die vermögenslose Pariser Bevölkerung während des 2. Empire aus der Stadt vertrieben wurde, um Handelsniederlassungen oder bürgerlichen Wohnhäusern Platz zu machen, so erfuhr sie dabei die gesellschaftlichen Gegensätze in einer bis dahin unbekannten sinnlichen Deutlichkeit am eigenen Leibe. Die miserablen Wohnbedingungen in den Mietwohnungen und "Garnis" waren nicht allein Quelle tagtäglichen Elends. Sie werteten zugleich die Straße und das Café als Ort der Diskussion, Kommunikation und des Lebens schlechthin auf und wirkten damit einer bürgerlichen Privatisierung der gesellschaftlichen Probleme auf Familienbasis entgegen (Lefebvre, 1965, 394f.).

Auch diese unterhalb der Ereignisse auf der strukturellen Ebene ansetzende Motivforschung bezieht die materielle Situation der Revolutionäre immer noch nicht umfassend genug ein. Es müßte möglich sein, ausgehend von den in den Repressionsakten enthaltenen Berufsangaben nach solchen objektiven Bedingungen zu forschen, die für einzelne Berufe das Engagement am 18. März und in den folgenden Wochen erklären können. Doch fehlt es dazu an Monographien über die einzelnen Industrien, die über Arbeitsorganisation und Konjunktur der einzelnen Branchen Auskunft geben (105). Wenn wir analog zu den Erörterungen über die strukturellen Merkmale der Arbeiterklasse vor 1870 versuchen wollten, zwischen sozioökonomischen Charakteristika und politischen Reaktionen einzelner Berufe Zusammenhänge aufzuzeigen, würden unsere Aussagen daher zwangsläufig stark hypothetisch bleiben. Für zukünftige Forschungen liegt in dieser Richtung ein ebenso breites wie interessantes Arbeitsfeld.

Um zumindest einige in diesem Zusammenhang wichtige Beobachtungen mitzuteilen, wollen wir am Beispiel der Pariser Kommunarden von 1871 einige in der Literatur verbreitete Thesen über die Ursachen bzw. das Entstehen von manifestem revolutionärem Verhalten diskutieren. Überprüft werden sollen folgende Aussagen: 1. Revolutionäre rekrutieren sich unter den marginalen Existenzen; 2. revolutionäres Engagement resultiert aus sozialer Entwurzelung im Zuge von schnellem sozialen Wandel und hoher sozialer Mobilität; 3. politische Radikalisierung hat entweder extreme Ausbeutung oder aber die Durchsetzung des kapitalistischen Industriebetriebes zur Voraussetzung und 4. für eine Revolution sind nur die kapitalistischen Lohnarbeiter, nicht aber die sozial privilegierten Angestellten mobilisierbar.

1. Die Marginalisierung von Revolutionären gehört zum ständigen Arsenal der konterrevolutionären Propaganda. Denn die Behauptung, allein das Lockern der rechtlichen und moralischen Normen spüle das Untere nach oben, ist zugleich eine Vergewisserung, daß die zentralen gesellschaftlichen Bereiche gesund, normal und daher revolutionär nicht infizierbar seien (106). So wurde auch die Kommune, kaum war sie installiert, in diesem Sinne als Herrschaft der Unterwelt diffamiert (107). Rougerie hat diese Annahme, daß Revolutionäre allein im "Abhub" der bürgerlichen Gesellschaft, unter den marginalen Existenzen bzw. in den kriminogenen Zonen der Gesellschaft zu suchen seien, in seine Untersuchungen einbezogen und dementiert. Freilich gab es auch unter den verhafteten Kommunarden Vorbestrafte. Aber immerhin vier Fünftel der Verhafteten waren vorher noch niemals straffällig geworden. Aus dem verbleibenden Fünftel der Vorbestraften auf den "Unterweltcharakter" der Revolution zu schließen, hieße zudem schlicht, die gesellschaftlichen Ursachen von Kriminalität übersehen. Die Vorstrafen galten zu 34% Eigentumsdelikten und zu 13% dem Vagabundieren (Rougerie, 1964b, 132ff.; 1971b, 259; vgl. hierzu auch Waldmann 1973;

Perrot, 1975). Bedenkt man, daß 1860 auf etwa 18 Pariser Einwohner ein Armer kam (Gaillard, 1977, 215), so werden diese "Verbrechen" in einer Zeit völlig unzureichender Armenversorgung als existenznotwendige Selbsthilfe verständlich. Wenn ein weiteres Drittel der Vorstrafen Verbrechen/Vergehen gegen die öffentliche Ordnung und gegen die guten Sitten ahndete, so offenbart sich auch daran wohl weniger die genuine Verbrechernatur der Straffälligen als die gewaltsame Durchsetzung der von der herrschenden Klasse juristisch definierten Verhaltensnormen.
Im bürgerlichen Werthorizont erscheinen aber nicht nur diejenigen, die durch "kriminelle" Taten gegen die Normen der bürgerlichen Gesellschaft verstoßen und sich so deutlich erkennbar ins Ausseits manövrieren als marginale Existenzen. Marginalisiert werden vielmehr auch solche Bürger, die sich ideologisch und faktisch auf die Seite der Arbeiterklasse schlagen, sobald die Partei des Status quo beginnt, diese als Verräter ihrer Klasse auszugrenzen. Nur moralisch und politisch verkommene Subjekte seien imstande zu einem solchen "Verrat". Eine solche Schelte gilt bis heute allen gegen die bestehende Ordnung engagierten Intellektuellen, die man als potentielle Volksverführer mit Argusaugen betrachtet.

Angesichts der sozialen Zusammensetzung der revolutionären Kader beispielsweise in der Kommune steckt dahinter vielleicht keine ganz abwegige Angst. 1871 geißelte man vor allem jene 1.725 Mitglieder freier Berufe, die nach der Blutwoche verhaftet wurden, als unzuverlässige Bohème. Für den Zeitgenossen E. Caro waren dieses: "Einige Ärzte ohne Patienten, einige Anwälte ohne Fälle, Lehrer ohne Schüler, Redakteure von Zeitungen, die nur einen Tag lang erscheinen, und alle Deklassierten der freien Berufe..." (108). Die Frage, warum ein verhältnismäßig hoher Anteil der freiberuflichen Tätigen schon im 2. Empire zu den konsequentesten Systemkritikern gehört, ist sehr wichtig, aber nur unzureichend mit dem Hinweis auf die durch Erfolglosigkeit, Versagen, Neid und materieller Unsicherheit gekennzeichnete individuelle Situation der Bohème beantwortet. Warum diese Bohème für ihre individuellen Erfahrungen ausgerechnet gesellschaftliche Ursachen und Heilmittel suchten und als Ideologen auch noch Anklang bei anderen fanden, läßt sich auf diesem Wege nicht erklären. Richtiger ist es, auch für diese Gruppen die gesellschaftliche Vermittlung ihrer typischen individuellen Erfahrungen herauszufinden.

Häufig ist es gerade die Kluft zwischen den gesellschaftlich anerkannten Prinzipien eines Berufes und deren nur äußerst eingeschränkter politisch-praktischen Verwirklichung, die zur Frontstellung gegen die bestehende Gesellschaft und zu Revolutionsplänen führt (109). So kollidierte die soziale Mission des Arztes in einer Zeit, in der nur wenig Arme Honorare zahlen konnten und zudem die gesellschaftlichen Ursachen zahlreicher Krankheiten (Cholera, Tuberkulose, Alkoholismus etc.) mit den Händen zu greifen waren, mit dem sozialen Zwang, sich als Arzt im Konkurrenzsystem gegen Kollegen und oft auf Kosten der Kranken behaupten zu müssen (110). Bei Lehrern war es die Freiheit der Lehre, die mit der präfektoralen Aufsicht, und der Laizismus, der mit dem kirchlichen Einfluß im Erziehungswesen zusammenstieß (Michel, 1886, 50ff.). Im Pressewesen endete die Pressefreiheit an der Zensur der Regierung und am Einfluß der Kapitalgeber. Die Künster schließlich waren, wenn sie keinen Mäzen fanden, auf den Kunstmarkt verwiesen, dessen Zwänge schwerlich mit den Idealen des künstlerischen Schaffens vereinbar waren (Kaplow, 1973; Shenton, 1973). Im Zuge einer allgemeinen politischen Oppositionsbewegung, wie sie sich zunächst gegen das bonapartistische System ausbildete, sich dann gegen die "Regierung der nationalen Verteidigung" richtete und schließlich durch Belagerung, Hunger und Kapitulation in eine revolutionäre Massenbewegung einmündete, konnten die von der Bohème erfahrenen Widersprüche zwischen Grundprinzipien des Berufs und der Wirklichkeit der Berufsausübung unschwer zu einem vorantreibenden, von der Arbeiterklasse leicht aufgreifbaren Moment der politischen Radikalisierung werden.

Die Versuche der Gegenrevolution, die Revolutionäre von Paris als gesellschaftliche Außenseiter abzutun, waren am aggressivsten gegenüber den Frauen. Frauen, die den Hort der Familie verließen, um ebenso wie die Männer bis hin zum Barrikadenkampf die Kommune aktiv zu unterstützen, galten nicht allein als Kriminelle (sie waren die pétroleuses = Brandstifter) und Deklassierte, sondern als Verräter an ihrem Geschlecht (111). Waren es nicht die Männer gewesen, die sie zum Aufstand gegen die sittliche Ordnung verführt haben sollten, so mußte Wahnsinn oder die Geilheit der Prostituierten herhalten, um den an den revolutionären Frauen offensichtlichen Ruin der Familie durch die Kommune zu erklären (Lidsky, 1970, 63-65). Dieser bürgerliche Aufschrei macht zumindest deutlich, daß sich die Frauen in der Kommune nicht so verhielten, wie es die Normen dieser Zeit wollten.

In der Tat engagierten sich die Frauen für das späte 19. Jahrhundert erstaunlich aktiv, selbstbewußt und energisch in der Öffentlichkeit. Wer aber waren die Kommunardinnen, von denen über 1.000 verhaftet wurden (112). Möglicherweise waren sie mehrheitlich Frauen, die seit eh und je mit ihrer Lebensweise jenseits der bürgerlichen Ordnung standen. Konkubinen, sofern man die im Paris des 2. Empire zahlreichen, hauptsächlich wohl wegen der damit verbundenen Kosten weder vom Staat noch von der Kirche sanktionierten Lebensgemeinschaften und Familien mit dem Vokabular der Ordnung bezeichnen will; Prostituierte, weil sie als Näherinnen in Heimarbeit (vgl. Gaillard, 1977, 536ff.) mit einem 12 bis 14 Stundentag zu ihrem Hungerlohn hinzuverdienen mußten, um das Existenzminimum zu sichern; proletarische Frauen also, deren Lebenssituation um die typischen Grade schlechter war als die von Männern der gleichen Klasse. Diesen Frauen schlossen sich die wenigen an, die das Privileg einer Schul- und Berufsausbildung hatten, aber als Lehrerinnen ebenfalls kaum das Existenzminimum verdienen konnten und zudem der staatlichen und kirchlichen Aufsicht unterstanden (Michel, 1886).

Die miserable ökonomische Situation allein, erklärt aber noch nicht, wieso Frauen bereits seit September 1871 politisch mobilisierbar waren. Wir finden sie unter den ständigen Club-Mitgliedern, und sie gründen auch eigene Clubs und Organisationen. Sie beginnen ihre eigenen Bedürfnisse zu artikulieren und deren Befriedigung selbst in die Hand zu nehmen. Entscheidend für dieses öffentliche Engagement war offensichtlich etwas anderes. Die Belagerung und Verteidigung von Paris hatte die Lebensverhältnisse bereits grundlegend revolutioniert, indem öffentliches Engagement für die Verteidigung der Stadt und privates Engagement für das Überleben der Familie nicht mehr voneinander zu trennen waren, und sich in dieser Ausnahmesituation auch das intime Familienleben öffnete für die vervielfachten sozialen Kontakte und Kommunikationsmöglichkeiten. Die ehemals auf die einzelne Familie beschränkte Arbeitsfunktion der Frauen wurde jetzt zumindest teilweise gesellschaftlich organisiert. Frauen arbeiteten bei der Produktion von Kriegsmaterial; sie waren direkt an der Nationalgarde beteiligt, wenn sie dort Kantinen betrieben und die Ambulanz stellten. Unter diesen Bedingungen war es möglich, daß die extremen Versorgungsnöte nicht allein individuell erduldet, sondern Anlaß für Reform- und Revolutionsvorstellungen wurden. Probleme, die allen auf den Nägeln brannten, entwickelten sich so zu Punkten eines gesellschaftlich-politischen Programms (Thomas, 1963); Sicherung des Existenzminimums, Schaffung von Versorgungseinrichtungen, wie sie beispielsweise in den Volksküchen bereits funktionierten, Verbesserung der Arbeits- und Lebenssituation für Frauen, öffentliche Kinderbetreuung und -erziehung. Diese und andere waren die von den Frauen anvisierten Inhalte, der immer nachdrücklicher geforderten sozialen Revolution.

2. Bei der Suche nach strukturellen Ursachen für revolutionäre Bewegungen sind in der wissenschaftlichen Diskussion wirtschaftliches Wachstum und sozialer Wandel besonders beliebte Ansatzpunkte für Erklärungen. Einer älteren Argumentation zufolge sind Menschen, die zum revolutionären Angriff gegen die bestehende

Ordnung antreten, nicht länger Kriminelle, sondern Entwurzelte, die im Zuge der Landflucht sozial desintegriert wurden. Gegen diese allzu simple Erklärung, die den Revolutionär letztlich ebenfalls der triebhaften, chaotischen Masse zurechnet, hat Ch. Tilly in einer polemischen Wende die These aufgestellt, die Abwanderung ländlicher Produzenten in städtische Ballungszentren führe zur politischen und intellektuellen Desorientierung, ja zur politischen Apathie, und verhindere geradezu eine Politisierung. Tilly stützt diese Annahme empirisch ab mit hochaggregierten nationalen Daten (Tilly/Tilly/Tilly, 1973, 265).

Geht man von den Pariser Kommunarden aus, so erfaßt weder der eine noch der andere Erklärungsansatz die Phänomene zutreffend. Denn immerhin waren drei Viertel der verhafteten Kommunarden nicht in Paris geboren, sondern zugewandert (Rougerie, 1971b, 258), und ganz offensichtlich waren diese Immigranten durchaus imstande, sich politisch zu organisieren. Der Anteil der Immigranten unter den Verhafteten spiegelt die hervorragende Bedeutung wieder, die im 2. Empire die Zuwanderung für das Wachstum der Pariser Bevölkerung hatte. Von den 195.256 Einwohnern, um die das Departement Seine zwischen 1856 und 1866 anwuchs, stammten 75 % aus der Provinz (Gaillard, 1977, 189). In den 1850er Jahren hatte vor allem der Ruin der Hausindustrie im Osten des Pariser Beckens zahlreiche Kleinbauern und Handwerker in die Stadt getrieben. Offensichtlich konnten alle Zuwanderer Arbeit finden (Chevalier, 1959, 210f.). Was die soziale Integration in die Stadt anbelangt, so gab es dafür je nach Beruf höchst unterschiedliche Bedingungen und Formen. Der generellen Desorientierung, wie sie Tilly unterstellt, wirkten in Paris ganz offensichtlich nicht nur die einzelnen Landsmannschaften und Berufe entgegen, sondern auch die Organisation der Arbeit selbst und die Wohnformen.

Besonders die Maurer und Wasserträger der Hauptstadt sind dafür bekannt, daß sie auf der Basis ihrer gleichen geographischen Herkunft eine enge, verschworene Gemeinschaft bildeten. So zogen die Maurer noch in der Jahrhundertmitte oft gemeinsam nach Paris, wählten einen Gruppenleiter, wohnten und aßen zusammen. Diese Solidargemeinschaften verloren allerdings während des 2. Empire zunehmend ihre Funktionsfähigkeit, was nicht bedeutet, daß auch der vom Heimatort mitgebrachte Verwandtschafts- und Nachbarschaftszusammenhalt seine integrierende Kraft verloren haben muß (Gaillard 1977, 192ff.; Corbin 1974 u. 1975; zu d. Bauarbeitern vgl. Désert, 1971). Wenn die Zuwanderer vor allem in den Vororten von Paris und speziell in den niedrig bezahlten Berufen der erst jüngst niedergelassenen Industrien (z.B. Chemie) angesiedelt wurden (Gaillard, 1977, 192ff.), so sind dieses zumindest Rahmenbedingungen, die die

Hineinnahme der älteren Orientierungsgruppen in die Hauptstadt begünstigten. Dem zugewanderten Provinzhandwerker, der zumeist vereinzelt produzierte, gab schließlich die Werkstatt Orientierungs- und Kommunikationsmöglichkeiten. Gegen die These von Tilly, der mit Urbanisierung allein den Verlust von Geborgenheit, Nachbarschaftsbeziehung und traditionellen Orientierungspunkten verbindet, dürften für die Immigranten, die im 2. Empire nach Paris zogen, weiterhin Formen von Solidarität, Kommunikation und gemeinsamer Aktion existiert haben.

Insgesamt ist die politische Wirkung der geographischen Mobilität bzw. der Verstädterung wohl so differenziert zu beurteilen, wie es bereits die Zeitgenossen taten. So pries beispielsweise die "Enquête sur l'Insurrection", die die Regierung nach der Niederschlagung der Kommune in Auftrag gab, die früheren saisonalen Wanderungen der Bauarbeiter, denn auf dem Lande hätten diese sich physisch und moralisch regenerieren können. Die ganzjährige Arbeit im Pariser Bausektor habe dagegen die Arbeiter an "ein isoliertes Leben ohne Familie gewöhnt und den ganzen korrumpierenden Wirkungen der großen Hauptstädte ausgesetzt" (Annales de l'Assemblée Nationale IX, 76). Seit der Julimonarchie scheinen die Bauarbeiter tatsächlich seßhafter geworden zu sein, weil die rege Bautätigkeit in Paris, die sich sowohl auf öffentliche Bauunternehmen als auch auf den privaten Wohnungsbau stützen konnte, nicht mehr extrem saisonempfindlich war (Gaillard, 1977, 69 ff.; Chevalier, 1950). Die nunmehr das gesamte Jahr über anhaltende Bautätigkeit und die größere Seßhaftigkeit der Bauarbeiter soll nach L. Chevalier dahin gewirkt haben, daß nach und nach die regionalen Eifersüchteleien und Konflikte zurückgingen, daß sich der "Kirchtumshorizont" zu einem "Klassenbewußtsein" mauserte (Chevalier, 1950, 19 ff.). Befördert wurde diese Entwicklung zudem durch das autoritäre Kommando des Bauunternehmers über durchschnittlich sechs Arbeiter sowie den Stolz der Bauhandwerker auf ihr eigenes Werkzeug, ihre handwerklichen Fähigkeiten und ihre relative Unabhängigkeit. Im Faubourg Saint-Antoine verdichtete sich diese Situation später zu dem für die Bauhandwerker typischen Engagement für den revolutionären Syndikalismus (M. Perrot, 1974, 278ff.). Was hier am Beispiel der Bauhandwerker bzw. speziell der Maurer gesagt wurde, ist gewiß auf andere Berufe nicht ohne weiteres zu übertragen. Es zeigt aber deutlich, daß das Etikett "sozialer Wandel" oder "soziale Mobilität" auf viel zu viele höchst unterschiedliche Phänomene geklebt werden kann, als daß es dazu taugen könnte, für spezielle soziale und politische Bewegungen eine brauchbare Erklärung abzugeben.

3. 1870 gehörte dem industriellen Großbetrieb auch als gewerkschaftlichem und politischem Aktionsfeld die Zukunft, und schon

in den 1860er Jahren dürften die Arbeitskräfte innerhalb der Großbetriebe eine besonders große Signalwirkung gehabt haben. Um so bemerkenswerter ist es, daß ausgerechnet die großen Metallbetriebe der Pariser Peripherie, die auch während der Kommune im gewohnten Stil weiterarbeiteten, ein besonders schwieriges Aktionsfeld für die revolutionären Gruppen waren, wie J. Gaillard herausgefunden hat (Gaillard, 1960/61). Den Alptraum des Stadtsanierers Haussmann, die Peripherie könne das Zentrum revolutionär und militärisch überrollen, setzten die Lohnarbeiter der Großen Industrie nicht in die Wirklichkeit um. Umgekehrt waren es auch nicht die Ärmsten der Armen, die in Paris auf die Barrikaden gingen. Zwar verteidigten auch die am schlechtesten gestellten Tagelöhner und Dienstboten die Sache der Kommune, doch deutet die Berufsbezeichnung bei der Mehrzahl der verhafteten Kommunarden auf eine relativ normale, gleichsam den proletarischen Durchschnitt nicht unterschreitende Lebenssituation hin. Zudem kamen die Kommunarden überwiegend aus kleinen, wenn nicht sogar sehr kleinen Produktionsbetrieben. Geht man davon aus, daß sich unter denen, die statistisch als Arbeiter erfaßt wurden, auch Handwerker und "ouvrier-patrons" verbargen, also Arbeiter, die im 2. Empire ihre wirtschaftliche Unabhängigkeit bzw. ihre Aufstiegschancen dahinschmelzen sahen, so liegt die Vermutung nahe, daß die Auflehnung gegen die bestehenden Verhältnisse zusammenhing mit der "relativen Deprivation", die die meisten erlebt hatten, und der noch vorhandenen Fähigkeit, die schlechte Gegenwart an einer selbst gekannten besseren Vergangenheit zu messen.

Ähnliche Erfahrungen sind wohl auch für diejenigen Verhafteten anzunehmen, die in der Kategorie der für den Handel arbeitenden Industrien statistisch erfaßt sind. Zu dieser Gruppe zählen eine Vielzahl von Gewerben des Konsum- und Produktionsgüterbereichs, die für den Verzehr in Paris oder den Export arbeiteten, wie u. a. das exotische Gewerbe des Zuckerzerschlagers, das sich als ein Teil der Krämeraktivitäten verselbständigt hatte (J. Gaillard, 1977, 434ff.). Gerade in diesen hochspezialisierten Gewerben hing die Fabrikation eng von den Entscheidungen des Zwischenhändlers ab, der die Preise und Lieferfristen und damit die Arbeits- und Lebensbedingungen der Handwerker je nach Marktlage diktierte.

Da die zahlreichen Metallarbeiter unter den Kommunarden offenbar nicht oder zumindest nicht überwiegend aus den industriellen Großbetrieben stammten, müssen auch sie sich aus den kleinen mechanischen Werkstätten rekrutiert haben. Diese im 10., 11. und 12. Arrondissement angesiedelten Werkstätten waren teilweise erst während des 2. Empire entstanden (113), sie konnten überleben, weil sie den technischen Fortschritt nutzten und u. a.

kollektiv Dampfmaschinen einsetzten. In ihnen sollen neben handwerklich ausgebildeten Arbeitern auch Zuwanderer aus der Provinz beschäftigt gewesen sein (Gaillard, 1977, 461-465; Chevalier, 1950).

Schließlich läßt sich für einzelne Branchen vermuten, daß die patriarchalische Struktur der Betriebe dann ein Eintreten für die Kommune beförderte, wenn sich der Kleinunternehmer selbst politisch aktivierte. Zu denken ist etwa an jene Krämer, die selbst in der Nationalgarde dienten und in Paris, wie übrigens auch in Lyon, einen nicht unwichtigen Teil der Verhafteten ausmachten (114). Freilich ist die Konkurrenz der großen Kaufhäuser als Motiv für die Opposition der Krämer gegen Empire und Versailler Regierung in der bisherigen Forschung überschätzt worden (Haupt, 1976). Nach J. Gaillards Angaben hatten diese Konsumtempel kaum Auswirkungen auf den Kleinhandel, da die Kaufhäuser nur Kleidungsstücke bzw. Stoffe verkauften. Selbst in unmittelbarer Nachbarschaft der Giganten- wenn wohl auch mit Umsatzeinbußen - sollen die Konfektions- und Tuchläden fortbestanden haben (Gaillard, 1977, 541ff.). Eine Erklärung für die politische Aktivität der Krämer ist somit wohl weniger in ihrer bedrohten wirtschaftlichen Lage als in politischen Traditionen und Nachbarschaftsbeziehungen zu suchen.

Schon im Juni 1848, als das Pariser Proletariat die Errungenschaften der Februarrevolution verteidigte, waren unter den Aufständischen die Krämer überproportional zu ihrem Anteil an der Bevölkerung vertreten (Tilly/Lees, 1975, 190). Zu dieser Parteinahme für die Revolution mag 1848 ebenso wie 1871 beigetragen haben, daß die Krämer auf ihre Kundschaft angewiesen waren, mit dieser in engem Kontakt standen und sich so mit deren Sorgen und Hoffnungen identifizieren konnten (115). Vermutlich haben sich Krämer zusammen mit ihren Angestellten gerade in den traditionellen oder neuen Arbeitervierteln auf der Seite der Arbeiter engagiert. Der Kleinbetrieb, der gemeinhin zu Recht als Ort verschärfter Ausbeutung der Arbeiter gilt, kann - zumal in einer prosperierenden Branche wie dem Lebensmittelhandel - auch Ausgangspunkt für ein gemeinsames politisches Engagement aller dort Arbeitenden sein. Angesichts der vorherrschenden kleinbetrieblichen Struktur der Pariser Industrie kann es nicht erstaunen, daß die Mehrzahl der Kommunarden aus Kleinunternehmen stammte. Ungeklärt sind jedoch die Gründe, die in den weniger großen Pariser Metallbetrieben für die relative Apathie der Arbeiter verantwortlich sind.

4. Angestellte, und das war ein Novum in der französischen Revolutionsgeschichte, nahmen 1871 aktiv teil an den revolutionären Bewegungen gegen Regierung und Gesellschaftssystem. Im gescheiterten Lyoner Aufstand La Guillotière Ende April 1871

machten sie allein 10 % der 339 Verhafteten aus und unter den verhafteten Pariser Kommunarden waren 8,1 % Angestellte (Rougerie, 1971b, 259; Archer, 1973, 184f.). Diesen unvermutet hohen Anteil zu erklären, ist insofern schwierig, als mit dem Begriff "Angestellter" verschiedene gesellschaftliche Realitäten angesprochen wurden. Balzac bezog ihn noch ausschließlich auf die staatlichen Angestellten (116), im 2. Empire aber bürgert er sich auch für die Handelsangestellten und das Aufsichts- und Büropersonal in Privatunternehmen ein. Diese verschiedenen Angestelltengruppen haben sich im Jahre 1871 offenbar völlig unterschiedlich verhalten.

Die staatlichen Angestellten scheinen in ihrer überwiegenden Mehrheit die Kommune nicht unterstützt zu haben. Denn nur so läßt sich interpretieren, daß die Kommunarden schwer mit dem administrativen Chaos zu kämpfen hatten, das die fliehenden Beamten hinterließen. Der Kommune-Rat selbst sprach in seinem Journal Officiel vom 27.3.1871 vom "generellen Desertieren der Staatsangestellten" (Murailles, 1874, Bd. 2, 18). Die Versailler Regierung hatte ihrerseits die Beamten unter Androhung von Strafen aufgefordert, die Hauptstadt zu verlassen. Die staatlichen Angestellten scheinen diesen Regierungsbefehlen gefolgt zu sein. Ihre Loyalität gegenüber der Regierung, die seit der Wende zum 20. Jahrhundert zumindest in einigen Bereichen (Post, Eisenbahn, Lehrer) der Konfrontation mit der Obrigkeit weichen sollte (Rebérioux, 1975, 98ff.), gründete sich im 2. Empire ebenso auf die soziale Herkunft der Staatsangestellten wie auf die gezielte Politik der Regierung. Oft Kinder von Handwerkern oder Krämern, die von einem "place de bureau" träumten, lebten die kleinen Beamten eher in der Erwartung ihrer Beförderung als einer gesellschaftlichen Veränderung (Gaillard, 1977, 404). Überdies hatte sich das 2. Empire durch die erhebliche Vermehrung der Beamten eine soziale Grundlage geschaffen und diese durch die Einführung der Pension noch verstärkt (117).

Ebensowenig wie von einem massiven Engagement der Beamten auf der Seite der Kommune ist etwas von der Parteinahme der betrieblichen Angestellten bekannt (118). Da sie mit materiellen Vergünstigungen geködert und zumeist als Aufsichtspersonal eingesetzt wurden, manifestierten sie sich eher als Streikbrecher denn als Streikende. Dies sollten auch die Kaufhausangestellten erleben, die die leitenden Angestellten auf der Seite der Unternehmer sahen.

Aufgrund ihrer beruflichen Situation und politisch-gewerkschaftlichen Erfahrungen lassen sich unter Kaufhausangestellten Sympathien für die Kommune erwarten. Als guter Indikator für ihre politischen Einstellungen kann der Streik der Angestellten in Paris im Jahre 1869 dienen (Gaillard, 1977, 550ff.). Dieser von der im März 1869 gegründeten "Chambre Syndicale des Employés" getragene Streik legte mit der Forderung nach sonntäglicher Arbeitsruhe und 12-Stunden-Tag in zwei Wellen zwischen Mai und Oktober das Viertel der großen Kaufhäuser still. An dem Ausstand beteiligten sich kaum Angestellte aus kleinen Boutiquen und aus der Konfektion, da hier gerade der Sonntag der wichtigste Verkaufstag war und die Angestellten je nach Umsatz bezahlt wurden. Auch rekrutierten sich die meisten leitenden Personen der "Chambre Syndicale" unter den Angestellten der Großen Kaufhäuser, die im Paris der 1860er Jahre an Zahl und Umsatz zunahmen. Wenn in ihnen die Angestellten auch wie Internierte lebten und schlimmstenfalls zwischen den Verkaufstischen schliefen (119), so bot das Kaufhaus doch im Vergleich zur Boutique nicht nur bessere Aufstiegsmöglichkeiten, sondern auch größere Unabhängigkeit gegenüber dem Unternehmer.

Der Streik stellte die unter diesen Bedingungen mögliche kollektive Gegenwehr unter Beweis, doch führte weder der größere Rahmen noch die Streikerfahrung automatisch zu einem klaren sozialistischen Engagement. Ergebnis, politische Beteiligung und Artikulierung der Angestellten blieben vieldeutig. Insgesamt ist es wenig wahrscheinlich, daß die Kaufhausangestellten mehrheitlich die Kommune unterstützt haben. Ein indirekter Beleg ist hierfür die Tatsache, daß die großen Kaufhäuser die Kommuneherrschaft ohne größere ökonomische Schwierigkeiten überstehen konnten (Gaillard, 1977, 553).

Der Versuch von der sozialen und ökonomischen Lage der sozialen Träger ausgehend deren revolutionäres Engagement an strukturelle Ursachen zurückzubinden, ist bei dem gegenwärtigen Stand der Forschung ein Wagnis. Wir haben uns hier mit dem sehr viel bescheideneren Vorhaben begnügt, am Beispiel der Kommune einige gängige Annahmen über das politische Verhalten von bestimmten sozialen Gruppen zu problematisieren, damit bestenfalls den Weg zu weiterführenden Detailuntersuchungen aufzuzeigen und Skepsis gegen allzu abgehobene Globalannahmen zu säen.

c. Einfluß der sozialen Träger-Gruppen auf den Charakter der Revolution

Rougerie kommt zu dem Urteil: "1871 war sehr wohl eine Revolution der Arbeiter" (Rougerie, 1971b, 262). Da aber der Kapitalismus das Lohnarbeiterverhältnis in Paris zu Beginn der 1870er Jahre noch nicht verallgemeinert hatte, war die Pariser Kommune eher eine Revolution der Arbeitenden als der Industriearbeiter im engeren Sinne. Wenn auch unter Handwerkern je nach Grad der ökonomischen Unabhängigkeit Unterschiede bestanden, die Grenzen zwischen Kleinproduzenten und Arbeitern fließend waren, so hatten sie doch alle gemeinsam, daß sie nicht oder nicht ausschließlich von der abgepreßten Mehrarbeit lebten, sondern selbst mit Hand anlegten. Diese Gemeinsamkeit schließt jedoch Konflikte im einzelnen nicht aus und begründet auch noch kein dauerhaftes Bündnis. Aber sie charakterisiert die Struktur der Pariser Industrie und schafft die strukturellen Grundlagen für die Verbindung von Arbeitern und Kleinbürgern in der Pariser Kommune.

Aber inwieweit erlaubt die Klassenlage der revolutionären Träger Rückschlüsse auf den Charakter der Revolution? Die sozialen Träger sind bestimmt nicht das einzig bestimmende Element von Ideologien, politischen oder sozialen Bewegungen. Bürgerliche und proletarische Interessen oder Revolutionen sind nicht notwendig identisch mit Interessen oder Revolutionen des Bürgertums oder des Proletariats. Um die Pariser Kommune zu charakterisieren, reicht es nach dieser Begriffsklärung nicht aus, nur die sozialen Träger heranzuziehen. Die Maßnahmen und das Bewußtsein der Handelnden, die im nächsten Kapitel untersucht werden sollen, sind für diesen Problemzusammenhang viel wichtiger. Die sozialen Träger geben allerdings darüber Aufschluß, ob sich z.B. die Mehrheit des Proletariats in der Kommune wiederfand und wer Einfluß auf den Verlauf des Aufstandes nahm. Sobald eine Revolution wie die Kommune von einer Allianz verschiedener Klassen und Klassenfraktionen getragen wird, wird Bündnispolitik notwendig und Konzessionen von den Bündnispartnern zu einem Gebot politischer Klugheit. Auch werden Maßnahmen und Kontroversen erst von den Interessen der Mobilisierten und den sozialen Unterschieden zwischen Mobilisierenden und Mobilisierten, Führung und Basis her verständlich. Aus diesen Gründen ist es unabdingbar, in einer Analyse der Revolution als Phase des Klassenkampfes auf das Sozialprofil der Aufständischen und Unzufriedenen einzugehen und diese Kenntnis in die Diskussion der folgenden Probleme einzubringen.

3. Die Pariser Kommune als proletarische Revolution

Wenn sowohl Besitzer als auch Nicht-Besitzer von Produktionsmitteln die Kommune unterstützten und die militärischen und politischen Führer des "peuple" von Paris teilweise aus dem Kleinbürgertum stammten, so ist zu fragen, welche Folgen diese soziale Heterogenität der Revolutionäre für die Maßnahmen und Ideologien der Kommune hatte. Gaben die Kommunarden den Arbeiterinteressen Vorrang und ordneten diesen alle anderen unter, oder aber versuchten sie, durch Kompromisse und im Vertrauen auf einen längerfristigen Entwicklungsprozeß, die Interessen auszugleichen? Waren ihre ideologischen Vorstellungen noch befangen in dem Horizont, den das Kleineigentum absteckt, und in jenen Werten, die der Welt der Privateigentümer zugrunde liegen? Herrschten also traditionelle politische Forderungen wie Verteidigung der individuellen Freiheit vor oder zeichneten sich bereits Ziele ab, die auf eine grundlegende Veränderung der sozialökonomischen Strukturen ausgerichtet sind?

Die Kriterien, an denen Maßnahmen und Ideologien der Kommune gemessen werden sollen, sind doppelter Natur: einmal leiten sie sich aus den Zielen her, denen die Arbeiterklasse aufgrund ihrer Rolle und Situation in der kapitalistischen Produktionsweise zustreben müßte, nämlich Abschaffung des Privateigentums an Produktionsmitteln, Beseitigung der Lohnarbeit und der Herrschaft des Menschen über Menschen; zum anderen sind sie aus der konkreten Lage der Arbeiterklasse im 2. Empire entwickelt. Die ersten Kriterien sind geeignet, die Kommune in der Entwicklung der Arbeiterbewegung auf deren Endziel hin zu verorten. Die zweiten Kriterien tragen den jeweils existierenden Aktionsmöglichkeiten und naheliegenden Perspektiven Rechnung. Diese doppelte Bewertung vermeidet sowohl eine maximalistische als auch eine relativierende Betrachtungsweise.

a. Wahrnehmung von Arbeiterinteressen

Die beruflich und gesellschaftlich heterogene Zusammensetzung der Aktiven in der Kommune konnte nicht ohne Auswirkung auf ihre Maßnahmen bleiben. M. Moissonnier sieht gerade in der Konsolidierung der Kommune eine Bestätigung dafür, daß diese Arbeiter und Kleinbürger zusammengebracht habe (Moissonnier, 1973, 167). Während in seiner Argumentation das Bündnis beider Klassen positiv beurteilt wird, machen Bruhat u.a. die Kleinbürger für die halbherzigen Maßnahmen, politischen Ungereimtheiten und organisatorischen Mängel der Kommune verantwortlich (Bruhat u.a., 1971, 115, 118). Beide Positionen sprechen das Verhältnis von Kleinbürgern und Arbeitern jedoch als das gesellschaftliche und politische Grundproblem der Kommune an. Wenn auch die Analyse der Physiognomie des Pariser "peuple" erwiesen hat, daß zwischen beiden Klassen keine klaren Trennungslinien, sondern nur Abstufungen existierten, so läßt sich trotzdem vermuten, daß die Interessen der Produktionsmittelbesitzer und die der Lohnarbeiter nicht deckungsgleich waren, und daß sowohl in der Diskussion über Besitztitel als auch über Arbeitsbedingungen unterschiedliche Wünsche und Ziele aufeinanderstießen. Anhand der Debatten im Kommune-Rat, in denen es um Eingriffe in die Dispositionsfreiheit und das Privateigentum der Besitzenden ging (Mieten, Handelswechsel, Auslösung der Pfänder, Nachtbackverbot), lassen sich folgende Punkte diskutieren: Schlug sich die auf der Ebene des Sozialprofils systematisch ermittelte Interessendivergenz in politischen Gegensätzen nieder? Sind die sozialen und ökonomischen Maßnahmen der Kommune primär als Kompromisse anzusehen - wie etwa E. Labrousse vorschlägt (Diskussionsbeitrag in Colloque Univ., 1972, 82 f.) - oder aber ist mit Rougerie (Rougerie, 1973, 71ff.) stärker deren sozialistisch-proletarischer Charakter zu unterstreichen?

Bereits während des 2. Empire stiegen in Paris durch Bevölkerungswachstum und vor allem durch die Haussmannsche Stadtsanierung mit ihrer Zerstörung von Häusern die Mieten rapide an, so daß sie im Budget des "peuple" einen äußerst belastenden Posten bildeten. Die Schwierigkeit, die Miete zu zahlen, führte immer wieder zu Konflikten zwischen Mietern und Vermietern, die dadurch noch brisanter wurden, daß der Vermieter oft selbst in seinem Miethaus wohnte (Gaillard, 1977, 130 ff.). Bereitete schon in Friedenszeiten die Bezahlung des Mietzinses den Armen und Arbeitenden Schwierigkeiten, so wurde für sie die Situation katastrophal, als die Kampfeshandlungen das Geschäftsleben lähmten, die Arbeitslosigkeit zunahm und die allgemeine Teuerung den Lohn auffraß. Die schlechte wirtschaftliche Lage zahlreicher Mieter machte eine Stundung der Mieten notwendig. Dies war nach Ansicht einer Versammlung der Offiziere, Sergeanten und Soldaten der Nationalgarde des 3. Arrondissements vom 25. 12. 1870 nicht mehr als ein Akt sozialer Gerechtigkeit: "Wenn wir die Position der Großbesitzer untersuchen, können wir feststellen, daß sie seit vielen Jahren aus ihren Gebäuden sehr großen Profit gezogen haben und daß es gerecht ist, sie an den Schwierigkeiten teilnehmen zu lassen, die der Krieg über uns bringt" (Murailles (1874), Bd. 1, 644f.).

Das von der Regierung der Nationalen Verteidigung Ende September den Mietern gewährte Moratorium hob die Regierung Thiers auf Beschluß der Nationalversammlung vom 10. 3. 1871 mit sofortiger Wirkung auf. Sie brachte damit zahlreiche Bürger an den Rand des Ruins. In dieser Situation stellte sich der Kommune-Rat eindeutig auf die Seite der Mieter und erließ am 30. März die Mieten entschädigungslos für die Monate Oktober 1870 bis April 1871 (120). Mit dieser Entscheidung machte der Rat zugleich unmißverständlich deutlich, daß er es ablehne, die Kosten der Belagerung ausschließlich den Mietern aufzubürden. Zu weitergehenden Maßnahmen fand sich die Kommune allerdings nicht bereit: der Hausbesitz wurde nicht angetastet.

Sie bewegte sich ebenfalls im Rahmen der bereits von der Regierung der Nationalen Verteidigung eingeleiteten Notmaßnahmen, als sie Ende April verlassene Wohnungen für die obdachlosen

Opfer der Bombardierung requirierte (121). Das Dekret des Kommune-Rates sah ausdrücklich vor, daß in den beschlagnahmten Wohnungen die Möbel und Güter amtlich registriert und die Schränke versiegelt werden sollten. Auch diese vorübergehende Notmaßnahme war also weit von einer Enteignung entfernt (Séances Officielles, 80; Bruhat u. a., 1971, 165).

Der Gegensatz von Hausbesitzern und Mietern war offensichtlich nicht durch den revolutionären Akt des 18. März aufgehoben. Die Streichung der ausstehenden Mieten und die Requisition leerstehender Wohnungen präjudizierten weder die Wohnungs- noch die Eigentumsverhältnisse, die die Kommune hätte schaffen können. Die Beschlüsse des Kommune-Rates auf diesem Gebiet waren nicht programmatisch sondern situationsbedingt und trugen, da sie ausdrücklich für die Zukunft Mietzahlungen vorsahen, deutliche Spuren eines Kompromisses zwischen den unvereinbaren Interessen von Hausbesitzern und Mietern. Diese Beschlüsse räumten weder das Konfliktpotential aus, noch gewannen sie die Hausbesitzer für die Kommune. Maueranschläge während der Kommune, die die Bürgermeisterei als den Ort angeben, an dem Streitigkeiten mit den Vermietern auszutragen seien, zeugen von der Dauer der Interessendivergenz (122). In der Blutwoche konnten die Kommunarden zudem eher von den Unternehmern, die sie beschäftigt hatten, als von den Besitzern ihrer Wohnungen Hilfe vor den Häschern der Versailler Regierung erwarten (Gaillard, 1977, 133).

Ebensowenig wie der Kommune-Rat das Prinzip des Immobilienbesitzes angetastet hat, rührte er an die kapitalistische Handelsorganisation. In dieser spielte der Handelswechsel, den der Gläubiger bei einer Bank diskontieren konnte, eine wichtige Rolle. Im 2. Empire waren verschiedene private und halbstaatliche Versuche gemacht worden, die Kleinbetriebe an diese Form des Handelskredits anzuschließen (ebd., 399 f.) und so das Wechselgeschäft über den Kreis der alteingesessenen Kaufleute hinaus auszuweiten. Erst aus dieser Situation erklärt sich die politische Brisanz der Wechselfrage.

Analog zu den Mieten hatte die Regierung der Nationalen Verteidigung während des Krieges die Wechsel storniert, die Nationalversammlung in Bordeaux jedoch diese Stundung am 10. März aufgehoben. Der Augenzeuge P. Lissagaray berichtet, daß es daraufhin vom 13. bis 17. März bereits 150 000 Wechselproteste gegeben habe (Lissagaray, 1876, 101). Der Kommune-Rat verlängerte zwar das Moratorium, tat sich dabei aber außerordentlich schwer, da Schuldner und Gläubiger sozial nicht eindeutig zuzuordnen waren. Das Ei des Kolumbus meinte der Rat schließlich mit einer Lösung gefunden zu haben, die sowohl die Interessen der Gläubiger wie die der Schuldner berücksichtigte. Nach dem Dekret vom 15. April sollten die fälligen Summen vom 15. Juli 1871 an alle Vierteljahr zu einem Achtel zurückerstattet werden (Séances Officielles, 19, 39 f.). Eine bloße Streichung der Wechselschulden kam nach Meinung der Kommissionsmehrheit auch deshalb nicht in Betracht, weil eine derartige Maßnahme nicht nur die Schuldner beeinträchtigt, sondern auch das Wechselgeschäft während der Kommune behindert hätte (ebd., 17). Mit seinem Beschluß trug der Kommune-Rat zwar den Schwierigkeiten Rechnung, in die Einzelne durch die ungünstigen Geschäftsbedingungen geraten sein konnten, aber er verblieb in der Logik einer Gesellschaft von Warenbesitzern.

Ebenso wie bei den Wechseln handelte es sich bei den Pfandbriefen des "Mont-de-Piété" um ein Problem, bei dem nach Aussagen des Kommunarden Lefrançais "komplexe Interessen auf dem Spiel stehen" (Lefrançais, 1902, 523). Denn Schuldner und Gläubiger verteilten sich keineswegs fein säuberlich auf Proletariat und Bourgeoisie. Wohl stammten die meisten der 1.200.000 Kleidungsstücke, Arbeitsgegenstände und Möbel aus den Haushalten des "peuple" von Paris (Séances Officielles, 181), aber auch Bürger hatten sich im Pfandhaus mit Geld versorgt (Lefrançais, 1902, 523). Eine Liquidierung des Pfandhaus-Vermögens hätte also auch Mitgliedern des Bürgertums Vorteile eingeräumt, vor allem aber die Interessen der Aktionäre des Pfandhauses verletzt, die sich oft unter Kleinkapitalisten rekrutierten.

In den langwierigen Debatten stießen zwei Auffassungen zusammen. Die erste formulierte der Autor der Gesetzesvorlage, Avrial, folgendermaßen (Séances Officielles, 88): "Ich habe diesen Gesetzesvorschlag eingebracht, weil wir zeigen müssen, daß wir uns um das Volk kümmern, das die Revolution des 18. März gemacht hat. Das Volk, das Schwarzbrot gegessen hat, hat ein Recht darauf, daß man seine Leiden in Rechnung stellt, und um es durch legitime Maßnahmen zu befriedigen, muß man sich nicht vor der Ausgabe von einigen Millionen scheuen." Gegen diesen Primat, den Avrial den Interessen der Arbeiterklasse einräumte, argumentierte ausgerechnet die "Commission du Travail et de l'Echange", die sonst die weitestreichenden Reformvorschläge in der Kommune einbrachte und in der die meisten Mitglieder der Internationale saßen (Rougerie, 1971b, 173ff.). Sie unterstrich, wie legitim die Interessen der Aktionärsgruppe seien, "die dort die Früchte einer mehrjährigen harten Arbeit investiert hat. Es wäre ungerecht, das wirtschaftliche Leben von Bürgern durcheinander zu bringen, die vielleicht übertriebene Vorsicht gezeigt, aber nicht spekuliert haben" (Séances Officielles 128). Das Dekret vom 7. Mai versuchte dann, die verschiedenen Interessen zu berücksichtigen. Es bestimmte, daß die Gebrauchs- und Arbeitsgegenstände von weniger als 20 Francs Wert, die vor dem 23. April 1871 verpfändet worden waren, den Besitzern zurückerstattet werden. Gleichzeitig sollte der wünschenswerte Schutz für die Interessen der Gläubiger in Verhandlungen zwischen Jourde, dem legalistischen Finanzdelegierten des Kommune-Rates, und der Verwaltung des Mont-de-Piété ausgehandelt werden. Daß dabei die Aktionäre nicht zu kurz kommen würden, läßt Jourde im Kommune-Rat erkennen: "Die Pfandhäuser zerstören, das hieße, das Eigentum angreifen, was wir noch niemals gemacht haben." (Ebd., 92)

Auf den genannten Gebieten bewegten sich die Maßnahmen des Kommune-Rates durchaus in der Tradition vorhergehender Regierungen. Sie waren nichts anderes als zugegebenermaßen sozial eingefärbte Ausnahmeregelungen, die einem momentanen Notstand abhelfen sollten.

Ebenso wie bei diesen Fragen nutzten die Kommunarden auch bei ihren Beschlüssen zur Produktionsstruktur die durch die Flucht der Besitzer geschaffene Möglichkeit aus, über herrenloses Eigentum zu verfügen. Analog zur temporären Nutzung verlassener Wohnungen kam es zur Inventur und Inbetriebnahme verlassener Unternehmen. Die Nutzung brachliegender Produktionsmittel hätte sich aber wohl nicht - wie bei den Wohnungen - auf die Belagerungs- und Kriegszeit beschränkt. Sollten in einer ersten Etappe auch die Besitztitel erhalten bleiben, so ist doch anzunehmen, daß die Inbetriebnahme der Produktionsanlagen durch Arbeiterkooperativen vollendete Tatsachen geschaffen hätte, an denen die Ansprüche der vormaligen Besitzer wahrscheinlich abgeprallt wären. Deshalb sah das Dekret vom 16. April auch folgerichtig vor, daß eine Jury über die Übereignung der Werkstätten an die Kooperativen und die Entschädigungssumme für die vormaligen Besitzer zu entscheiden habe (Soria, 1970/71, Bd. 3, 191; Decouflé, 1969, 290ff.). Im Unterschied zu den besetzten Wohnungen enthielt die Aufnahme der Produktion eine Eigendynamik, die sie über die Grenzen des Privateigentums hätte hinaustreiben können. Allerdings wurde dieses Dekret nur unvollkommen in die Praxis umgesetzt. Die zur Bestandsaufnahme aufgerufenen Arbeitergesellschaften (Sociétés Ouvrières) machten sich eher durch militante Verlautbarungen als durch zielgerichtete Aktivitäten bemerkbar, so daß eine von Internationalisten am 18. Mai einberufene Versammlung die gewerkschaftlichen Organisationen der Arbeiter zu entschiedenerem Handeln aufrief. Insgesamt sollen nach Rougerie kaum mehr als zehn Werkstätten vornehmlich im Bereich der für die Verteidigung wichtigen Rüstungsindustrie konfisziert worden sein (123). Wenn das Dekret vom 16. April auch seiner Tendenz nach - wie Rougerie unterstreicht (in Coll. Univ., 1972, 84) - mittelfristig das Privateigentum infrage stellte, so bezog es sich doch ausschließlich auf

Betriebe, die von ihren Besitzern verlassen waren. Produzierende Unternehmen oder Pariser Großbetriebe wie Cail waren von den legislativen Maßnahmen des Kommune-Rates trotz verschiedener Versuche einzelner Ratsmitglieder nicht betroffen (Decouflé, 1969, 295f.; Soria, 1970/71, Bd. 3, 193 f.). Offensichtlich bildete das Privateigentum für die Aktionen des Kommune-Rates eine nicht infrage gestellte Grenze. Nur in Ausnahmefällen und gegen Entschädigung wurde es angetastet und auch dann blieb das Prinzip des Privateigentums respektiert, denn der Gebrauchswert fremden Eigentums wurde nur genutzt, wenn der Besitzer es aufgegeben oder verlassen hatte.

Sowohl in den Debatten um die Mietzahlungen und die fälligen Wechsel als auch in Auseinandersetzungen um die Pfandhäuser griff der Kommune-Rat bestehende Interessen nicht frontal an, sondern versuchte, einen möglichst breiten Interessenausgleich zwischen Proletariern, Kleinbürgern und Bürgern herzustellen. Selbst die Eigentums- und Besitztitel über mehrere Häuser tastete der Rat nicht an, obwohl diese in den Kampf der Kommunarden gegen Monopole folgerichtig hätten einbezogen werden müssen (Bruhat u.a., 1971, 164). Die Formen des Handels- und Kreditverkehrs blieben intakt, das Pfandhaus bestand weiterhin und die von der "Commission du Travail et de l'Echange" anvisierten weitreichenden sozialen Reformen: "Eine soziale Organisation, die der Arbeit eine wirkliche Hilfe und Unterstützung bei Arbeitslosigkeit und Krankheit gibt, (...) neue wiedergutmachende Institutionen, die den Arbeiter davor bewahren, vom Kapital ausgebeutet zu werden oder Anleihen bei Wucherern machen zu müssen" (Séances Officielles, 131 f.), wurden vertagt.

Dieser offensichtliche Verzicht des Kommune-Rates, bestehende Strukturen radikal zu ändern, kann den Eindruck von Halbherzigkeit erwecken, der verstärkt wird durch dessen finanzpolitisches Gebaren. Trotz größter Finanzprobleme eignete der Rat sich nicht den Schatz der Bank von Frankreich an, sondern betraute Jourde mit dem Amt des Finanzdelegierten, der eine klassisch-vorsichtige Finanzpolitik betrieb und bemüht war, das Vertrauen der Kreditinstitutionen zu erwerben bzw. zu behalten (Azéma/Winock, 1964, 106). Umgekehrt kann die begrenzte Reichweite der Beschlüsse auch positiv als Respekt der Kommune vor den verschiedenartigen Interessen und als Versuch interpretiert werden, die unterschiedlichen Klassen und Klassenfraktionen für sich zu gewinnen.

Das Ziel, eine breite Allianz zur Verteidigung des 18. März zu schaffen, stand den Zeitgenossen durchaus vor Augen. Schon vor Beginn der offenen Konfrontation hatte sich der 76jährige Charles Beslay in einer Proklamation an die "Arbeiter, Kleinindustriellen, Kleinkaufleute, Krämer" gewandt und diese zur

Wahl eines revolutionären Sozialisten ermuntert (Murailles, 1874, Bd. 1, 506 f.). Auch im Kommune-Rat erklangen immer wieder Appelle an die Solidarität aller Interessen (Dommanget, 1964, 11). Longuet erläuterte vor dem Kommune-Rat, wie Interessensolidarität durch eine gerechtere Politik zu sichern sei: "Haben wir nicht alle gesagt, daß in einer unabhängigen Kommune alle Interessen in Paris nach gründlicher Untersuchung und widerspruchsvollen Debatten befriedigt werden?" (Séances Officielles, 96 f.; Decouflé, 1969, 308) Diese Maxime verkünden, hieß aber, Arbeiterinteressen nur dort durchzusetzen, wo sie nicht mit den Zielen anderer Gruppen in Widerspruch traten und andererseits z.B. über den in den Clubs artikulierten Haß gegen Priester, Vermieter und teilweise auch Krämer hinwegzugehen (Rougerie, 1971b, 198ff.). Die Zeitung "La Sociale" sah darin am 31. März eine gänzlich unproblematische Aufgabe: "Beruhigt Euch, Bürger und Bauern, wir wollen Euch nicht Eure Errungenschaften entreißen. Ihr besitzt legitimerweise das, was Ihr erworben habt (...). Wir wollen uns nicht an Euren Platz setzen, sondern neben Euch. Wir können nebeneinander marschieren." (Decouflé, 306)

Dieses idyllische Nebeneinander verschiedener Klassen geriet jedoch in den Debatten um das Nachtbackverbot, die Enteignung verlassener Betriebe und die Unterstützung von Produktivgenossenschaften immer wieder zum Gegeneinander. In einer Gesellschaft, in der zwischen Unternehmern und Arbeitern objektive Interessengegensätze bestanden, ließ sich das Konzept eines Solidarprotektionismus nicht auf allen Gebieten durchführen. Am 23. April unterzeichnete der Internationalist Fränkel, seit dem 20. April Delegierter der "Commission du Travail et de l'Echange", ein Dekret, das die Nachtarbeit in Bäckereien und die Institution des Arbeitsvermittlers, der zwischen Meister und Gesellen seine keineswegs gebührenfreien Dienste einschaltete, verbot.(Decouflé, 1969, 186ff.; Soria, 1970/71, Bd. 3, 201ff.). Damit entsprach der Kommune-Rat den Forderungen der Gewerkschaft der Bäkkereiarbeiter vom 6. April, die sich an die Kommune - "der einzig gerechten Regierung, die sich um die Bedürfnisse des Volkes kümmert" - gewandt hatte (Decouflé, 1969, 287).

Diese Maßnahme rief jedoch sofort den heftigen Widerstand der Bäckermeister hervor, die im Namen der individuellen Freiheit der Arbeiter mit Petitionen und Demonstrationen für ihr Recht kämpften, die Bäckerlehrlinge und -gesellen auch nachts auszubeuten. In dieser Konfliktsituation gab die Mehrheit des Kommune-Rates im Unterschied zu ähnlichen Konfrontationen in vorangehenden Revolutionen den Interessen der Arbeiter den Vorzug. Weder Vermittlungsvorschläge noch das liberale Credo kamen im Rat zum Zuge. Für die Arbeiter engagierte sich Fränkel besonders energisch: "(...) dies ist das einzige wirklich sozialistische Dekret, das die Kommune verabschiedet hat. Ich habe hier nur das Mandat angenommen, das Proletariat zu verteidigen, und führe es aus, ohne die Unternehmer zu konsultieren." (Séances Officielles, 113) Viel vorsichtiger äußerte sich J. B. Clement, der wegen der Bedenken der Bäckermeister vorschlug, die Anwendung des Dekrets zu vertagen (ebd., 109-111). Eine strikt liberale Auffassung vertraten bei der gleichen Gelegenheit Vilard und Ledroit, die eine Intervention des Staates in Arbeitsbeziehungen schlichtweg ablehnten (ebd., 110). Setzte sich auch Fränkel im Kommune-Rat durch und verstärkte später durch den Zusatzbeschluß, in der Nacht illegal gebackenes Brot zu konfiszieren, zusätzlich seine Position, so zeigen die heftigen Kontroversen im Kommune-Rat und die öffentlichen Reaktionen doch überdeutlich die Grenzen einer Politik, die die Interessen von Unternehmern und Arbeitern gleichzeitig und konfliktfrei befriedigen will.

Ähnlich scharf prallten unterschiedliche Ziele auch in der Konkurrenz um Staatsaufträge aufeinander. Konfektionsfabrikanten und -arbeiter bzw. -arbeiterinnen rivalisierten um den Auftrag, die 170 000 Pariser Nationalgardisten zu bekleiden. Als die Nationalgarde zunächst denjenigen Unternehmern den Zuschlag gegeben hatte, die zu extrem niedrigen Preisen fabrizierten, protestierten die Arbeiter gegen diese Vergabepraxis. Die niedrigen Preise würden durch so niedrige Löhne erreicht, daß die Konfektionsarbeiter nur der öffentlichen Unterstützung ein Leben oberhalb des Existenzminimums verdankten. Nach einigem Zögern ging der Kommune-Rat schließlich am 13. Mai auf die Proteste der Arbeiter ein. Die "Commission du Travail et de l' Echange" sollte die bereits abgeschlossenen Verträge überprüfen. Überdies mußten die öffentlich vergebenen Arbeiten in Zukunft bei festgesetzten Preisen und Minimallöhnen vorzugsweise an Arbeiterassoziationen vergeben werden (124).

Auch in dieser Kontroverse konnte der Kommune-Rat keinen Kompromiß zwischen den divergierenden Interessen zustande bringen, sondern handelte im Sinne der Konfektionsarbeiter-Petition, die als Basis der Revolution von 1871 die Emanzipation des Proletariats reklamierte (Soria, 1970/71, Bd. 3, 197). Wie bereits bei der Regelung des Nachtbackverbots respektierte der Kommune-Rat auch in diesem Fall nicht länger die uneingeschränkte Dispositionsfreiheit der Unternehmer, weil diese auf Kosten der Arbeiter ging und diese ihre Interessen angemeldet hatten. Das ebenfalls durchgesetzte Verbot von betrieblichen Geldstrafen bzw. Lohnabzügen aus disziplinarischen Gründen zielte in die gleiche Richtung. Bei allem sonstigen Zögern dokumentierten diese Maßnahmen um so deutlicher, daß der Kommune-Rat willens und imstande war, die schreiendsten Ungerechtigkeiten im Verhältnis von Lohnarbeit und Kapital zu beseitigen.

Die Originalität der Kommune bestand darin, daß sie zwar das Privateigentum nicht oder nur gegen Entschädigung antastete, daß sie aber die Freiheit des Kapitalisten, seine Arbeiter auszubeuten, an markanten Punkten sehr wohl eingrenzte. Die Mitglieder des Kommune-Rates versuchten, bei vorläufiger Bewahrung von Privateigentum und kapitalistischen Strukturen einer nichtkapitalistischen Organisation der Arbeit Bahn zu brechen. Ansätze dazu waren, daß die Produktion in verlassenen Betrieben an Produktionsgenossenschaften übertragen, die Betriebe reorganisiert und die Vorgesetzten wählbar wurden. Die Bildung und Existenz von Produktivassoziationen wurde zudem mit Subventionen und Aufträgen staatlich unterstützt. Rougerie sieht darin eine "Syndikalisierung der Produktionsmittel" und den Keim einer neuen Gesellschaft, wenn sich dieser Versuch als rentabel und human hätte erweisen sollen (Rougerie, 1973, A. I. T., 73 f.). Ob sich diese "Diktatur des Beispiels" (125) aber ohne harte Auseinandersetzungen mit der Kapitalistenklasse hätte durchsetzen können, muß nach den oben beschriebenen Konfliktfällen bezweifelt werden. Zu tief hätte diese Reorganisation in der Produktion die bestehende Ordnung infrage gestellt, als daß die kapitalistischen Produktionsmittelbesitzer dagegen nicht mit allen Mitteln protestiert hätten, besonders da als Schrittmacher der Neuerung nicht das "freie" Spiel der Kräfte, sondern staatliche Hilfen fungierten.

Die Politik der Kommune, zwischen dem Respekt des Privateigentums auf der einen, dem Eingehen auf Arbeiterforderungen auf der anderen Seite zu lavieren, hätte mutmaßlich keine längere Lebensdauer gehabt. Besonders im Kernbereich kapitalistischer Herrschaft, dem Betrieb, schuf die Kommune Zündstoff für Konflikte, die kurz- oder mittelfristig ausgebrochen wären. Gelang es ihr in zahlreichen Bereichen auch, die Interessen von Kleinbürgern zu schonen, nutzte sie auch den widerstandsfreien Spielraum aus, den die Flucht von Eigentümern geschaffen hatte, so waren doch die Bedingungen ihrer Politik situationsgebunden und die Konflikte zwischen Besitzern und Nicht-Besitzern nur vertagt. Die Kommune, die ihre Arbeiterbasis in der Konfektion oder in den Bäckereien zur Opposition gegen die kapitalistische Ausbeutung ermutigte und eine städtische Reorganisation der Heimarbeit auf Kosten des Verlegerkapitals vornahm (Séances Officielles, 185ff.), konnte während ihrer 72tägigen Existenz die divergierenden Interessen von Kleinbürgern und Arbeitern noch ausbalanzieren. Sie ging auf die Ängste und Ziele der Haus- und Produktionsmittelbesitzer ein, ohne diesen die Interessen der Arbeiterklasse aufzuopfern. Beim gegenwärtigen Stand der Forschung ist offen, ob diese Bündnispolitik das Kleinbürgertum dauerhaft an die Kommune binden konnte, oder ob die wenigen

Maßnahmen, die die Arbeiter begünstigten, bereits eine kleinbürgerliche Front gegen die Kommune geschmiedet haben. Sicher ist indessen, daß der Versuch der Kommunarden, die verschiedenen Interessen abzuwägen und auszubalancieren, dazu beigetragen hat, daß die wenigen direkt zugunsten von Arbeiterinteressen erlassenen Dekrete "außer ihrer Tendenz nichts sozialistisches enthalten" (Marx in MEW 17, 556f.).

Setzt man abschließend die Maßnahmen der Kommune mit der sozialen Zusammensetzung der revolutionären Massen in Beziehung, so sind die Kompromisse mit den Besitzern ebenso wie der Respekt vor dem Eigentum als notwendige Konzessionen einer Bündnispolitik zur würdigen. Mißt man sie jedoch an den fortgeschrittensten politischen Stellungnahmen der Zeit, nämlich an denen der Internationale, wie es E. Labrousse vorschlug (Coll. Univ., 1972, 81), so bleiben sie weit hinter deren Programm zurück: "Organisation einer Republik dadurch, daß sie den Arbeitern ihre Arbeitsinstrumente zurückgibt wie jene von 1792 den Bauern das Land zurückgab, daß sie durch die soziale Gleichheit die politische Freiheit verwirklicht." Wichtige Teile der sozialökonomischen Gesetzgebung der Kommune lagen jedoch zwischen den beiden Extremen. Nicht nur entschied sich der Kommune-Rat im Unterschied zu vorhergehenden Revolutionen in Konfliktfällen zugunsten der Arbeiter, sondern er ermöglichte und begünstigte auch Initiativen, die wie die Arbeiterassoziationen zwar nicht die kapitalistische Struktur der Produktion, aber sehr wohl kapitalistische Formen der Arbeiterorganisation angriffen.

b. Art der revolutionären Ideologien

Zu fragen ist nun, ob auch das politische Programm der Kommune ein ähnliches Bemühen um den sozialen Ausgleich aufweist wie die Maßnahmen des Kommune-Rates dokumentieren. Orientierte sich die Kommune an politisch-propagandistischen Vorstellungen, die dem gesellschaftlichen Kräfteverhältnis der Zeit entsprachen, oder fand ihre kompromißbereite Politik unter dem Deckmantel eines proletarisch-aggressiven Selbstverständnisses statt? Eine derartige Analyse steht jedoch vor nahezu unüberwindlichen Schwierigkeiten.

Bereits die Antwort auf die Frage, ob die Clubs, die Nationalgardisten oder die durch Wahl legitimierten Mitglieder des Kommune-Rates die Foren sind, auf denen das Programm der Kommune formuliert wird, setzt eine prinzipielle Entscheidung über ihren Charakter voraus. Selbst wenn man keine Kluft zwischen Vertretungsorganen und Basis annimmt und nur die Programme des Kommune-Rates heranzieht, sind die Schwierigkeiten kaum beseitigt. Wie bereits die Analyse der Maßnahmen verdeutlichte, bestanden im Rat unterschiedliche Auffassungen nebeneinander. Die Deklaration vom 19. April, die als Programm der Kommune gilt, ist deshalb kaum geeignet, Aufschlüsse über das politische Spektrum innerhalb des Kommune-Rates zu geben (Decouflé, 1969, 222ff.). Denn der Rat diskutierte diese Erklärung mit sehr viel weniger Sorgfalt als die zitierten Maßnahmen, verabschiedete sie schnell in einer Nachtsitzung und sparte in ihr nahezu alle sozialökonomischen Zielsetzungen aus (ebd., 231ff.). Im Zentrum der Deklaration standen politische Organisationsprinzipien (Republik, Autonomie aller Kommunen Frankreichs, Wahl und Abwahl der Beamten und Magistrate, absolute Freiheit der Persönlichkeit, des Bewußtseins und der Arbeit, Bürgermiliz). Diese für die politische Ausrichtung des Kommune-Rates wenig repräsentative Deklaration legt den Schluß nahe, daß politische Programme sowohl im Kommune-Rat als auch an der Basis (Price, 1972, 83) bei konkreten Anlässen artikuliert und auch modifiziert wurden. Stärker als politische Doktrinen beeinflußten offenbar die jeweiligen Kräfteverhältnisse und konkreten Anlässe die politischen Positionen.

Dessen ungeachtet hat es in der Forschung nicht an Bemühungen gefehlt, die politischen Strömungen in der Kommune geistesgeschichtlich zu verorten. Das Werk von C. Rihs (126) ist nur der letzte und umfangreichste Versuch in dieser Richtung und sortiert die Mitglieder des Rates nach Jakobinern, Blanquisten, Proudhonisten, Internationalisten. Derartige Einordnungen unterschätzen generell die Schwierigkeit, Etappen eines theoretischen Lernprozesses zu verorten. Höchst unterschiedliche politische Positionen mit meistens deutlich sozialistischer Ausrichtung lassen sich in der Kommune ausmachen. Sie sind aber schwerlich in das Prokrustes-Bett einzelner sozialistischer Theorien zu pressen und an diesen zu messen. J. Rougerie hat zu Recht darauf verwiesen, daß von den großen sozialistischen Theoretikern Proudhon zwar auf einige politische Führer, nicht aber auf das revolutionäre Volk gewirkt hat, daß der Einfluß Bakunins in Paris unbedeutend war und die politischen Vorstellungen von Marx allein vergröbert durch den Kanal der Internationale nach Frankreich gelangt sind (Rougerie, 1975, 38f.). Die Heterogenität und theoretische Unbestimmtheit der programmatischen Stellungnahmen sowie deren Veränderung je nach Konjunktur machen es sehr schwierig, das politische Programm der Kommune zu charakterisieren. Der Verzicht des Kommune-Rats auf eine Stellungnahme, die nach Meinung von Lissagaray in "einem kurzen Manifest alle Bedingungen anführen sollte, die zur Errichtung einer sozialen Republik notwendig sind" ("L'Action" vom 9.4.1871, zit. in Decouflé, 1969, 229), mag sowohl der bündnispolitischen Vorsicht wie einer libertären Grundhaltung entsprochen haben. Immerhin hätte eine feierliche Bekräftigung, die Kommune verstehe sich als Etappe im Prozeß der Emanzipation der Arbeiterklasse, im April 1871 von Teilen des Kleinbürgertums als Kriegserklärung verstanden werden können (127).

Statt programmatische Stellungnahmen auf ihren proletarischen oder kleinbürgerlichen, sozialistischen oder jakobinischen Charakter abzuklopfen, halten wir es für ergiebiger, den allenthalben anzutreffenden Rückgriff auf die Französische Revolution zu untersuchen. Denn daß er eine wichtige Funktion für die Bündnispolitik der Kommune hatte, ist nicht zu übersehen. Rougerie hat in einem Vergleich der Ikonographie und Terminologie herausgearbeitet, daß der Kommunarde der jüngere Bruder des Sanskulotten war (128). Auch Decouflé hat darauf verwiesen, daß 1793 als gelungene Abwehr des Angriffs vom Ausland und als Inbegriff der revolutionären Aktion ein wichtiger Bezugspunkt der Kommunarden war (129). In seiner Analyse der sprachlichen Veränderung am Ende des 2. Empire und zu Beginn der 3. Republik hat schließlich J. Dubois beschrieben, wie das in der großen Französischen Revolution entstandene Vokabular in die französische Sprache eindrang (Dubois, 1962, 103ff.).

Das Vorbild von 1793 und das Vokabular der Sanskulotten setzte sich jedoch nicht für alle gesellschaftlichen Bereiche mit gleichbleibendem Inhalt durch. Schon wenn man die für beide Revolutionen zentrale Forderung nach direkter Demokratie analysiert, zeigt sich deren Bedeutungswandel. 1792 hieß dieses Schlagwort Herrschaft der kleinen Gewerbetreibenden, 80 Jahre später jedoch Herrschaft der berufsgenossenschaftlich organisierten Produzenten (130). Die beibehaltene politische Parole schmiegte sich den zwischen 1792 und 1871 veränderten gesellschaftlichen Bedingungen an. Offensichtlich war 1871 den Kommunarden der Rückzug in das Idyll einer überschaubaren, auf universalen Kleinstbesitz gegründeten Demokratie verstellt, während er in der großen Französischen Revolution noch prinzipiell offen war, weil gesamtgesellschaftlich die Gründung von unabhängigen Handwerksbetrieben aufgrund der karg entfalteten Produktivkräfte und des dementsprechend geringen Kapitaleinsatzes realistisch und wegen der noch fehlenden Konkurrenz der großen Industrie auch von Bestand war. Der im 2. Empire stärker verallgemeinerte Kapitalismus mit seiner veränderten Kapitalstruktur der Produktion entlarvte dagegen das Ziel eines generalisierten Privatbesitzes an Produktionsmitteln als Illusion. An dessen Stelle trat die unter den gegebenen sozialökonomischen Verhältnissen realistischere Forderung nach einer kollektiven Organisation der Arbeit, nach der Humanisierung der syndikalistisch gebändigten Produktivkräfte.

Ebensowenig wie der Rekurs auf 1792 dazu dienen konnte, überlebte gesellschaftliche und ökonomische Organisationsformen neu zu beleben, konnte er dazu nutzen, die veränderten gesellschaftlichen Verhältnisse in Frankreich zu beschreiben. Bezeichnenderweise sieht Rougerie besonders in Kleidung, Symbolen und Terminologie die Verwandtschaft zwischen den beiden Aufständen (Rougerie, 1972, 54 ff.). Abgesehen von der gemeinsamen Frontstellung gegen die in Kriegs- und Konfliktzeiten besonders verpönten hortenden Kaufleute und Vaterlandsverräter (Rougerie, 1971b, 244 f.) taugte das Vokabular der Großen Französischen Revolution mit seiner Gegenüberstellung der großen und der kleinen Leute jedoch nicht mehr zur Beschreibung der neuen Gesellschaftsverhältnisse und ihrer Antagonismen im Jahre 1871.

Damit ist eine wichtige Funktion des in der Kommune immer wieder zitierten historischen Beispiels angedeutet. Hineingenommen wurden in die neue revolutionäre Bewegung solche traditionellen republikanischen Formen und Forderungen (Republik, Trennung von Staat und Kirche usw.), die Gemeingut der breiten republikanischen Bewegung seit 1848 geworden waren (Labrousse in: C. E. R. M., 1971, 177) und um die sich verschiedene politische Strömungen gruppieren konnten. Gleichzeitig wurde jedoch der kontrovers diskutierte Bereich der wirtschaftlichen und sozialen Maßnahmen ausgeblendet. Die Rückbesinnung auf 1792 konnte so eine integrierende Wirkung entfalten, die um so größer war, als besonders in den 60er Jahren eine breite historische Literatur verschiedenen Genres die revolutionären Ereignisse popularisiert und glorifiziert hatte (131).

Beurteilt man die Bedeutung, die das Jahr 1792 in der Kommune gewann, nach den Kriterien, die Marx im "18. Brumaire" entwickelt hat (MEW 8, 115, 117 f.), so müßte die Kommune als bürgerliche Revolution bezeichnet werden. Denn Marx nennt unter den Charakteristika bürgerlicher Revolutionen, daß diese sich ideologisch aus der Vergangenheit rechtfertigen, um ihren begrenzten Klasseninhalt zu verhüllen, während die proletarischen Revolutionen versuchen, Zukunft einzufangen. Die ideologischen Formen, in denen Kommunarden ihre Interessen formulierten, mußten aber nicht zwangsläufig die über 1792 hinausreichenden Ziele verbergen. Das Anknüpfen an die Vergangenheit täuschte offenbar weniger über begrenzte, als über weiterreichende Ziele hinweg (132). Die entlehnten politischen Formen und Forderungen hinderten nicht, daß sich die Vorstellungen der Kommunarden in die Zukunft hineintasteten, und daß sich die auf Produktionsassoziationen ausgerichtete, zukunftsgewandte Bewegung ihre eigene Sprache schuf.

Ebenso wie im Bereich der Maßnahmen gab es auch in Ideologie, Programmatik und Symbolik Formen und Inhalte, die zwar den Interessen, Erinnerungen und Hoffnungen von republikanischen Kleinbürgern Rechnung trugen, aber die Durchsetzung neuer gesellschaftsverändernder Vorstellungen nicht blockierten. Nimmt man Maßnahmen und Ideologien zusammen, so war die Pariser Kommune eine Revolution, die proletarische Interessen im Konfliktfall privilegierte und für diese auch eine neue Terminologie benutzte. Zugleich war sie eingebettet in eine breitere republikanische Bewegung und wurde politisch von der Notwendigkeit geprägt, unter Bürgern und Kleinbürgern Anhänger zu werben.

c. Proletarische Öffentlichkeit

Mit einer eigentümlichen Mischung aus Schrecken und Faszination reagieren auf revolutionäre Bewegungen meistens diejenigen, die außerstande sind, sich in solche Bewegungen zu integrieren. Sie reagieren um so heftiger, je bestimmter und dauerhafter Mittel und Wege der Interessenartikulierung institutionalisiert sind. Für eine solche Reaktion ist die Suche der Massenpsychologie nach dem Geheimnis der dumpfen, triebhaften Masse ebenso bezeichnend wie die Flucht in das Ruhe- und Ordnung-Programm der Konterrevolution. Bei veränderter Blickrichtung kann die Analyse einer bestimmten revolutionären Massenbewegung allerdings gerade an diesen Punkten sinnvoll ansetzen und fragen, welche Strukturen und Formen der öffentlichen Kommunikation und Aktion für eben diese Massenbewegung charakteristisch sind und inwiefern sie von denen der etablierten "Ordnung" abweichen. Denn erklärungsbedürftig ist, wie die unterprivilegierten Mitglieder der Gesellschaft überhaupt dazu kommen, sich über ihre je nach Arbeits- und Lebenssituation unterschiedlichen Erfahrungen zu verständigen, gemeinsame Ziele zu entwickeln und sich als Gruppe zu organisieren (Lefebvre, 1965). Diese Frage gewinnt an Gewicht, wenn man mit Negt/Kluge davon ausgeht, daß die Pariser Kommune möglicherweise eine der Ausnahmesituationen war, in der die Formen und Inhalte einer von der bürgerlichen Öffentlichkeit unterschiedenen "proletarischen Öffentlichkeit" zumindest andeutungsweise in Erscheinung traten (133). Unter diesem Aspekt wäre es wichtig zu wissen, ob die in der Öffentlichkeit zumeist sprachlosen Massen, nachdem sie politisch in Bewegung kamen, die vorgefundenen Öffentlichkeitsformen benutzten, weiterentwickelten oder zerstörten.

Proletarische Öffentlichkeit bedeutet 1870/71 zunächst einmal eine starke Mobilisierung des Pariser "peuple" für seine eigenen Angelegenheiten, die mit dem militärischen und politischen Schicksal der Stadt zusammenfielen. Das Ausmaß der Mobilisierung läßt sich daran ablesen, daß sie nicht nur Männer, sondern auch Frauen und damit auch den Bereich des gemäß bürgerlichen Normen ausgegrenzten privaten Daseins erfaßte. Das Substrat aus dem heraus der "peuple" seine Öffentlichkeit konstituieren konnte, waren dessen Lebensbedingungen in der Großstadt.

Bereits H. Lefebvre hat betont, daß für Arbeiter, Handwerker und Händler Privat- und Öffentlichkeitsbereich kaum strikt getrennt waren (Lefebvre, 1965, 170ff.). Die miserablen Wohnbedingungen boten keinen Raum für ein privates Refugium. Wo als Privatwohnung nur ein elendes Loch zur Verfügung stand, das zudem häufig genug auch als Werkstatt herhielt, lag es nahe, auf der Straße und in den Cafés Abwechslung, Entspannung und Gesellschaft zu suchen (Gaillard, 1977, 250). Auch die Arbeitswelt blieb in den populären Vierteln von Paris, wo die Handwerker ihre Fabrikate auf dem Bürgersteig zum Verkauf ausstellten, weiterhin zur Straße geöffnet.

Noch gab es im Alltag des Pariser "peuple" zahlreiche Möglichkeiten und Zwänge zur weitverzweigten Kommunikation. Diese vervielfachten sich unter den Bedingungen der Belagerung und der Kommune, als die allgemeine Arbeitslosigkeit die Menschen zu jeder Tageszeit auf die Straße trieb, als Frauen, die stundenlang um Lebensmittel anstehen mußten, die Straßen bevölkerten und als sich gleichzeitig die nach Stadtteilen organisierte Nationalgarde mit ihren gewählten Führern zur berufenen Kommunikationszentrale eines jeden Stadtviertels entwickelte. In welchem Tempo und Ausmaß sich während dieser Herbst- und Wintermonate die Nachbarschaftsbeziehungen veränderten und inwiefern damit die Weichen zu einer breiteren Politisierung gestellt wurden, müßte anhand der zeitgenössischen Beschreibung noch genauer erfaßt werden. Sicher aber ist, daß der anhaltende Widerstandswille während der Belagerungszeit und die umfangreiche Massenbewegung, die seit Februar 1871 gegen die Entwaffnung und Zerschlagung der Nationalgarde protestierte, nicht ohne diese breite Mobilisierung der proletarischen Öffentlichkeit in den Arbeitervierteln zu verstehen ist. Das besondere Merkmal und Konstituenz dieser lebhaften Öffentlichkeit dürfte das Ineinandergreifen der in der bürgerlichen Gesellschaft üblicherweise bereits getrennten Lebensbereiche gewesen sein: Arbeit und Freizeit, Öffentlichkeit und Privatleben wurden offensichtlich nicht als getrennte Welten, sondern als Facetten ein- und derselben gesellschaftlichen Einheit erlebt und diskutiert.

Ein weiteres kam hinzu. Die Massenbewegung verfügte von vornherein über erprobte Organisationsrelais, die offen genug waren, um heterogene Bevölkerungsgruppen zu integrieren, und zugleich genügend Ausstrahlungskraft entfalteten, um die diffuse spontane Kommunikation zusammenzuhalten und zu konzentrieren.

In erster Linie sind die Volksversammlungen zu nennen, die oberhalb der politischen Gruppierungen und der zahlreichen "Sociétés ouvrières" die Pariser Bevölkerung Ende der 1860er Jahre für die Diskussion von allgemein politischen, moralischen und sozialen Fragen mobilisierten. Das Einüben in bestimmte Organisations- und Kommunikationsformen setzte 1868 ein, als sich mit der Wiederherstellung der Vereins- und Versammlungsfreiheit das öffentliche Leben in Paris schlagartig belebte (134).

Zeitgenössische Beobachter aus der Linken wie G. Lefrançais oder J. Vallès feierten schon vor der Kommune in den großen Volksversammlungen den politischen Aufbruch der Massen. In Montparnasse, Faubourg St. Antoine, Belleville und St. Martin, um nur einige besonders aktive Viertel herauszugreifen, drängten Abend für Abend Arbeiter, Studenten, Künstler, Kleinfabrikanten und Krämer in die Versammlungen, um über die Organisation der Arbeit, Kredit- oder Steuerprobleme, aber auch Erziehungs- und Familienfragen zu diskutieren. Allein das weiterbestehende und vom stets anwesenden Inspektor (Gaillard, 1977, 623) überwachte Verbot, politische Angelegenheiten öffentlich zu diskutieren, markierte die Grenze der Redefreiheit, die immer wieder verletzt wurde. Diese Volksversammlungen scheinen als wahre Schulen der öffentlichen Auseinandersetzung gewirkt zu haben. Hier traten nicht allein die Vertreter der politischen Organisationen auf. Neben namhaften radikalen Intellektuellen, bekannten Revolutionären von 1848, Internationalisten und Blanquisten taten sich Diskutanten hervor, die offenbar zunächst nur in ihrem engeren Wirkungsbereich bekannt waren und erst durch das Medium der Versammlungen populär werden konnten.

Nach der Ausrufung der Republik am 4. September zeigte sich, daß die Volksversammlungen die Bevölkerung wirkungsvoll darauf vorbereitet hatten, in kürzester Zeit die bewährte Pariser Tradition der revolutionären Clubs wieder aufleben zu lassen (135). Die in allen Stadtteilen in rascher Folge gegründeten Clubs waren äußerst vielgestaltige, oft nur kurzlebige Versammlungs- und Aktionszentren, die sich dem Kommunikationsbedürfnis der Bevölkerung geschmeidig anpaßten. Trotz der sehr schlechten Quellenlage kann man nach den Forschungen u.a. von C. Perrot und J. Rougerie die immense Bedeutung für Clubs für die öffentliche Meinungsbildung und Handlungsorientierung schwerlich unterschätzen (136). Nicht zuletzt das von der September-Regierung am 23. Januar 1871 ausgesprochene und bis zum Waffenstillstand geltende Verbot der Clubs ist ein Indiz für deren politische Wirkung. Welche nach Standort verschiedenen und im Ablauf der Zeit sich ändernden Funktionen die Clubs jeweils erfüllt haben, ist im einzelnen kaum auszumachen. Die bisher unternommenen Versuche, die Aktivitäten der Clubs anhand von überlieferten Diskussionsprotokollen, Augenzeugenberichten und Zeitungsinformationen zu rekonstruieren, haben zumindest soviel deutlich gemacht, daß die Clubs sporadisch als Debattierverein, Kampfzelle, Selbstverwaltungsorgan und Basisorganisation einer Radikaldemokratie in Erscheinung traten. Erst wenn es gelänge, die Clubs besser als bisher auch sozial zu verorten, würde man zu fundierteren Erkenntnissen über dieses wichtige Strukturelement der proletarischen Öffentlichkeit gelangen.

Zumindest geben die beiden Fallstudien über Vorgeschichte und Verlauf der Kommune im 18. Arrondissement von R. Wolfe und im 13. Arrondissement von J.C. Freiermuth Aufschlüsse über diese Formen proletarischer Öffentlichkeit (Wolfe, 1968; Freiermuth, 1973). Für das vergleichsweise industriell hoch entwickelte und politisch besonders aktive 18. Arrondissement konnte Wolfe nachweisen, wie entscheidend die Clubs und die lokalen "Comités de vigilance" während der ganzen Zeit die politische Entwicklung des Stadtteils beeinflußten. Die Politik auf der Ebene der Clubs, die direkt an den Lebenszusammenhang der beteiligten Personen anschloß, kennzeichnete, daß sich die Konturen der fester gefügten politischen Organisationen in der täglichen politischen Praxis immer wieder verwischten. Die Vertreter einzelner politischer Gruppierungen, die in den Clubs mitarbeiteten, scheinen deren politische Ausrichtung niemals dauerhaft bestimmt zu haben. Dies schließt allerdings nicht aus, daß sie das Leben der Clubs entscheidend beeinflußten. Die Bedeutung der Clubs als Basisstruktur der proletarischen Öffentlichkeit lag wohl darin, daß sie zugleich Ausdruck und vorwärtstreibender Teil der spontanen Massenbewegung waren. In dieser Art der Verankerung, der lokalen Rekrutierungsbasis und den organisatorisch losen Formen lag die Stärke, aber auch die Schwäche der Clubs. Die Mobilisierung, Solidarisierung und Politisierung breiter Bevölkerungsteile wurde zweifellos durch die Clubs energisch vorangetrieben. Wenig aussichtsreich war es dagegen, die Clubs für eine bestimmte Politik instrumentalisieren und über ihren engen lokalen Einzugsbereich hinaus zu einer städtischen Bewegung ausweiten und zusammenfassen zu wollen.

Diesen Erfordernissen einer revolutionären Massenbewegung wurde die Nationalgarde sehr viel besser gerecht. Auch die Nationalgarde war vorrangig eine Stadtteilorganisation, die jedoch von vornherein in ein für Gesamt-Paris geltendes Organisationsschema integriert war (Rougerie, 1975, 42ff.). Mit der Wahl ihrer unteren Offiziere besaß sie ein für Militärverhältnisse extrem hohes Maß an Autonomie, blieb aber zugleich in ihrer Besoldung, Bewaffnung und ihrem Einsatz an die Entscheidungen der politischen Zentralinstanzen der Stadt zurückgebunden, die auch den Kommandeur der Nationalgarde und den Generalstab ernannten. Die Mitgliedschaft in der Nationalgarde war nicht allein individuelles Engagement, wie in den Clubs, sondern außer patriotischer Pflicht auch ökonomischer Zwang, da der geringe Sold dem Nationalgardisten eine Art Arbeitslosenunterstützung sicherte. Die Dienstpflicht der wehrfähigen Bürger, die breite patriotische Empörung über die Bedrohung von Paris und die sozialpolitische Funktion der Nationalgarde machten diese zu einer Vereinigung der Pariser Bevölkerung, die nicht nur Zwangscharakter trug.

Die relativ demokratischen Strukturen der Garde führten schließlich dazu, daß sich die Bürgermiliz von den Vorstellungen ihrer politischen und militärischen Führung distanzieren und organisatorische Formen der Doppelherrschaft entwickeln konnte (137). Zudem wurden die Nationalgardisten während der ganzen Belagerungszeit mehr als Wachen denn direkt gegen die preußischen Truppen (Girard, 1965, 350) eingesetzt. Sie standen so in dauerhaftem Kontakt mit der "Zivil"bevölkerung und blieben in den allgemeinen Prozeß der Politisierung einbezogen. Besser als alle anderen Organisationen war die Nationalgarde schließlich fähig, Diskussionen, Entscheidungen und Handlungen zu koordinieren und zu zentralisieren, ohne daß sich die Delegierten und zentralen Organe dabei allzu weit von ihrer Basis entfernten. In den Versammlungen der Bataillionschefs und noch ausgeprägter in den im Januar 1871 schließlich verbotenen Treffen der Delegierten der "conseils de famille" wurden gemeinsame Probleme diskutiert, Positionen artikuliert und Maßnahmen vorbereitet. Dieser Zusammenschluß oberhalb der Legionen der Nationalgarde und die Rückkopplung zwischen Repräsentanten und Basis schufen die Voraussetzung dafür, daß die Nationalgarde im Februar mit der Wahl ihres Zentralkomitees zum Rückgrat des Widerstandes gegen die legale Regierung und deren Beschlüsse werden und daß das Zentralkomitee am 18. März unbestritten zur Provisorischen Regierung avancieren konnte (Rougerie, 1971b, 81ff.).

Neben den allgemeinen Lebensverhältnissen in den Arbeitervierteln und den vielfältigen Formen der politischen Diskussion und Organisation gehörten schließlich auch die spektakulären Volksfeste zu den Anlässen, bei denen sich Hoffnungen, Wünsche und Proteste des Pariser "peuple" manifestieren konnten. Auf diese Funktion der Feste haben vor allem Decouflé und Lefebvre aufmerksam gemacht (A. Decouflé, 1969, 17ff.; 56ff.; Lefebvre 1965, 394). Diese Feste der Pariser Kommune knüpfen an Erfahrungen an, die seit den patriotischen Festen der Französischen Revolution lebendig waren. Wenn die verschiedenen Regierungen des 19. Jahrhunderts auch versucht hatten, diese Erfahrungen mit mehr oder weniger Geschick für ihre Ziele zu instrumentalisieren, so hatten die traditionellen oder auch arrangierten Volksfeste doch immer wieder die Möglichkeit geboten, kurzzeitig die Klassenunterschiede verschwinden zu lassen, die soziale Gleichheit als Zielvorstellung zu popularisieren und hier und dort Unzufriedene zu vereinen und politisch zu mobilisieren (138).

In dieser Tradition trugen die Feste nach dem 18. März dazu bei, die Bewegung zu einen. Die Proklamation der Kommune am 28. März gestaltete sich zu einem großen Fest, auf dem das Gros der Bevölkerung von Paris offenbar nicht allein sein einmütiges Engagement für die Sache der Kommune demonstrierte, sondern auch das Ende der alten und den Beginn einer neuen Welt mit optimistischen Hochgefühl auszukosten schien (Rougerie, 1971b, 145ff.). Auch die als Fest zelebrierte Zerstörung der Guillotine am 5. April und der Sturz der Säule auf dem Place Vendôme am 16. Mai machten das Bestreben der Kommunarden deutlich, die Vergangenheit, die sie mit Eroberung und Diktatur gleichsetzten, auszurotten und die weitere historische Entwicklung der Vernunft zu überantworten. Im Fest wurde der Bruch mit dem Gewesenen erlebbar (Azéma/Winock, 1964, 124).

Für die proletarische Öffentlichkeit des Jahres 1871 ist wohl nicht zuletzt charakteristisch, daß sie auch dann nicht abdankte oder verstummte, als der von ihr gewählte Kommune-Rat die Regierungsgeschäfte übernommen hatte. Die zahlreichen Diskussions- und Aktionszentren der Massenbewegung blieben bis zur Blutwoche bestehen und es gelang den gewählten Instanzen nicht oder nur sehr unvollkommen, sie in ihren Kompetenzen gegeneinander abzugrenzen bzw. hierarchisch zu ordnen. Welche positiven oder negativen Folgen dieses Neben- und Durcheinander der Kommunikations- und Entscheidungsstrukturen gehabt haben mag, soll uns weiter unten noch beschäftigen.

Die Frage nach der proletarischen Öffentlichkeit zielt über die Formen der Öffentlichkeit hinaus. Nach Negt/Kluge sollen gerade die Inhalte die proletarische von der bürgerlichen Öffentlichkeit unterscheiden. Im Unterschied zum warenbesitzenden Bürgertum, das seine sozialen und ökonomischen Verhältnisse als Normalität voraussetzt, um sich so frei über politische Belange verständigen zu können, muß sich das Proletariat erst aus den Strukturen der bürgerlichen Normalität befreien. Eine nach den Erfordernissen des Proletariats organisierte Öffentlichkeit müßte daher notwendig die kapitalistischen Arbeits- und Produktionsverhältnisse einbeziehen (Negt/Kluge, 1972). Ob dieses vor und während der Pariser Kommune in größerem Ausmaß geschah, muß bei dem gegenwärtigen Stand unserer Kenntnisse dahingestellt bleiben.

Gewiß diskutierten Clubs und Volksversammlungen auch Probleme der Arbeitsorganisation. Doch blieben diese Themen wohl in der Minderheit gegenüber den viel erörterten Fragen der Versorgung und Verteidigung der Stadt. Der während der Belagerung einsetzende Zerfall der "Chambres syndicales" hat möglicherweise das Seine dazubeigetragen, daß die Arbeitsproblematik gegenüber der allgemeinen politischen Diskussion zurücktrat (Rougerie, 1973, A.I.T., 31). Auch die durch einzelne Petitionen im Kommune-Rat ausgelösten Debatten über den Produktionsbereich sowie die wenigen Stellungnahmen zur gleichen Thematik aus einzelnen Clubs holten die Arbeits- und Produktionsverhältnisse nur sehr sporadisch wieder ein. Der "peuple" von Paris hatte vor dem 18. März seine Interessen vornehmlich im Zusammenhang mit der Verteidigung der Stadt und der Republik organisiert und artikuliert.

In dieses generelle Ausblenden der Arbeitsorganisation aus der öffentlichen Diskussion läßt sich wohl auch das auffallende und auf den ersten Blick unverständliche Verhalten der Arbeiter in den großen Pariser Cail-Werken bruchlos einfügen (Gaillard, 1960/61). Die Cail-Arbeiter engagierten sich zwar mehrheitlich in der Nationalgarde. Diese politische Aktivierung hatte aber keinerlei Rückwirkungen auf ihr Lohnarbeiterverhältnis bei Cail. Die kapitalistische Arbeitsorganisation des Betriebs blieb ebenso intakt wie dessen Besitz- und Befehlsstruktur. Vom öffentlichen politischen Engagement führte noch keine Brücke zur Situation der Arbeiter im kapitalistischen Unternehmen. In diesem Punkt war die Pariser Kommune nicht mehr als eine Etappe in einem langwierigen Lernprozeß, und auch diese Etappe wurde nicht von allen Kommunarden erreicht.

Die Pariser Bevölkerung hatte damit ernst gemacht, sich nicht nur als Patriot und Republikaner, sondern auch als Konsument, Mieter oder Schuldner und eventuell sogar als Produzent zu begreifen. Wo letzteres erreicht war, kam es folgerichtig zur Neubelebung und Verstärkung der im Winter 1870/71 zunächst in den Hintergrund getretenen "associations ouvrières" (Rougerie, 1971b, 185ff.). Diese Entwicklung ging jedoch selbst in der Internationale nur äußerst zögernd vor sich. Die Eigenständigkeit der Arbeiterinteressen wurde selbst in ihren Reihen nicht voll eingesehen und die Allianz zwischen arbeitsamer Bourgeoisie und Proletariat nach wie vor für möglich gehalten (Rougerie, 1973, A.I.T., 67).

Die revolutionäre Pariser Massenbewegung artikulierte und manifestierte sich 1870/71 in den beschriebenen Formen der proletarischen Öffentlichkeit. Sie griff dabei zurück auf Organisationsmuster, die bürgerliche Oppositions- und Revolutionsbewegungen entwickelt hatten. Diese Muster ließen sich den Bedürfnissen der jeweils konkreten Situation fast grenzenlos anpassen. Das Charakteristikum dieser Versammlungs- und Kommunikationsformen bestand darin, daß sie im Stadtviertel funktionierten und für jedermann zugänglich und bekannt waren. Alltagsleben und politische Aktivitäten rückten damit eng zusammen. Die Volksversammlung als organisatorisch loseste Form der Diskussion und des Zusammenschlusses hatte wohl vielen die Bekanntschaft mit politischen Problemen überhaupt erst ermöglicht und sie zugleich herausgefordert, sich aktiv an der Meinungsbildung zu beteiligen. Die Nationalgarde war nach Straßenzügen und Stadtvierteln organisiert. Kirchen dienten als Versammlungslokale (Rougerie, 1971b, 224f.). Gerade dieses Zurücknehmen des "Politischen" in die Alltagswelt scheint den Erfolg der wiederbelebten Öffentlichkeitsformen ausgemacht zu haben. Besonders H. Lefebvre hat diesen Aspekt betont und die Kommune als grandioses Fest, als Vorwegnahme einer besseren Zukunft, als Revolution der täglichen Gewohnheiten und als Beispiel eines revolutionären Urbanismus gewürdigt. Lefebvres Einschätzung bezieht sich allerdings nicht allein auf die Öffentlichkeitsstrukturen (Lefebvre, 1965, 20ff.). Sie ist darüber hinaus eine entschiedene Stellungnahme in der Debatte um Spontaneität und Organisation. Obwohl sich diese Debatte wie ein roter Faden durch die Kommune-Literatur zieht, sind die gegensätzlichen Positionen nach wie vor forschungsmäßig kaum abgesichert.

Allzu lange wurde über der Suche nach der Programmatik und seltener nach der sozialen Basis der einzelnen politischen Organisationen vergessen, nach der Verankerung dieser Organisationen im "peuple" von Paris zu fragen. Die Richtung der weiteren Analyse dürfte P. Vilar zutreffend angezeigt haben, wenn er betont, daß das spannungsreiche Verhältnis zwischen Spontaneität und Organisation in der Kommune weder im Primat der einen noch der anderen Seite aufzulösen ist (Coll. Univ., 1972, 185). Den Akzent primär auf den Festcharakter der Kommune zu legen, riskiert, die Bedeutung der verschiedenen organisatorischen Formen zu unterschätzen, die zur Diskussion und Fixierung von Positionen sowie zur Vorbereitung von Aktionen dienten. Andererseits wurde das Fehlen einer planvoll auf ein revolutionäres Ziel hinarbeitenden Kaderpartei zwar seit den 1870er Jahren immer wieder für das Scheitern der Kommune mitverantwortlich gemacht. Aber bislang ist der Ablauf der Revolution aus deren Nichtvorhandensein kaum hinreichend erklärt.

Überdies hat die starke Betonung des Parteigedankens allzu oft den Blick von anderen Organisationsformen der Arbeiterklasse abgelenkt. Selbst relativ unstabile Organisationsansätze ermöglichten es dem "peuple" von Paris, sich in Anlehnung an ihre konkreten Arbeits- und Lebensbedingungen über gemeinsame Interessen und Ziele zu verständigen oder auf Betriebsebene gegen die Arbeits- und Lohnbedingungen Widerstand zu leisten.

Die bisherige Diskussion über das Verhältnis von Spontaneität und Organisation krankte meistens daran, daß die Notwendigkeit von Organisation vorschnell gleichgesetzt wurde mit einer bestimmten Form der Organisation und daß umgekehrt der Option für Spontaneität das Vorhandensein zahlreicher organisatorischer Relais entging. Hier ist A. Decouflés Richtigstellung wichtig: "Die populäre Spontaneität rebelliert nicht gegen jede Form von Organisation. Diese Formen sind nur schwierig zu bestimmen, weil sie durch lose Zusammenschlüsse charakterisiert sind, elementare Zusammenhänge darstellen und sich auf den niedrigen Stufen der gesellschaftliche Organisation ansiedeln" (Decouflé, 1969, 95; Bruhat, 1971, 175f.; Rougerie, 1975). Eben dieses war die Situation der Pariser Massenbewegung. Um ihr gerecht zu werden, muß die Forschung stärker als bisher diese elementaren Organisationsformen herausarbeiten und über diesen Weg u.a. erklären, warum z.B. eine zumindest ansatzweise vorhandene parteimäßige Organisation wie die Internationale offensichtlich zunächst versucht hat, sich in die Massenbewegung zu integrieren. Sie stellte darüber den weiteren Ausbau der Parteiorganisation zurück (Rougerie, 1973, A.I.T.).

Schließlich wäre stärker als bisher zu berücksichtigen, daß der Prozeß der Emanzipation von herrschenden Denkformen und gesellschaftlichen Normen bereits mit und während der Mobilisierung einsetzte und daß es daher nicht ausreicht, die Revolutionierung der Massen ausschließlich als Instrument für die angepeilte Revolution zu beurteilen. In diesem Punkt sind sich die zeitgenössischen Beobachter und Historiker einig. "1871 war unter anderem vor allem eine riesige Befreiung der Sprache" schreibt Rougerie (Rougerie, 1971b, 208), und am 10. Mai 1871 hatte "Le Tribun de Peuple" aufgefordert: "Mischt Euch unter die Leute, hört ihnen zu. Ein ganzes Volk spricht über hochwichtige Dinge; zum ersten Mal hört man Arbeiter ihre Auffassung zu Problemen austauschen, an die bisher allein die Philosophen sich gewagt haben. Ein neues Jahrhundert bricht an." (Zit. bei Bruhat u.a., 1971, 134)

In der öffentlichen Diskussion begannen die proletarischen Interessen sich zu manifestieren, zu artikulieren und wirksam zu werden in dem Willen zur umfassenden Veränderung aller Lebensbereiche. Die Schulreform mit der Laizisierung des Unterrichts, die gesellschaftliche Organisation der Kleinkinder-Versorgung, die soziale Anerkennung der proletarischen Ehe- und Familienformen mit der Zuerkennung einer Rente auch für hinterbliebene Frauen aus wilden Ehen, die Gefängnisreform usw. (Séances Officielles, 79) waren heftig diskutierte Themen. Neben den aktuellen Problemen der Versorgung und Verteidigung wurden Zukunftsperspektiven ausgemalt, die zusätzlich zu der Veränderung der Arbeits- und Produktionsverhältnisse wichtige Probleme der proletarischen Existenz gelöst hätten. Selbstbewußtsein und Selbsttätigkeit scheinen in einem kaum zu ermittelnden Ausmaß die Folgen dieses kollektiven Diskussionsprozesses gewesen zu sein. Dieses Ergebnis spricht am 20. März das "Journal Officiel" deutlich aus: "Die Bourgeoisie, die ihre Emanzipation vor mehr als einem Dreivierteljahrhundert vollzog, begreift sie heute nicht, daß die Emanzipation des Proletariats an der Reihe ist? Die allgemeinen Schicksalsschläge und Übelstände, in die ihre politische Unfähigkeit und ihr moralischer und geistiger Verfall Frankreich gestürzt haben, müßten ihr jedoch beweisen, daß ihre Zeit abgelaufen ist, daß sie die ihr in dem Jahre 1789 auferlegte Aufgabe erfüllt hat und daß sie den Arbeitern, an welchen die Reihe ist, wenn nicht ihren Platz überlassen, so doch wenigstens die soziale Emanzipation ermöglichen muß!" (Zit. bei Bruhat u.a., 1971, 72)

4. Pariser Kommune als proletarische Regierungsform

Im "Bürgerkrieg in Frankreich" hat Karl Marx die Pariser Kommune als "Regierung der Arbeiterklasse" als "eine durch und durch ausdehnungsfähige politische Form" bezeichnet, "während alle früheren Regierungsformen wesentlich unterdrückend gewesen waren" (MEW 17, 342). Diese These zu überprüfen, heißt zugleich für das Verständnis von Revolutionen wichtige allgemeine Fragen zu stellen. Wenn die Pariser Kommune eine Regierung der Arbeiterklasse war, so muß die von ihr geschaffene Regierungs- und Staatsform der Arbeiterklasse erlaubt haben, eigene Forderungen einzubringen. Diese Frage nach dem demokratischen Willensbildungsprozeß in der Kommune greift unter einem anderen Aspekt das Verhältnis von Organisation und Massen erneut auf. Dabei ist zu berücksichtigen, daß eine proletarische Revolution in jedem Fall gleichzeitig zur Auseinandersetzung mit dem bürgerlichen Staatsapparat, der ihre Entfaltung hemmt, gezwungen ist. Welche Maßnahmen hat hier die Kommune getroffen, um die Funktion, die Struktur und das Personal der Bürokratie so zu verändern, daß sich diese einem proletarischen Staat annäherten (Heymann, 1973). Revolutionäre Maßnahmen in einer Übergangsphase, in der weder die kapitalistische Produktionsweise radikal infrage gestellt, geschweige denn beseitigt worden war, sozialistische Vorstellungen zwar existierten, aber lediglich ansatzweise umgesetzt wurden, fordern schließlich auch zur Gretchen-Frage jeder Revolution heraus, ob nämlich die revolutionären Mittel den revolutionären Zielsetzungen angepaßt waren oder diesen zuwider liefen.

a. Regierung und Basis

Besonders in der Kritik am Reformismus der 2. Internationale ist von der linken Opposition und dann vor allem von Lenin die Diskrepanz zwischen der Politik der Parteiführung und den Interessen der Parteibasis betont worden (Mommsen/Meschkat, 1971, 1086). Bei der Analyse der Pariser Kommune diesem Problem erneut nachzugehen heißt, auf der Ebene des Kommune-Alltags nach jenen Prinzipien und institutionellen Möglichkeiten zu suchen, die die Anmeldung von Interessen und die Rückkopplung der Regierungsarbeit an die Basis erlaubten.

Detaillierte Untersuchungen zu diesem Problemkreis finden sich einmal bei Rougerie und zum anderen bei Decouflé (Rougerie, 1971b, 218ff.; Decouflé, 1969, 67ff.). Beide Studien machen deutlich, daß das Verhältnis von Basis und Spitze keineswegs so reibungslos war, wie es die optimistische Sicht der älteren Kommune-Literatur vorgibt (Schulkind, 1971, 28). Das in den Clubs bekräftigte Prinzip der Volkssouveränität kontrastierte scharf mit einer Tendenz zur Arkanpraxis in dem Kommune-Rat. Zunächst einmal offenbarte der Kommune-Rat selbst ein ausgesprochen ambivalentes Verhältnis zum Prinzip der Öffentlichkeit. Seine Öffentlichkeitsscheu ist nur teilweise aus der Belagerungssituation zu erklären, wenngleich die Einschränkung der Pressefreiheit direkt aus der Abwehr der Konterrevolution erwuchs. Der Rat verbot Anfang April 1871 alle Zeitungen, die sich offen oder versteckt für Versailles aussprachen. Die ergriffene Maßnahme war von zweifelhaftem Erfolg, da entsprechende Zeitungen alsbald unter neuem Namen auf dem Markt erschienen (Bellanger/Godechot, 1969, Bd. 2, 375 f.; Dupuy, 1959). Auch die Begrenzung der Versammlungsfreiheit richtete sich gegen die Reaktion. So untersagte ein Dekret vom 6. April die Versammlung der auf Versöhnung mit Versailles ausgerichteten Bürgermeisterpartei in der Bourse und erklärte in seinem Artikel 2 unmißverständlich: "Jede Manifestation, die während der Schlacht die Ordnung stört und zum internen Krieg aufruft, wird unerbittlich durch die bewaffneten Kräfte unterdrückt." (Murailles, 1874, Bd. 2, 197) Die Möglichkeiten der konterrevolutionären Propaganda innerhalb von Paris ließen sich jedoch durch solche Vorkehrungen kaum unterbinden. Umgekehrt störten derartige Angriffe auf die Freiheitsrechte allerdings auch nicht die Diskussion zwischen den verschiedenen Richtungen der Kommune-Anhänger.

Gravierender dürfte für die innere Entwicklung der Kommune die eingeschränkte Publizität des Kommune-Rats gewesen sein. Anfangs wohl für Besucher geöffnet und für Interventionen aus dem Publikum dankbar, scheint der Rat bald unter Ausschluß der Öffentlichkeit in kleinen Sälen getagt zu haben (Decouflé, 1969,

110f.). Zudem wurden die Sitzungsprotokolle erst nach dem 10. April und dann auch nur in geraffter Form veröffentlicht. Selbst dagegen liefen Ratsmitglieder Sturm, weil sie fürchteten, dem Feind damit Einblick in Staatsgeheimnisse zu gewähren (ebd., 113). Nicht von ungefähr war daher die Zusammenfassung der Debatten und der Kaufpreis des 'Journal Officiel' ein heftig diskutiertes Politikum. Wie viele andere protestierte Rastoul gegen die "Diktatur" der Sitzungssekretäre, die seine Meinung falsch resümiert hätten (Bourgin/Henriot, 1924/45, Bd. 2, 471). Das Gewicht, das dem "Journal Officiel" zukam, war um so größer, als Plakate und Zeitungen häufig den Verlauf der Sitzungen falsch bzw. unvollständig wiedergaben. Proteste gegen die Arkanpraxis des Rates, wie sie z.B. das allerdings bereits einflußlose Zentralkomitee der 20 Arrondissements am 1. April formulierte, verklangen folgenlos und daran änderte auch die Drohung nichts, man werde bei weiterhin fehlender Publizität der Ratssitzungen bei den anstehenden Nachwahlen eine Reihe von Kandidaten nicht mehr berücksichtigen (Soria, 1970/71, Bd. 3, 104).

Im Nachhinein unterzog Lefrançais diese Regierungspraxis einer prinzipiellen Kritik: "Wenn wir kein Sitzungsprotokoll veröffentlichen, handeln wir ähnlich wie die Regierungen, die uns vorangingen. Wir <u>entscheiden</u>, das Volk <u>gehorcht</u>. Wir verwandeln uns in eine diktatorische Macht. Wir entziehen unseren Wählern jedes Mittel der Kontrolle. Das Warum unserer Entscheidungen wird ihnen nicht mitgeteilt." (Lefrançais, 1902, 485) Übertreibt Lefrançais auch die Machtbefugnisse des Kommune-Rates, so weist er doch richtig auf die Gefahren hin, die durch die begrenzte Publizität der parlamentarischen Tätigkeit dem Funktionieren der direkten Demokratie erwuchsen. Sucht man nach Gründen für die Widerstände innerhalb des Kommune-Rates gegenüber dem Öffentlichkeitsprinzip, so sind diese wohl nicht so sehr in der Unerfahrenheit der Parlamentarier, wie in der durch die geschichtlichen Erfahrungen von 1792/93 geprägten Furcht vor der Konterrevolution und in der konspirativen Taktik der Blanquisten zu suchen (Dommanget, 1971).

Auch auf anderen Wegen kam kein ständiger Austausch zwischen Kommune-Rat und Basis zustande. Das in der 1789er Revolution gängige Vortragen von Beschwerden und Petitionen in den Sitzungen selbst schränkte der Kommune-Rat sehr bald ein, offensichtlich, weil Delegationen des Zentralkomitees der Nationalgarde dieses Recht mißbrauchten (Decouflé, 1969, 111ff.). Das imperative Mandat, dessen Gültigkeit von Seiten der Volksmassen unterstrichen wurde, erschien nach Decouflé kaum als Forderung in der Presse (ebd. 101), und in den Debatten des Rates blieben Grundsatzerklärungen wie die folgende von Blanchet eine Ausnahme: "Natürlich müssen wir über unser Mandat unseren Wählern Rechenschaft ablegen." (139)

Allerdings suchten Abgeordnete sehr wohl die Diskussion mit dem in Clubs organisierten "peuple". Sie gestanden diesem jedoch nicht durchgängig jene Weisungsbefugnis zu, wie sie etwa die Zeitung "La Sociale" am 23. April forderte: "Wir Wähler haben allein das Recht, Euer Verhalten zu sanktionieren und Euch abzuberufen, wenn Eure Stimmabgaben nicht mehr in allen Punkten konform sind mit der Meinung Eurer Wähler." (zit. nach Decouflé, 1969, 102) Wenn auch in manchen Arrondissements die gewählten Vertreter schriftlich Rechenschaft über ihre Politik in der Kammer ablegten, so blieben doch Initiativen wie die der Gewählten des 4. Arrondissements, die sich am 20. Mai den Fragen und Kritiken ihrer Wähler stellten, Ausnahmen (Bourgin/Henriot, 1924/45, Bd. 2, 449-465; Decouflé, 1969, 105ff.). Auch folgte in diesem Fall das basisdemokratische Verhalten nicht prinzipiellen, sondern konjunkturellen Überlegungen, die G. Lefrançais, einer der Abgeordneten des 4. Arrondissements, folgendermaßen formulierte: "Mißtrauen hat sich unter den Kämpfenden verbreitet zwischen jenen, die für die eine und jenen, die für die andere Fraktion des Kommune-Rats Partei ergreifen und viele glauben sich schon verraten." (Lefrançais, 1902, 535) In dieser Situation und um das Vertrauen der kämpfenden Truppen wiederherzustellen, sei die Volksversammlung einberufen worden. Nicht die Rechtfertigung des Abgeordneten vor seinen Wählern, sondern außergewöhnliche Umstände waren die Ursache für die einzige bekannte Wählerversammlung (ähnlich Rastoul in Bourgin/Henriot 1924/45, Bd. 2, 471).

Freilich suchten die Kommissionen des Kommune-Rates stärker als die einzelnen Abgeordneten den Kontakt mit der Basis. So ging die "Commission du Travail et de l'Echange" unter Führung des Internationalisten Fränkel immer wieder auf Wünsche ein, die ihr in einer umfangreichen Korrespondenz zugetragen wurden (Rougerie, 1975, 50). Auch Vaillant bemühte sich in der "Commission de l'Enseignement" mit den bestehenden inoffiziellen Organisationen zusammenzuarbeiten und diese in die Arbeit der Unterkommission einzubeziehen (Dommanget, 1964, 23ff.). Derartige Initiativen waren im Kommune-Rat jedoch Ausnahmen.

Auch unter Zeitgenossen regte sich Kritik an der Verselbständigung der Legislative und der Exekutive. Vorschläge wie der, den Kommune-Rat durch vom Volk gewählte Vertreter zu ergänzen, deuten auf eine Entfremdung der Abgeordneten zu ihren Wählern hin (Decouflé, 1969, 110). Noch weiter geht der Brief eines Hebertisten, der sich über die ausführliche Beschäftigung des Rats mit Fragen des Kapitals und der Zinsen erregt und eine völlig andere Ausrichtung der Kommunetätigkeit wünscht (ebd., 11). Solche Beispiele deuten auf einen Riß, wenn nicht gar auf eine Kluft zwischen dem Kommune-Rat und der Masse hin und lassen

Rougerie lakonisch folgern: "Die kommunale Versammlung kümmert sich kaum um die Stimme von unten." (Rougerie, 1975, 50)

Das bekannteste Beispiel nicht nur für die Diskrepanz zwischen Ratsmitgliedern und Basisorganisationen, sondern auch für die in diesem Fall einmal wirksame Intervention des "peuple" ist aus den Diskussionen um die Gründung des "Comité du Salut Public" von Anfang Mai bekannt. Der Rat sah im Wohlfahrtsausschuß ein Mittel, den Kampf gegen Versailles effektiver zu gestalten. Die Minderheit der Kammer lehnte diesen Vorschlag ab, da er ihren Prinzipien einer direkten Demokratie zuwiderlief (Séances Officielles, 140-145). Sie traf mit dieser Einstellung jedoch auf die vehemente Kritik der Clubs, die sehr wohl für diese der 1789er Revolution entlehnten Formen staatlicher Organisation eintraten und die Minderheit schließlich zwangen, ihre Rücktrittsdrohungen zurückzunehmen (Rougerie, 1971b, 218ff.).

Dem vielschichtigen Problem der Rückkopplung zwischen Führung und Basis allerdings wird weder das Aufzählen von Einzelbeispielen, die eine Diskrepanz zwischen beiden belegen, noch die Wiederholung der Affirmation, daß die Kommune alle am Ende des 2. Empire laut gewordenen Arbeiterforderungen erfüllt habe (Bruhat, 1972, 166), gerecht. Was bis heute fehlt, ist eine genaue Untersuchung der Kommunikationsformen zwischen Clubs, Arrondissement-Versammlungen und deren Delgierten im Kommune-Rat und in der Stadtverwaltung. Weder der Inhalt und die Wege der Kritik noch die Berücksichtigung, Ablehnung oder Ignorierung artikulierter Interessen sind hinreichend bekannt. Ermessen läßt sich anhand der von Rougerie publizierten Auswahl (Rougerie, 1971b, 194ff.; Decouflé, 1969, 92f.) nur die Vielfalt der in den Zeitungen auf Plakaten, in Petitionen und Briefen angemeldeten Forderungen.

Auch hat die Forschung inzwischen deutlich gemacht, daß die von der Kommune getroffenen Maßnahmen die materielle Situation der Bevölkerung verbessern sollten und häufig auf artikulierte Forderungen antworteten. In welchem Maße aber hat die Kommune Anträge, Vorschläge und Pläne abgelehnt oder unberücksichtigt gelassen? Die Selektionstätigkeit des Kommune-Rates war den Zeitgenossen zumindest bewußt. Der Sekretär der Exekutivkommission des Kommune-Rates, H. Brissac, bemerkte am 26. April: "Wir erhalten jeden Tag mündlich oder schriftlich eine große Zahl von Vorschlägen, die entweder von Einzelpersonen stammen oder in den Clubs oder in den Sektionen der Internationale verabschiedet worden sind. Diese Vorschläge sind oft hervorragend und müßten der Kommune unterbreitet werden. Deshalb muß das Sekretariat der Kommune sie vermerken und über sie berichten." (Decouflé, 1969, 112) Aber weder nahm der

Rat diese und eine ähnliche Anregung von Pariset auf, noch wurden - wenn der Zusammenfassung der Sitzungen und der Zeitung "Le Proletaire" vom 19. Mai geglaubt werden darf - im Rat Petitionen diskutiert (ebd., 104). Zu prüfen wäre auch, ob sich im Kommune-Rat vornehmlich die Initiativen starker Clubs durchsetzten, welche Rolle die Personalunion von Mitgliedschaft in einem Club und im Kommune-Rat spielte und ob die fehlende Durchsetzungskraft für Basisinteressen nicht auch aus der Schwäche derartiger Initiativen resultierte. Erst mit einer systematischen Sichtung und Gewichtung von Petitionen, Zeitungsartikeln, Briefen usw. ließe sich klären, welche Bedeutung den diversen Basisinitiativen beizumessen ist.

Eine solche Untersuchung würde zugleich für eine historisch-soziologische Analyse der 72 Kommune-Tage mit ihren aktualisierten Zielen, Ängsten und Hoffnungen der Pariser Bevölkerung wichtiges Material an die Hand geben. Gleichzeitig könnte sie klären, ob sich folgender Eindruck halten läßt. Bei der Durchsicht der Debatten des Kommune-Rats und zeitgenössischer Publikationen scheint es, als habe der Kommune-Rat zwar die Clubs frei über alle anstehenden Probleme diskutieren lassen, sie aber in den ersten Wochen kaum als Korrektiv der eigenen Arbeit oder als Anstoß für die Gesetzgebung benutzt. Erst als die militärische Situation die Existenz der Kommune infrage stellte, wurden die Clubs offensichtlich mit der Funktion aufgewertet, in einer Atmosphäre der Verteidigungspsychose Deserteure und Verräter aufzudecken (Soria, 1970/71, Bd. 3, 120ff.). Auch die Tatsache, daß die Delegation der 20 Arrondissements in den ersten 10 Tagen der Kommune noch durch Erklärungen zur politischen Entwicklung und zum Wahlerfolg beitrug, dann aber nicht mehr gehört wurde und sogar ihre Stellungnahmen nicht mehr in der Presse unterbringen konnte, drückt einen ähnlichen Bedeutungsverlust von Basisorganisationen im Monat April 1871 aus (ebd., 105ff.).

Es wäre allerdings falsch, aus dem Zurückbleiben der vom Kommune-Rat ergriffenen Maßnahmen hinter den von Bürgern einzeln oder über die Clubs kollektiv angemeldeten Forderungen den Verrat oder die Verselbständigung der bürokratischen Körperschaft zu folgern. Dieses Defizit erklärt sich zu einem guten Teil auch aus dem objektiven Problem, verschiedenartige Interessen zu aggregieren, und aus den von außen den Kommune-Aktivitäten gesetzten Rahmenbedingungen. Einmal war es für den Kommune-Rat prinzipiell unmöglich, alle in den Clubs vorgetragenen, auf die unterschiedlichsten Gebiete mit unterschiedlichen Zielsetzungen bezogenen häufig konkurrierenden Wünsche aufzugreifen. Schon die sozial- und wirtschaftspolitische Gesetzgebung der Kommune zeigt, daß das Ausbalanzieren der Interessen von Lohnabhängigen, Produzenten und Besitzern von Produktionsmitteln oder Besitzern von Eigentumstiteln ein langwieriges Geschäft mit notwendigem Kompromißcharakter war, wenn die Kommune nicht einen Teil ihrer gesellschaftlichen Basis verlieren wollte (140). Zum anderen lastete auf der Kommunearbeit ab April der Krieg mit Versailles, der alles überschattete und einen großen Teil der verfügbaren Kräfte absorbierte (Rol-Tanguy, 1975).

Schließlich kommt ins Spiel, daß die Mitglieder des Rates nur geringe Erfahrungen mit dem Prozeß demokratischer Willensbildung hatten. Vor 1864 war der Klassenkampf unter der Knute einer repressiven Gesetzgebung geführt worden; danach beeinträchtigten staatliche Eingriffe wie die drei in Prozessen durchgesetzten Verbote der Internationale und das generelle Verbot, auf öffentlichen Versammlungen über Politik zu sprechen, die Entfaltung demokratischer Organisationsstrukturen beträchtlich. Eine solche Vorgeschichte aber geht in das revolutionäre Experiment ein, da "Organisation im Unterschied von den früheren, utopischen Versuchen des Sozialismus, nicht ein künstliches Produkt der Propaganda, sondern ein historisches Produkt des Klassenkampfes" (R. Luxemburg, Polit. Schriften, Bd. 3, 1968, 84) ist. Diese Vorgeschichte ist auch zur Erklärung für den chaotischen Charakter der Debatten und die geringe Effizienz der Parlamentsarbeit heranzuziehen, die von Zeitgenossen und Sekundärliteratur unisono beklagt wird (Soria, 1970/71, Bd. 3, 57f.; Rougerie, 1975, 49; Decouflé, 1965, 107f.).

In der heutigen Forschung ist nach wie vor kontrovers, in welchem Maße die Souveränität des Pariser Volkes von den in der Kommune neugeschaffenen Institutionen bewahrt und gefördert wurde. Bruhat sieht in dem Zusammenwirken von Kommune-Rat und Basisorganisationen das Optimum eines demokratischen Willensbildungsprozesses erreicht (Bruhat, 1972, 166-168). Rougerie urteilt demgegenüber sehr viel zurückhaltender. Die Kommune habe zwar bemerkenswerte Ansätze direkter Demokratie entwikkelt (Rougerie 1964b, 180-185; ders., 1971b, 219-224, bes. 222). Aber noch habe das System viel zu unzureichend funktioniert, als daß dauerhafte Mechanismen für die effektive Weitervermittlung von Basisinteressen und für die Rückmeldung von Basis- und Ratsentscheidungen kontinuierlich hätten sorgen können. Bruhat hat allerdings zu Recht als wesentliches Merkmal der Kommune-Realität betont, daß im Falle eines Konfliktes zwischen den Interessen der Arbeiter und denen der Kleinunternehmer der Kommune-Rat durchweg den Interessen der Arbeiter den Vorrang einräumte (Bruhat, 1972, 165f.).

b. Revolutionierung des Staatsapparates

Revolutionen können nur dann die Gesellschaft verändern, wenn das Gewaltmonopol des vorrevolutionären Staates ausgeschaltet bzw. unter Kontrolle gebracht ist. Dabei geht es keineswegs allein um die Entmachtung der alten Herrschaftseliten, obwohl deren Macht oder Ohnmacht, Loyalität oder Illoyalität für das revolutionäre System eine existentielle Frage ist. Es handelt sich auch nicht nur um die Verfügung über Herrschaftsmittel, wie sie insbesondere von Militär und Polizei repräsentiert werden, obwohl sich an diesen beiden Bereichen im akuten Stadium der Revolution deren Durchsetzungschancen entscheiden dürften. Die langfristigen revolutionären Transformationen des Gesellschaftssystems werden darüber hinaus entscheidend davon abhängen, ob es gelingt, die konstitutiven Organisationsstrukturen des bürgerlichen Staates und hier vor allem das System der Bürokratie im Interesse der revolutionären Ziele umzuformen.

Diesen Punkt hat erstmals Marx in seiner Interpretation der Kommune angesprochen und damit einen Problemhorizont aufgezeigt, der bislang nicht einmal ansatzweise in systematischen Analysen eingeholt ist. Die spontaneistischen Autoren neigen dazu, die Bedeutung der organisatorischen Formen, in denen die revolutionäre Regierungsgewalt sich realisiert, überhaupt zu negieren und eher im Sinne des Marxschen Ausspruchs gegenüber Kugelmann die Zerschlagung des bürgerlichen Staates zu hypostasieren (MEW 17, 709). Das von Marx aufgezeigte Problem verflüchtigt sich auch, wenn man wie Max Weber die Bürokratie als konstitutiv für den modernen Staat annimmt und für die Zukunft entsprechend der technologischen Entwicklung einzig deren Ausdehnung in Quantität und Reichweite erwartet. Seinen Prämissen zufolge können Revolutionen für den staatlichen Machtapparat nichts anderes bedeuten als entweder den Austausch der politischen Führungsgarnitur durch Staatsstreiche oder kurz aufflackernde, emotional bestimmte Störungen des bürokratischen Geschäftsablaufs, denen mit Sicherheit die bürokratische Restauration folgt (Weber, 1964, 778). Marx Anregung wurde aber selbst von den marxistischen Kommune-Interpreten der KPF nur affirmativ statt analytisch aufgegriffen, wenn sie die inhaltliche Neubestimmung der Staatsfunktionen und die demokratische Form der Beamtenrekrutierung bereits als neue Qualität der Staatstätigkeit werten (Bruhat u.a., 1971, 155).

Marx hat der Revolutionierung des Staatsapparates durch die Kommune zwei Intentionen bzw. Aufgaben zugeschrieben: "Während es galt, die bloß unterdrückenden Organe der alten Regierungsmacht abzuschneiden, sollten ihre berechtigten Funktionen einer Gewalt, die über der Gesellschaft zu stehen beanspruchte, entrissen und den verantwortlichen Dienern der Gesellschaft zurückgegeben werden." (MEW 17, 340) Die Tatsache, daß der aus allgemeinen Wahlen hervorgegangene Kommune-Rat (141) gleichzeitig als Legislative, Exekutive und Judikative fungierte, war eine erste deutliche Abkehr vom bürgerlichen Staat. Darüber hinaus sollten die im Namen der Bourgeoisie wirkenden Repressionsinstanzen Armee, Polizei und Justiz in den Händen der Kommune nicht etwa als ein nun gegen die Bourgeoisie gerichtetes Unterdrückungsmittel fortwirken, sondern grundlegend verändert werden. So war beschlossen worden, das stehende Heer aufzulösen, die Polizisten und Richter des Empire zu entlassen, neue zu wählen, generell alle Beamten wähl- und abrufbar zu machen und ihr Gehalt auf 15 Francs pro Tag, d.h. die Höhe eines Facharbeiterlohnes zu begrenzen (142). Marx scheint das in diesen Beschlüssen angelegte Programm mit dessen Realisierung gleichzusetzen, und Generationen von Kommune-Forschern sind dieser Einschätzung gefolgt.

Die tatsächliche Verwaltungsstruktur während der Kommune ist demgegenüber bislang kaum untersucht worden (143). Man hat sich weitgehend damit begnügt festzustellen, daß die Mitglieder des Kommune-Rates nicht allein anfangs täglich, später alle drei Tage im Plenum tagten, sondern auch als Mitglieder der neuen Kommissionen des Kommune-Rates für bestimmte Verwaltungsressorts zuständig waren. Die Koordination aller Ratsaktivitäten sollte seit dem 29. März eine zehnte Kommission, die "Commission exécutive" gewährleisten. Diese Kommission wurde am 21. April völlig neu besetzt und die Ressortverteilung reorganisiert. Nunmehr vertrat je ein Delegierter die neun Ressorts (Finanzen; Militär; Justiz; allgemeine Sicherheit; Versorgung; Arbeit, Industrie, Handel; äußere Beziehungen; öffentliche Dienste, Erziehung). Zusätzlich wurde am 1. Mai als weiteres Zentralorgan das "Comité du Salut Public" eingerichtet. Von seinen fünf Mitgliedern wurden allerdings schon am 10. Mai drei ersetzt. Diese äußeren Merkmale der Organisationsstruktur sagen jedoch kaum etwas über ihre Funktionsweise.

Generell wissen wir noch wenig darüber, wie Beschlüsse des Kommune-Rats durchgeführt wurden, ob sie die Verwaltung umstrukturiert und ihr eine neue Funktion gegeben haben. War z.B. die Wahl von Beamten ein durchgängiges Prinzip oder eine Ausnahme und welchen Einfluß hatte sie auf die interne Hierarchie? (Bruhat u.a., 1971, 185; J. Rougerie, 1964, Proies, 246) Vieles spricht dafür, daß Programm und Realisierungsmöglichkeiten unüberbrückbar weit auseinanderklafften. Wie in anderen Bereichen war für die Kommune auch bei der Neubestimmung der Regierungsfunktion und der personellen Erneuerung des Regierungspersonals das schnelle Reagieren auf die äußere Bedrohung ganz offensichtlich wichtiger als das Lösen prinzipieller Probleme. Das einfache Inganghalten der Verwaltung scheint deutlich Priorität vor einer Strukturveränderung des vorgefundenen bürokratischen Systems gehabt zu haben. Unter den kritischen Existenzbedingungen der Kommune konnte die Revolutionierung des Regierungssystems zwangsläufig kaum mehr als Stückwerk oder Verheißung für die Zukunft sein. Das rückschauende, schonungslose Urteil des Kommunarden Lefrançais: "Leider brachte die Kommune wegen fehlender Zeit und militärischer Beschäftigung in ihre Verwaltungstätigkeit keine Neuerungsgedanken mit" (Lefrançais, 1902, 588 f.), sollte Anstoß genug sein, den gesamten Fragenkomplex neu anzugehen.

Dazu ist es erforderlich, sich zu vergegenwärtigen, welche Schwierigkeiten die Kommune hatte, die Stadt zu verwalten und zu regieren. Die Regierung Thiers hatte nach dem 18. März dem Verwaltungspersonal befohlen, Paris zu verlassen und nach Versailles zu kommen. Am 23. März forderte die provisorische Regierung der Pariser Kommune ihrerseits alle Verwaltungsangestellten auf, ihren Dienst in Paris wieder aufzunehmen (Laronze, 1928, 29). Mit dem Beschluß, alle Beamten, die "die verfassungswidrige Regierung von Versailles" anerkennen, zu entlassen (Bourgin/Henriot, 1924/1945, Bd. 1, 45)), stellte der Kommune-Rat darüber hinaus am 29. März den Beamten die Loyalitätsfrage. Über das Ausmaß der Fluchtbewegung von Staatsbeamten nach Versailles liegen zwar keine Angaben vor, aber aus den Berichten der Kommunarden läßt sich unschwer auf eine Massenbewegung schließen (144).

Die Kommune mußte also mit stark reduziertem Regierungspersonal arbeiten; und selbst dieses bestand keineswegs ausschließlich aus Kommune-Anhängern. So versuchte einer Nachricht vom 30. März zufolge der Direktor des Postwesens, den postalischen Verkehr zu sabotieren. Der Kommune-Rat beschloß daraufhin, die Post- und Marineverwaltung an sich zu ziehen (Bourgin/Henriot, 1924/45, Bd. 1, 65) und konnte mit dieser Maßnahme deren Funktionieren für die Folgezeit tatsächlich sichern (Bruhat, u.a., 1971, 176; Edwards, 1971, 62). Insgesamt aber stellte der Mangel an kompetenten Beamten die Kommune vor ernsthafte Probleme. Andrieu, der Delegierte des Kommune-Rates für innere Angelegenheiten (Services Publics), beschreibt in seinen Memoiren, welche Schwierigkeiten ihm bei der Reorganisation der Zentralverwaltung das fehlende Personal und die Sabotageakte von Versailles bereiteten. Interessant ist sein Hinweis, er habe durchweg mit den in Paris verbliebenen Beamten der Präfektur arbeiten können, die nach seiner Aussage schon im 2. Empire oft republikanisch gewesen seien (145). Vergegenwärtigt man sich die akuten Verwaltungsprobleme, so drängt sich die Frage auf, wie in einer solchen Situation überhaupt prinzipielle Strukturveränderungen hätten realisiert werden sollen. Am Beispiel des Polizei- und Justizwesens wollen wir dieser Frage näher nachgehen.

Das Polizeiwesen fiel in die Zuständigkeit der "Commission de la Sûreté Générale" und stand unter der Leitung des dieser Kommission angehörenden "Délégué à la Préfecture de Police". Schon seit dem 20. März bekleidete dieses Amt der überzeugte Blanquist Rigault, der am 21. April gleichzeitig zum Sicherheitsdelegierten ernannt wurde. Da er nicht bereit war, sich dem Kollegialsystem der Kommission zu unterwerfen, trat er bereits am 24. April als Sicherheitsdelegierter zurück. Sein Nachfolger wurde Cournet und am 13. Mai Ferré, ebenfalls ein Blanquist. Seinen Rücktritt vom Delegiertenamt wußte Rigault mit einer Stärkung seiner Position bei der Polizei zu verbinden. Ab 26. April fungierte er dort als "Procureur de la Commune" und ließ am 1. Mai sein Amt durch die Ernennung von vier Beigeordneten, nämlich Ferré, da Costa, Marteinville und Huguenot verstärken (Bourgin/Henriot, 1924/45, Bd. 2, 544f.).

Die Spitze des Polizeiwesens war damit während der gesamten Kommune-Zeit blanquistisch besetzt, was weitreichende Folgen dafür haben sollte, wie der Polizeiapparat reorganisiert und reorientiert wurde. Bei der Veränderung der Polizei standen die vorherigen Stelleninhaber entweder nicht mehr zur Verfügung oder waren politisch nicht tragbar. Denn der populäre Haß auf die Polizisten, der auch außerhalb von Paris verbreitet war, (Guillen in: Guillen (Hg.), 1972, 51) führte zu einer Säuberung des Polizeipersonals (Laronze, 1928, 60f.). Um in kürzester Zeit Ersatz zu schaffen, griff man auf den zwanzigjährigen Da Costa und dieser wieder auf Freunde aus dem Quartier Latin zurück, so daß die Besetzung der freien Stellen aufgrund persönlicher Kenntnisse und politisch-blanquistischer Affinitäten erfolgte, nicht jedoch durch Wahl. Die Polizei wurde in den Strukturen des 2. Empire restauriert, d.h. mit je einem Kommissariat in den Stadtvierteln, einer Zentralverwaltung und einem "Service du Cabinet" ausgestattet. Offensichtlich führte die schnelle und zufällige Rekrutierung von Polizisten dazu, daß jegliche Regelhaftigkeit in der Polizeiverwaltung aufhörte oder beschränkt war. Berichte wurden entweder gar nicht oder nur unvollständig geschrieben, Irrtümer entweder nicht entdeckt oder verspätet korrigiert. Nicht zuletzt war dieses Vorgehen eine direkte Folge jener beibehaltenen konspirativen Praxis der Blanquisten, keinerlei Informationen schriftlich niederzulegen, einer Praxis also, die jeglichen bürokratischen Verkehrsformen strikt zuwiderlief (da Costa, 1903/05, Bd. 2, 219f.).

Für das von Rigault energisch als Priorität aller Polizeiaktivitäten durchgesetzte Aufspüren und Entlarven von Verdächtigen, Verrätern und Geiseln (146) mochte der neue Polizeiapparat seinen Nutzen haben. Angeblich verfügte er Mitte April über rund 200 zuverlässige Beamte. Aber selbst der Blanquist und direkte Mitverantwortliche Da Costa beurteilte später die Funktionsfähigkeit des Polizeiwesens äußerst negativ: "Als sich die Ereignisse überschlugen, verfiel das gesamte System in vollständige Anarchie" (Da Costa, 1903/05, Bd. 2, 219). Damit bestätigte er im nachhinein die Aussagen von Chalain, der im Kommune-Rat auf die Vorwürfe, die Polizei führe die Dekrete der Kommune nicht aus, einwandte: "Ihr hättet am liebsten eine durchorganisierte Polizei, so als bestände sie schon lange; dieses werden wir erreichen, aber dazu braucht es Zeit". (Bourgin/Henriot, 1924/45, Bd. 1, 292)

Auch im Rechtswesen scheinen die tatsächlich durchgeführten Reformmaßnahmen mehr Notbehelf denn planvolle Strukturveränderung gewesen zu sein. Für die Ausgangssituation war es zumindest eine schwerwiegende Hypothek, daß auch hier das Personal innerhalb und außerhalb der Gerichte seine Arbeit weitgehend eingestellt hatte. Faktisch hatten die Gerichte aufgehört zu funktionieren (Bourgin, 1971, 42). Der Advokat Protot war während der Kommune durchgehend als Justizdelegierter für das Rechtswesen verantwortlich. Die anstehenden Probleme suchte er auf drei Wegen zu lösen. Zunächst einmal ging es ihm darum, Rechtsgeschäfte und Rechtsprechung überhaupt wieder nach geregelten Verfahren abwickeln zu lassen, was nicht zuletzt hieß, die Polizeiaktivitäten bestimmten Rechtsnormen zu unterwerfen. Dabei betätigte sich der Kommune-Rat selbst als Judikative, insofern er sich für das Kriegsgericht als Revisionsinstanz einsetzte und der Justizdelegierte die Tätigkeit der Anklagebehörde überwachen sollte. Als zweites hatte Protot akuten Personalmangel abzuhelfen. Er propagierte für die Neubesetzung der vakanten Stellen als Prinzip der Zukunft die Richterwahl und die feste Besoldung für Notare, Auktionskommissare, Gerichtsdiener und -schreiber. In der Praxis aber scheint Protot die erforderlichen Richter und Friedensrichter einfach ernannt zu haben (Laronze, 1928, 124f.; Rihs, 1955, 113ff.). Er fand sie unter solchen Bürgern, die sich stärker um die Legitimität als die Legalität der jeweiligen Regierung kümmerten (Laronze, 1928, 647). Schließlich veranlaßte Protot den Kommune-Rat die Rechtsformalitäten u.a. bei Testamenten, Adoptionen, Anerkennung von außerehelichen Kindern und Heiratsverträgen, also solchen Rechtsgeschäften, die auch den "peuple" von Paris beschäftigten, zu vereinfachen und vor allem kostenlos zu machen (Rihs, 1955, 113-117). Protots Arbeit blieb jedoch insgesamt Stückwerk und geriet immer wieder in das Schußfeld der Kritik. Zwar kam die freie Verteidigerwahl zustande, doch zum Entsetzen einiger Kommunarden wurden die Inhaber der "offices ministérielles" nicht ausgetauscht und Untersuchungsrichter sogar noch neu ernannt, obwohl die revolutionären Sozialisten schon vor der Kommune die Abschaffung der Untersuchungsrichter gefordert hatten (Lefrançais, 1902, 588f.).

Bei näherem Hinsehen zeigt sich also, wie die drängenden Aufgaben des Augenblicks den angestrebten Strukturveränderungen der Verwaltung enge Grenzen zogen. Dennoch wäre es falsch, alle Neuerungen in der Verwaltung allein als situationsbedingt und damit als wenig erheblich abzutun. Die Tatsache, daß das Verwaltungspersonal nach neuen Verfahren und Kriterien rekrutiert und nicht länger in einer Gehaltshierarchie privilegiert wurde (147), ist in mehrfacher Hinsicht politisch bedeutsam. Die Verwaltung näherte sich nicht nur sozial, sondern auch politisch dem "peuple" von Paris an. Berücksichtigt man, daß die politische und gesellschaftliche Orientierung der Beamten nicht ohne Auswirkungen auf die Richtung der Staatstätigkeit, die Interpretation von Gesetzen und Beschlüssen bleibt, so eröffnete die Kommune eine realistische Chance, auch die Funktion des Beamtenapparates neu zu bestimmen und sich damit einer Perspektive anzunähern, die das Organ der Internationale "La révolution politique et sociale" am 16. April angesprochen hatte: "Wir brauchen die Eingriffe des Staates mit allen ihm zur Verfügung stehenden Mitteln immer dann und dort, wo der einzelne nicht das einem Bürger zukommende Leben aus eigenen Kräften führen kann." (Zit. bei Rougerie, 1971b, 188 f.)

Nicht das Absterben des Staates, sondern die Veränderung der Funktionen von staatlicher Verwaltung, nicht Verwirklichung von demokratischen Prinzipien in der Bürokratie, sondern der Aufbau einer im Interesse der Bürger funktionierenden Verwaltung standen auf der Tagesordnung der Kommune. Insgesamt aber konnte der Leviathan-Staat sich während der Kommune nicht zum Staate assozierten Produzenten mausern. Aufgrund der militärischen und politischen Lage der Kommune nahmen die repressiven Staatsaufgaben notgedrungen einen gewichtigen Platz ein. Auch erfolgte die Bestellung von Beamten weiterhin kaum öffentlich und die Möglichkeiten, die Bürokratie effektiv zu kontrollieren, scheinen begrenzt geblieben zu sein. Die Pariser Kommune revolutionierte den Staatsapparat insofern, als die politische und gesellschaftliche Definitionsmacht ebenso wie die Träger der Herrschaft aus anderen gesellschaftlichen Quellen gespeist und in andere Richtung gelenkt wurden als zu Zeiten des 2. Empire. Diese Revolutionierung ging aber bei weitem nicht soweit, daß von einer Zerschlagung des bürgerlichen Staatsapparates die Rede hätte sein können (148).

c. Ziel-Mittel-Problematik

Nach den historischen Erfahrungen der Vergangenheit läßt sich die naive Auffassung, daß die Mittel, die die revolutionären Massen zur Erlangung ihrer Ziele benutzen, durch eben diese Ziele gerechtfertigt werden, nicht aufrecht erhalten. Das Verhältnis von Mitteln und Zielen der Revolution hat sich im Lichte der historischen Entwicklung als viel komplizierter und folgenschwerer herausgestellt. Denn die von den Revolutionären angewandten Kampfmethoden und -formen können nicht nur die Ziele ihrer Aktionen diskreditieren, sondern die Ziele auch in eine unerreichbare Ferne rücken. An den Ergebnissen der bolschewistischen Oktoberrevolution läßt sich ablesen, wie die zur Eroberung der Staatsgewalt benutzten Aktions- und Organisationsformen als konstituierende Bestandteile in die nachrevolutionäre Gesellschaft eingingen und zusätzlich zur internationalen Situation der UdSSR, ihrem ökonomischen Entwicklungsstand etc. zu strukturellen Belastungen auf dem Weg zum Sozialismus wurden. (Dieses Problem behandelt geradezu klassisch I. Deutscher, 1972, Trotzki, Bd. 2, S. 27ff.) Pointiert ausgedrückt taugten die Methoden der Eroberung der Staatsmacht eher dazu, die Herrschaft einer Partei zu installieren als der Arbeiterklasse die Macht im Staate zu gewähren.

Daß bestimmte Zielsetzungen bestimmte Mittel ausschließen, demonstriert überzeugend die Geschichte der Kommune. Wäre ihr Ziel die Behauptung der revolutionären Macht um jeden Preis gewesen, so hätte der Marsch auf Versailles, die Enteignung der Bank von Frankreich, die Organisation der "nation en armes", kurz eine Art Kriegssozialismus das Gebot der Stunde sein müssen. So lautet zumindest der Vorwurf einer realpolitisch argumentierenden Literatur (z. B. Bruhat u. a., 1971, 214). Angesichts der Präsenz preußischer Truppen, des Scheiterns der Provinz-Aufstände und der allgemeinen Apathie des Landes aber hätten wohl selbst solche Maßnahmen die Erfolgsaussichten der Kommune kaum erhöht. Die Kommune verstand sich jedoch als "Diktatur des Beispiels" und war deshalb nicht bereit, der Verteidigung der Stadt alle anderen Aufgaben zu opfern und das Gesetz ihres Handelns sich von außen diktieren zu lassen. Sie sah ihre Hauptaufgabe vielmehr darin, anhand konkreter Wohltaten die Bevölkerung von der Richtigkeit ihrer Ziele zu überzeugen. Ihre Aktionen, die aus der Perspektive der Verteidigung gegen das konterrevolutionäre Versailles oft wie Harakiri erschienen, trugen im Hinblick auf eine zukünftige sozialistische Gesellschaft zugleich die Züge einer konkreten Utopie.

Die Kommune bewegte sich keineswegs blind in diesem Spannungsverhältnis zwischen den Mitteln und Zielen der Revolution.

Es lohnt daher, am Beispiel der Kommune diese für jede Revolution kritische Ziel-Mittel-Relation anhand folgender zwei Fragen aufzuhellen. Wie können erstens die Mittel, die oftmals vom Gegner oder den Zwängen der jeweiligen Situation diktiert werden, mit dem Ziel einer demokratischen oder gar sozialistischen Gesellschaft vereinbart werden? Diese Frage stellte sich der Kommune vornehmlich in ihrer Reaktion auf die Gewalt, die Versailles anwandte, um die aufrührerische Stadt niederzuwerfen. Wie lassen sich zweitens Grundprinzipien der Revolution, wie der Appell an Selbsttätigkeit und Bürgersinn, mit der Notwendigkeit einer effektiven revolutionären Regierung vereinbaren? Dieses Problem konkurrierender Organisationsformen stellte sich der Kommune zwar am grundsätzlichsten und existenziellsten im militärischen Bereich, betraf aber nicht weniger weitreichend auch die zivile Verwaltung der Stadt.

Die Politik der Versailler Regierung ist zwar bislang kaum untersucht worden, doch läßt sich an der Versailler Reaktion auf die Kompromißangebote der Pariser Bürgermeister und an den Kampfmethoden der Konterrevolution zumindest soviel ablesen, daß Versailles von Anfang an die Niederschlagung des Kommune-Aufstandes als die einzig geeignete und mögliche Politik ansah (Angrand, 1958; Waldmann, 1973b). Bereits in einer Erklärung vom 17. März 1871 an die Pariser Bevölkerung hatte die Regierung Thiers den Widerstand eines Teiles der Stadt, die Verselbständigung der Nationalgarde von ihrem Oberkommando, den Bruch des staatlichen Gewaltmonopols in harten Worten gerügt und alle guten Bürger aufgefordert, sich von den Unruhestiftern zu trennen. Denn "nachdem wir diese Warnung gegeben haben, werden Sie (die guten Bürger) unseren Entschluß billigen, Gewalt einzusetzen, denn die Ordnung, die Bedingung für Ihr Wohlergehen, muß um jeden Preis unverzüglich und vollständig, sogleich und unangreifbar wiederhergestellt werden." (Murailles, 1874, Bd. 2, 3). Nach dem 18. März setzte die Versailler Ordnungspartei die Drohung in die Praxis um und schreckte dabei vor keinem Mittel zurück: Geiseln wurden genommen, übergelaufene Soldaten wurden als Deserteure behandelt, Gefangene mißhandelt und nicht selten erschossen.

Die Kommune reagierte mit erstaunlicher Zurückhaltung auf diese Praktiken. Als die Versailler am 4. April nach einer gescheiterten Gegenoffensive der Pariser Nationalgarde u.a. den gefangengenommenen General Duval erschossen hatten, beschloß der Kommune-Rat zwar nun seinerseits mit Repressalien gegen Versailles zu reagieren. Das Dekret über die Geiseln vom 5. April sah vor, daß eine jede von Versailles vorgenommene Hinrichtung von Kriegsgefangenen in Paris die Hinrichtung der dreifachen Zahl von Geiseln zur Folge haben würde. Ein Geschworenengericht sollte entscheiden, wer von den Versailler Gefangenen in Haft bleiben müsse oder gar als Geisel der Stadt anzusehen sei (Bourgin/Henriot, 1924/45, Bd. 1, 125). Einen Tag später drohte der Rat in einer öffentlichen Erklärung mit energischen Worten, er werde Versailles die Terrorakte "Auge um Auge, Zahn um Zahn" zurückzahlen (ebd., 125).

Die Praxis sah jedoch anders aus. Gegen den erklärten Willen zahlreicher Ratsmitglieder und Clubs, die bei der sich verschlechternden militärischen Lage allein mit den Methoden der Terreur meinten, die Kommune retten zu können (Rougerie, 1971b, 208ff.), handhabte der Kommune-Rat nur mit äußerster Vorsicht die gewaltsamen Mittel. Als am 3. April Blanchet vorschlug, die Frauen der Versailler Polizisten und Spione unverzüglich zu verhaften, behandelte die Kommune den Vorschlag dilatorisch und lehnte 6 Tage später den weiteren Vorschlag von Blanchet ab, gegen die Geiseln der Kommune die gleichen Repressalien anzuwenden, die die Kommune-Gefangenen in Versailles erdulden mußten (149). Auch als am 26. April dem Rat berichtet wurde, Versailler Truppen hätten vier Nationalgardisten, die sich dem Feind ergeben hatten, erschossen, lehnte es die Mehrheit des Rats ab, gemäß dem Dekret über die Geiseln eine dreifache Anzahl von Geiseln zu erschießen. Gegen die harte Linie der Blanquisten, die die Versammlung aufriefen, den gefangenen Erzbischof von Paris, Monsignore Darboy, nebst 12 gefangenen Gendarmen aus Versailles sofort zu erschießen, beschloß der Rat allein die Einsetzung einer Untersuchungskommission. Das Ratsmitglied Ostyn begründete diese Zurückhaltung folgendermaßen: "Wenn wir auch nur für einen Moment die Möglichkeit ins Auge fassen, daß wir unterliegen könnten, so müßte die Kommune trotzdem durch ihre Taten leben und deshalb müssen wir größer und besser handeln als unsere Gegner; das Werk der Kommune muß allgemeiner und humanitärer geplant werden als das ihrer Gegner." (Bourgin/Henriot, 1924/45, Bd. 1, 505) Dieselben Mittel wie Versailles zu benutzen, scheint die Kommune allgemein abgelehnt zu haben, heißt es doch in einer Erklärung des Rates vom 7. April: "(...) die Gewalt unserer Gegner beweist ihre Schwäche. Sie morden, die Republikaner kämpfen: die Republik wird siegen!" (Murailles 1874, Bd. 2, 211)

Abgesehen von der Turbulenz des 18. März, während der es nicht gelang, die Generale Lecomte und Thomas vor der Lynchjustiz ihrer Truppen zu retten (Rougerie, 1975, 41), war es in der Folgezeit für die provisorische Regierung des Zentralkomitees der Nationalgarde ebenso wie für den Kommune-Rat charakteristisch, daß sie Gewalt sehr vorsichtig einsetzten, weil sie sich bewußt waren, wie stark Mittel und Ziele der Revolution sich gegenseitig beeinflussen. Eine Ausnahme von dieser Regel brachte lediglich die Blutwoche von 21. bis 28. Mai. Als die in Paris vorrückenden Versailler Truppen wahllos Verdächtige exekutierten, plünderten und brandschatzten, griffen die Kommunarden zu ähnlichen Gegenmaßnahmen, erschossen die Geiseln und setzten öffentliche Gebäude in Brand. Diese Formen der unkontrollierten Gegengewalt waren deutlich situationsbedingt und unterschieden sich von der während der regulären Kommune-Phase mehrfach angewandten symbolischen Gewalt. Die Zerschlagung der Guillotine symbolisierte die Abkehr von blinder Gewaltanwendung und Terror und die Option für eine vernünftige Revolution. Der Sturz der Vendôme-Säule, auf deren Spitze Napoleon I. stand, bedeutete die Absage an "Barbarei, (...) brutale Kraft und falschen Ruhm" (Bourgin/Henriot, 1924/45, Bd. 2, 190), die Zerstörung des Palastes von Thiers demonstrierte die Empörung über die Politik von Versailles (Laronze, 1928, 132f.). Insgesamt wandte die Kommune also Gewalt nicht nur anders an als die bürgerlicher Regierung in Versailles, sondern benutzte auch eine andere Gewalt.

Das Problem der Effizienz wurde von der Kommune weitaus unentschiedener gehandhabt als das der Gewalt. Die Kommune stand sowohl auf dem Gebiet der militärischen als auch auf dem der zivilen Organisation von Anfang an vor dem Dilemma, zwischen der zwangsläufig zunächst chaotischen Einübung von demokratischen Formen und den Erfordernissen einer möglichst effektiven Verwaltung ausgleichen zu müssen. Dieses Dilemma beherrschte insbesondere den Militärbereich.

In der Nationalgarde wurde nach der überzeugenden Darstellung von Decouflé Selbstorganisation stellenweise als Insubordination praktiziert, institutionelle Autonomie in Amtsanmaßung umgesetzt, Erfordernisse der Verteidigung in den Primat des Militärischen umgedeutet. Das führte auf der einen Seite dazu, daß der Dienst mehr schlecht als recht ausgeführt wurde, Soll-Stärken nur auf dem Papier standen (150), im Kampf gegen Versailles dilettantische Fehler gemacht wurden, und daß auf der anderen Seite die Nationalgardisten in der Stadt bisweilen selbstherrlich Besitz beschlagnahmten, Personen inhaftierten oder sich als saufende Soldateska aufführten (Decouflé, 1969, 119f.). Um dieser Situation zu begegnen, gab es nach den Worten der Kommunardin Louise Michel zwei Möglichkeiten: die Lösung Rossel, d.h. die traditionelle Disziplin von oben nach unten, und die Lösung Delescluze, d.h. den Appell an die Initiative und Spontaneität des Volkes (151).

Rossel war bereits unter Napoleon III. Offizier gewesen und kam erst am 20. März nach Paris, um sich der Kommune anzuschließen. Er versuchte zunächst als Chef der Legion des 17. Arrondissements, dann ab Anfang April unter Cluseret als

Generalstabschef, seit Mitte April als Präsident des neugeschaffenen Kriegsgerichtes und schließlich vom 1. - 9. Mai als Kriegsdelegierter die Subordination als Prinzip notfalls auch mit Hilfe einer strengen Militärgerichtsbarkeit zu restaurieren, das Kommando der Truppen auf dem linken Seine-Ufer zu zentralisieren, die Artillerie-Batterien zu beschlagnahmen, in der Stadt ein Verteidigungssystem aufzubauen, die verschiedenen Armeeteile streng zu kontrollieren und zu koordinieren, kurzum das Verteidigungspotential zu registrieren und zu konzentrieren. In allen Ämtern kam er trotz seines unentwegten Einsatzes nicht zum Ziel und erntete immer wieder die herbe und bisweilen handgreifliche Kritik der "echten" Revolutionäre, die dennoch zugleich immer auf Rossel angewiesen blieben (Bourgin/Henriot, 1924/45, Bd. 2, 309).

Diese Ambivalenz läßt sich am Kriegsgericht illustrieren. Der Kommune-Rat selbst setzte das Gericht Mitte April gegen die wuchernde Disziplinlosigkeit der Nationalgarde ein. Kaum waren jedoch die ersten äußerst strengen Urteile ohne Rücksicht auf die beklagten Personen und besonderen Umstände gefällt, kam es zu Demonstrationen der Nationalgardisten, der Kommune-Rat empörte sich über derartige Disziplinarmaßnahmen und kassierte sie u.a. mit folgender Überlegung: "Mag sein, daß es um Desorganisation ging. Aber ein derartiges Urteil zu fällen, half die Nationalgarde demoralisieren." (Zit. nach Decouflé, 151) Vallès schloß sich dieser Meinung an, indem er berichtete, daß auch Offiziere über das Urteil empört seien. "Wenn das andauert, wird es uns gelingen, den Dienst der Nationalgarde vollständig zu desorganisieren." (Bourgin/Henriot, 1924/45, 470) Um den Elan der Miliz nicht zu brechen, die als Schrittmacherin und Stütze der Kommune galt, nahm der Rat Disziplinlosigkeit in Kauf, die dann die militärische Niederlage von Paris beschleunigen sollte. Bekanntlich zogen durch ein unbewachtes Stadttor die Versailler Truppen zur Entscheidungsschlacht in die Stadt ein.

Rossel trat wegen der anhaltenden Gehorsamsverweigerung am 9. Mai vom Amt des Delegierten zurück. Ihm folgte im Amt der Zivilist und 1848er Revolutionär Delescluze, der auf den Barrikaden sterben sollte. Er organisierte die letzten Tage des Verteidigungskampfes und appellierte noch am 21. Mai an die spontane Kampfbereitschaft des Volkes, die er höher veranschlagte als die traditionelle Militärtechnik und -organisation: "Bürger, genug vom Militarismus, kein Generalstab mehr mit Sternen und Goldstreifen! Platz dem Volk, den kämpfenden, den nackten Armen! Die Stunde des revolutionären Kampfes hat geschlagen! Das Volk versteht nichts von den klugen Manövern, aber wenn es ein Gewehr in der Hand hat, Pflaster unter den Füßen, fürchtet es die Strategen der monarchistischen Schule nicht. Bürger zu den Waffen!" (Zit. nach Decouflé, 1965, 186) Doch weder Rossel noch Delescluze sollte es gelingen, des Chaos in der Nationalgarde Herr zu werden.

Direkte Demokratie und Effizienz waren auch im Bereich der Regierungsorganisation zwei unvereinbare Prinzipien, deren Konflikt neben der Verteidigungsbereitschaft der Kommune auch die Rechtssicherheit der Bürger infrage stellte. Es besteht in der Forschung kein Zweifel an der Ineffektivität der Tätigkeit des Kommune-Rates, der Legislative und Exekutive zugleich war. Der Rat verzettelte sich in Detailfragen, warf spontan die Tagesordnung um, gab der gallischen Rhetorik häufig nach und zeichnete sich eher durch Verbalismus denn durch gezielte Maßnahmen aus. Dieser allgemeine Zustand zeigte sich auch in einer wenig klaren Abgrenzung der Kompetenzen zwischen einzelnen Delegierten und der mangelnden Durchsetzungsfähigkeit des Rates. Die Abgeordneten, die der Rat als Verantwortliche für einzelne Ressorts delegierte, verfügten besonders im Bereich der Wahrung von Sicherheit und Ordnung nicht über klar abgesteckte Befugnisse. Die Kompetenzstreitigkeiten zwischen den Kriegs-, Sicherheits- und Justizdelegierten und ihren jeweiligen Mitarbeitern scheinen geradezu an der Tagesordnung gewesen zu sein (Bourgin/Henriot 1924/45, Bd. 1, 47, 117ff.; Séances Officielles, 140ff., 164f.). Die Unübersichtlichkeit der Herrschaftsstrukturen wurde dadurch noch verstärkt, daß das Zentralkomitee der Nationalgarde sich zwar nach den Wahlen zum Kommune-Rat verbaliter aus der Politik zurückzog, realiter aber weiterhin eine wichtige Rolle spielte und sowohl auf zentraler Ebene als auch in den "Conseils de Legion" die Maßnahmen der Kommune und der Stadtverwaltungen behinderte oder gar unmöglich machte (Bourgin/Henriot, 1924/45, Bd. 1, 470ff.; Decouflé, 1969, 119ff.). Unter diesen institutionell wirren Bedingungen ist es kein Wunder, daß der Kommune-Rat seine Beschlüsse nur selten in die Tat umsetzen konnte. Avrial klagte am 2. Mai: "Wenn Ihr heute Beschlüsse verabschiedet, so habt Ihr keine Mittel, sie ausführen zu lassen. Die Kompetenzen der Stadtverwaltung sind nicht bestimmt, man schiebt sich gegenseitig die Verantwortung zu, und man macht nichts Gutes. Wir brauchten eine ernsthaftere Organisation. Diese müssen wir anstreben, wenn wir die Kommune errichten wollen." (Séances Officielles, 148)

Das Verhältnis zwischen Rat und Stadtverwaltung, das Avrial ansprach, lag in der Tat im Argen. Die Personalunion zwischen Abgeordneten im Kommune-Rat und Verwaltern des sie wählenden Arrondissements bestand nur auf dem Papier, da die Abgeordneten aufgrund zahlreicher anderer Verpflichtungen in der Nationalgarde und in den Delegationen nicht in der Lage waren, sich um die Angelegenheiten ihrer Stadtviertel zu kümmern (152).

Glaubt man einem Polizeibericht, so war Fränkel als Abgeordneter des 13. Arrondissements überhaupt nicht in der Verwaltung des Arrondissements tätig, das ihn gewählt hatte (Freiermuth, 1973, 24). Und er war kein Einzelfall. Der umfangreiche Arbeitsanfall im Kommune-Rat machte eine Arbeit in den Arrondissements nahezu unmöglich. Wenn ein Dekret vom 26. April auch die Kompetenzen der Mitglieder des Kommune-Rates einschränkte und die Rechte der von ihnen ausgesuchten Beisitzer in den Arrondissements erweiterte (Bourgin/Henriot, 1924/45, Bd. 1, 501f.), bestanden doch gravierende Unterschiede zwischen den Stadtvierteln je nach Aktivität der Verwaltungen fort (153). Die Kompetenzüberschneidungen in der Verwaltung wirkten sich also nicht zuletzt im täglichen Leben negativ aus (Freiermuth, 1973, 106ff.). Weitere Untersuchungen über einzelne Arrondissements müßten diese generelle Tendenzaussage bestätigen bzw. korrigieren.

Den negativen Folgen, die diese Situation für die Verteidigungskraft der Stadt hatte, versuchte das Zentralkomitee der Nationalgarde durch eine Militärdiktatur, der Kommune-Rat durch einen Wohlfahrtsausschuß zu begegnen. Innerhalb der Nationalgarde sollen im Laufe des Monats April Überlegungen angestellt worden sein, anstelle der zerstrittenen zivilen Instanzen der Bürgermiliz die Macht zu übertragen und so für eine Ausrichtung des gesellschaftlichen und wirtschaftlichen Lebens auf die Bedürfnisse der Verteidigung zu sorgen (Choury, 1967, 326ff.). Wenn diese Pläne auch nicht in die Tat umgesetzt wurden, so zeugten sie doch ebenso wie der Beschluß des Kommune-Rates vom 1. Mai, einen Wohlfahrtsausschuß zu bilden, von der offensichtlich verbreiteten Vorstellung, durch Zentralisierung dem Chaos abhelfen zu können. Im Rat und in den Clubs erwartete man von einer straffen Führung eine wirksamere Politik und entschied sich deshalb für das Instrument von 1793, selbst um den Preis, daß sich dadurch der Kommune-Rat weiter von der Basis entfernte (Rougerie, 1971b, 158ff.). Doch auch dieses fünfköpfige Komitee konnte mit seinen unklar umrissenen Kompetenzen den Regierungsgeschäften keine andere Gangart verpassen. Daran änderte auch eine am 10. Mai vorgenommene Umbesetzung nichts.

Organisatorische Veränderungen an der Spitze konnten die Probleme nicht lösen, die aus den Kompetenzstreitigkeiten zwischen den einzelnen Ressorts der Kommune und dem Zentralkomitee der Nationalgarde sowie aus mangelnder Koordination zwischen Rat und Stadtverwaltung entstanden. Fehlen auch noch detaillierte Untersuchungen zu diesem Problemkreis (154), so kommt sowohl in Klagen von Bürgern als auch in den Memoiren von Andrieu oder Rossel der Mangel an eben jenen Eigenschaften zum Ausdruck, die Max Weber als Spezifikum bürokratischer Strukturen genannt hat: funktionierende Anweisungsordnung, verläßliches und berechenbares Vorgehen.

Mit dem Aussetzen dieser im bürgerlichen Staat durchgesetzten Verwaltungsmaximen entfielen während der Kommune zugleich auch deren Funktion, den einzelnen Bürger vor der Regierungsgewalt zu schützen. Am 20. April führte der Justizdelegierte Protot dem Rat vor Augen, wie die fehlende Abgrenzung der Kompetenzen zwischen Justiz, allgemeinem Sicherheits- und Kriegsressort zu willkürlichen Verhaftungen führe und daß er erst neulich 680 Bürger aus den Gefängnissen entlassen habe, die dort ohne jedes Motiv, es sei denn aus individuellen Racheakten inhaftiert worden seien (Bourgin/Henriot, 1924/45, Bd. 1, 471f.). Ähnlich alarmierende Neuigkeiten trug J. Vallès den Abgeordneten vor, als er am 12. Mai ausführte: "Ich habe das Gefängnis Cherche-Midi besucht, wo bedauernswerte Dinge stattfinden. Dort findet ein dauerndes Hin und Her von Verhaftungen und Entlassungen statt! Ohne daß sie wissen warum, bleiben Bürger 10 bis 12 Tage inhaftiert, ohne daß man sie verhört; sie meinen manchmal gar, daß man sie erschießen wird, wenn sie nur 24 Stunden Gefängnis verbüßen müssen." (Ebd., Bd. 2, 358)

Die Erfahrungen der Kommune im militärischen und zivilen Bereich werfen die Frage nach der Vereinbarkeit von Demokratie und Effizienz auf. Die frisch erworbenen Möglichkeiten, durch Wahl der Vorgesetzten und interne Willensbildungsprozesse das Joch des Kadavergehorsams abzuschütteln, hatten offensichtlich nur bei Teilen der Bürgermiliz zu einer Selbstdisziplin geführt, die den Verzicht auf die traditionelle militärische Subordination möglich gemacht hätte. Wenn die Kommune den Nationalgardisten ermöglichte, Erfahrungen beim Gebrauch der neugewonnenen Freiheit zu machen, so ging dieses eindeutig auf Kosten der effizienten Verteidigung und verringerte die Lebensdauer der Kommune. Im zivilen Bereich schlug sich die fehlende Effizienz umgekehrt zuungunsten der Demokratie nieder: die mangelnde Kompetenzabgrenzung und Bürokratisierung hinderte Bürger an der Wahrnehmung ihrer Interessen. Trotz dieser Dilemmata aber bleibt die Organisationsform der Kommune ein richtungweisender Versuch, insofern das Spannungsverhältnis von Basisaktivität und Bürokratie, Demokratie und Effizienz nicht von vornherein als antagonistische Alternative aufgelöst wurde. Zumindest im Ansatz wurde versucht, die Verwaltung an die Kontroll- und Wahlbefugnisse der Massen zurückzubinden, und so die Bürokratie von einem durch Gehalt, Prestige und Selbstbewußtsein ausgezeichneten autonomen sozialen Subsystem zu einem nur noch durch seine Funktion unterschiedenen Teil der Gesellschaft zu machen.

5. Kosten und Nutzen

Die Frage nach Kosten und Nutzen einer Revolution und dazu noch in diesem der Wirtschaftslehre entlehnten Vokabular zu stellen, ist bislang in der Forschung noch zu ungewöhnlich, als daß sie sich nicht rechtfertigen müßte. Eine derartige Bilanzierung setzt sich Mißverständnissen aus. Es geht nicht darum, den Historiker zum Buchhalter der Revolutionen zu machen. Im nachhinein per Saldo die Berechtigung eines revolutionären Aufstandes in Frage stellen zu wollen, wäre ebenso unergiebig wie ein Fazit auf der Basis des aktivistischen Theorems, daß nur in der Aktion die revolutionäre Situation und damit die Möglichkeit des Sieges zu erkennen sei.

Uns geht es vielmehr darum, Kriterien auszuarbeiten, die ausgewiesene und damit überprüfbare Urteile über Revolutionen überhaupt erst möglich machen. Damit wenden wir uns einmal gegen eine affirmative Geschichtsschreibung, für die der positive oder negative Ausgang einer Revolution als Verdikt der Geschichte ausreicht, um den Wert bzw. Unwert von revolutionären Bewegungen zu beurteilen. Zum anderen setzen wir uns von dem nicht weniger fragwürdigen Verfahren ab, die Urteilskriterien einfach dem herrschenden "common sense" oder einem abstrakt gesellschaftlichen Wohl zu entlehnen, ohne sie zu explizieren. Sofern Revolution nicht als plötzliches Ereignis, als großer Kladderadatsch, sondern als Phase im Prozeß der Umwälzung einer Gesellschaft verstanden wird, ist gegen die erste Argumentationsrichtung einzuwenden, daß selbst bei einer gescheiterten Revolution Teilerfolge im revolutionären Prozeß erzielt werden können und daß Niederlagen in der longue durée des Klassenkampfes (P. Vilar) immer auch positive Züge tragen können. Gegen den zweiten Ansatz ist einzuwenden, daß es wenig ergiebig ist, je nach politischer Position den prinzipiell guten Charakter der Revolution zu unterstellen. Selbst ein prinzipieller Revolutionsbefürworter wird die Unterscheidung zulassen müssen, daß eine Revolution zwar von der Existenz gesellschaftlicher Ungleichheit zeugt, diese aber nicht zwangsläufig beseitigt. Statt der normativen Fixierung auf ein Modell historischer Revolutionen ist deshalb die differenzierte Analyse der gesellschaftlichen Kosten und des gesellschaftlichen Nutzens politisch und wissenschaftlich ertragreicher (von Beyme, 1973, 22).

Die hier geforderten Kriterien sollen den Weg zu historisch und politisch gleichermaßen sinnhaltigen Urteilen über eine Revolution markieren. Um die Reichweite einer Revolution auszuloten, würden Kriterien, die sich allein auf die Herrschaftseliten und deren Austausch oder die Verfassungsreformen und deren Verwirklichung beziehen, zu kurz greifen. Vielmehr sind Kosten und

Nutzen einer Revolution daran zu messen, inwiefern die unterprivilegierten Teile einer Gesellschaft substantiell gefördert wurden. Die Veränderungen in der Situation der Arbeiterklasse sind daher für Revolutionen unter kapitalistischen Bedingungen und in Übergangsgesellschaften aussagekräftige Indikatoren zur Einschätzung von Kosten und Nutzen. Erfolgreich wäre eine Revolution dann in dem Maße, wie sie die im 18. Jahrhundert proklamierten Prinzipien der bürgerlichen Gesellschaft - Freiheit, Gleichheit, Brüderlichkeit - auch für die Arbeiter materiell durchzusetzen vermochte. Sowohl die Verbesserungen in den materiellen Arbeits- und Lebensbedingungen als auch die vermehrten Chancen sich zu organisieren, sich zu artikulieren und Selbstbestimmung zu verwirklichen, ergeben dann den Maßstab zur Beurteilung einer Revolution.

Es ist keineswegs einfach, diese Kriterien an die Pariser Kommune anzulegen und zu fragen, in welchem Ausmaße sich die Kommune kurz- und mittelfristig positiv bzw. negativ auf die Arbeiterklasse und die Arbeiterbewegung ausgewirkt hat. Wir wollen hier von mehreren möglichen Ansätzen drei durchspielen. Zunächst versuchen wir zu klären, welche Auswirkungen die Pariser Kommune für die Weiterentwicklung der Arbeiterbewegung gehabt hat. Dann untersuchen wir, welche politischen Schlußfolgerungen die gesellschaftlich herrschenden Kräfte aus der gescheiterten Revolution zogen. Diente die Kommune als Menetekel, um sozial-reformerische Maßnahmen zu legitimieren oder bot sie den Verfechtern des Status quo ein leicht zitierbares abschreckendes Beispiel, um jegliche Veränderung zu diskreditieren? In einem dritten Zugriff versuchen wir schließlich, diese ex-post-Beurteilung der Revolution stärker politisch zu gewichten, indem wir die Revolution auf die vorrevolutionäre historische Situation beziehen und fragen, ob Aktionen, die direkt auf den revolutionären Umsturz abzielten, in der konkreten Situation gesellschaftlich berechtigt und politisch aussichtsreich oder aber verantwortungslos putschistisch waren.

a. Auswirkungen auf die Arbeiterbewegung

Die Auswirkungen der Pariser Kommune auf die Arbeiterklasse und Arbeiterbewegung sind in der bisherigen Forschung für die innerfranzösische anders als für die internationale Entwicklung beurteilt worden. Während für die internationale Arbeiterbewegung die Pariser Kommune sehr positiv eingeschätzt wurde (155), unterstrich man für die französische Arbeiterbewegung deren zumindest kurzfristig katastrophalen Folgen (Azéma/Winock, 1970, 68; Plessis, 1973, 229; Rougerie, 1964b, 242f.). Diese Beurteilung ist heute nicht mehr voll aufrechtzuhalten (156).

Gewiß schränkte die Niederschlagung der Kommune zunächst einmal die Möglichkeiten der französischen Arbeiter, ihre Interessen politisch zu artikulieren und zu organisieren, entscheidend ein (Bourgin, 1939). Das Massaker, die Verhaftungen und Deportationen vernichteten die Pariser Arbeiterbewegung. Die Jagd auf Mitglieder der Internationale und der Kommune in ganz Frankreich zerstörten die bestehenden politischen Organisationen und machten es den französischen Arbeitern so gut wie unmöglich, sich nach 1871 politisch neu zu organisieren. "Harte Jahre für die amputierte, verschuldete, überwachte und beargwöhnte Arbeiterklasse, diese Jahre unter Thiers und MacMahon. Paris hat ungefähr 100 000 Arbeiter verloren: 20 000 bis 30 000 wurden wohl getötet, 40 000 verhaftet, der Rest war geflohen..." (Perrot, 1974, 183). Selbst völlig unpolitische Organisationen wurden streng überwacht, und die Repression schlug unterschiedslos und unerbittlich zu (ebd., 183ff., Bron, 1968, 235ff.). Der erste nationale Kongreß verschiedener sozialistischer Splittergruppen kam nicht vor 1879 zustande und konnte nicht wieder dort anknüpfen, wo die Kommune 1871 stehen geblieben war. Mühsame Überzeugungs- und Organisationsarbeit war zu leisten (Joughin, 1955).

Ohne Zweifel waren also Blutbad und Repression extrem hohe Kosten des Kommune-Aufstandes. So offensichtlich es ist, daß die Kommune das gesamte Unterdrückungspotential des Staates mobilisierte, so auffällig ist es jedoch auch, daß die Kommune nicht zum Anlaß wurde, den Staat mit grundsätzlich neuen Repressionsmitteln und -methoden auszustatten oder diese zu modernisieren. Der Einsatz von Militär und Militärgerichtsbarkeit gegen "Staatsfeinde", politische Überwachung und Verbot von politischen Organisationen gehörte bereits seit langem zum Arsenal des bürgerlich-liberalen Staates (157).

Wenn die Provokationen gegen Paris, die schließlich den Kommune-Aufstand auslösten, tatsächlich von Seiten der Kapitalisten in der Absicht geschehen sein sollten, die Auseinandersetzung zwischen Lohnarbeit und Kapital auf Jahre hinaus zu ihren Gunsten stillzulegen (s. Hunecke, 1974, 91f.), so war dieses Ziel - wie wir erst seit den Forschungen von M. Perrot wissen - gründlich gescheitert. Die heftigen Arbeitskämpfe der sechziger Jahre gingen unvermindert weiter. Trotz des blutigen Exempels an der Kommune und trotz des scharfen strafrechtlichen Vorgehens der Regierung des "ordre moral" gegen Streikende (M. Perrot, 1974, 182) brach die Streikbewegung nicht ab, sondern setzte sich in etwa gleicher Größenordnung wie vor 1871 fort und hatte vorübergehende Tiefpunkte erst in den Jahren 1873 und 1877 (Perrot, 1974, 80ff.; Moutet, 1967). Außerdem stieg in den 1870er Jahren die Zahl der Gewerkschaften und der gewerkschaftlich Organisierten weiter steil an. Zwar ist nach wie vor unbekannt, ob in der Zeit der Verfolgung, die ab Mitte der 1870er Jahre mit einem Konjunkturabschwung zusammenfiel, die Ausbeutung durch verlängerte Arbeitszeiten, Intensivierung der Arbeit, höhere Unfallquoten etc. zunahm; doch deuten die von Rougerie für Paris herausgearbeiteten steigenden Reallöhne (Rougerie, 1968a) darauf hin, daß der Kampf der Arbeiter erfolgreich war. Dabei war ihnen offenbar zu Beginn der 1870er Jahre eine von den Unternehmern häufig beklagte Arbeitskräfteknappheit zugute gekommen (Perrot, 1974, 138f.). Jedenfalls aber hat die von Perrot erstmals systematisch über eine lange Zeit hinweg vorgenommene Analyse der Arbeitskämpfe deutlich gemacht, daß der Pariser Kommune in diesem Punkte bislang zu Unrecht erhebliche Kosten angelastet wurden. Weder die Niederlage der Kommune noch die Demonstration des staatlichen Gewaltpotentials vermochten, den Widerstandswillen der Arbeiter zu lähmen.

Von Nutzen kann die Pariser Kommune der französischen Arbeiterbewegung am ehesten als Erfahrung und Orientierungshilfe gewesen sein. Immerhin reichte in Frankreich die Erfahrung der Kommune aus, um nachhaltig die Möglichkeit einer friedlichen Übereinkunft zwischen Lohnarbeit und Kapital zu dementieren. Einen Schulze-Delitzsch gab es in Frankreich nicht. Welche Rolle der Rekurs auf die Himmelsstürmer (Marx) außerdem in den Kongressen der französischen Arbeiterparteien und Gewerkschaften, in Streiks und politischen Aktionen, in den Arbeiterbildungsvereinen und in Büchern, Bildern oder Parolen, in den Festen, Symbolen und Riten der Arbeiter gespielt haben mag, wäre zu untersuchen. Die Kanäle, auf denen die glorifizierte Kommune in die Massen gelangte, sind bis heute nicht zureichend bekannt.

Eine These wie die von G. Haupt, daß die Kommune-Tradition der Arbeiterklasse das Bewußtsein ihrer Geschichtsmächtigkeit und damit ein wichtiges Element ihres Klassenbewußtseins gegeben habe, ist daher für Frankreich ebenso wie für andere Länder zur Zeit nur eine anregende Arbeitshypothese (G. Haupt, 1972, 5f.). Nach den Arbeitsergebnissen von M. Rebérioux soll der Rückbezug auf die Kommune jedoch schon vor dem ersten Weltkrieg merklich zurückgegangen und nach 1918 von der Oktoberrevolution verdrängt worden sein, obgleich das Prestige der Kommune ungeschmälert blieb (Rebérioux, 1972, 290ff.). Auch M. Perrot hat in ihrer Analyse der Streiks ermittelt, daß die Kommune in den Texten und Reden immer seltener auftauchte (Perrot, 1974, 609). Allerdings kann dies in einer Zeit, in der - wie im März 1885 - Erinnerungsfeiern an die Blutwoche noch den Aufmarsch von Truppen provozierten und und selbst Todesopfer kosteten, eventuell nur die gebotene Vorsicht widerspiegeln (ebd.,

698). Insgesamt ist der Symbolwert der Pariser Kommune und seine Bedeutung für die Ausbildung des Klassenbewußtseins heute kaum mehr als Hinweis und Hypothese. Eine erschöpfende Analyse dieses schwierigen und wichtigen Feldes steht noch aus.

Wenn die Kommune als Symbol und Erfahrung sowohl die Aktionen und Organisationen der französischen Arbeiter, als auch die der internationalen Arbeiterbewegung nachhaltig beeinflußte, so fungierte sie offenbar im besten Fall als eine Erfahrung, die theoretische Diskussionen anregen, Einschätzungen revidieren und die Agitation beleben konnte. Häufig genug jedoch wurde sie mythisch verklärt und damit rationaler Erkenntnis weitgehend entzogen und schließlich einsetzbar als legitimatorische Floskel für unterschiedliche Programme und Strategien. Wie die Kommune für Sozialisten Gegenstand und Anreiz der theoretischen Reflexion sein konnte, haben G. Haupt und K. Meschkat gezeigt (Meschkat, 1965; G. Haupt, 1972). Besonders Marx Analysen der Kommune machen deutlich, daß das Abarbeiten an einer historischen Erfahrung unter Fragestellungen, die für die jeweilige Gegenwart relevant sind, möglich ist und die Analyse der Gegenwart vorantreibt. So hat Marx mit der Analyse der Kommune - die freilich erst im Kontext der Richtungskämpfe innerhalb der Internationale Relief erhält - sein Konzept vom Staat präzisiert, dabei die Konturen einer zukunftweisenden "Regierung der Arbeiterklasse" entworfen und schließlich praktisch-politisch auf die notwendige Ausbildung einer breiten Massenbewegung geschlossen. Dieses produktive Lernen aus der Kommune, das man ebenso gut am Beispiel von Lavrov (Lavrov, 1880) oder Lenin illustrieren könnte, hörte allerdings im 20. Jahrhundert auf, als einerseits die Kommune parteioffiziell als Dogma und Ritual eingesargt und damit für eine kritische Analyse der Gegenwart kaltgestellt wurde, und als andererseits positivistische historische Puzzle-Arbeit die politische und soziale Sprengkraft des Aufstandes stillegte.

Die politische Rezeption der Pariser Kommune war innerhalb der Arbeiterbewegung von Anfang an ausgesprochen ambivalent. In der deutschen Arbeiterbewegung berief sich beispielsweise der reformistische Flügel der Partei auf den Ausgang der Pariser Kommune, um statt einer Revolution den Sieg mit dem Stimmzettel als Marschroute zu legitimieren, während umgekehrt die Partei-Linke ebenfalls mit dem Beispiel der Kommune ihre Opposition gegen den Reformismus begründete (Mommsen/Meschkat, 1971, 1080-1082). Bei ihren gleichermaßen pauschalen Deutungen der Kommune sahen die einen geflissentlich über alle Positiva der Kommune hinweg, um einzig die Fehler der Kommune zu unterstreichen, die es in Zukunft zu vermeiden gälte, während die anderen darauf verzichteten, die Fehler der Kommune überhaupt zu diskutieren, um die legitimatorische Funktion des Beispiels nicht zu mindern.

Der politischen Rezeption der Pariser Kommune waren offenbar kaum geographisch-kulturelle Grenzen gesetzt. Versuche, den 72-tägigen Aufstand bruchlos und affirmativ in die Vorgeschichte einer heutigen Herrschafts- und Gesellschaftsordnung einzureihen (Zeitschrift für Geschichtswissenschaft 19, 1972, 932f.), gibt es ebenso wie analytisch ausgerichtete Versuche, die Bedeutung der Kommune-Rezeption unter den je national verschiedenen Bedingungen zu ermitteln. Für letzteres hat jüngst G. Haupt bei seinen Forschungen zur außerfranzösischen Wirkung des "choc de la Commune" auf ein zwischen Revolution und Reaktion angesiedeltes Untersuchungsfeld verwiesen, wenn er für Rumänien die These aufstellt, daß die Pariser Kommune durchaus die Rolle eines negativen Katalysators in einem je zu bestimmenden politischen und sozialen Bezugsfeld gespielt haben kann (G. Haupt, 1973). Auf die Funktion eines Katalysators verweist auch M.C. Bergère für China, wo der Rekurs auf die wenig bekannte Pariser Kommune gleichsam zu einem ideologischen Passepartout wurde (Bergère, 1973). Als 1927 in China die Kommune erstmals als ein historischer, jedoch blutig niedergeschlagener Aufstand erwähnt wurde, habe die Parteiführung mit dieser historischen Reminiszenz ihre eigene Position nach dem gescheiterten Aufstand von Kanton stärken wollen. In der anders gearteten Situation während der chinesischen Kulturrevolution, als heftige Kritik am unterdrückenden Staatsapparat und am technokratischen Bürokratismus geübt und die revolutionäre Initiative der Massen exaltiert wurde, habe Mao-tse-tung dagegen mit dem Appell an das Vorbild der Kommune und damit an ein traditionelles Thema des Marxismus-Leninismus versucht, das populistische Aufbegehren im Sinne der Parteiführung zu kanalisieren.

Die hier mitgeteilten Beobachtungen reichen bei weitem nicht aus, um für die französische und internationale Arbeiterbewegung bereits endgültige Aussagen über Kosten und Nutzen der Pariser Kommune zuzulassen. Bei aller Lückenhaftigkeit dürfte jedoch bereits zweierlei deutlich geworden sein: Weder die Glorifizierung noch die Minimalisierung des Revolutionsereignisses kann die historisch-politische Beurteilung ersetzen und die notwendige Analyse der Rezeptionsgeschichte läßt sich nicht einfach mit dem Hinweis, hier handele es sich nur um unzulässige Mythenbildung, umgehen bzw. ausklammern.

b. Reaktion der herrschenden Gruppen

Die Pariser Kommune betraf die weitere Entwicklung der Arbeiterklasse und Arbeiterbewegung nicht allein in den bisher betrachteten direkten Auswirkungen, sondern indirekt auch über die Art und Weise, wie die etablierte französische Gesellschaft den gescheiterten Revolutionsversuch als historische Erfahrung verarbeitete. Soweit die Reaktionen aus dem konterrevolutionären Lager bislang überhaupt erforscht sind, scheint die Kommune dort als geradezu traumatische Erfahrung über Jahre hinaus der Verteufelung jeglicher revolutionärer Bewegungen und Ziele Vorschub geleistet zu haben. 1958 hat P. Angrand, um aus aktuellem Anlaß die Tradition der reaktionären Machenschaften in Frankreich aufzuzeigen, mit Hilfe einprägsamer Zitate die 1871 zunächst in Bordeaux und dann in Versailles in Gang gesetzte Diffamierungskampagne gegen Paris und die Kommune in Erinnerung gerufen (Angrand, 1958). Leider untersuchte er nicht, inwieweit dieser Diffamierungskampagne ein systematisch inszeniertes Propagandakonzept zugrundegelegen hat. Auffallend ist immerhin die Ähnlichkeit und Kontinuität zwischen den in Sachen Kommune abgegebenen amtlichen Verlautbarungen und den publizistischen Auseinandersetzungen. Anläßlich der Jahrhundertfeier hat P. Lidsky erstmals das Bild untersucht, das die in ihrer überwiegenden Mehrheit gegen die Kommune eingestellten Schriftsteller von dem Pariser Aufstand hatten (Lidsky, 1970; zu Vallès s. Delfau, 1971). Charakteristisch ist für diese Aussagen die Distanz zum realen, sozialen und politischen Kontext, das Absehen vom eigentlichen Werk der Kommune und das Ausmalen von apokalyptischen Situationen (158). Die seit Urzeiten bestehende moralische Verwerflichkeit habe in der Kommune die Oberhand gewonnen. Das faule, besoffene Volk und unter den Frauen vor allem die Prostituierten und Wahnsinnigen seien von Aufrührern, vornehmlich Ausländern, Deklassierten und Mördern zum Aufstand gegen die Ordnung angestachelt worden. Die Blutwoche erscheint dann als der Kampf der Gerechten gegen die Inkarnation des Bösen. Die zahlreichen Restaurationsprogramme nach 1871 gehen explizit oder implizit immer wieder von der so verstandenen Kommune aus. Nach J.M. Roberts hatte dieser rechte Kommune-Mythos in der konservativen Ideologie der 3. Republik eine feste Funktion (Roberts, 1972). Die Kommune diente als Exempel und Bestätigung dafür, daß Frankreich solange pausenlos vom Revolutionsfieber geschüttelt werde, wie Paris als Krankheitsherd fortbestehe und internationale Agenten dort an der Arbeit seien, um die religiösen Fundamente der französischen Gesellschaft zu untergraben.

Bedenkt man, welche soziale und politische Relevanz Ideologien dadurch erhalten, daß sie gleichermaßen gut zur Orientierung wie zur Legitimation taugen, so können die genannten Untersuchungsansätze durchaus wichtige Aspekte der Reaktion offenlegen. Allerdings wäre dann zusätzlich zu klären, welche soziale Breitenwirkung die Diffamierung der Kommune und die konservative Ideologie hatten und welche gesellschaftlichen und ökonomischen Implikationen in diese ideologischen Muster eingingen. Da sich diese Ideologien - wie M. Perrot angedeutet hat (Perrot, 1974, 184 ff.) sowohl gegen die Urbanisierung und Industrialisierung als auch gegen jede Form von Mobilität und politischer Aktivität richteten, ließ sich der rechte Kommune-Mythos auch als ideologisches Propagandainstrument gegen die Republikaner nutzen. Die Republikaner konnten sich zwar auf eine Ablehnung der Kommune und für die Parole "Frieden, Arbeit, Ordnung" verstehen, waren aber nicht bereit, mit der Kommune die letzten fünfzig Jahre sozialökonomischer und politischer Entwicklung Frankreichs zu verurteilen (159). Angesichts dieser Aufspaltung der Konterrevolution in zwei Lager mit unterschiedlichen Zielsetzungen gewinnt die Hypothese von M. Perrot viel an Wahrscheinlichkeit, daß auf die Pariser Kommune vornehmlich jene ländlichen Notabeln traumatisch reagierten, die in ihr den Kulminationspunkt von Urbanisierung, Kapitalisierung, Liberalisierung sahen. Noch 1877 zogen sie in die Wahlkampagne für Marschall MacMahon mit einem Plakat, auf dem dieser hoch zu Pferde vor dem Hintergrund des von der Kommune angesteckten Paris zu sehen war (Perrot, 1974, 189). Die insbesondere gegen Arbeiter gerichteten Repressionen, Gesinnungsschnüffeleien und Verfolgungen der 1870er Jahre wären dann die politische Umsetzung der Ängste von zumeist agrarischen Notabeln. Indem sich die Konservativen und Legitimisten gleichzeitig den rechten Kommune-Mythos und die Antigewerkschaftspolitik von Thiers und MacMahon voll zu eigen machten, drängten sie das Gros der Arbeiterklasse politisch an die Seite der Republikaner. Die Republikaner kamen nach 1879 dann ihrerseits dem Bündnispartner entgegen. Sie öffneten sich für eine kurze Phase den Forderungen der Arbeiter (Elwitt, 1975, 256-272).

An der Verteufelung der Kommune beteiligte sich das Bürgertum nur zu einem Teil. Der Mai 1871 und die unerbittliche Verfolgung der Kommunarden erhielt keineswegs ungeteilten Beifall. Die Furcht vor der Kommune scheint bei den Unternehmern sogar kaum eine Rolle für ihre Situationseinschätzung gespielt zu haben. M. Perrot hat unter diesem Aspekt eine Parlamentsumfrage von 1872 durchgesehen und darin für die Gruppe der Industriellen keine Anzeichen für das oft zitierte Trauma entdeckt. Die Unternehmer führten die Unzufriedenheit der Arbeiter vielmehr vorwiegend auf schlechten Umgang, schlechte Sitten und städtische Verhältnisse zurück (Perrot, 1974, 187). Auch die Ablehnung von mehreren Gesetzesinitiativen, die mit dem Gesetz des Jahres 1864 auch das Streikrecht beseitigen wollten, unterstreicht den Willen der Kammermehrheit, von der Repression nicht zur offenen Reaktion überzugehen. Hellsichtig bemerkte Eugène d'Eichthal zu diesen Plänen, daß die Aufhebung des Koalitionsrechts nicht die Unzufriedenheit beseitige, sondern diese nur zu anderen Ausdrucksweisen zwänge. Die Arbeiter würden sich ersatzweise in Geheimgesellschaften organisieren. Trotz aller Streiks, die die Koalitionsfreiheit möglich mache, "gäbe es keinen Grund zu glauben, man könne den öffentlichen Frieden nur durch restriktive Maßnahmen wiederherstellen; unsere vornehmste Anstrengung muß sein, die Partei der Unordnung nicht dadurch zu stärken, daß wir sie gegenüber den benachteiligten Klassen mit einem Alibi ausstatten." (160)

Nach dem Wahlsieg der Republikaner über die Konservativen 1877 trat der rechte Kommune-Mythos im öffentlichen Leben zurück. 1880 zog die Amnestie für die Kommunarden gleichsam den Schlußstrich unter die Abrechnung mit den revolutionären Ereignissen. In der nun folgenden Phase galt die Kommune in erster Linie als Mahnung, das soziale Problem jeder bürgerlichen Gesellschaft, die "Arbeiterfrage" zu lösen. An die Stelle der Repression sollte das Zusammenspiel der antagonistischen Kräfte treten. In den Jahren 1879 bis 1884 wurde von staatlicher Seite die Notwendigkeit der Analyse der industriellen Lage jeder Gegend und Branche, die Verständigung zwischen Lohnarbeit und Kapital und die Unparteilichkeit der Behörden bei Arbeitskonflikten unterstrichen. Höhepunkt dieser integrativen Politik war das am 21. 3. 1884 verabschiedete Gesetz, das Gewerkschaften legalisiert. Diese sozialpolitische Behandlung der "Arbeiterfrage" war notwendig, weil die Republik gegen die Gefahr einer monarchistischen Restauration auf die Unterstützung der Arbeiterklasse angewiesen blieb. Sie war solange möglich, wie bei günstiger Konjunktur die Arbeiterklasse nicht zuletzt in Ermangelung eigener Vertretungsorgane als integrierbarer und im Sinne des Bestehenden verantwortungsvoller Verhandlungspartner erschien (Perrot, 1974, 192ff.).

Mit der sich verschlechternden ökonomischen Lage der Jahre 1884 - 1886, als eine zyklische Krise die Hoffnungen der Arbeiter auf eine wirksame staatliche Unterstützung zerstörte, als die republikanischen Illusionen über die Pazifizierung der Arbeiter zerstoben und die Regierung von den Unternehmern zunehmend unter Druck gesetzt wurde, sollte der Einsatz der Armee an die Stelle der Verhandlung treten und Gerichtsverfahren die Untersuchungen über die Lage der Arbeiterklasse ablösen.

Die Pariser Kommune beeinflußte die Entwicklung der französischen Gesellschaft also in mehreren Punkten auch positiv. Es geht zweifellos auch auf ihr Konto, wenn - von wenigen Ausnahmen wie etwa der konjunkturell zu erklärenden Boulanger-Affäre abgesehen - konservative und monarchische Zielsetzungen bei Arbeitern keinen Rückhalt fanden. Der damit möglich gewordene Wahlsieg der Republikaner bahnte den Weg für ein politisches System, in dem politische Parteien sich entfalten und Arbeiterinteressen sich artikulieren konnten. Die in Mittel- und Westeuropa durchaus häufigen Versuche, anstelle der Jakobinerherrschaft nun die Kommune als Beispiel für die blinde Gewalt der radikalisierten Volksmassen anzuführen (Witzig, 1973; Stürmer in: ders. (Hg.), 1970), um so von der Allianz mit dem "niederen" Volk abzuschrecken, hatten keineswegs für die gesamte französische Gesellschaft die erhoffte Wirkung.

c. Berechtigung der Revolution

Neben der ex-post ist eine ex-ante-Untersuchung für die Analyse der Pariser Kommune ebenso wie für die Reflexion über Bedingungen von Revolutionen überhaupt ein unerläßlicher Bestandteil der Kosten-Nutzen-Analyse. Dabei gilt es nicht nur, ausgehend von der sozialökonomischen und politischen Situation am Vorabend der Revolution nach den von den Zeitgenossen prognostizierbaren Chancen einer Revolution zu fragen. Das vorrevolutionäre Regime muß auch daraufhin überprüft werden, ob und in welchem Maße es sich zugunsten von Arbeiterinteressen als reformfähig und reformwillig erwiesen hatte. Während die erste Fragerichtung die "revolutionäre Situation" und deren konstituierenden Bestandteile problematisiert, zielt die zweite Frage auf die historische Berechtigung einer Revolution. Zugespitzt lautet das im folgenden zu behandelnde Problem: Hatten die mit revolutionären Zielsetzungen antretenden politischen Gruppen die Absicht und die Fähigkeit, eine Revolution mit minimalen Kosten durchzuführen? Waren bereits am Ende des 2. Empire und zu Beginn der 3. Republik die Kosten, die die Kommune für die französische Arbeiterklasse und -bewegung mit sich bringen sollte, vorhersehbar und hätte in dieser Perspektive die reformerische Politik der kleinen Schritte den Vorrang haben müssen?

Eine solche Problematisierung behält selbst dann ihren Wert für die Beurteilung der historischen Situation, wenn man berücksichtigt, daß die Pariser Kommune weder eine langfristig vorbereitete, noch eine gewollte Revolution war. Sieht man von den Blanquisten ab, die in der Vergangenheit bereits in zahlreichen aussichtslosen Situationen Revolutionsmöglichkeiten gewittert hatten und Gewehr bei Fuß standen (Dommanget, 1971), so war unter den Sozialisten der Jahre 1869/1870 das Gefühl vorherrschend, daß die Zeit und die Massen für eine Revolution noch nicht reif seien (161). Wenn auch im Herbst 1870 die Kommune-

Aufstände in der Provinz diese skeptische Einschätzung zunächst auszuräumen schienen, so breitete sich doch - wie Rougerie aufgezeigt hat (Rougerie, 1971b, 73ff.) - mit dem Scheitern der Provinzaufstände, mit dem Fehlschlag der beiden Pariser Aufstände vom 30. Oktober und 22. Januar und schließlich mit der Niederlage der extremen Linken bei den Wahlen zur Nationalversammlung am 8. Februar unter den Revolutionären erneut Resignation aus.

Der 18. März traf die politischen Gruppierungen durchweg unvorbereitet und einzig die Nationalgarde war zu diesem Zeitpunkt einigermaßen aktionsfähig, da sie sich bereits auf die Verteidigung der Republik eingestellt hatte. Nicht zuletzt das Zögern der Revolutionäre angesichts des Machtvakuums in den ersten Tagen nach dem Abzug der Regierung Thiers ist ein Indiz für die ungewollte und wenig vorbereitete Revolution. Die fehlende Agitation in der Provinz, die Ruhe unter der Landbevölkerung, der niedrige Entwicklungsstand der Arbeiterklasse, die Verfilzung von Arbeiter- und Kleinbürgerinteressen in den Reihen der Radikalrepublikaner, alles dieses sind Faktoren, die die Erfolgsaussichten einer von Paris ausgehenden Revolution in Frankreich von vornherein begrenzten. Diese Einschätzung dominierte unter den Zeitgenossen. Freilich fehlte unter den radikalsten Stimmen im besetzten Paris oder in den Provinz-Kommunen nicht der Hinweis auf eine tiefgreifende Strukturveränderung der bürgerlichen Gesellschaft. Aber ein solcher Hinweis war zunächst eingebettet in die allgemeine Forderung nach Wahrung einer sozialen Republik, d.h. einer Staatsform, die gegen Übergriffe der konservativ-reaktionären Nationalversammlung die Berücksichtigung von Arbeiter- und Kleinproduzenteninteressen gewährleisten sollte. Selbst Marx hatte von London aus die Chancen für eine Revolution in Frankreich so finster eingeschätzt, wie sie sich de facto herausstellen sollte (Meschkat, 1965, S. 18ff.). Das sollte ihn allerdings später nicht hindern, als praktischer Revolutionär für eine Revolution im Interesse der Arbeiterklasse Partei zu ergreifen.

Die Revolution des Jahres 1870/71 war also eine "ungewollte Revolution". Aber selbst wenn man dieses in Rechnung stellt, bleibt es für die historische Beurteilung des Ereignisses wesentlich zu fragen, ob diese Revolution erstens in der Lage gewesen wäre, bei Vermeidung bestimmter Fehler die gesellschaftliche Situation der Arbeiter zu verbessern, oder ob sie zweitens mit einer entwickelten Programmatik zumindest in diese Richtung wies und ob sie schließlich die Opfer des revolutionären Weges möglichst gering zu halten vermochte. Es ist schwierig, auf diese Fragen zu antworten. Der Prozeß der revolutionären Umgestaltung hatte in Paris gerade erst begonnen, als er nach 72 Tagen mit der Eroberung der letzten Barrikaden abgebrochen wurde. Das Urteil wird auch nicht gerade dadurch erleichtert, daß die Debatte um das Schicksal der Kommune immer auch als Personenfrage geführt worden ist. Besonders in der Memoirenliteratur - selbst der hervorragende Chronist Lissagaray macht da keine Ausnahme - schwingt der Nachhall von persönlichen und politischen Animositäten stark mit. Die Überprüfung solcher (Vor-) Urteile erforderte umfangreiche biographische Erörterungen und bliebe dennoch unbefriedigend, da für die politische Kapazität von Revolutionären kaum überzeugende Urteilskriterien vorhanden sind. Wir halten es daher für sinnvoller, ausgehend vom "Werk" der Kommune die angeschnittenen Probleme zu diskutieren und dabei die eher nachgeordneten Personalaspekte außer acht zu lassen.

Wichtig scheint uns, daß sich während der Kommune die Regierung an den Bedürfnissen der Arbeiter orientierte. Der Kommune-Rat entschied im Zweifelsfall für die Sache der Arbeiter. Mit den Produktionsgenossenschaften unter gewerkschaftlicher Obhut wurde eine Form der Selbstorganisation der Produzenten geschaffen, die ebensogut für Lohnabhängige wie für Kleinproduzenten erstrebenswert war. Trotz vereinzelt erkennbarer Überforderung im neuen Amt und trotz der keineswegs ausgefeilten Programmatik und Zielvorgabe machten die Kommunarden wichtige Schritte in Richtung einer radikalen Veränderung der Gesellschaft. Dabei bewiesen sie im Umgang mit den repressiven Mitteln des Staats große Umsicht; verzweifelte Gegenwehr und Gegengewalt waren auf wenige Ausnahmesituationen begrenzt.

Dennoch ist weiter zu fragen, ob die Kommune notwendig, ob eine Revolution von Arbeitern und Kleinproduzenten für Arbeiter und Kleinproduzenten überhaupt berechtigt war. Dieses Problem ist mehr als nur ein historischer Streitfall; es ist ein immer wieder aktuelles Politikum. Besonders seit 1918/1919 gibt es auch in der Sozialdemokratie eine breit entfaltete gegenrevolutionäre Argumentation, die dem Mittel der Revolution abschwört, weil Revolution empfindliche Störungen der wirtschaftlichen und gesellschaftlichen Ordnung und schlimmstenfalls den Bürgerkrieg bedeuten und damit kurz- und mittelfristig die materielle Situation der Arbeiter nur verschlechtern könnten (Lösche, 1967). Eine langsame, aber sichere Reform sei in jedem Fall besser als eine schnelle, aber unsichere Revolution.

Gegen diese Maxime des politischen Handelns wird zweierlei eingewandt. Zunächst einmal wird die vermeintliche Sicherheit des Reformweges als Illusion angezweifelt; zumindest sei der Erfolg von Reformen nur über lange Fristen zu beweisen, da deren Durchsetzbarkeit und Dauerhaftigkeit deutlich von den Unsicherheiten des kapitalistischen Wachstumsprozesses und der

Kampfbereitschaft der Arbeiterbewegung abhängen. Zum zweiten wird die Möglichkeit systemverändernder Reformen infrage gestellt und damit deren zwangsläufig kurze Reichweite unterstrichen. Solange die Bedingungen der Kapitalverwertung ihre Geltung behalten, scheint es unmöglich, die Zwänge der Produktion auf jenes notwendige Minimum zu begrenzen, welches auch bei Formen der Kooperation und der nicht mehr profitgeleitet organisierten und erdachten Produktionstechniken unerläßlich wäre. Angezweifelt wird schließlich auch, ob die angestrebte Selbstbestimmung der Produzenten, die sich in ökonomischer und sozialer Gleichheit realisieren und auf alle gesellschaftlichen Bereiche ausdehnen müßte, auf diesem Wege überhaupt Realisierungschancen hätte. Nur eine Reformpolitik, die an diesen Zielen festhält und gleichzeitig angeben kann, auf welchen Wegen sich diese Ziele erreichen lassen, wäre eine wirkliche Alternative zu einer die Struktur der Gesellschaft verändernden Politik und könnte diese ersetzen.

Diskutiert man in diesem Spannungsfeld von Reform und Revolution die gesellschaftliche Berechtigung der Pariser Kommune, so ist ein erster Anhaltspunkt, daß der Bonapartismus seinen Anspruch, den Pauperismus auszurotten, bis 1870/71 nicht eingelöst hatte und daß dort, wo sozialistische Arbeiterorganisationen und insbesondere die Internationale den sozialen und ökonomischen Status quo infrage stellten und Streikaktionen unterstützten, der Staat immer wieder mit Repressionen antwortete. Das Dilemma des Bonapartismus, bürgerliche Interessen durchsetzen und sich zugleich der Unterstützung der Arbeiterklasse versichern zu wollen, wurde immer wieder zugunsten der bürgerlichen Interessen entschieden. Auch das "soziale Kaisertum" konnte nicht vertuschen, daß noch am Ende des 2. Empire die Reformierbarkeit der Gesellschaft zugunsten der Arbeiter schnell an ihre Grenzen stieß.

Diese Situation sollte sich auch mit dem Beginn der 3. Republik nicht grundlegend ändern. Die Verteilung der Lasten und Vorteile geschah weiter nach dem gleichen Schema und in der Nationalversammlung gewannen vorübergehend sogar rückwärtsgewandte Interessen die Oberhand. Dieser Hinweis auf das Funktionieren des etablierten Gesellschaftssystems ist zwar noch keine Antwort auf unsere Frage nach der Berechtigung der Pariser Kommune. Er verdeutlicht aber den Zusammenhang, in dem das Problem erörtert werden müßte. Die Kommune war von seiten der Arbeiterbevölkerung ein Versuch, allerdings nur ein sehr kurzlebiger Versuch, die Ordnung der gesellschaftlichen Verhältnisse selbst in die Hand zu nehmen, um sie den mehr oder weniger artikulierten eigenen Vorstellungen besser anzupassen, als es die bisherigen Gesellschaftsordnungen jemals erwarten ließen. Dieser Versuch hat seine praktische Berechtigung unter Beweis gestellt, negativ in der Kritik an den bestehenden Verhältnissen und positiv in den zukunftsweisenden Entwürfen einer besseren Gesellschaft.

Die Pariser Kommune historisch zu beurteilen ist nicht einfach, selbst wenn man als Maßstab die Fortschritte der Emanzipation der Arbeiterklasse anlegt. Die eigentümliche Mischung von repressiven und emanzipatorischen, regressiven und progressiven Wirkungen der Kommune läßt nur dann ein eindeutiges Urteil zu, wenn man die Kosten-Nutzen-Analyse von vornherein einzig in eine Richtung führt. Wir halten es demgegenüber für besser, die Ambivalenzen und Kontraste in das Urteil einzubeziehen. Die Kommune dezimierte und demoralisierte die französische Arbeiterklasse und -bewegung; aber sie entfaltete zugleich eine erstaunliche internationale Breitenwirkung als Symbol für den Widerstand gegen Staat und Gesellschaft des Kapitalismus. Das französische Proletariat erlitt in der Kommune eine schwere Niederlage; trotz der erbarmungslosen staatlichen Unterdrückungsmaschinerie reklamierte eine anhaltend vehemente Streikbewegung jedoch weiterhin Arbeiterinteressen. Der Mai 1871 brachte Frankreich die blutigste Repression des 19. Jahrhunderts, aber die Arbeiter ließen sich nicht in das Joch des Status quo zwingen. Auch wirkte die Kommune nicht durchgängig als Vorwand, Sozialreformen von der Tagesordnung abzusetzen. Die Kommune war eine ungeplante und ungewollte, aber keine überflüssige oder unberechtigte Revolution. Sie wurde von Revolutionären getragen, deren politische Fähigkeiten durchaus nicht über alle Zweifel erhaben waren und die sich zudem an keinem ausformulierten und diskutierten Programm orientieren konnten. Dennoch ist unbestreitbar, daß die Kommunarden für die Arbeiter zahlreiche Versuche zur Verbesserung der Arbeits- und Lebenssituation, der Handlungs- und Entfaltungsmöglichkeiten wagten (ähnlich Edwards, 1971, 365).

Schluß

Der Versuch, die vorliegende Literatur zur Pariser Kommune zu sichten und in der Analyse des Aufstands die theoretischen Prämissen zu konkretisieren und zu korrigieren, verlangt nach einer abschließenden Bilanz. Wir hatten uns zum Ziel gesetzt, mit dieser Untersuchung 1. zur besseren Kenntnis der Pariser Kommune beizutragen, 2. einen Ansatz zur Analyse von Revolutionen zu testen und uns 3. damit auseinanderzusetzen, wie aus Geschichte gelernt werden kann. Jetzt gilt es zu prüfen, wie nah wir diesem dreifachen Ziel gekommen sind bzw. welche Probleme ungelöst blieben.

1. Um die Lücken und Perspektiven der empirischen Kommune-Forschungen noch einmal im Zusammenhang zu diskutieren, nehmen wir die anfangs gestellten Fragen nach den Zielen, dem Verlauf und der Durchsetzungsfähigkeit der Pariser Kommune als Revolution wieder auf. Was die Ziele der Kommune anbelangt, so hat die Forschung bisher mehr oder weniger genau herausgearbeitet, wie sich seit dem Herbst 1870 und insbesondere während der Kommune die Vorstellungen einer sozialen Revolution herausbildeten und konkretisierten. Vor allem Rougerie hat durch sein minutiöses Nachzeichnen des "Heranreifens einer Idee" offenbart (Rougerie, 1971b, 30-72), wie das programmatische Schlagwort "Kommune" eine starke integrative Kraft entfaltete. Mit dieser Parole verband sich im Laufe der Wochen und Monate immer deutlicher die soziale Revolution als Auftakt zu einer neuen Gesellschaft. Weitere Forschungen könnten über den von Rougerie erreichten Stand hinausführen, wenn sie das wirksame politische Konzept in einen größeren Zusammenhang stellten. Dabei müßte bestimmt werden, einmal welche Bedingungen dazu beitrugen, daß derartige Zukunftsprogramme entworfen wurden, zum anderen wie sich die Zielvorstellungen der verschiedenen Öffentlichkeitsforen voneinander unterschieden und in welchem Maße schließlich die Vielzahl der diskutierten Zukunftswünsche auf einen Nenner zu bringen sind.

Für eine stärker differenzierende Analyse ist der Weg frei, seitdem die Forschung zunehmend von der dogmatischen Einteilung der Kommunarden nach Proudhonisten, Blanquisten,

Internationalisten und Jakobinern abrückt. Selbst wenn solche Etiketten so vorsichtig benutzt wurden, wie in dem Sammelwerk von Bruhat u.a. (1971, 117-121), können sie nicht darüber hinwegtäuschen, daß vorgefertigte Lehrmeinungen während einer revolutionären Situation schwerlich ausreichen, um Situationen zu interpretieren und Handeln anzuleiten. Daher wäre es interessant zu wissen, wie konkrete Situationen eingeschätzt, beurteilt und im Denken und Handeln bewältigt wurden. Eine detaillierte Analyse der Debatten im Kommune-Rat könnte hier erste wichtige Erkenntnisse bringen. Gab es dort relativ feste Fraktionen oder dominierten die situationsbedingten Stellungnahmen und damit die Koalitionen von Fall zu Fall? Gab es durchgehend kontrovers behandelte Themen - zu denken wäre etwa an Probleme wie Basisdemokratie, Zentralisierung, Privateigentum, Schutz der Freiheitsrechte -, die den Kommune-Rat politisch aufspalteten? Erst wenn man dergestalt die Entscheidungen in konkreten Situationen analysiert hat, ist eine Basis vorhanden, um den Einfluß einzelner theoretischer Schulen, der sozialen Herkunft oder des Berufs auf das Verhalten der Ratsmitglieder auszuloten. Ohne eine solche Detailanalyse ist nicht auszuschließen, daß der Kommune-Rat eine Versammlung von Individualisten war, die sich keineswegs konsequent an eine Schulmeinung hielten, sondern schnell ihre Meinung änderten, Theorieelemente beliebig benutzten und ihrer Prägung durch Herkunft bzw. Beruf zuwiderhandelten. Möglicherweise ließe sich auf dem Wege der Debattenanalyse aber auch z.B. bei Ratsmitgliedern, die ihre Positionen änderten, der kontinuierliche Einfluß zumindest einiger Wahlkreise auf ihre gewählten Repräsentanten ausmachen.

Die angedeutete Forschungsrichtung allein reicht allerdings nicht aus, um die Zielvorstellungen der Kommune herauszuarbeiten. Auch außerhalb des Kommune-Rates und noch bevor dieser überhaupt existierte, wurden in den Clubs und Berufsorganisationen die akuten politischen, ökonomischen und sozialen Probleme lebhaft diskutiert. Welche Erwartungen, Hoffnungen und Enttäuschungen wurden in diesen Diskussionen laut? Einiges deutet etwa darauf hin, daß in den Clubs die Gefahr einer neuerlichen Junischlacht à la 1848 sehr viel deutlicher bewußt war, als es die Debatten des Kommune-Rates vermuten lassen. Würde eine genaue Untersuchung der einzelnen Diskussionsforen eine geographische bzw. soziale Verteilung der einzelnen politischen Positionen zutage fördern? Oder aber gab es einen einheitlichen Grundstock von Meinungen, wie ihn Zeitungen und Clubs durchgesetzt haben könnten? Die Diskussionen in den einzelnen Stadtvierteln während des 2. Empire und der Belagerung genauer zu verfolgen wäre zudem ein gangbarer Weg, um die "populäre Kultur" (Gaillard) mit den ihr eigentümlichen Vorstellungszusammenhängen und der jeweiligen Art und Weise, soziale Erfahrungen und historische Traditionen in artikulierte Aversionen, Forderungen und Wünsche umzusetzen, besser als bisher kennenzulernen. Eine solche Analyse der Ausdrucksformen und -mittel in der Pariser Bevölkerung dürfte nicht zuletzt aufschlußreich sein für das politische Denken und Handeln der im Kommune-Rat versammelten Männer, denn diese wurden größtenteils in den diversen Öffentlichkeitsforen von Paris monatelang geschult und geprägt.

Die programmatischen Äußerungen und vagen Zielvorstellungen, wie sie die proletarische Öffentlichkeit von Paris vor und während der Kommune hervorgebracht hat, sind schließlich auf ihre interne Konsistenz hin zu untersuchen. Wie brachte der öffentlich diskutierende "peuple" beispielsweise die Interessen der Arbeiterklasse mit dem Schutz des Privateigentums, die kommunale Autonomie mit dem Nationalstaat, die Demokraten der Städte mit der Mehrheit der konservativen Landbevölkerung in Einklang? Welches Bild machte er sich von der französischen Gesellschaft des Jahres 1871 und deren Entwicklungstrends? Stimmt die These von M. Gallo (Gallo, 1971), daß das Frankreich der Kommunarden nur ein Traum war und daß das wirkliche Frankreich die Kommune besiegte? Mit diesen Fragen soll nicht etwa anklagend den Kommunarden eine inkonsistente Position oder Widersprüchlichkeiten nachgewiesen werden. Vielmehr geht es darum, zu ermitteln, ob diese Probleme den Handelnden bewußt waren, wie sie diese zu lösen gedachten oder ob sie sich ihnen - wie Gallo suggeriert - überhaupt nicht stellten.

Der Verlauf der Kommune wurde in seinen einzelnen Phasen schon immer ausführlich analysiert und interpretiert. Je nach den für die Phaseneinteilung gewählten Kriterien verschoben sich dabei die Akzente. Die Etappen der vorrevolutionären Eskalation in Paris sehen Azéma/Winock durch die Marksteine 4. 9. (Sturz von Napoleon III.), 31. 10 (blanquistischer Aufstand gegen die Regierung der Nationalen Verteidigung), 28. 1. (Waffenstillstand) angezeigt. Danach wirkten die Wahlen zur Nationalversammlung (8. 2.), der Einmarsch der deutschen Truppen in Paris (1. 3.), die für den "peuple" von Paris verheerenden Beschlüsse der Nationalversammlung in Bordeaux (15. 2., 10. 3.) zusammen mit der Nacht- und Nebel-Aktion um die Kanonen schließlich dahin, die offene revolutionäre Situation zu schaffen (Azéma/Winock, 1964).

Die Phase der Revolution selbst vom 18. 3. bis 28. 5. wird teils nach den von außen gesetzten Bedingungen untergliedert. Die entscheidenden Etappen nach der Flucht der legalen Regierung sind dann die hinhaltenden Verhandlungen zwischen Versailles und den Pariser Bürgermeistern, welche den Versaillern erlaubten,

Kräfte zu sammeln, um Paris zurückzuerobern, der Beginn der Beschießung von Paris (2.4.), das allmähliche Vordringen der Versailler Truppen und schließlich der Straßenkampf vom 22. - 28.5. (Bourgin, 1971; Bruhat u.a., 1971). Häufiger noch wird nach der Konstituierung der neuen Regierungsgewalt periodisiert. Dann wird unterschieden zwischen einer ersten Phase, in der die Regierung der von Versailles bevollmächtigten Pariser Bürgermeister mit der provisorischen Regierung des Zentralkomitees der Nationalgarde konkurrierte, einer zweiten Phase, die mit der Wahl und Konstituierung des Kommune-Rates am 26. bzw. 28.3. einsetzte und mit der Einrichtung des umstrittenen Wohlfahrtsausschusses am 1. bzw. 9.5. endete, und einer dritten Phase unter den extremen Bedingungen der verschärften Versailler Angriffe (so Bruhat, 1972, 161-165). Mit Blick auf die Stadt erfaßt Rougerie die Entwicklung in den Überschriften "Die Stadt im Aufruhr", "Die Stadt in der Freiheit", "Die Stadt im Blut". (Rougerie, 1971b)

Die unterschiedlichen Periodisierungsversuche veranschlagen sehr wohl die Bedeutung der doppelten Belagerungssituation für die Entfaltung der Revolution. Dennoch dürfte bislang der Einfluß der "restriktiven Bedingungen" (Kirchheimer) auf den revolutionären Prozeß kaum zureichend analysiert worden sein. Bislang wird in der Situationsanalyse in erster Linie die Ruhe der Zivilbevölkerung und der ungestörte Verlauf des zivilen Lebens betont. Es scheint aber durchaus fraglich, ob sich bei näheren Hinsehen der Eindruck aufrechterhalten läßt, daß die Kommunarden am Rande des Abgrundes tanzten, daß sie ungeachtet der katastrophischen militärischen Lage Neuerungen auf verschiedenen Gebieten durchführten und allein die Verbesserung der unmittelbaren Gegenwart im Auge hatten.

Dieser Eindruck ist möglicherweise trügerisch, weil bislang allzu sehr von dem Bereich abgesehen wurde, in dem sich das militärische mit dem zivilen Leben verzahnte. Geht etwa jene militärisch strenge, jedoch letztlich unwirksame Disziplin in den "Ateliers du Louvre", die für das Militär arbeiteten (162), über das kulturrevolutionäre Bild der Kommune nicht ebenso hinaus, wie die fieberhafte Suche nach Drückebergern und Deserteuren (163), wie die schwierige Versorgung von Verwundeten und die dringliche Unterstützung von Witwen und Waisen (164)? Diese Seite des Alltagslebens ist bislang allzu sehr in den Hintergrund getreten. Aber auch für die Bühne der großen politischen Entscheidungen ist bislang nicht genau genug festgestellt worden, welche Maßnahmen wegen des Bürgerkriegs vertagt werden mußten. Es käme also insgesamt stärker als bisher darauf an, die Umstände zu konkretisieren, unter denen die Kommunarden sich an ihr Werk der Erneuerung machten.

Unzureichend erforscht sind aber nicht nur die allgemeinen Bedingungen, unter denen die revolutionäre Regierung an ihr Werk ging. Auch der tatsächliche Vollzug der Regierungs- und Verwaltungsgeschäfte ist mit Ausnahme der Justiz kaum untersucht. Wer verwaltete die Stadt und wie wurde die Stadt verwaltet, welches waren die angemeldeten Reformwünsche und Reformziele und wie wurden sie realisiert? Zusammen mit diesen konkreten Erscheinungsformen des Staates wäre nach dem Bild zu fragen, das sich die Kommunarden vom Staate machten. Herrschte bei ihnen der Glaube an die Allmacht und Neutralität des Staates vor und zielte ihr Programm nur auf eine andere Ausrichtung der Staatstätigkeit, gleichsam auf die Einrichtung des Wohlfahrtsstaates? Oder identifizierten die Kommunarden - wie Marx suggeriert - Staat mit Klassenstaat und Repression und führte dieses tatsächlich zur Überzeugung, daß es notwendig sei, den Staatsapparat zu zerschlagen (165)?

Nach der Durchsetzungsfähigkeit der Kommune hat die Forschung bislang kaum gefragt. Gewiß, die Diskussion über die Fehler der Kommune nahm schon immer einen breiten Platz in der Literatur ein. Auch die blutige Niederschlagung der Kommune und die Grausamkeit der Repression haben in jeder Kommune-Darstellung ihren festen Platz. Dennoch fehlt bis heute eine genaue Analyse des konterrevolutionären Lagers in Paris und Versailles. Erst eine solche Analyse aber würde es erlauben, die Durchsetzungsfähigkeit der Kommune nicht ausschließlich von ihrem faktischen Scheitern her zu diskutieren.

Über der Faszination durch die Kommunarden ist auch die innerhalb von Paris vorhandene Opposition gegen die Kommune kaum in den Blick gekommen. Die oppositionellen Kundgebungen im März 1871 werden zwar erwähnt, und J. Gaillard hat auch die Bürgermeisterpartei untersucht (Gaillard, 1971, 161ff.). Aber über das Ausmaß der Gegnerschaft, die Stärke des neutralen bis feindlichen Abwartens und die Reichweite der konspirativen Tätigkeit für Versailles kann man sich bis heute überhaupt noch kein Bild machen. Wie reagierte beispielsweise die Öffentlichkeit auf die verschiedenen Beschlüsse des Kommune-Rates? Gelang es der Kommune tatsächlich, große Teile des Kleinbürgertums dauerhaft für sich zu gewinnen? Wie reagierten die verschiedenen sozialen Gruppen auf die wirtschafts- und sozialpolitischen Maßnahmen der Kommune? Alle diese Fragen weisen über die bisherigen Versuche deutlich hinaus, den Grad der Anerkennung bzw. Ablehnung der Kommune allein anhand der Wahlen zum Kommune-Rat zu beurteilen.

Sie verweisen gleichzeitig auf die Notwendigkeit, das Scheitern der Pariser Kommune nicht allein aus externen oder isolierten Faktoren, sondern auch aus den internen Schwierigkeiten zu klären, vor denen eine Revolution in Frankreich stand. Die punktuelle Kritik an der Finanzpolitik der Kommune oder an dem unterlassenen Marsch nach Versailles unterstellt voluntaristisch, andere Maßnahmen hätten die bestehenden gesellschaftlichen und politischen Verhältnisse umstülpen und eine ausreichende Dynamik freisetzen können, um die gesellschaftliche Situation grundlegend zu verändern. Die provokative These, der 18. März sei eine Inszenierung der Bourgeoisie, um die Arbeiterklasse zu schwächen und damit einer drohenden Revolution zuvorzukommen (s. Hunecke, 1974, 85-94), hat zumindest den Verdienst, mit Nachdruck auf das so gut wie unbekannte Verhältnis zwischen der Regierung Thiers, der Nationalversammlung und der herrschenden Klasse hinzuweisen.

Welche Strategie vertraten die einzelnen Parteien gegenüber dem politisch explosiven Paris und der revolutionären Kommune? Es ist vorschnell, ohne genauere Untersuchungen von einem einheitlichen Versailler Machtkartell auszugehen. Zumindest für die Republikaner ist bekannt, daß sie sahen, wie schnell eine harte Politik gegenüber der Hauptstadt in eine generelle Unterdrückung republikanischer Prinzipien umschlagen konnte. Auch von der Brutalität der Repression auf die Furcht der Herrschenden vor der Kommune zu schließen, ist solange voreilig, wie nicht bekannt ist, welche Form militärischen Eroberung von Paris vorgesehen und ob die blutige Repression tatsächlich in diesem Ausmaß von den politischen Instanzen geplant war. Möglicherweise operierte die Armee in relativer Eigenständigkeit und gingen die Versailler Truppen über die erteilten Befehle weit hinaus. Es ist richtig, nach dem gesellschaftspolitisch rationalen Kern der Repression zu suchen. Doch sollte darüber nicht völlig übersehen werden, daß das Ausmaß und die Form der Repression für das Verhältnis der politischen Kräfte in der nachrevolutionären Gesellschaft eine durchaus voraussehbare Hypothek sind.

Sucht man nach einer eingängigen Formulierung, um die Neuorientierung der Forschungen zur Pariser Kommune zu charakterisieren, so kann man sie als einen Prozeß der In- und Extensivierung bezeichnen. Durch die Arbeiten zur sozialen Basis der Kommune, zur Entstehung der wirksamen Parolen, sowie zur Zusammensetzung und politischen Ausrichtung einzelner revolutionärer Organisationen ist das Bild von dem 72-tägigen Aufstand in wichtigen Teilen korrigiert worden. Gleichzeitig haben Studien über die Bewegungen in der Provinz, auf die Gleich- bzw. Gegenläufigkeit der verschiedenen Aufstände in den Jahren 1870 und 1871 aufmerksam gemacht. Untersuchungen, die nach der emotionalen und politischen Ausstrahlung der Kommune auf die Geschichte anderer Staaten und der internationalen Arbeiterbewegung fragten, beleuchteten einen noch größeren Zusammenhang. Trotz aller Erkenntnisfortschritte bleiben Lücken bestehen, die wir detailliert angegeben haben. Zusammenfassend kann man sagen, daß bei der intensiven Erforschung des Aufstandes vornehmlich der Alltag der Kommune, der Prozeß der Revolutionierung einzelner gesellschaftlicher Bereiche, die Handlungsmächtigkeit von Parolen, die Orientierung und Organisation von beruflichen und politischen Gruppen zu kurz gekommen sind, und daß dem extensiven Ausgreifen der Forschung, nach wie vor die Repression der Kommune und die längerfristigen politischen Folgerungen von Seiten der Ordnungskräfte entgangen sind.

2. Um nun den Ertrag des von uns skizzierten Rahmens für die Analyse zu bestimmen, müssen wir klären, welchen Gewinn ein offengelegtes theoretisches Konzept überhaupt bringen kann und wie sich unsere spezifische Definition von Revolution in der empirischen Untersuchung bewährt hat. Die theoretische Vorklärung zielte weder darauf ab, mit Hilfe eines Revolutionsmodells die einzelnen Etappen einer Revolution prognostizierbar zu machen, noch das empirische Material der Theorie zu- und unterzuordnen. Derartig weit gespannte Erwartungen an die Prognosefähigkeit von Theorien sei denjenigen systematischen Sozialwissenschaften vorbehalten, die - mit bisher geringem Erfolg - ihre Aufgaben in der Politikberatung und -orientierung sehen. Für uns hatten die Vorüberlegungen allein die Aufgabe, theoretisch einen Rahmen abzustecken, der gewährleisten sollte, daß der historische Fall mit relevantem Bezug zur Gegenwart aufgeschlüsselt werden konnte. Im Zuge der empirischen Untersuchung ergab sich zwingend die Notwendigkeit, diesen Rahmen im einzelnen auszufüllen, Konzepte zu präzisieren und so die theoretischen Prämissen in und durch die empirische Arbeit zu prüfen. Wenn wir auch nicht rondohaft bei allen einzelnen Teilen unsere Vorüberlegungen erneut andiskutiert haben, so sind sie doch implizit in allen jenen Passagen erneut durchdacht, die den Stellenwert der einzelnen Arbeitsschritte charakterisieren.

Für unsere Zielsetzung haben wir als unzulänglich bzw. irreführend solche Theorieangebote abgelehnt, die außerstande waren oder darauf verzichteten, eine Revolution in ihrer spezifischen Epoche zu verorten, sie von anderen Formen des Umsturzes oder der Empörung zu unterscheiden, deren Ziele, Mittel und Durchsetzungsfähigkeit zu berücksichtigen und deren Kosten und Nutzen zu beurteilen. Wir versuchten stattdessen, Revolution nach dem Marxschen Konzept des Klassenkampfes theoretisch zu bestimmen in der Hoffnung, mit diesem Ansatz nicht nur die obengenannten Mängel anderer Theorien zu vermeiden, sondern auch eine größere Bandbreite von Anwendungsmöglichkeiten für konkrete historische Analysen zu gewinnen.

In unserem Fall lenkte die theoretische Vorgabe die Analyse zunächst darauf, aus dem Entwicklungsstand der französischen Gesellschaft im 2. Empire sowohl die Größe und Struktur der

Arbeiterklasse als auch ihr Verhältnis zu andern Klassen zu bestimmen und dann die politischen Organisationen in dieser Gesellschaft daraufhin zu befragen, ob sie eine revolutionäre Veränderung anstrebten. Es ließ sich weiter zeigen, daß sich die Pariser Kommune von anderen Formen des politischen und sozialen Aufstandes oder der Interessenanmeldung dadurch als Revolution auszeichnete, daß das Gros der Pariser Bevölkerung unter Bruch der herrschenden Legalität die politischen und sozio-ökonomischen Verhältnisse neu ordnen und dabei zum Teil sogar die herrschenden Produktionsverhältnisse umwandeln wollte. Ziele, Mittel und Möglichkeiten dieser Revolution aber waren unserer theoretischen Vorüberlegungen folgend im direkten Zusammenhang mit den konkreten Klassen- und Kräfteverhältnissen der französischen Gesellschaft und des Pariser "peuple" auf der einen und den am exponiertesten in Versailles repräsentierten herrschenden politischen Kräften auf der anderen Seite zu interpretieren. Um schließlich Aussagen über den Stellenwert der Pariser Kommune zu gewinnen, mußte über die kurzfristig revolutionäre Zuspitzung des Klassenkampfes hinaus gefragt werden, welche Kosten und welchen Nutzen die Pariser Kommune der französischen und internationalen Arbeiterklasse und -bewegung eingebracht hat.

Den Vorzug unseres Ansatzes sehen wir darin, daß die Phänomene zum Zwecke besserer Analyse nicht isoliert und segmentiert wurden, sondern auf gesamtgesellschaftliche Zusammenhänge zurückverwiesen blieben. Der theoretische Bezugsrahmen half, die Vielzahl der Phänomene weder als Faktoren, Ursachen, Wirkungen etc. nur zu addieren, noch die verschiedenen Bereiche einfach mechanistisch einander zuzuordnen. Das Konzept ordnete Einzelerscheinungen in den Rahmen der Gesellschaft ein, in der sie entstanden, ihre spezifische Prägung erhielten und wirkten. Im Mittelpunkt unserer Analyse standen die gesellschaftlichen Ursachen und Funktionen der Kommune und ihres Werkes. Um diese Frage aufzuhellen haben wir versucht, die Maßnahmen, Vorstellungen und Aktionen der Kommunarden immer wieder zurückzubeziehen auf die soziale Physiognomie des "peuple" von Paris, die Sozialstruktur der Stadt und die gesellschaftlichen Verhältnisse in Gesamtfrankreich.

Um die Revolution zu deuten, orientierten wir uns am theoretischen Konzept des Klassenkampfes. Dieses Konzept erlangt nur dann analytischen Qualitäten, wenn mit ihm historische Erscheinungsformen auf den Begriff gebracht werden. Soll das Konzept nicht zur nutzlosen Leerformel verkommen, so ist jeweils sehr genau festzustellen, was die Klassen einer bestimmten Epoche auszeichnet und voneinander unterscheidet und in welchem Maße und in welcher Form die Abgrenzung der Klassen real vollzogen ist. In der gleichen Weise ist darüber hinaus zu bestimmen, auf welchen konkreten Inhalt die Kategorie "Klassenkampf" zu beziehen ist.

Schwächen, die die Analyse behinderten, zeigte dieses Konzept vornehmlich in zwei Bereichen. Die theoretische und empirische Erfassung der Klassen und die Differenzierung und Bewertung der Verhältnisse von Form und Inhalt der Revolutionsmaßnahmen machten erhebliche Schwierigkeiten. Auf solche Schwierigkeiten stießen wir, sobald wir die Klasse der Lohnarbeiter nicht als abstrakten Bezugspunkt, sondern als handelnde Größe in der Kommune zu erfassen suchten. Dabei erwies sich schnell, daß sich das Kriterium der Lohnarbeiterschaft je nach Beruf und Gegend in unterschiedlichen Formen durchsetzt und daß die Arbeiterklasse 1870/71 in ihren politischen Aktionen weniger von den Arbeitern der Großbetriebe, als von einer gesellschaftlichen Gemengelage aus Gesellen und Handwerkern, Krämern und Kleinfabrikanten geprägt wurde. Diese heterogene Verbindung entsprach dem Entwicklungsstand des französischen Kapitalismus, machte aber zugleich die theoretische Kategorisierung dieses "peuple" von Paris zum Problem. Handelte es sich um eine typisch frühkapitalistische Form der Arbeiterklasse, auch wenn sie nicht im engeren Sinn die Merkmale der Lohnarbeit trug? War der "peuple" dem Kleinbürgertum zuzurechnen, obwohl seine Autonomie des Bürgers bereits durch das kapitalistische Verlagssystem erheblich unterhöhlt war? Taugt der Begriff Klasse überhaupt, um die Bandbreite dieser sozio-ökonomischen Positionen zu erfassen, die - um die zeitgenössische Terminologie zu benutzen - vom "patron" über den "ouvrier-patron" zum "ouvrier" reichte?

Diese Unsicherheit führte nicht nur dazu, daß unsere Begrifflichkeit häufig schwankte, wenn wir diese politisch handelnde Gruppe bezeichnen wollten, sondern hatte noch eine weitere Konsequenz für unsere Untersuchung. Das Kleinbürgertum unterscheidet sich entwicklungslogisch mit seiner Verfügungsgewalt über die Produktionsmittel und seiner relativen Autonomie in den Arbeitsvollzügen deutlich vom Proletariat und zugleich mit seiner begrenzten Produktionskapazität und Akkumulationsfähigkeit von der Kapitalistenklasse. Diese Zwischenstellung des Kleinbürgertums wird in unserem Konzept und in unserer Studie nicht ausreichend berücksichtigt. Die Kleinbürger werden entweder den Proletariern oder implizit den Kapitalisten zugeschlagen. Da ihr Anderssein von beiden Klassen nicht systematisch erörtert wurde, fiel auch ihre mögliche Pufferfunktion in unserer Darstellung der Polarisierung zum Opfer. Dieses weitgehende Ausblenden der Kleinbürgertums war folgenreich für die Aussagekraft unserer Analyse. Wollten wir die Ursachen für die Kommune-

Aufstände in Paris und in der Provinz bestimmen, so waren wir mit unserem Ansatz darauf verwiesen, sie primär in Veränderungen der Arbeiterklasse zu suchen. Unserem analytischen Visier entging dabei jene kleinbürgerliche Klasse, die im Unterschied zur Arbeiterklasse der kapitalistischen Entwicklung Widerstandsreserven und feste Strukturen und daher auch eigene Ressourcen entgegenstemmen konnte. Während unser Ansatz dahin tendiert, die Kommune-Aufstände als Konflikte im Kapitalismus zu interpretieren, würde eine stärkere Einbeziehung des Kleinbürgertums möglicherweise den Akzent verschieben und den Widerstand früh- und vorkapitalistischer Produzenten gegen den Kapitalismus betonen.

Die skizzierten Mängel gehen auf einen unzureichenden Begriff von "Klasse" zurück. Bei dessen Definition haben wir uns allein auf ökonomische Kategorien konzentriert, nicht aber die politisch-ideologische Konfiguration ausreichend berücksichtigt. Immerhin aber haben wir uns in der Analyse bemüht die objektiven und subjektiven Faktoren, die Strukturen und Handlungen angemessen zu vermitteln. Dies erfolgte aus der Einsicht, daß weder eine Analyse zureichend ist, die allein die objektiven Widersprüche eines gesellschaftlichen Systems und damit seine Krisenhaftigkeit bestimmt, noch eine solche, die Revolutionsbereitschaft und revolutionäres Handeln allein als Problem des Bewußtseins abhandelt. Wir hielten es daher für wichtig, daß Neben- und Gegeneinander verschiedener Produktionsweisen und der durch diese geprägten Klassenstrukturen herauszuarbeiten und gleichzeitig die aktuellen politischen und organisatorischen Komponenten, die die Handlungsmöglichkeiten und -formen der Arbeiterschaft prägten, aufzudecken. Aber uns ist es nicht zufriedenstellend gelungen, die jeweils subjektiven Willens- und Unmutsäußerungen etwa des "peuple" von Paris in ihrer Klassenbestimmung auszuloten. Ebenso wie für die Arbeiterklasse ist auch für die Klasse der Kapitalisten darauf hinzuweisen, daß wir stärker eine kategoriale Zuordnung als eine theoretisch vermittelte empirische Größe benutzt haben. Das hat zur Folge, daß weder fließende Grenzen zwischen kleinen und mittleren Kapitalisten und den Kleinbürgern noch Differenzierungen innerhalb der Gruppen hinreichend erfaßt worden sind.

Eine weitere Schwierigkeit der Analyse war das ungeklärte Verhältnis von Form und Inhalt. Hinter diesem Fragenkomplex verbergen sich generelle Probleme einer Systemveränderung des Kapitalismus. Wahrscheinlich reicht es nicht aus, die Reichweite strukturverändernder Revolutionen allein danach zu bestimmen, inwieweit sie den Profitmechanismus als Motor der kapitalistischen Produktion außer Kraft gesetzt haben. Gewiß ist dieses Ziel zentral, doch die Lebens- und Arbeitswirklichkeit in einer

Gesellschaft ist damit noch keineswegs automatisch auf eine neue Grundlage gestellt. Wir wissen aus historischen Erfahrungen zur Genüge, daß auch dann, wenn der kapitalistische "Heißhunger nach Mehrwert" stillgelegt ist, die Ökonomie der Zeit und das Rentabilitätsprinzip ungebrochen weiterherrschen und der Produktionsprozeß weiterhin ausschließlich an diesen Kriterien ausgerichtet bleiben kann.

In unserer Analyse wurde dieses Bewertungsproblem vor allem dort akut, wo es um die während der Kommune projektierten Produktionsassoziationen und die Organisation der Kriegsproduktion ging. Noch deutlicher als für den Bereich der Produktion traten die angedeuteten Schwierigkeiten zutage, als wir die Fortschritte im System der Regierung und Verwaltung einzuschätzen versuchten. Wie für die Produktion, so ist es auch für die Bürokratie die Frage ernstzunehmen, was mit dem Abstreifen der kapitalistischen Formbestimmungen eigentlich gewonnen ist. Stellt dieser Schritt bereits sicher, daß eine bürgerlich-kapitalistische zu einer auf Emanzipation abzielenden sozialistischen Bürokratie wird oder eine bürgerliche Polizei sich in eine sozialistische verwandelt? Wiederum zeigen historische Beispiele, wie wenig mit der Veränderung allgemeiner Zielorientierungen auch schon die Umgestaltung der Binnenbereiche von gesellschaftlichen Institutionen wie Verwaltung und Betrieb durchgesetzt ist.

Offenbar war es von uns vorschnell, primär nach dem Antikapitalismus von Bewegungen zu forschen. Über das globalen Infragestellen des Kapitalismus hinaus, sollte man vielmehr Ausschau halten auch nach anderen, mit dem Kapitalismus nicht identischen Strukturen, die ebenfalls von revolutionären Bewegungen umgewälzt werden müssen, weil sie sonst die erwünschten Handlungsformen und -möglichkeiten im Keim ersticken. Die hier diskutierten Probleme haben wir in unserer Untersuchung durchaus angesprochen. Was uns jedoch dabei fehlte, war eine brauchbare theoretische Vorgabe, die die Untersuchung hätte ausrichten können. Unserem theoretischen Konzept fehlt in diesen Punkten jegliche Tiefenschärfe.

Trotz dieser fortbestehenden Defizite hat sich das theoretisch reflektierte Vorgehen dort bewährt, wo wir Forschungslücken nicht nur feststellen, sondern in ihrer systematischen Bedeutung diskutieren konnten. Dabei profitierten wir zweifellos von der seit einigen Jahren herausgebildeten Skepsis gegenüber dem von Gegnern wie Anhängern gemalten Genre-Bild von der Kommune und dem Kommune-Mythos. Unser Untersuchungsansatz dürfte insofern weiterführen, als er gleichsam im Vorfeld der vehementen politischen Auseinandersetzung um das Wesen der Kommune, die lange die Forschung beherrschte, eine Reihe nicht weniger wichtiger und politisch aktueller Fragen formulieren hilft. Die Debatte darüber, ob die Pariser Kommune noch als Revolution des 19. oder schon des 20. Jahrhunderts noch als bürgerliche oder bereits als proletarische Revolution einzuordnen sei, ist zwar für die historische Bewertung und Periodisierung nicht unerheblich, hat aber zu Unrecht allzu lange das Spektrum einer politisch relevanten Revolutionsanalyse eingeschränkt. Wir hoffen deutlich gemacht zu haben, daß daneben folgendes Problem gleiche Aufmerksamkeit verdient: Die Analyse der revolutionären Situation als akute Krise des Herrschafts- und Gesellschaftssystems hat darauf aufmerksam gemacht, daß die Krisenhaftigkeit der jeweils bestehenden Gesellschaft nicht ohne deren Ressourcen, die Stabilität nicht ohne tendenziell krisenerzeugende Widersprüche zureichend analysiert werden kann.

Auch wenn wir es an dieser Stelle nicht durchgespielt haben, so müßte eine wirklich brauchbare Theorie schließlich zu einer sinnvollen Periodisierung beitragen können. Revolution als Phase des Klassenkampfes zu definieren, läßt angesichts der Formel "Geschichte ist eine Geschichte der Klassenkämpfe" zunächst einmal den Verdacht aufkommen, daß es sich hier um eine geradezu universalistische und damit historisch stumpfe Katagorie handeln müsse. Um diesen Eindruck zu korrigieren, sei noch einmal an die der Definition zugrundeliegende Prämisse erinnert. Nach dieser Ausgangsüberlegung sind Revolutionen Ereignisse von hervorragendem gesellschaftlichen und politischen Rang, gleichsam Brennpunkte, die je nach Entwicklungshöhe verschiedene Strukturmerkmale einer Gesellschaft in besonders hellem Licht erscheinen lassen. Es muß für eine Revolutionsanalyse also darauf ankommen, diese je spezifischen Strukturmerkmale richtig zu erfassen. Auch wenn die Spezifika der jeweiligen Gesellschaftsformationen nicht bereits ausführlich in die Definition aufgenommen sind, zwingt die Ausrichtung auf das Modell des Klassenkampfes dazu, die epochenspezifische Ausformung bzw. Überlagerung der Klassenantagonismen zu erfassen. Dazu sind theoretische Zusatzerläuterungen notwendig, wie wir sie einleitend für das 19. Jahrhundert versucht haben und wie sie beispielsweise für die Gesellschaft des 18. und 20. Jahrhunderts ergänzt und verändert werden müßten. Theoretisch anders würde sich das Periodisierungsproblem stellen, wenn man die Revolutionsdefinition auch auf nichtkapitalistische Gesellschaften ausdehnen wollte.

3. Nicht zuletzt sind wir darüber Rechenschaft schuldig, ob wir unseren Anspruch, mit einer theoretisch fundierten Vergangenheitsanalyse relevante Orietierungshilfen für die Gegenwart zu gewinnen, tatsächlich eingelöst haben. Zunächst einmal liegt es auf der Hand, daß die am historischen Fall erörterten allgemeinen Probleme aus der Gegenwart hergeleitet und auf diese bezogen sind. So wurzelte z.B. die Suche nach den vereinheitlichen-

den und trennenden Elementen in der Arbeiterklasse des 2. Empire in der aktuellen Erfahrung, daß die strukturelle und bewußtseinsmäßige Einheit der Lohnarbeiterschaft nicht einfach vorausgesetzt werden kann, sondern erst durch weitreichende an der konkreten Bedürfnislage ansetzende Organisations- und Überzeugungsarbeit rekonstruiert werden muß. Ebenso ist das Interesse für die Regierungsform der Kommune und deren Probleme dadurch mitbegründet und geschärft, daß in jüngster Zeit sowohl das System des Parlamentarismus als auch das der leninistischen Kaderpartei mit gewichtigen Argumenten kritisiert und die Realisierung von Öffentlichkeit als dem herrschenden Prinzip der Regierungskontrolle anhand von einschlägigen Beispielen angezweifelt wurde.

Unserem Anspruch nach sollte Geschichtswissenschaft sich jedoch nicht allein in einer solchen Auswahl und Definition ihrer Forschungsprobleme auf die Gegenwart beziehen, sondern auch direkt dazu beitragen, aus der Geschichte für die Gegenwart zu lernen. Gewiß wäre es falsch, von der Auseinandersetzung mit der Pariser Kommune des Jahres 1871 für die achtziger Jahre des 20. Jahrhunderts fertige Rezepte oder Handlungsmodelle zu erhoffen (166). Eine solche Auseinandersetzung kann allerdings sehr wohl dazu beitragen, die derzeitigen gesellschaftlichen Probleme und deren Lösungsmöglichkeiten kenntnisreicher zu bestimmen und zu diskutieren. Diese Lernchance wurde und wird in den herrschenden sozialistischen und kommunistischen Kommune-Rezeptionen immer wieder dann vertan, wenn die Geschichte der Kommune mehr als Ehrenmal denn als Prüfstein der eigenen Politik und Strategie verstanden wird. Die zur Jahrhundertfeier der Kommune publizierten Schriften setzten in diesem Punkt nur eine ältere Tradition fort, in der die verschiedenen sozialistischen Gruppierungen die Taten der Kommunarden primär als Beweis für die Richtigkeit ihrer eigenen Analysen und politischen Aktivitäten wahrnahmen.

Für derartige Formen der Kommune-Rezeption gilt auch heute noch die ernste Mahnung, die Lissagaray bereits 1876 formulierte (Lissagaray, 1876, 5): "Wenn der Streiter von morgen die gestrige Schlacht nicht von Grund aus kennt, so wartet dasselbe Blutbad auf ihn. Unter solchen Umständen ist Schmeicheln gleichbedeutend mit Verraten. Wer dem Volke falsche Revolutionslegenden erzählt und es - ob vorsätzlich oder aus Unwissenheit - durch Geschichtsdithyramben täuscht, ist ebenso strafbar, wie der Geograph, der falsche Karten für Seefahrer entwerfen würde".

Vor einer solchen vorschnellen und politisch äußerst unergiebigen Instrumentalisierung könnte die Einsicht schützen, daß die Bedingungen für eine Revolution im Jahre 1871 sich von denen heute unterscheiden. Vergleicht man die Situation, aus der heraus die Pariser Kommune möglich wurde, mit den heutigen gesellschaftlichen Bedingungen für systemverändernde Politik, so schärft sich das Bewußtsein für eine Reihe von Problemen. Zunächst einmal sind in den westeuropäischen Gesellschaften der Gegenwart bis auf wenige Ausnahmen, die im Frankreich des späten 19. Jahrhunderts noch vorhandenen Relikte der vor- oder frühkapitalistischen Gesellschaft getilgt worden. Diese Restbestände der vorkapitalistischen Gesellschaft aber waren auch noch 1870/71 eine verläßliche Quelle, um den Widerstand gegen den Akkumulationsprozeß des Kapitalismus zu speisen. Heute sind außerdem die Divergenzen innerhalb der Arbeiterklasse durch Tradition und statusmäßige Abgrenzung eher zementiert denn abgebaut. Im Gegensatz zu früher lassen drittens die heute auch für Arbeiter institutionalisierten Möglichkeiten, legal ihre Interessen anzumelden, eine revolutionäre Durchsetzung von Interessen eher überflüssig erscheinen. Weiterhin dürfte die Tatsache, daß sich die Kultur der herrschenden Klasse als herrschende Kultur verallgemeinert hat, das unter Arbeitern verbreitete Bild von der Gesellschaft und von der Position der Arbeiter in dieser Gesellschaft maßgeblich geprägt haben. Schließlich muß man heute wohl davon ausgehen, daß Wirtschaftskrise und Revolution voneinander abgekoppelt sind. In Krisenzeiten verschärft sich zwar nach wie vor der strukturelle Gegensatz zwischen Lohnarbeit und Kapital. Doch im 20. Jahrhundert ist es immer planvoller die Aufgabe staatlicher Politik geworden, den Umschlag einer ökonomischen in eine politische Systemkrise zu verhindern. Der Staat wird zu diesem Zwecke instand gesetzt, mit einer breiten Skala von Maßnahmen zu intervenieren. Während eine ökonomische Krise das staatliche Machtpotential heute also erheblich erhöht, senkt sie gleichzeitig die Handlungsmöglichkeiten und Erfolge der Arbeiterbewegung. Eine Wirtschaftskrise zwingt die Arbeiterklasse und deren Interessen nicht zuletzt deshalb an den kurzen Hebel des Kräftespiels, weil die bei schlechter Auftragslage immer drohende Arbeitslosigkeit als verläßliches Pazifizierungsmittel wirkt.

Diese hier nur mit Stichworten bezeichneten gesellschaftspolitischen Prozesse, die die zweite Hälfte des 20. Jahrhunderts von der des 19. Jahrhunderts tiefgreifend unterscheiden, gilt es in Rechnung zu stellen, wenn man über politische Perspektiven diskutiert. Gewiß reichen diese Unterschiede bei weitem nicht aus, um den Wunsch nach einer Veränderung der sozio-ökonomischen und politischen Strukturen der Gesellschaft aufzugeben. Eine solche Veränderung mit dem Ziel, jeden einzelnen in der Gesellschaft in die Lage zu setzen, autonomer zu handeln und zu denken sowie gesellschaftliche Prozesse zu kontrollieren, ist bis heute weder überflüssig noch illusionär, da prinzipiell unrealisierbar geworden. Der Hinweis auf die veränderten gesellschaftlichen Bedingungen verdeutlicht aber die Gefahr des verkürzten Praxisbezuges historischer Vorbilder.

Die Pariser Kommune heute als Revolution, die zumindest gewagt wurde, zu verherrlichen, ohne ihre Entstehungsbedingungen und Erfolgsmöglichkeiten mit zu reflektieren, ist politisch unergiebig und gefährlich. Von der Kommune als historischer Tradition nur den "heldenhaften Kampf der Arbeiter" gegen die Konterrevolution festzuhalten, hieße einzig das Pathos größerer Menschlichkeit der kapitalistischen Wirtschaft- und Gesellschaftsordnung entgegenzusetzen. Will man mehr als nur die Proklamation ehrenwerter Ziele, so müßten durchsetzungsfähige gesellschaftliche und politische Organisationsstrukturen detailliert entworfen werden, die denen des Kapitalismus überlegen wären. Mit einer solchen Zielsetzung historische Revolutionen zu analysieren, um aus der Geschichte zu lernen, kann nichts anderes bedeuten, als zusammen mit den revolutionären Absichten und ihrer Reichweite auch die Bedingungen und Möglichkeiten ihrer Realisierung zu studieren, um auf diesem Wege mehr darüber zu erfahren, wie die vom System vorgegebenen Handlungszwänge und die systemtranszendierenden revolutionären Handlungsalternativen miteinander verbunden sind. Geschichte kann über diesen Verbund von tradierten und zukunftsorientierten Strukturen und Aktionen vielleicht einmal soviel lehren, daß die "restriktiven Bedingungen" der Tradition nicht länger imstande sind den für eine bessere Gesellschaft eingeleiteten Revolutionsprozeß auf halbem Wege zu erwürgen oder zu verkrüppeln.

1 Statt einer umfassenden Bibliographie sei hier verwiesen auf die Literaturberichte von Estèbe, 1974; Gaillard, 1973; Hunecke, 1974; Rougerie, 1971 a; einen guten Überblick über die wissenschaftlichen Publikationen gibt die Bibliographie annuelle de l'histoire de la France, 1971 ff. Aus Anlaß der Jahrhundertfeier fanden u. a. folgende Kongresse statt: In Paris am Centre d'Etudes et de Recherches Marxistes (C. E. R. M.) vom 22. - 29. 4. 1971 (Protokollband: Cent ans après la Commune); in der Sorbonne vom 21. - 23. 5. 1971 (Protokollband: Colloque universitaire ...); im Palais du Luxembourg veranstaltet vom Institut Maurice Thorez vom 6. - 9. 5. 1971 (Protokollband: Voici l'aube); veranstaltet von der Société de l'Histoire Littéraire de la France am 7. 11. 1970 (Protokollband: Les écrivains français ...); in Straßburg veranstaltet von der Association européene d'histoire contemporaine vom 28. - 31. 10. 1971 (Protokollband: Dimensions ...); in Warschau veranstaltet vom Centre d'Etudes de la Civilisation Française (Protokollband: Le Centenaire ...); in Berlin/Potsdam veranstaltet vom Institut für Marxismus-Leninismus beim ZK der SED zusammen mit der Deutschen Akademie für Staats- und Rechtswissenschaft "Walter Ulbricht" am 11. 3. 1971 (vgl. Zeitschrift für Geschichtswissenschaft 19, 1971, 932 - 935, und Staat und Recht, 1971, Heft 5); schließlich ein Universitätskolloquium im Frühsommer 1971 in Brighton.
Ausstellungen gab es u. a. in Bourges, Grenoble, Rouen, St. Denis, Brüssel, Westberlin.
Sondernummern zur Kommune publizierten u. a. folgende Zeitschriften: International Review for Social History, Le Mouvement Social, Revue d'Histoire Moderne et Contemporaine, Wissenschaftliche Zeitschrift der Karl-Marx-Universität Leipzig, Ges. u. sprachw. Reihe; Autogestion et Socialisme, Cahiers du Communisme, Marxism Today, Nouvelle Critique.

2 Vgl. Zeitschrift für Geschichtswissenschaft (19, 1971, 932 f.), die Rede von W. Weichelt auf dem Kolloquium zum 100. Jahrestag der Kommune. Entsprechend urteilt H. Köller im Nachwort zur deutschen Übersetzung von Bruhat u. a. (1971, 307); dgl. auch Krause (1971). Viel problemorientierter und differenzierter analysieren dagegen Autoren der KPF wie Elleinstein (1971).

3 Es ist hier nicht möglich, die Flugblätter und kleinen Zeitschriften der damaligen linken Gruppierungen einzeln aufzuführen.

4 Ähnlich verfährt Zeller, 1969, dessen Personenporträts sich allerdings durch beträchtliche Qualität auszeichnen, wenn er auch in erster Linie nach nichts anderem als der menschlichen Stärke und Schwäche der Handelnden fragt (vgl. z. B. 16 f., 438).

5 Zur Entwicklung des Begriffs "Revolution vgl. Griewank (1965) und Koselleck (1969).

6 Einen guten Überblick geben in deutscher Sprache jetzt die Sammelbände von v. Beyme (1973) und Jaeggi/Papcke (1974). In den letzten Jahren gab es wichtige kritische Analysen des Theorieangebotes: Stone (1966); Rittberger (1971); Dohse (1972); Krammick (1972); Zagorin (1973); vor allem Meyer (1976) kommt in seinem Fazit unseren Ergebnissen sehr nahe. Die Literatur ist bei Meyer sehr umfassend ausgebreitet.

7 Diese Einteilung übernehmen wir von Rittberger (1971).

8 Das gilt auch für die von Meyer (1976) am Ende seiner kritischen Sichtung der Revolutionstheorien versuchte Definition: Revolution sei "eine qualitative Veränderung der konstitutiven Strukturen einer Gesellschaft (eines Systems oder einzelner gesellschaftlicher Sektoren, Teilsysteme), eine Überwindung ihrer auf historischer Dauer stabilen, internen Grenzen, die den je in ihnen enthaltenen, zugleich aber über sie hinausweisenden Möglichkeiten an Zustandsänderungen gezogen sind." (169). Dabei sei Revolution immer ein "progressiver Prozeß" (170). Meyer fügt allerdings hinzu, daß dieser kleinste gemeinsame Nenner, auf den das Forschungsfeld Revolution gebracht werden kann, hoch abstrakt ist und daher nach historisch gehaltvollen Zusatztheorien verlangt (173).

9 Zum Forschungsstand vgl. Lindner (1972); vgl. auch Laswell/Lerner (1965).

10 Vgl. Jaeggi/Papcke (1974, 40); Theorie als Hilfe zur Revolutionsvermeidung ist z. B. das Ziel von Johnson (1966, 189).

11 Vgl. vor allem Gurr (1970); Heinz/Schöber (1972); Jänicke (1973a; 1973b).

12 Ein negatives Fazit ziehen u. a. auch Stone (1965/66), Zagorin (1973), Meyer (1976).

13 Vgl. u. a. die Überblicke von Jaroslawski (1974), Kramer (1971), Lenk (1973), Tetsch (1973). Zur Kritik siehe die Literaturhinweise bei Meyer (1976, 165-168), der selbst folgende kritischen Punkte auflistet: 1. Das Begriffspaar Produktionsverhältnisse-Produktivkräfte sei zu unspezifisch und zudem verschränkt mit der ebenfalls nicht unproblematischen Krisentheorie. 2. Der An-

satz beim "Klassenkampf" gerate in Schwierigkeiten bei der Analyse von Klassenstruktur und Klassenbewußtsein. 3. Die Arbeitswertlehre liefere bislang nicht das erforderliche Scharnier zwischen der systematischen und der sozialen Konfliktebene. 4. "Marxistische" Revolutionstheorien beschränkten sich häufig auf Zitatcollagen der "Großen", die zudem gegen Einwände "bürgerlicher" Revolutionstheoretiker immunisiert sind.

14 Kossok/Markov (1974), 11, visieren mit ihrer dreiteiligen Typologie der bürgerlichen Revolution eine viel größere Epoche an.

15 Diese sind z. B. einbezogen in die Überlegungen von Tamchina/Geiss (1974) oder Hobsbawm (1975).

16 Folgendes Zitat aus der "Deutschen Ideologie" verdeutlicht diese Kategorie: "Die Bourgeoisie selbst entwickelt sich erst mit ihren Bedingungen allmählich, spaltet sich nach der Teilung der Arbeit wieder in verschiedene Fraktionen und absorbiert endlich alle vorgefundenen besitzenden Klassen in sich ..., in dem Maße als alles vorgefundene Eigentum in industrielles oder kommerzielles Kapital umgewandelt wird. Die einzelnen Individuen bilden nur insofern eine Klasse, als sie einen gemeinsamen Kampf gegen eine andere Klasse zu führen haben; im übrigen stehen sie einander selbst in der Konkurrenz wieder feindlich gegenüber." (MEW, Bd. 3, 53 f.).

17 In der Kommune-Forschung, aber auch generell, hat diese Frage bislang nur geringe Aufmerksamkeit gefunden. Bruhat u. a. (1971, 20) z. B. gehen von einer Einebnung aller Differenzen aus. Die neue Arbeit von Elwitt (1975) verspricht für diesen Fragenkomplex mehr als sie hält.

18 "... die beiden großen sozialen Gruppen, die die herrschende Klasse bildeten: die ländlichen Notabeln, Großgrundbesitzer adeliger oder bürgerlicher Herkunft, und die städtischen Kapitalistenklassen (so der Ausdruck der Zeit), die sich an die Spitze der Veränderungen in Industrie, Bank und Handel gesetzt hatten. Entscheidend war es nun zu wissen, in welchem Rhythmus der neue Industrie- und Bankkapitalismus wachsen würde und ob die alte Gesellschaft der Bauern, des Kleinhandels und des Handwerks dem Vordringen des Kapitalismus in ihre Mitte widerstehen würde." (Bouvier, 1974, 10).

19 Vgl. AESC (1962, 607). Am Interpretationskonzept von Lhomme ist nicht zuletzt zu kritisieren, daß es den Niedergang der bourgeoisen Vorherrschaft mit dem Beginn der 3. Republik ansetzt. Es ist kaum anzunehmen, daß der Mittelstand während der Hochblüte des Industriekapitalismus die bourgeoise Herrschaft ernsthaft infrage stellte, auch wenn die Vertreter der Bourgeoisie nicht mehr direkt auf der vorderen Bühne der politischen Szene agierten.

20 Napoleon erläuterte sein Wirtschaftsprogramm in einem Brief vom 15. 1. 1860 an Staatsminister Fould: "Ich betone noch einmal die Grundwahrheiten, daß man die Möglichkeiten des Austausches vervielfachen muß, um den Handel aufblühen zu lassen; daß die Industrie ohne Handel stationär ist und hohe Preise konserviert, die dem Anwachsen des Konsums entgegenstehen; daß ohne eine prosperierende Industrie, die das Kapital entwickelt, auch die Landwirtschaft in den Kinderschuhen steckenbleibt. Alles greift also ineinander bei der fortschreitenden Entwicklung des öffentlichen Wohlstandes. Was die Landwirtschaft anbelangt, so muß man sie teilhaben lassen an den Wohltaten der Kreditinstitutionen. . . ; um die Industrieproduktion zu ermutigen, muß man (der Industrie) ausnahmsweise und zu gemäßigten Gebühren Kapital bereitstellen, das zur Verbesserung der Ausrüstung verhilft. Einer der größten Dienste, der dem Land erwiesen werden kann, ist es, den Transport von Rohstoffen . . ., zu erleichtern. " (Zit. bei Plessis, 1973, 85 f.)

21 Die Opposition gegen den Handelsvertrag ließ nach einer Meldung aus Metz nach, sobald Hütten und Zechen einen Produktionsaufschwung verzeichneten (Leuillot, 1972, 17 f.).

22 Plessis (1973, 97). Nach Lévy-Leboyer (1975, 142) erreichte der Index des Kapitalertrags (1890/94 = 100) erst zwischen 1860-1864 mit 193, 8 seinen Höchststand, um dann zwischen 1865 und 1869 auf 155 abzusinken; vgl. auch Bouvier u. a. (1965) für die Schwerindustrie.

23 Victor Bonnet, La grève du milliard, in: Revue des Deux Mondes 38 (1868, 15. Mai, 257-278, hier 258). Nach Duveau (1946, 122) benutzte der Gouverneur der Banque de France bereits in einer Rede am 27. 1. 1868 diesen Ausdruck.

24 Diese Interpretation entwickelte Marx in "Der achtzehnte Brumaire des Louis Bonaparte" (MEW 8, 111-207) und in "Der Bürgerkrieg in Frankreich . . . " (MEW 17, 313-365). Zur neueren Forschung vgl. Zeldin (1973, 504-569) und die in Auseinandersetzung mit Marx Thesen geschriebene Analyse der 2. Republik von Price (1972); Hammer/Hartmann (1977).

25 Dupeux (1962, 427 f.) weist an der Besetzung des Conseil Général, der ordentlichen Gerichte, der Posten der Friedensrichter, der Handelsgerichte und selbst der departementalen Statistikkommission nach, wie schnell das Großbürgertum seine vormaligen Machtpositionen zurückeroberte.

26 Ein berühmtes Beispiel ist E. Schneider, der als Chef der Creusot-Werke zugleich Mitglied des Conseil Général des Departments Saône-et-Loire, Abgeordneter, Vizepräsident und schließlich Präsident des Corps Législatif und auch noch Regent der Banque de France war (vgl. Plessis 1973, 72).

27 Agulhon (1973a, 230-234) läßt die These anklingen, daß der Bonapartismus gerade wegen seiner relativen Autonomie von den herrschenden Machtgruppen auf eine Verbesserung der Arbeitersituation hinarbeiten konnte, was der 3. Republik weitaus schwerer gelang.

28 Plessis (1973, 17). Napoleon hatte schon 1844 ein programmatisches Buch über die "Austilgung des Pauperismus" geschrieben und darin das vorrangige Ziel einer Sozialpolitik gesehen. In seiner Proklamation vom 2. 12. 1851 hieß sein zugleich antirevolutionäres und paternalistisches Programm: "Die legitimen Bedürfnisse des Volkes befriedigen, um Schluß zu machen mit der Ära der Revolutionen." (Zit. bei Plessis, 1973, 17).

29 Zur Kontinuität der Repression, vgl. Payne (1966, 34-71) und Machin (1975).

30 Vgl. dazu jüngst Wright (1975), der die Zahl der von der Repression Betroffenen sehr viel höher veranschlagt. Eine sozialstatistische und geographische Auflistung der Verhaftungen gibt Payne (1966, 43).

31 Vgl. z. B. folgendes Urteil, Dupeux (1962, 452): "Die wiederhergestellte Ordnungspartei griff unermüdlich das Thema der roten Gefahr, das das Empire so gut zu benutzen verstand, wieder auf. Diese überaus bemerkenswerte Kontinuität legt den Gedanken nahe, daß es sich nicht nur um einen Kunstgriff der Propaganda handelte, sondern um den Ausdruck einer realen Furcht, die von eben denen, die diese Furcht auszunützen wünschten, selbst nachdrücklich gespürt wurde. Bei jedem politischen Umsturz lebten die herrschenden Klassen, die Agraristokratie und die Großbourgeoisie in der Furcht der Revolution."

32 Obwohl nach Perrot (1975, 79) die Arbeiter im Elsaß eine durchaus probonapartistische Haltung zeigten.

33 Allgemein zur Situation der Arbeiter vgl. Duveau (1946), Kuczynski (1967, 31-63), Bruhat u. a. (1971, 20-32), Bruhat (1976).

34 Toutain (1963, 89) zufolge erklärten 1862 allein 15 % der in der Landwirtschaft Beschäftigten, mindestens 148 Tage im Jahr ein Zusatzgewerbe auszuüben.

35 Duveau (1946, 195) spricht daher von "travailleurs hybrides"; er empfiehlt außerdem vier Arbeitertypen je nach Beschäftigung in 1. Großstadt, 2. Großindustrie, 3. Mittelstadt, 4. ländlichem Gewerbe zu unterscheiden (225-229).

36 Toutain (1963, 158), letztere wurden nur miterfaßt, wenn der frühere Arbeitgeber sie angab (154).

37 In weitem Abstand folgen als weitere Industrien mit einer nennenswerten Zahl von Arbeiterinnen die Lederindustrie mit 52 639 und die Nahrungsmittelindustrie mit 33 250 Frauen. Mit

Ausnahme der Kautschuk- und Papierindustrie (41 % aller Beschäftigten) beschäftigten alle Branchen außerhalb des Textilbereichs weniger als 1/5 Frauen (vgl. Guilbert, 1966, 13 f.; Toutain 1963, 150 u. Tab. 55).

38 Danach sollten in Betrieben mit mehr als 20 Beschäftigten Kinder erst mit 8 Jahren arbeiten, für 8-12jährige ein Maximalarbeitstag von 12 Stunden gelten, Nachtarbeit erst ab 13 Jahren zulässig sein (Guilbert, 1966, 23).

39 Die bei Kuczynski (1967, 36-43) abgedruckten Entwicklungsserien der durchschnittlichen Arbeitslöhne sind kaum aussagekräftig, vgl. die Kritik solcher Daten von Thuillier (1966, 283 f. und 327-338) am Beispiel von Hütten- und Bergarbeiterlöhnen.

40 Rougerie (1968a), der das Budget eines Pariser Zimmermanns von 1854 auswertet; ähnlich jetzt Gaillard (1977, 268); vgl. auch Lhomme (1968).

41 Zur Heterogenität der Nominallöhne vgl. Thuillier (1966, 280, 283, 327); Hardach (1975); aufschlußreich für die Wahrnehmung der Lohnsituation durch die Arbeiter Perrot (1974, 127-130) und Trempé (1971, 376-401).

42 Fohlen (1956, 265-268, 403); Sorlin (1969, 165) führt für das Krisenjahr 1857 an, daß 50 % der Lyoner Weber und 40 % der Bergleute von Carmaux arbeitslos waren; zu letzterem vgl. Trempé (1971, 319-323).

43 Vgl. Perrot (1974, 283-303) über diese Streikforderung nach 1870; Trempé (1971, 207-221) über weniger spektakuläre Auseinandersetzungen um den Arbeitstag im Bergbau.

44 Kuczynski (1967, 43-47) bringt Daten für die Eisen- und Stahlindustrie und den Kohlebergbau, ohne allerdings seine Quellen bekanntzugeben und seine Interpretationen kritisch abzuwägen.

45 Die Einwohnerzahlen der Großstädte wuchsen folgendermaßen:

			1851	1876
			Index 1801 = 100	
Paris	1 277 064	1 988 806	230	360
Marseille	195 300	318 900	180	290
Lyon	177 200	342 800	160	310
Bordeaux	130 900	215 100	140	240
Toulouse	93 400	131 600	190	260
Lille	75 800	162 800	140	300
St. Etienne	56 000	126 000	350	790
Roubaix	34 700	83 700	425	1 050

(Armengaud 1976, 231; Index nach Mundt, 1973, 237; Pariser Daten auf Basis der Eingemeindungen von 1860, vgl. Chevalier, 1958, 210).

46 Wenngleich nach den bisherigen Einzeluntersuchungen, der von F. Simiand, dem Ahnherrn der quantifizierenden Geschichtsschreibung, für ganz Frankreich angenommene Anstieg des Reallohnes zwischen 1850 und 1870 von Index 100 auf Index 128 allzu hoch gegriffen sein dürfte (zit. bei Gérard, 1972, 44); nach Duveau (1946, 411-415) sollen sich in den Zechen von Anzin die Dividenden der Aktionäre verdreifacht haben, die Löhne der Bergarbeiter demgegenüber nur um 30 % gestiegen sein.

47 Die offizielle Statistik des Justizministeriums über Verstöße gegen das Koalitionsverbot von 1825-1864 (abgedruckt bei Dolléans/Dehove, 1953, 320) verzeichnet Höchstquoten z. B. 1853 mit 109 Verfahren, 718 Angeklagten, 105 Freisprüchen und 1855 mit 168 Verfahren, 1182 Angeklagten, 117 Freisprüchen.

48 Perrot (1974, 51). Wir stützen uns hier nahezu ausschließlich auf die Untersuchung von Perrot, die gegenüber Shorter/Tilly (1974) den Vorzug hat, detaillierter und konkreter zu sein.

49 In der Berufszählung von 1866 wurden 2, 8 Millionen Industriearbeiter gezählt (vgl. Toutain, 1963, Tab. 77).

50 Der Streikanteil, bezogen auf die Epoche 1864-1870, nach Perrot (1974, 56) , die Verteilung der Industriebeschäftigten zum Zeitpunkt der Berufszählung von 1866 nach Toutain, (1963, Tab. 74, die der Industriearbeiter nach Tab. 77).

51 L'Huillier (1957, 11); vgl. ausführlicher zu diesem Problem später das Kapitel: "Die Kommune als Revolution des Proletariats."

52 Nach Price (1972, 259) wurden dadurch insgesamt 29 % aller Wähler gestrichen, in Paris sogar 62 %, im Departement Loire et Seine Inférieure 43 %, im Departement Rhône 40 %. Napoleon III. hob diese Einschränkung wieder auf.

53 Interessante Fallstudien bei L'Huillier (1957), die den schwierigen Prozeß der Organisation verdeutlichen; siehe auch Gaillard (1960/61) über die Pariser Cail-Werke.

54 Zur Krankenversorgung der Armen vgl. Léonard (1973); Hinweise auf kostenlose Versorgung in Paris bei Gaillard (1971, 327).

55 Zeitgenössische Urteile über kooperative Organisationsformen in der Arbeiterklasse zit. von Rougerie (1968, A. I. T. , 122).

56 1862 kam es zur spektakulären Begnadigung der Pariser Buchdrucker durch Napoleon III. (Dolléans/Dehove, 1953, 319-325).

57 Gaillard (1971, 24 ff.) spricht für das Wahljahr 1869 von einer schnellen Vermehrung der Zeitungen und Assoziationen halbpolitischen Charakters. Zur Presse vgl. Bellet (1967); zur Bohème siehe die Hinweise bei H. -G. Haupt (1976, 177). Für das Klima der politischen Diskussion war die erneute Revolutionsrezeption mit ihrer Auseinandersetzung zwischen Hebertisten und Robespierristen charakteristisch (vgl. Rougerie 1964, 29).

58 Zur Bedeutung der Kooperativen vgl. Rougerie (1968, A. I. T., 123 f.) und den dort zit. Brief aus Marseille vom 12. 12. 1867: "Die Kooperation ist der Ausgangspunkt. Allein in der Werkstatt (wie im Gehirn der Menschheit) müssen die sozialen Probleme beleuchtet und gelöst werden."

59 Rougerie (1968, A. I. T., 106); die einzelnen Arbeitergesellschaften, die sich in Paris, Lyon, Rouen, Marseilles zu Föderationen zusammenschlossen, sind 124 f. aufgeführt; vgl. auch Bruhat u. a. (1971, 336).

60 Zit. bei Rémond (1969, 212 f.); vgl. vor allem Gaillard, (1976); zur entsprechenden politischen Programmatik in Le Creusot vgl. Dumay (1976, 117).

61 Trempé (1971) diskutiert in der Einleitung überzeugend, daß die objektive Situation der Lohnarbeiter keineswegs allein durch deren Position im Produktionsprozeß, sondern auch durch deren allgemeinere wirtschaftliche Lage, deren Familien- und Verwandtschaftszusammenhalt, und daß die subjektive Situationswahrnehmung nicht allein durch die Gegenwartserfahrungen, sondern auch durch Tradition, Religion, Kultur etc. geprägt wird.

62 Typisch ist für diesen Ansatz z. B. Projekt Klassenanalyse, Zur Taktik der proletarischen Partei. Marxsche Klassenanalyse Frankreich von 1848-1871, Berlin 1972.

63 1871 haben 80 % aller Dörfer Schulen (Sorlin, 1969, 40). Von den jeweils zum Militär eingezogenen Männern konnten 1868 nur noch 22 % weder schreiben noch lesen, während es 1850 noch 39 % waren (Dupeux 1974, 119); vgl. dazu Prost (1968, bes. 97-107) und besonders Furet/Sachs (1974).

64 Marx schätzte die Situation der französischen Bauern des Jahres 1871 folgendermaßen ein: "Schließlich ist das bäuerliche Eigentum selbst nominell geworden, indem es dem Bauern die Illusion des Eigentums läßt und ihn von den Früchten seiner eigenen Arbeit expropriiert. Diese Konkurrenz der großen Farmer, die Blutsteuer (die Konskription), der Wucher des städtischen Hypothekengläubigers und die zahllosen kleinen Diebereien des Gerichtssystems, das ihn von allen Seiten umgarnt, haben ihn auf die Stellung eines indischen Raiat herabgedrückt, während seine Expropriation von seinem nominellen Eigentum - und seine Degradation zu einem ländlichen Proletarier eine alltägliche Tatsache ist. Folglich ist das, was den Bauern vom Proletarier trennt, nicht mehr sein wirkliches Interesse, sondern sein illusionärer Vorteil" (MEW 17, S. 551 f.).

65 Moissonnier (1972, 194); zu den Antikriegsdemonstrationen in Le Creusot siehe Ponsot (1958, 39 f.) und Dumay (1976, 143).

66 In: Bruhat u. a. (1971, 251 f.); Gaillard (1971); dagegen berichtet

Armengaud (1961, 443-451) über Ost-Aquitanien, daß die Konservativen zwar verunsichert waren, eine starke republikanische Bewegung jedoch nicht vorhanden war.

67 Die Trennlinie zwischen Linken und Rechten dürfte dort zu suchen sein, wo sich die radikalen von den gemäßigten Republikanern absonderten.

68 Hierfür ist Gambettas Aufruf aus Anlaß der Kapitulation von Metz am 27. 10. typisch, wo es u. a. heißt: "Bürger, wir müssen unter der Ägide der Republik entschlossen sein, weder im Innern noch nach außen eine Kapitulation zuzulassen, ja wir müssen aus der ganzen Tiefe unseres Unglücks die Erneuerung unserer Moral und unserer politischen und sozialen Kraft schöpfen." (Zit. nach Barral 1968, 83).

69 Die Nationalversammlung zeigte in etwa folgende Zusammensetzung: Von den tatsächlich besetzten 645 Sitzen entfielen rund 400 auf die Monarchisten (180 Legitimisten, 220 Orléanisten), 20 auf die Bonapartisten, 80 auf die gemäßigten Liberalen und nur 40 auf die Radikalen. Für die rund 100 Personen umfassende politische Mitte ist die Zuordnung strittig. Allein 230 Abgeordnete gehörten zum Adel (vgl. Rémond, 1969, 252-258; Gouault, 1954, 56-72). Für dieses Wahlergebnis war nicht zuletzt die Abwicklung des Wahlverfahrens verantwortlich (vgl. dazu z. B. Dupeux, 1962, 450 f.).

70 Vgl. für diesen Zusammenhang Bourgin (1939 und 1956); Kolb (1972) und Wolter (1971). So sollen am 7. 9. 1870 in Reims einige Bürger die preußische Besatzungsmacht als Bündnispartner gegen die "rote Republik" angesprochen haben (vgl. Wolter, 1971, 269). Bismarck verstand es seinerseits, sich gegenüber dem In- und Ausland als Garanten der Ordnung aufzubauen. Die halboffiziöse Augsburger Allgemeine Zeitung schrieb z. B. am 30. 3. 1871: "Zwischen Paris und Europa steht heute ein eiserner Wall, von welchem sowohl die Männer des roten Fortschritts, als auch jene des Kampfes bis aufs Messer zurückprallen. Die erste europäische Aufgabe des deutschen Friedensreiches wird erfüllt." (Zit. bei Wolter, 1971, 275). Die vorzeitige Freilassung der französischen Soldaten aus der deutschen Kriegsgefangenschaft, um die Niederwerfung der Pariser Kommune zu ermöglichen, ist der deutlichste Ausdruck dieser Vermischung von Bürger- und Nationalkrieg.

71 Charakteristisch ist die Meinung des Pariser Internationalisten E. Vaillant: "Wir wollen uns verteidigen, weil die Partei, die das Land rettet, Herr der Situation sein wird; aber wir übersehen dabei keineswegs den Feind im Inneren, der tausendmal gefährlicher ist." (Zit. Coll. Univ. 1972, 146)

72 Rede am 13. bzw. 14. 6. 1871 vor der Nationalversammlung (zit. bei Girard 1965, 358).

73 Einschlägig die Untersuchung von Bordeaux durch Girault, (1971).

74 Diesen Aspekt streift Greenberg (1971, 73); Guillemin, (Bde. 2 und 3 passim) sieht dagegen nur den heroischen Patrioten; einschlägig dazu Bury (1936, 226 ff.).

75 Bouvier, in: Bruhat u.a. (1971, 247-275); Gaillard (1971); Greenberg (1971); Archer (1973); Girault (1971); Moissonnier (1972); Olivesi (1950); außerdem laufende Forschungen bei P. Vigier, (vgl. MS 79, 1972).

76 Das sollte allerdings die republikanischen Stadtverordneten und Bürgermeister der Großstädte des Südens nicht daran hindern, um so stärker für die Versöhnung zwischen Paris und Versailles zu werben. Denn sie hofften, damit zumindest die Einheit aller Republikaner zu festigen, die bei einem eindeutigen Engagement im Bürgerkrieg auseinandergebrochen wäre.

77 So sah es die republikanische Zeitung in Bordeaux "La Gironde" noch am 14. 4. 1871: "Von allen großen Städten des Südens hat unsere als einzige seit dem 4. September das Privileg ... die Ordnung und die Ruhe in den Straßen aufrecht zu erhalten. Bordeaux ist ein Modell des Bürgersinnes ... " (zit. bei Girault, 1971, 125).

78 Rougerie (1971 b, 46 f.) weist darauf hin, daß das politische Schlagwort "Kommune" dem entspricht, was Proudhon in seiner "capacité politique des classes ouvrières" als "cité" faßt. Diese Verbindung von Kritik an der Zentralisierung, Proudhon und "Kommune" als Programm zieht z.B. Lefrançais (1871, 31 f.).

79 Die Regierungsmannschaft bildeten Arago, Crémieux, Favre, Ferry, Gambetta, Garnier-Pagès, Glais-Bizoin, Pelletan, Picard, Rochefort, Simon.

80 Zit. bei Dommanget (1947, 28). Den Primat der nationalen Unabhängigkeit proklamierte Blanqui selbst in seiner im Titel an 1792 gemahnenden Zeitung "La Patrie en danger" mit militärischen Details aber auch mit kruden, von internationalistischen Parolen der pazifistischen Vorkriegsopposition meilenweit entferntem Chauvinismus (vgl. ebd., 33 ff.).

81 Das als direkte Reaktion auf den 31.10. in Paris angesetzte Plebiszit über die Frage, ob die Regierung fortbestehen solle oder nicht, beantworteten 557 996 Wähler mit Ja und 62 638 mit Nein (Bruhat u.a. 1971, 66), bzw. wenn man die Stimmen der in Paris stationierten Soldaten abzieht, 321 373 mit Ja und 53 584 mit Nein (Rougerie, 1971b, 53). Im 20. Arrondissement, dem Arbeitervorort Belleville, stimmten dagegen 9 635 mit Nein und nur 8 291 mit Ja (Bruhat u.a., 1971, 66). Die Munizipalwahlen vom 5. und 7.11. brachten keineswegs nur regierungstreue Männer in die Rathäuser. Im Pariser Osten siegte die extreme Linke und zwar

im 11. Arrondissement mit dem Radikalen Mottu und als einem der stellvertretenden Bürgermeister, dem Internationalisten Benoît Malon, im 18. Arrondissement mit dem Radikalen Clemenceau und dem Internationalisten Jaclard als Stellvertreter, im 19. Arrondissement mit dem Neo-Jakobiner Delescluze und im 20. Arrondissement mit dem Blanquisten Ranvier und seinen Stellvertretern Flourens, Lefrançais und Millière. Außerdem erhielt im 3. Arrondissement der vom "Comité de vigilance" unterstützte Kandidat Bonvalet die Mehrheit der Stimmen und im 13. siegte als stellvertretender Bürgermeister der Internationalist Meilliet. Die Provokation dieses Wahlausgangs war für die Regierung um so stärker, als allein drei dieser Bürgermeister und drei der gewählten Stellvertreter am Revolutionsversuch vom 31. 10. aktiv beteiligt waren. (Vgl. Choury, 1967, 100; Bruhat u. a., 1971, 66).

82 Nach Azéma/Winock (1964, 25) gab es in Paris 26 000 Mann Reguläre, 10 000 Artillerie, 100 000 Mobilgarde.

83 Nach Bruhat u. a. (1971, 69) 4070 Tote, davon 1457 Nationalgardisten.

84 Text in Rougerie (1971b, 34-37). Die Einschätzung des "Comité central des vingt arrondissements" hängt wesentlich ab von der Einschätzung der Internationale. Wird die Pariser Sektion der Internationale als zukunftsweisende Kraft von entscheidendem Einfluß dargestellt, so verblaßt daneben wie bei Bruhat u. a. (1971) das Zentralkomitee entweder ganz oder wird wie bei Dautry/ Scheler (1960) annähernd gleichgesetzt mit der Internationale. Umgekehrt deuten Azéma/Winock (1964, 46 f.) das Zentralkomitee primär aus dem Gegensatz zur Septemberregierung und behaupten - wogegen vieles spricht -, daß erst mit der allmählich aufgenommenen Forderung nach der sozialen Revolution die Basis des Komitees verbreitert werden konnte durch die Zusammenarbeit mit der Internationale. Erst Rougeries Forschungen über die Internationale in Paris schaffen hier etwas mehr Klarheit. Dennoch bleiben auch seine Aussagen über weite Strecken noch hypothetisch.

85 Rougerie (1973, 24-28); aufschlußreich für die Strategie der I. A. A. ist folgender von H. Bachruch u. E. Vaillant am 21. 9. 1870 aus Paris an J. P. Becker gesandter Brief (Rougerie, 1973, 145): "Wie Sie wohl erfahren, haben wir in den verschiedenen Quartiers Comitées wählen lassen die durch ihre Centralisation die Municipalität oder Comm. vertreten. ... Nur soviel ist zu bemerken, daß sich eine Menge Republikaner im Anfange unserer Initiative bedienten und sich in den Comités derart einmischten, daß wo selbe durch die Internationale ihr Prestige und Einfluß erhielten, jetzt die Interessen unserer Assoziation nicht zu vertheidigen denken...

Alle unsere Parteigenossen hier sind in die Nationalgarde aufgenommen. Wir brachten die Wahl von mehreren Offizieren durch. - Varlin, Cyrille, Casse, Jaclard, Vallès, commandieren jeder ein Bataillon von 1500 Mann außerdem haben wir noch circa 20-30 Capitaine unserer Partei, können deshalb energische Maßregeln gegenüber der Reaction nehmen."

86 Rougerie (1973, 21); so berichtet z. B. das Komitee aus dem 10. Arr. am 11. 10. 1870: "Unser Werk wird sich keineswegs als steril erweisen. 12 Bataillone der Nationalgarde verdanken ihre Organisation unserer Initiative. Die Frage der Versorgung ist auf dem besten Wege gelöst zu werden und die Polizei des Arrondissements erfuhr wichtige Veränderungen." (Rougerie, 1971b, 59; vgl. auch Edwards, 1971, 86 f.).

87 Der für die Wahlen zur Nationalversammlung von den vereinigten Internationalisten unternommene Versuch, Arbeiterkandidaten durchzubringen, hatte am 8. 2. noch einmal das geringe Echo auf entschieden sozialistische Ziele der Politik verdeutlicht. Von den 43 präsentierten Kandidaten konnten nur 5 ein Mandat gewinnen; 21 erreichten nicht einmal 5 % der Stimmen (vgl. Rougerie, 1973, 44).

88 Zur Ohnmacht der offiziellen Regierung vgl. auch Edwards, (1971, 123).

89 Dieses beklagt nach dem 26. 2. 1871 z. B. V. Schily in einem Brief an J. P. Becker (zit. in Rougerie, 1973, 146). Zum Verhältnis Nationalismus - Marxismus allgemein siehe G. Haupt u. a. (1974).

90 Ein besonders krasses Beispiel liefert Grützner (1963), der unparteiisch zu sein behauptet und sehr wohl Partei ergreift.

91 Vgl. dazu Lidsky (1970); der Klassiker auf diesem Gebiet ist M. du Camp, Les Convulsions de Paris, Paris 1881.

92 Diesem Punkt wird immer noch ein sehr starkes Gewicht beigemessen in Bruhat u. a. (1971).

93 Insbesondere betont Hobsbawm (1975), daß nicht allein die Strukturposition das revolutionäre Verhalten determiniert.

94 Über Revolutionen, in diesem Sinne als Prozeß verstanden, schreibt Marx: "Die Arbeiterklasse... weiß, daß, um ihre eigne Befreiung und mit ihr jene höhre Lebensform hervorzuarbeiten, der die gegenwärtige Gesellschaft durch ihre eigne ökonomische Entwicklung unwiderstehlich entgegengestrebt, daß sie, die Arbeiterklasse, lange Kämpfe, eine ganze Reihe geschichtlicher Prozesse durchzumachen hat, durch welche die Menschen wie die Umstände gänzlich umgewandelt werden." (MEW 17, 343).

95 Schwierigkeiten, die in der Kommune auftraten, wurden in der späteren Forschung oft nur unzureichend berücksichtigt und traten gegenüber dem Erfolg der Kommune zurück; vgl. noch Schulkind (1971, 51 ff.); Grajewska (1972, 57 ff.). Dagegen postulierte Lefebvre (1965, 392): "Es ist daher an der Zeit, die Kommune... als ein immenses, gleichermaßen negatives wie positives Experiment zu betrachten, von dem man bislang noch nicht die ganze Wahrheit wiedergefunden und aufgedeckt hat."

96 So etwa der Augenzeuge A. Arnould (zit. von Lavrov, 1971, 81 f.) und ähnlich Marx (MEW 17, 348 f.).

97 Zur Kriegssituation vgl. Desmarest (1949); Horne (1970).

98 Rougerie (1972) arbeitet in seinem Vergleich der Pariser Kommune mit der Großen Revolution diesen Unterschied nicht heraus.

99 Nach Greenberg (1971, 265) soll z. B. in Lyon am 3. April die letzte Zeitung aus Paris vor der Niederschlagung der Kommune eingetroffen sein; Gaillard (1971, 148 f.) schätzt dagegen die Kommunikation zwischen Paris und der Provinz günstiger ein.

100 Einen guten Überblick über die Organisationsstruktur der Kommune gibt Rihs (1955).

101 Vgl. an Biographien z. B. Choury (1969) über Courbet; Dommanget (1971) über Pottier; Thomas (1971) über Michel.

102 Vgl. Rougerie (1971b, 11 und 259). Tilly/Lees (1975, 190) machen diese Beobachtung bereits für die Verhafteten des Pariser Juniaufstandes 1848.

103 Rougerie (1973, A. I. T., 65) nennt die Internationale "une sorte d'intelligentsia populaire."

104 Rougerie (1971b, 99); dieser Aspekt ist umso wichtiger, als von den verhafteten Kommunarden immerhin 69 % weder lesen noch schreiben konnten (ebd., 261).

105 Für Gesamtfrankreich unternahm Perrot (1974, 347 ff.) einen Versuch in diese Richtung.

106 So noch für Mai 1968 Chevalier (1974, II. ff.).

107 Vgl. Maitron (1972), die bei Rougerie (1964b, 51 ff.) zitierten Ankläger; oder die Literaturanalysen von Lidsky (1970); Grützner (1963, 5) urteilte noch im gleichen Stil: "Die rein negativen Elemente der Nationalgarde, so ein relativ hoher Prozentsatz von Vorbestraften und der für eine Weltstadt wie Paris naturgegebene Schwarm deklassierter und asozialer Existenzen gaben ferner ein zusätzliches, wenn auch nicht zu überschätzendes Unsicherheitsmoment ab."

108 Caro (1871, 251). Ähnlich folgender Text von Paul de Saint-Victor: "La Commune règna et se mit à l'oeuvre. Son personnel

tenait le milieu entre la bohême et le bagne; émeutiers de profession assasins de fraîche date, journalistes tarés, ruffians de faubourgs, aboyeurs de clubs, ouvriers de grèves: le 'tas d'hommes perdus dont parle Corneille, portés par un flot fangeux sur le sommet de la dictature." (Zit. bei Rougerie, 1964b, 55; auch Barat, 1971).

109 Hinweise auf diesen bislang wenig behandelten Problemkreis bei Gaillard (1973); H.-G. Haupt (1976, 175 ff.).

110 Léonard (1973) zeigt die Formen der Konkurrenz auf; Gaillard (1977, 323 ff.) berichtet, daß lediglich Ärzte in den reichen Stadtvierteln hinreichend verdienten und gut lebten, während Ärzte in armen Vierteln dahinvegetierten; die Situation besserte sich in den 1860er Jahren z. T. durch die Einführung der kostenlosen Arztbesuche; Dommanget (1964, 33) verweist allerdings auf 500 Pariser Medizinstudenten, die es ablehnten, für Diskussionen mit der Erziehungskommission Delegierte zu benennen, um nicht etwa auf diese Weise indirekt die Kommune anzuerkennen.

111 Zur Rolle der Frauen vgl. Schulkind (1950); Thomas (1963); Cobb (1969); Gaillard, in: Bruhat u. a. (1971, 143-154).

112 Vgl. die bei Rougerie (1964b, 112-119) abgedruckten Verhörprotokolle von verhafteten Kommunardinnen.

113 Gaillard (1977, 463 f.). Ihre Zahl nahm zwischen 1848 und 1870 zu.

114 In Paris stellten sie 3,6 % der Verhafteten, im Lyoner Aufstand von La Guillotière (30. 4. 1871) 6,1 % der Verhafteten (Rougerie, 1971b, 259, und Archer, 1973, 184 f.).

115 Auf die gegenseitige Verbindung zwischen den Arbeitern als Konsumenten und Krämern als Verkäufern verweist Perrot (1974, 210 f.).

116 Deutlich in Balzacs Roman "Les Employés".

117 Plessis (1973, 59) nennt als Zahl der Staatsangestellten (ohne Militär) 1851 = 122 000, 1870 = 265 000.

118 Zur Vermehrung des technischen Personals vgl. Sorlin (1969, 148); Hinweise auf Konflikte zwischen Vorarbeitern und Arbeitern bei Perrot (1974, 299 ff.).

119 Aufschlußreich hierzu Zolas Roman "Au Bonheur des Dames".

120 Der Inhalt der verschiedenen Dekrete ist nachgezeichnet in Bruhat u. a. (1971, 165 ff.).

121 Vgl. den Erlaß vom 18. 1. 1871, in: Murailles (1874, Bd. 1, 614; vgl. auch ebd., 773).

122 So etwa Murailles (1874, Bd. 2, 275) die Verlautbarung der Mit-

glieder der "Délégation communale" des 1. Arrondissements, ohne Datum: "Bürger, die sich über ihren Vermieter oder Hauswart beschweren wollen, sind gehalten, ihre Anschuldigungen im Bürgermeisteramt des 1. Arrondissements vorzutragen."

123 Rougerie (1964b, 221); Gaillard (1973, 842) spricht sogar nur von einer.

124 Decouflé (1969, 296 ff.); Soria (1970/71, Bd. 3, 196 ff.). Mit Recht beschwerten sich die Sektionen der Internationale von Batignolles und Ternes: "Angesichts der Tatsache, daß die 'Commission du Travail et de l'Echange", weit davon, ihre Versprechen zu realisieren, weiterhin die Arbeit in den Händen der Ausbeuter und Monopolisten läßt ..." (zit. in: Rougerie, 1973, 101). Entsprechende Klagen seitens der Schneider und Steinsäger sind dokumentiert in: Murailles (1874, Bd. 2, 23). Bezeichnend ist der Fall des Schuhfabrikanten Godillot, der auch während der Kommune die Nationalgarde belieferte und seine Produkte in schlecht bezahlter Heimarbeit herstellen ließ (vgl. Rougerie, 1973, 100).

125 In der Proklamation des Zentralkommitees der Nationalgarde vom 22. 3. 1871 heißt es z. B.: "Paris ... strebt einzig und allein die Diktatur des Beispiels an." (Zit. nach Lanjalley/Corriez, 1871, 107).

126 Rihs (1955); distanzierend zu diesen Versuchen Edwards (1971, 210).

127 In jedem Fall verstand sich die Kommune als Vorbild für ganz Frankreich; sie reflektierte jedoch nicht, welche Schwierigkeiten die Übertragung des Kommune-Modells etwa auf die ländlichen Regionen Frankreichs bedeuten würde (vgl. dazu Decouflé, 1969, 235 f.).

128 Über den Kommunarden sagt Rougerie (1972, 54): "Er erscheint mir in erster Linie als der Sansculotte des Jahres 79." Auf den fließenden Übergang der von Republikanern und Kommunarden verwandten Symbolik verweist auch Agulhon (1973, Esquisse, 13 f.) am Beispiel der "Marianne".

129 Decouflé (1969, 44 ff.). In welchem Maße die große Revolution handlungsorientierend für die Kommunarden war, zeigt sich insbesondere in den Auseinandersetzungen um den Wohlfahrtsausschuß. Lefrançais begründet vor seinen Wählern des 4. Arrondissements die Ablehnung des Wohlfahrtsausschusses damit, daß erstens eine solche Zentralisation der Gewalt den Prinzipien der Kommune widerspreche und daß zweitens das hier wiederbelebte historische Beispiel zur Genüge gelehrt habe, wie die Zentralisierung der wahren Revolution den Todesstoß versetze (Lefrancais, (1871), 60-64).

130 Wenn es in der Proklamation der Kommune vom 19. 4. noch in jakobinischer Wendung heißt, es gehe darum: "... die Herrschaft

und den Besitz nach den derzeitigen Erfordernissen zu universalisieren" (zit. bei Lanjalley/Corriez, 1871, 311), so handelt es sich dabei keineswegs um die einzig repräsentative Programmaussage, wie Rougerie (1971b, 186-190) zeigt, wenn er den "Sozialismus" von 1871 dokumentiert.

131 Rougerie (1964b, 29f.). Eine ähnliche Funktion hatte wohl auch der Munizipalismus.

132 Diese verhüllende Sprache wurde im Kommune-Rat selbst kritisiert z.B. von Courbet (vgl. Séances Officielles, 144). Der Internationalist Lefrançais (1871, 369) charakterisiert die weitergehende Kommune-Politik folgendermaßen: "In dieser Kommune-Revolution, die den Individuen und Gruppen in der Gemeinde das Recht zurückgab, ihre politischen und sozialen Interessen selbst zu regeln, ein Recht, das bis dahin durch die Regierungstätigkeit usurpiert war, glaubten die Republikaner-Sozialisten nicht ohne Grund, den seit so langer Zeit gesuchten richtigen Weg gefunden zu haben für eine wirklich friedliche und ohne Zeitaufschub angepackte Transformation der ökonomischen Bedingungen, die bis jetzt fern aller Gleichheit und vor allem äußerst barbarisch die Beziehungen zwischen Kapital und Arbeit reguliert hatten."

133 Vgl. Negt/Kluge (1972, 7): "... geschichtliche Bruchstellen, Krisen, Krieg, Revolution, Konterrevolution - bezeichnen konkrete Konstellationen gesellschaftlicher Kräfte, in denen sich proletarische Öffentlichkeit ausbildet".

134 Vgl. die lebhafte Beschreibung bei Lefrançais (1871, 41-47; ders., 1902, 314 ff.) und die zeitgenössische Broschüre von A. Vitu, Les réunions publiques à Paris 1868-1869, Paris 1869.

135 Zu Erscheinungsformen und Funktion der Clubs in der 1848er Revolution vgl. Amann (1975).

136 Perrot, in: Bruhat u.a. (1971, 130-139); Rougerie (1971b, 208 ff.); auch die zeitgenössische konservative Beschreibung von Molinari (1871) ist immer noch wichtig.

137 Im 13. Arrondissement konnten sie dies bereits 3 Wochen vor dem 18. März verwirklichen (vgl. Freiermuth, 1973, 80 ff.).

138 Zu denken ist insbesondere an die Funktion des Karnevals; dazu A. Faure; vgl. auch Rougerie (1977, 55).

139 Séances Officielles, 67, auch Gérardin, ebd., 140, erklärt sich an das imperative Mandat seiner Wähler gebunden. Blanchet ist eine der zwielichtigen Figuren unter den Ratsmitgliedern; er wurde als Ex-Kapuziner und ehemaliger Sekretär im Polizeikommissariat von Lyon entlarvt und verhaftet (vgl. Azéma/Winock, 1964, 73).

140 Siehe dagegen die ungeduldigen Stellungnahmen der Clubs, in: Murailles (1874, Bd. 2, 145).

141 Gewählt wurde nach dem Wählerverzeichnis des Plebiszits von November 1870, d.h. Wahlberechtigung nicht für Frauen und für Männer erst ab 22 Jahren. Von den damals eingetragenen 484 569 Wählern gaben am 26. 3. 1871 nur 229 167 ihre Stimme ab (bei der Wahl zur Nationalversammlung am 8. 2. waren es 300 000); rund 40 000 Stimmen entfielen auf Kommune-Gegner; vgl. Rougerie.

142 Nach Rougerie (1964b, 246) war dies das Dreifache eines durchschnittlichen Arbeiterlohnes.

143 Vgl. Bruhat u. a. (1971, 155 f., 176 ff.); Rihs (1955, pass.); zur Justiz: Bashanov (1955); zur Nationaldruckerei: Namer (1962).

144 Bruhat u. a. (1971, 176) vermuten, daß nur 1/4 des Personals in Paris blieb; vgl. auch Dommanget (1964, 13); Laronze (1928, 26 ff.). Nach E. Beaussire, Les honnêtes gens sous la Commune, in: Revue des Deux Mondes 1871, 125, sollen jedoch von Versailles einige Beamtengruppen ausdrücklich zum Verbleiben in Paris aufgefordert worden sein.

145 Andrieu (1971, 68 ff.); Bruhat u. a. (1971, 181, Anm. 52). Aufschlußreich für die Strukturveränderungen in der Verwaltung: P. Leroy-Beaulieu, La province pendant le siège de Paris, in: Revue des Deux Mondes, 1871, 30 ff.

146 Nach Maitron, 1967/71, Rigault-Biographie, wurden außer dem Erzbischof Darboy und dem Rat Chaudey, u. a. auch die Ratsmitglieder Bergeret, Cluseret, Brunel, Alli, Assi, E. Clément, Blanchet verhaftet. Lefrançais (1902, 320) charakterisiert Rigault folgendermaßen: "Er ist davon überzeugt, daß die Revolution keinen anderen Feind hat als die Polizei, die seit fast einem Jahrhundert Frankreich regiert, und damit hat er nicht Unrecht. Aber weit davon entfernt, sie nun unterdrücken zu wollen, kopiert er sie, indem er ihr Reformer sein will, und damit führt er in die Irre."

147 Zur Einschätzung der Gehaltshöhe s. Anm. 142 und Serman (1971, 82 f.).

148 Marx (MEW 17, 338 ff.) ist hier viel zu euphemistisch.

149 Bourgin/Henriot (1924/45, Bd. 1, 113, 151). Zur zwielichtigen Karriere von Blanchet s. Anm. 139.

150 Girard (1965, 357) gibt an, daß von ca. 300 000 Nationalgardisten in Paris während der Kommune nur 80 000 einsatzbereit waren. Azéma/Winock (1964, 138) gehen davon aus, daß von den 200 000 Nationalgarde nur 60 000 kampfbereit waren. Die Ausstattung mit Kriegsmaterial war in Paris mit 400 000 Gewehren und 1 740 Kanonen plus Munition hervorragend (vgl. Bruhat u. a., 1971, 188).

151 Zit. nach Coll. Univ. (1972, 182). Grundlegend für diesen Zusammenhang die Sammlung der Schriften von Cluseret und Rossel durch Kessel (1971).

152 Séances Officielles, 148, Lefrançais (1871, 212 f.) kritisiert diesen Beschluß u.a. wegen der Überbelastung; vgl. auch Azéma/Winock (1964, 94).

153 Freiermuth (1973, 106) berichtet, daß das besonders passive 13. Arrondissement weder eine Schule oder Bibliothek eröffnete noch für kostenlose Lebensmittel sorgte.

154 Angekündigt ist dazu eine Studie von M. R. Waldmann.

155 So u.a. der Tenor in zahlreichen Beiträgen des Straßburger Kolloquiums zur Jahrhundertfeier, vgl. Dimensions (1972).

156 Nach Moutet (1967, 1) nicht einmal für die Situation in Paris.

157 Vgl. für den Lyoner Aufstand z.B. Bezucha (1974); für die 1848er Revolution Wright (1975).

158 Ähnlich auch der Rapport Appert, vgl. dazu Maitron (1972).

159 Elwitt (1975, 44 und 75 f.); zur drohenden Restauration bis 1879 vgl. Azéma/Winock (1970, 69-97), vgl. auch Locke (1974).

160 E. d'Eichthal, La coalition de patrons et d'ouvriers, in: Revue des Deux Mondes (1872, 2, 188-213; hier bes. 203).

161 So schrieb etwa Lefrançais (1902, 399) unter dem Datum des 6. 9. 1890: "Ein weiterer katastrophaler Effekt dieser vor allem durch das Militärische geprägten Situation, in der wir uns befinden, ist das Auseinanderfallen der Arbeitergruppen, die, wenn sie noch zwei weitere Jahre gehabt hätten, um sich zu entwickeln, sicherlich in der Lage gewesen wären, sich zur gegebenen Zeit den Usurpationen der Politiker zu widersetzen." Ähnlich auch Lavrov (1880, 29 f.) über die Situationseinschätzung der Internationalisten.

162 Die Betriebsordnung ist in Übersetzung abgedruckt in: Kommune, 1969, 315 f.

163 Vgl. z.B. die bei Rougerie (1971b, 208-215) dokumentierten Appelle der Clubs zum härteren Durchgreifen.

164 Wenn z.B. von Arnould am Dekret der Kommune über die Versorgung der Witwen und Waisen die Gleichbehandlung der Hinterbliebenen aus legalen und aus wilden Ehen als Fortschritt in Richtung Gleichberechtigung betont wird (zit. in: Kommune, 1969, 331 f.), so sollte darüber nicht die Frage nach der tatsächlichen materiellen Situation dieser Gruppen unterbleiben.

165 Diese von Marx im "Bürgerkrieg in Frankreich" (MEW 17) entwickelte These ist nicht einmal im Hinblick auf programmatische Äußerungen der Kommunarden hinreichend gewichtet; am besten dazu noch Rougerie (1968c).

166 Gegen eine solche kurzschlüssige Aktualisierung wendet sich auch

Elleinstein (1971), dem es in seiner Kommune-Darstellung immer auch um die Funktion der Geschichte für politisches Handeln in der Gegenwart geht.

Abkürzungen:

AESC	-	Annales E. S. C.
HZ	-	Historische Zeitschrift
IRSH	-	International Review of Social History
JEH	-	Journal of Economic History
MS	-	Le Mouvement social
RH	-	Revue historique
RHES	-	Revue d'histoire économique et sociale
RHMC	-	Revue d'histoire moderne et contemporaine

(Paris wurde als Erscheinungsort nicht gesondert angegeben.)

Agulhon, M., La république au village, 1970.

Ders., 1848 ou l'apprentissage de la république 1848-1852, 1973a.

Ders., Esquisse pour une archéologie de la République: L'allégorie civique féminine; in: AESC 28, 1973b, 5-35.

Amann, P. H., Revolution and Mass Democracy. The Paris Club Movement in 1848, Princeton 1975.

Anderson, M., Family structure in nineteenth century Lancashire, Cambridge 1971.

Andrieu, Jules, Notes pour servir à l'histoire de la Commune de Paris en 1871. Ouvrage contenant l'autobiographie de l'auteur, 1971.

Angrand, P., Les Versaillais, in: La Pensée 81, 1958, 75-103.

Archer, J. W., The Crowd in the Lyon Commune and the Insurrection of La Guillotière, in: Rougerie, J. (Hg.), 1973, 183-190.

Armengaud, A., Les populations de l'Est-Aquitain au début de l'époque contemporaine. Recherches sur une région moins développée (vers 1845 - vers 1871), 1961.

Ders., Industrialisation et démographie dans la France du XIXe siècle, in: Léon, P. /Crouzet, F. /Gascon, R., (Hg.). L'Industrialisation en Europe au XIXe siècle. Cartographie et Typologie, 1972. 187-200.

Arnould, A., Histoire populaire et parlementaire de la Commune de Paris, 3 Bde, Brüssel 1878.

Azéma, J.-P. /Winock, M., Les communards, 1964.

Dies., Naissance et mort. La IIIe République. 1870-1940, 1970.

Barat, M., Le vocabulaire des ennemis de la Commune: du 28 mai 1871 au mois de juin 1872 à travers les textes des comptes rendus des conseils de guerre, in: La Pensée 156, 1971, 52-67.

Barral, P., Les Agrariens français de Méline à Pisani, 1968a.

Ders. (Hg.), Les fondateurs de la IIIe République, Textes choisis et présentés par P. Barral, 1968b.

Basdevant-Gaudemet, B., La Commission de décentralisation de 1870. Contribution à l'étude de la décentralisation en France au XIXe siècle, 1973.

Bashanov, A. T., Die Justizkommission der Pariser Kommune von 1871, in: Rechtswissenschaftlicher Informationsdienst, 1955, Spalte 646-652.

Bellanger, C./Godechot, J. (Hg.), Histoire générale de la presse française, 2 Bde, 1969.

Bellet, R., Presse et journalisme sous le Second Empire, 1967.

Bèrgère, M.-C., La Chine. Du mythe de référence au modèle d'action, in: Rougerie, J. (Hg.), 1973, 512-537.

Bernard, P., Le mouvement ouvrier en France pendant les années 1852-1864 d'après les rapports politiques des procureurs généraux. Documents inédits, in: IRSH 4, 1939, 231-280.

Bernard, P., Economie et sociologie de la Seine-et-Marne, 1962.

Von Beyme, K. (Hg.), Empirische Revolutionsforschung, Opladen 1973.

Bezucha, R. J., The Lyon Uprising of 1834. Social and Political Conflict in the Early July Monarchy, Cambridge, Mass. 1974.

Bonnet, V., La grève du milliard, in: Revue des Deux Mondes 38, 1868, 15. Mai, 257-278.

Bourgin, G., Une entente franco-allemande: Bismarck, Thiers, Jules Favre et la répression de la Commune de Paris (Mai 1871), in: IRSH 1, 1936, 41-53.

Ders., La lutte du Gouvernement français contre la Première Internationale. Contribution à l'histoire de l'Après Commune, in: IRSH 4, 1939, 39-137.

Ders., La Commune, 1971[5].

Bourgin, G./Henriot, G. (Hg.), Procès-verbaux de la Commune de 1871, 2 Bde, 1924/1945.

Bouvier, J., Aux origines de la Troisième République. Les réflexes sociaux des milieux d'affaires, in: RH 228, 1953, 271-301.

Ders., Des banquiers devant l'actualité politique en 1870 et 1871, in: RHMC 5, 1958, 137-151.

Ders., Le Crédit lyonnais de 1863 à 1882, 1961.

Ders., Mouvement d'une civilisation nouvelle, in: Duby, G. (Hg.), Histoire de la France, Bd. 3, 1972, 9-61.

Ders., Capital bancaire, Capital industriel et capital financier dans le croissance française du XIXe siècle, in: La Pensée 178, 1974, 3-17.

Bouvier, J./Furet, F./Gillet, M., Le mouvement du profit en France au XIXe siècle, Paris-La Haye 1965.

Brabant, F. H., The Beginning of the Third Republic in France. A History of the National Assembly, February-September 1871, London 1940.
Braudel, F. /Labrousse, E. (Hg.): Histoire économique et sociale de la France, Bd. 3/1 und 3/2, 1976.
Brinton, C., The Anatomy of Revolution, Engelwood Cliffs 1957.
Bron, J., Histoire du mouvement ouvrier français, Bd. 1, 1968.
Bruhat, J. u. a., La Commune de 1871, 1960, 1971².
Ders., One Hundred Years after. The Significance of the Paris Commune, in: Marxism Today 15, 1971, 115-180.
Ders., Pouvoir, pouvoirs, état en 1871? in: MS 79, 1972, 157-171.
Ders., L'Affirmation du monde du travail urbain, in: Braudel, F. / Labrousse, E. (Hg.), Bd. 3/2, 1976, 769-827.
Bury, J. P. T., Gambetta and the National Defence. A Republican Dictatorship in France, London 1936.
Cameron, R. E., Economic Growth and Stagnation in France, 1815-1914, in: JMH 30, 1958, 1-18.
Caro, E., La fin de la Bohème. Les influences littéraires dans les dernières événements, in: Revue des Deux Mondes 4, 1871, 241-287.
Caron, F., Histoire de l'exploitation d'un grand réseau français: la Compagnie des chemins de fer du Nord de 1846 à 1936, 1973.
Carron, M.-A., Les migrations anciennes des travailleurs creusois, in: RHES 43, 1965, 289-320.
Case, L. M., French opinion on War and Diplomacy during the Second Empire, Philadelphia 1954.
Le Centenaire de la Commune de Paris, Le Socialisme français et l'Europe Centrale. Actes du Colloque organisé par le Centre d'Etudes de la Civilisation Française de Varsovie, Warschau. 1971.
Cerf, M., Edouard Moreau. L'âme du comité central de la Commune, 1971.
C. E. R. M. (Hg.), 100 ans après la Commune, Problème de la révolution socialiste en France, Semaine de la pensée marxiste (22-29 avril 1971), 1971.
Chatelain, A., Les migration temporaires françaises au XIXe siècle: Problèmes, méthodes, documentation, in: Annales de Démographie Historique 1967, 9-28.
Chevalier, L., La formation de la population parisienne au XIXe siècle, 1950.
Ders., Classes laborieuses et classes dangereuses à Paris pendant la première moitié du XIXe siècle, 1958.
Ders., Histoire anachronique des Français, 1974.
Choury, M., La Commune au coeur de Paris, 1967.
Ders., Le Paris communard, 1970.
Ders., Bonjour, Monsieur Courbet! 1969.
Cobb, R., The women of the Commune. A second identity, in: ders., Essays on France and French History, London 1969, 221-236.

Codaccioni, F. P., Lille 1850-1914. Contribution à une étude des structures sociales, 2 Bde, Lille-Paris 1971.
Colloque universitaire pour la commémoration du centenaire de la Commune de 1871, tenu à Paris les 21, 22 et 23 mai 1871, Actes, 1972 (in: MS 79).
Corbin, A., Limousins migrants, Limousins sédentaires. Contribution à l'histoire de la région limousine au XIXe siècle (1845-1880) in: MS 88, 1974, 113-125.
Ders., Archaisme et modernité de Limousin au XIXe siècle, 1845-1880. Bd. 1: La Rigidité des structures économiques, sociales et mentales. Bd. 2: La Naissance d'une tradition de gauche, 1975.
Da Costa, G., La Commune vécue, 3 Bde, 1903-05.
Crouzet, F., Encore la croissance économique française du XIXe siècle, Revue du Nord 54, 1972, 271-289.
Ders., Versuch der Herstellung einer jährlichen Index der französischen Industrieproduktion im 19. Jahrhundert, in: Ziebura G. / Haupt, H.-G. (Hg.), 1975, 117-131.
Dansette, A., Du 2 décembre au 4 septembre, 1972.
Daumard, A., La bourgeoisie parisienne de 1815 à 1848, 1963.
Dies., L'évolution des structures sociales en France à l'époque de l'industrialisation 1815-1914, in: Léon, P./Crouzet, F./Gascon, R. (Hg.), L'industrialisation en Europe au XIXe siècle: Cartographie et typologie, 1972, 315-334.
Daumard, A., u. a. Les fortunes françaises au XIXe siècle. Enquête sur la répartition et la composition des capitaux privées à Paris, Lyon, Lille, Bourdeaux et Toulouse d'après l'enregistrement des droits de succession, Paris-Den Haag 1973.
Daumard, A.: Diversité des milieux supérieurs et dirigeants, in: Braudel, F./Labrousse, E. (Hg.), Bd. 3/2, 1976, 931-958.
Dies., Progrès et prise de consience des classes moyennes, in: ebd., 897-929.
Dies., La hiérarchie des biens et des positions, in: ebd., 845-895.
Dies., Caractère de la société bourgeoise, in: ebd., 829-844.
Dautry, J./Scheler, L., Le Comité Central Républicain des vingt arrondissements de Paris, 1960.
Decouflé, A., La commune de Paris (1871), Révolution populaire et pouvoir révolutionnaire, 1969.
Delfau, G., Jules Vallès, l'exil à Londres 1871-1880, 1971.
Deppe, F., Verschwörung, Aufstand und Revolution. Auguste Blanqui und die Probleme der sozialen Revolution im 19. Jahrhundert, Frankfurt/M. 1970.
Désert, G., Aperçu sur l'industrie française du bâtiment 1815-1913, in: Le Bâtiment. Enquête d'histoire économique XIV-XIXe siècles, Bd. 1, 1971, 417 ff.
Desmarest, J., La défense nationale 1870-1871, 1949.
Ders., Evolution de la France contemporaine, Bd. 1, La France de 1870, 1970.
Dessal, M., Un révolutionnaire jacobin: Charles Delescluze, 1809-1871, 1952.

Dimensions et résonance de l'année 1871 (Colloque de Strasbourg 18-31 octobre 1971), in: RHMC 19, 1972, 155-388.
Dohse, K., Zur Analyse und Kritik ausgewählter Theorien revolutionärer Situationen, masch. schr. Dipl. Arb. FB 15 der FU Berlin 1972.
Dolleans, E./Dehove, G., Histoire du travail en France, mouvement ouvrier et législation sociale, Bd. 1, 1953.
Dommanget, M., Blanqui, la guerre de 1870/71 et la commune, 1947.
Ders., Blanqui et l'opposition révolutionaire à la fin du Second Empire, 1960.
Ders., L'enseignement, l'enfant et la culture sous la Commune, 1964.
Ders., Eugène Pottier. Membre de la Commune et chantre de l'Internationale, 1971a.
Ders., La Commune, Brüssel 1971b.
Droz, J., Le problème de la décentralisation sous le Second Empire, in: Repgen, K./Skalweit, S. (Hg.), Spiegel der Geschichte. Festgabe für Max Braubach, München 1964, 783-794.
Ders. (Hg.), Histoire générale du Socialisme, Bd. 1, 1972. dt. als: Geschichte des Sozialismus, Bd. 1: Von den Anfängen bis 1875, Berlin 1974.
Dubois, J., Le vocabulaire politique et social en France de 1869 à 1872, 1962.
Duby, G. (Hg.), Histoire de la France, Bd. 3, 1972.
Duby, G./Wallon, A. (Hg.), Histoire de la France rurale, Bd. 3: 1789 à 1914, 1976.
Dumay, Jean-Baptiste, Mémoire d'un militant ouvrier du Creusot (1842-1905), Introduction et notes par Pierre Ponsot, 1976.
Dunham, A. L., The Anglo-French Treaty of Commerce 1860, London 1936.
Dupeux, G., Aspects de l'histoire sociale et politique du Loir-et-Cher, 1848-1914, 1962.
Ders., La Société française 1789-1970, 1974[7].
Dupuy, A., 1870-1871. La guerre, la Commune et la presse, 1959.
Duveau, G., La vie ouvrière sous le Second Empire, 1946, 1977[2].
Les écrivains français devant la guerre de 1870 et la Commune. Colloque du 7 novembre 1970. Publications de la Société de l'Histoire de la France, 1972.
Edwards, L. P., The Natural History of Revolution, New York 1965.
Edwards, S., The Paris Commune 1871, London 1971.
Elleinstein, J., Réflexion sur la Commune, 1971.
Ellwood, C. A., Eine psychologische Theorie der Revolution, (1905/6), in: Jaeggi, U./Papcke, S. (Hg.), 1973, 113-123.
Elwitt, S., The Making of the Third Republic: Class and Politics in France, 1868-1884, Baton Rouge, 1975.
Enquête parlementaire sur l'insurrection du 18 mars 1871, 2 Bde, Versailles 1872.
Escourrou, G., L'alimentation à Paris pendant le siège de 1870 et la Commune, in: L'information historique, 1965.

Estêbe, J., Le centenaire de la Commune par le livre, in: MS 86, 1974, 89-112.
Faure, A., Paris carème prenant. Du Carneval à Paris en XIXe siècle 1800-1914, Paris 1978.
Fohlen, C., The Industrial Revolution in France, in: Cameron, R. E., (Hg.), Essays in French Economic History, Georgetown 1970, 201-225.
Freiermuth, J.-C., Le XIIIe Arrondissement pendant la Commune, I. H. E. S. Paris I. 1973, Typoskript.
Froumov, S., La Commune de Paris et la démocratisation de l'école. Documents et matériaux, Moskau o. J.
Furet, F./Sachs, W., La croissance de l'alphabétisation en France, XVIIIe-XIXe siècle, in: AESC 29, 1974, 714-737.
Gaillard, J., Les usines Cail et les ouvriers métallurgistes de Grenelle de 1848 à 1871, in: MS 33/34, 1960/61, 35-53.
Dies., Les associations de production et la pensée politique en France, 1852-1870, in: MS 52, 1965, 59-84.
Dies., Communes de Province, Commune de Paris, 1870-71, 1971.
Dies., La Commune. Le mythe et le fait, in: AESC 28, 1973, 838-852.
Dies., Gambetta et le radicalisme entre l'élection de Belleville et celle de Marseille en 1869, in: RH 251, 1976, 73-88.
Dies., Paris, la ville 1852-1870, 1977.
Gallo, M., Tombeau pour la Commune, 1971.
Gérard, A. Le Second Empire. Innovation et réaction, 1972.
Gillet, M., Le Bassin houiller du Nord et du Pas-de-Calais de 1815 à 1914, 1973.
Girard, L., La politique des travaux publics du Second Empire, 1952.
Ders., Etude comparée des mouvements révolutionnaires en France en 1830, 1848 et 1870-1871, Documentation Universitaire, 1960-61.
Ders. (Hg.), Les élections de 1869, 1960.
Ders., La Garde nationale, 1814-1871, 1965.
Girard, L. u. a., Les conseillers généraux en 1870, Etude statistique d'un personel politique, 1967.
Girault, J., La Commune et Bordeaux 1870-1871, 1971.
Gossez, R., Les ouvriers de Paris, Bd. 1, Les organisations 1848-1851, La Roche-sur-Yonne 1967.
Gouault, J., Comment la France est devenue républicaine. Les élections générales et partielles à L'Assemblée nationale (1870 bis 1875), 1954.
Grajewska, I., La nouvelle conception de la représentation populaire dans la Commune de Paris, in: Le centenaire, 1972, 57-68.
Gratton, P., Les luttes de classes dans les campagnes, 1971.
Greenberg, L. M., Sisters of Liberty. Marseille, Lyon, Paris and the Reaction to the Centralized State. Harvard 1971.
Griewank, K., Der neuzeitliche Revolutionsbegriff, Weimar 1955.
Grützner, G., Die Pariser Kommune - Macht und Karriere einer politischen Legende. Die Auswirkungen auf das politische Denken in Deutschland, Köln/Opladen 1963.

Guilbert, M., Les femmes et l'organisation syndicale avant 1914. Présentation et commentaires de documents pour une étude du syndicalisme féminine (1881-1914), 1966a.

Dies., Les fonctions des femmes dans l'industrie, 1966b.

Guillemin, H., Les origines de la Commune, 4 Bde, 1956, 1959, 1960, 1971.

Guillen, P. (Hg.), Grenoble à l'époque de la Commune, Grenoble 1972.

Gurr, T., (1970) Rebellion. Eine Motivanalyse von Aufruhr, Konspiration und innerem Krieg, Düsseldorf 1972.

Hackethal, E., Die Bedeutung der Pariser Kommune und ihrer Lehren für die Entwicklung der deutschen Arbeiterbewegung von 1871 bis zum Erlaß des Sozialistengesetzes, Phil. Diss. Leipzig 1965.

Hammer, K./Hartmann, P. C. (Hg.), Der Bonapartismus. Historisches Phänomen und politischer Mythos, München 1977.

Hardach, G., Technik und Industriearbeit, Zur Sozialgeschichte der französischen Hüttenarbeiter in der industriellen Revolution, in: Hausen, K./Rürup, R. (Hg.), Moderne Technikgeschichte, Köln 1975, S. 249-266.

Haupt, G., Die Kommune als Symbol und als Beispiel (Schriften aus dem Karl-Marx-Haus 12) Trier 1974; es handelt sich um die deutsche Übersetzung von: La Commune comme symbole et comme exemple, in: MS 79, 1972, 205-227.

Ders., La Roumanie, in: Rougerie, J. (Hg.), 1973, 477-499.

Haupt, G./Lowy, M./Weill, C., Les Marxistes et la question nationale 1848-1914, 1974.

Haupt, H.-G., Die "schwankende Klasse". Zur Bedeutung des Kleinbürgertums für die Arbeiterbewegung am Beispiel der Pariser Kommune, in: Kursbuch 45, 1976, 171-188.

Heinz, W. R./Schöber, P. (Hg.), Theorien kollektiven Verhaltens, 2 Bde, Darmstadt 1972 und 1973.

Heymann, K., Bürokratisierung der Klassenverhältnisse im Spätkapitalismus, in: Meschkat, K./Negt, O. (Hg.), Gesellschaftsstrukturen, Frankfurt/Main 1973, 92-129.

Hobsbawm, E. J., Revolution, Referat auf dem 14th International Congress of Historical Sciences San Francisco, USA, 22-29. August 1975.

Horne, A., The Fall of Paris. The Siege and the Commune 1870, London 1965. dt. als: Es zogen die Preußen wohl über den Rhein, 1970.

Hunecke, V., Die Pariser Kommune, in: Neue Politische Literatur, 1974, 83-108.

Jacquemet, G., Belleville aux XIXe et XX siècles: une méthode d'analyse de la croissance urbaine à Paris, in: AESC 30, 1975, 819 ff.

Jaeggi, U./Papcke, S. (Hg.), Revolution und Theorie 1. Materialien zum bürgerlichen Revolutionsverständnis, Frankfurt/M. 1974.

Jänicke, M. (Hg.), Politische Systemkrisen, Köln 1973a.

Ders. (Hg.), Herrschaft und Krise, Opladen 1973b.

Jaroslawski, J., Theorie der sozialistischen Revolution von Marx bis Lenin, Hamburg 1973.

Jelubowskaja, E. A., La chute du Second Empire et la naissance de la Troisième République en France, Moskau 1959.
Jelubowskaja, E. /Manfred, A. /Molok, A. (Hg.), La Commune de Paris 1871, Moskau 1971.
Johnson, Ch., (1966) Revolutionstheorie, Köln 1971.
Jokostra, P., Als die Tuilerien brannten. Der Aufstand der Pariser Kommune, Düsseldorf 1970.
Joughin, J.-T., The Paris Commune in French Politics, 1871 à 1880. The history of the amnesty of 1880, 2 Bde, Baltimore 1955.
Kaplow, J., The Paris Commune and the Artists, in: Hicks, J. / Tucker, R. (Hg.), Revolution and Reaction. The Paris Commune 1871, 1973, 144-167.
Katzenbach, E. L., Liberals at War. The Economic Policies of the Government of National Defense, in: American Historical Review 56, 1951, 803-823.
Kelso, M. R., The French Labor Movement During the Last Years of the Second Empire, in: McKay, D. C. (Hg.), Essays in the History of Modern Europe, New York 1968[2], 98-113.
Kessel, P. (Hg.), 1871. La Commune et la question militaire (Cluseret-Rossel), 1971.
Kirchheimer, O., Restriktive Bedingungen und revolutionäre Durchbrüche, in: Ders., Politische Herrschaft. Fünf Beiträge zur Lehre vom Staat, Frankfurt/Main 1967, 30-57.
Koch, C. /Narr, W. D., Krise oder das falsche Prinzip Hoffnung, in: Leviathan 1976, S. 291-327.
Kolb, E., Der Kriegsausbruch 1870. Politische Entscheidungsprozesse und Verantwortlichkeit in der Julikrise 1870, Göttingen 1970.
Ders., Der Pariser Kommune-Aufstand und die Beendigung des deutsch-französischen Krieges, in: HZ 215, 1972, 265-298.
Ders., Geschichtspropaganda und Geschichtsforschung. Zu Ergebnissen und Tendenzen der neueren Kommune-Historiographie, in: Archiv für Sozialgeschichte 17, 1977, 445-457.
Pariser Kommune 1871. Berichte und Dokumente von Zeitgenossen. Mit einem Geleitwort von Hermann Duncker, Berlin 1931, Nachdruck Frankfurt 1969.
Koselleck, R., Der neuzeitliche Revolutionsbegriff als geschichtliche Kategorie, in: Studium Generale 22, 1969, 825-838.
Kossok, M. /Markov, W., Zur Methodologie der vergleichenden Revolutionsgeschichte der Neuzeit, in: Kossok (Hg.), Studien zur vergleichenden Revolutionsgeschichte 1500-1917, Berlin 1974, 1-28.
Kramer, D., Reform und Revolution bei Marx und Engels, Köln 1974.
Krammick, I., Reflections on Revolution. Definition and Explanation in Recent Scholarchip, in: History and Theory 11, 1972, 26-63.
Kranzberg, M., The Siege of Paris 1870-1871. A political and social history, Ithaca 1950.
Kuczynski, J., Darstellung der Lage der Arbeiter in Frankreich seit 1848, Bd. 33 von "Die Geschichte der Lage der Arbeiter unter dem Kapitalismus", Berlin 1967.

Kulstein, D. J., Napoleon III and the Working Class. A Study of Government Propaganda under the Second Empire, Sacramento 1969.

Labrousse, E., 1848-1830-1789. Comment naissent les révolutions, in: Actes du Congrès historique du centenaire de la révolution de 1848, 1948, 1-20.

Ders., Préface, in: VIIIe Colloque d'Histoire sur l'artisanat et l'apprentissage ... Aix-en-Provence 1965, 1-6.

Lanjalley, P. /Corriez, P., Histoire de la Révolution du 18 mars, 1871.

Laronze, G., Histoire de la Commune de 1871 d'après les documents et les souvenirs inédits. La Justice, 1928.

Laswell, H. /Lerner, D. (Hg.), World Revolutionary Elites, Cambridge Mass. 1965.

Lavrov, P. L., Die Pariser Kommune vom 18. März 1871, Vorwort Klaus Meschkat, Berlin 1971.

Le Clère, B. /Wright, V., Les préfets du second empire, 1973.

Lefebvre, H., La proclamation de la Commune, 26 mars 1871, 1965.

Lefrançais, G., Etude sur le mouvement communaliste à Paris, 1871, Nachdruck 1968.

Ders., Souvenirs d'un révolutionnaire, Brüssel 1902.

Lenk, K., Theorien der Revolution, München 1973.

Léon, P., La naissance de la Grande industrie en Dauphiné (fin du XVIIIe siècle - 1869) 2 Bde, 1954a.

Ders., Les grèves de 1867-1870 dans le département de l'Isère, in: RHMC 1, 1954b, 272-300.

Ders. u. a., Géographie de la fortune et structures sociales à Lyon au XIXe siècle (1815-1914), Lyon 1974.

Léonard, J., L'exemple d'une catégorie socio-professionelle au XIXe siècle: les médecins français, in: Ordres et classes, Paris-Den Haag 1973.

Leuillot, P., Les rapports de Gérando, dernier Procureur général de la Cour impériale de Metz (1869-1870), in: Metz en 1870 et les problèmes des territoires annexés 1871-1873, Metz 1972, 7-32.

Lévy-Leboyer, M., La croissance économique en France du XIXe siècle. Résultats préliminaires, in: AESC 23, 1968, 788-807.

Ders., Le patronat français a-t-il été malthusien? in: MS 88, 1974, 3-50.

Ders., Das Erbe Simiands: Preise, Profite und Austauschverhältnisse im 19. Jahrhundert, in: Ziebura, G. /Haupt, H.-G. (Hg.), 1975, 131-148.

Lidsky, P., Les écrivains contre la Commune, 1970.

Lindner, C., Theorie der Revolution. Ein Beitrag zur verhaltenstheoretischen Soziologie, München 1972.

Lissagaray, P., Geschichte der Kommune von 1871, Frankfurt 1971.

L'Homme, J., La grande Bourgeoisie au pouvoir (1830-1880), 1960.

Ders., Le pouvoir d'achat de l'ouvrier français au cours d'un siècle, 1840-1940, in: MS 63, 1968, 41-69.

L'Huillier, Fernand, La lutte ouvrière à la fin du Second Empire, 1957.
Locke, R. R., French legitimists and the politics of moral order in early Third Republic, Princeton 1974.
Lösche, P., Der Bolschewismus im Urteil der Deutschen Sozialdemokratie, Berlin 1967.
Machin, H., The Prefects and political Repression. February 1848 to December 1851, in: Price, R. (Hg.), 1975, 280-302.
Maitron, J., L'Internationale et la Commune de Brest, in: MS 45, 1963.
Ders., Dictionnaire biographique du mouvement ouvrier français, 2. Teil 1864-1871, Bde 4-9, 1967/71.
Ders., Les effectifs de la Première Internationale en France, in: La Première Internationale. L'institution, l'implantation, le rayonnement, 129-134.
Ders., Etude critique du Rapport Appert. Essai de "contre-rapport", in: MS 76, 1972, 95-118.
Mallet, S., L'audience politique des syndicats, in: L. Hamon (Hg.), Le nouveaux comportements politiques de la classe ouvrière, Paris 1962, 145-167.
Marcuse, H. (1965), Ethik und Revolution, in: von Beyme, K. (Hg.), 1973, 124-134.
Markov, W. /Hackethal, E., Die Kommune zwischen 1789 und 1917 - ihre Weiterwirkung in unserer Gegenwart, in: Wissenschaftliche Zeitschrift der Universität Leipzig 1971, 1-5.
Markovitch, T. J., Le revenu industriel et artisanal sous la Monarchie de Juillet et le Second Empire, Cahiers de l'ISEA April 1967.
Marx, K. /Engels, F., Werke, 39 Bde. Berlin 1957-1968.
Mason, E., The Paris Commune. An Episode in the History of the Socialist Movement, New York 1930.
Maurain, J., Un bourgeois français au XIXe siècle: Baroche, ministre de Napoléon III, 1936.
Mayeur, J.-M., Les débuts de la Troisième République. 1871-1898, 1973.
Melucci, Alberto, Action patronale, pouvoir organisation. Règlements d'usine et contrôle de la main-d'oeuvre au XIXe siècle, in: MS 97, 1976, 139-160.
Meschkat, K., Die Pariser Kommune von 1871 im Spiegel der sowjetischen Geschichtsschreibung, Berlin 1965.
Meyer, G. P., Revolutionstheorien heute. Ein kritischer Überblick in historischer Absicht, in: Wehler, H.-U. (Hg.), 200 Jahre amerikanischer Revolution und moderne Revolutionsforschung, Göttingen 1976, 122-176.
Michalet, C. A., Les placements des épargnants français de 1815 à nos jours, 1968.
Michel, L., La Commune, Histoire et souvenirs (1898), 2 Bde., 1970.
Dies., Mémoires écrits par elle-même (1886), 1976.
Moissonnier, M., La première internationale et la Commune à Lyon,

1865-1871. Spontanéisme, complots et "luttes réelles", Lyon 1972.
Ders., La Province et la Commune, in: Rougerie, J. (Hg.), 1973, 151-182.
Molinari, G. de, Les clubs rouges pendant le siège de Paris, 1871.
Mommsen, H./Meschkat, K., Pariser Kommune, in: Sowjetsystem und Demokratische Gesellschaft, Bd. 4, Freiburg 1971, 1069-1986.
Moss, B. H., Parisian Producers Associations (1830-51). The Socialism of skilled Workers, in: Price, R. (Hg.), 1975, 73-86.
Moutet, A., Le mouvement ouvrier à Paris du lendemain de la Commune au premier congrès syndical en 1876, in: MS 58, 1967, 1-39.
Les Murailles politiques françaises, 2 Bde, 1874.
Murard, L./Zylberman, P., Le petit travailleur infatigable ou le prolétaire régénéré. Villes-Usines, habitat et intimités au XIXe siècle, Recherches 25, 1976.
Mundt, R. J., The Republic which divides us least. The French Crisis of 1870-75, in: Almond, G. (Hg.), Crisis, Choice and Change, Boston 1973, 224-284.
Namer, G., L'Imprimerie nationale sous la Commune, in: RHES 1962, 343-362.
Negt, O./Kluge, A., Öffentlichkeit und Erfahrung. Zur Organisationsanalyse von bürgerlicher und proletarischer Öffentlichkeit, Frankfurt 1974^3.
Olivesi, A., La Commune de 1871 à Marseille et ses origines, 1950.
Payne, H. C., The police state of Louis Napoleon Bonaparte. 1851-1860, Seattle 1966.
Perrot, M., Les ouvriers en grève. France 1871-1890, 2 Bde, 1974.
Dies., Délinquance et système pénitaire en France au XIXe siècle, in: AESC 30, 1975, 67 ff.
Pierrard, P., La vie ouvrière à Lille sous le second Empire, 1965.
Pinkney, D. H., Napoleon III and the Rebuilding of Paris, Princeton 1958.
Plessis, A., De la fête impériale au mur des fédérés, 1852-1871, 1973.
Ponsot, P., Les grèves de 1870 et la Commune de 1871 au Creusot, 1958.
Price, R., The French Second Republic. A Social History, London 1972.
Ders. (Hg.), Revolution and Reaction 1840 and the Second French Republic, London 1975a.
Ders., The economic modernization of France, 1730-1880, London 1975b.
Price, R. D., Ideology and motivation in the Paris Commune of 1871, in: The Historical Journal 15, 1972, 75-86.
Prost, A., Histoire de l'enseignement en France, 1800-1967, 1968.

Ratcliffe, B. M., Napoleon III and the Anglo-French Commercial Treaty of 1860. A Reconsideration, in: Journal of European Economic History 2, 1973, 581-613.
Rebérioux, M., Roman, théâtre et chanson: Quelle Commune? in: MS 79, 1972, 273-292.
Rémond, R., La vie politique en France, Bd. 2, 1848-1879, 1969.
Rihs, Ch., La Commune de Paris. Sa structure et ses doctrines (1871), Genf 1973[2].
Rittberger, V. (1971), Über sozialwissenschaftliche Theorien der Revolution - Kritik und Versuch eines Neuansatzes, in: von Beyme, K. (Hg.), 1973, 39-80.
Roberts, J. M., La Commune considérée par la Droite: dimensions d'une mythologie, in: Dimensions, 1972, 187-203.
Rol-Tanguy, H., Les aspects militaires de la Commune, in: La Commune 1, 1975, 55-62.
Rougerie, J., Belleville, in: Girard, L. (Hg.), Les élections de 1869, 1969.
Ders., Quelques documents nouveaux pour l'histoire du Comité central des vingt arrondissements, in: MS 37, 1960.
Ders., Composition d'une population insurgée, in: MS 48, 1964a, 31-47.
Ders., Procès des communards, 1964b.
Ders., Remarques sur l'histoire des salaires à Paris au XIXe siècle, in: MS 63, 1968a, 71-103.
Ders., Les sections françaises de l'Association Internationale des Travailleurs, in: La Première Internationale, L'institution, l'implantation, le rayonnement, 1968b, 193-227.
Ders., Karl Marx, l'Etat et la Commune, in: Preuves 212, 1968c, 34-43; 213, 45-56.
Ders., Le centenaire de la Commune, Moisson, problèmes, ouvertures, in: RH 246, 1971a, 414 ff.
Ders., Paris libre 1871, 1971b.
Ders., Mil huit cent soixante et onze, in: MS 79, 1972, 49-77.
Ders. (Hg.), 1871 - Jalons pour une histoire de la Commune de Paris, 1973.
Ders., L' A. I. T. et le mouvement ouvrier à Paris pendant les évènements de 1870-1871, in: Rougerie, J. (Hg.), 1973, 3-102.
Ders., Spontanéité et organisation dans la Révolution Communale de 1871, in: La Commune 1, 1975, 33-54.
Ders., Recherche sur le Paris du XIXe Siècle. Espace populaire et espace révolutionaire: Paris 1870-1871, in: Institut d'histoire économique et sociale de l'université de Paris I. Recherches et travaux, Bulletin Nr. 5, 1977, 48-83.
Rudé, F. (Hg.), Michel Bakounine. De la guerre à la Commune. Textes de 1870-71. 1972.
Sagave, Pierre-Paul, 1871. Berlin - Paris. Reichshauptstadt und Hauptstadt der Welt, Frankfurt/Main 1971.
Schnerb, R., Rouher et le Second Empire, 1949.

Schulkind, E., Le rôle des femmes dans la Commune de 1871, in: Revue des Révolutions contemporaines, Nr. 185, 1950.
Ders., Paris Commune of 1871. The Historical Association, London 1971.
Les 31 Séances officielles de la Commune de Paris, 1871, Nachdruck 1970.
Serman, W. (Hg.), La Commune, 1971.
Sewell, W.H. jr., Social Change and the Rise of Working-Class Politics in Nineteenth-Century Marseille, in: Past and Present 65, 1974, 75-109.
Shenton, Gordon, The Commune and the Revolt of Jules Vallès, in: Hicks, J., Tucher, R. (Hg.), Revolution and Reaction Paris Commune 1871, 1973, 35-49.
Shorter, E./Tilly, C., Strikes in France 1830-1968, London 1974.
Singer-Kerrel, J., Le coût de la vie à Paris de 1840 à 1954, 1957.
Smith, J.H., Work routine and social structure in a French village: Cruzy in the Nineteenth Century, in: Journal of Interdisciplinary History 5, 1974/75, 357-382.
Soria, G., Grande histoire de la Commune, 4 Bde, 1970-71.
Sorlin, P., La société française, Bd. 1, 1969.
Stone, L. (1966), Revolutionstheorien, in: Jaeggi, U./Papcke, S. (Hg.), 1974, 259-278.
Swoboda, H. (Hg.), Die Pariser Kommune 1871 (dtv dokumente), München 1971.
Stürmer, M. (Hg.), Das kaiserliche Deutschland, Politik und Gesellschaft 1870-1918, Düsseldorf 1970.
Talês, C., La Commune de 1871, 1924.
Tamchina, R./Geiss, I., Die Revolution in der Weltgeschichte, in: dies. (Hg.), Ansichten einer künftigen Geschichtswissenschaft. Revolution - ein historischer Längsschnitt. Bd. 1, München 1974, 11-33.
Thernstrom, S., Poverty and Progress. Social Mobility in a nineteenth Century City, Cambridge/Mass. 1964.
Thomas, E., Les pétroleuses, 1963.
Dies., Louise Michel, 1971.
Thuillier, G., Aspects de l'économie nivernaise au XIXe siècle, 1966.
Tilly, C./Lees, L.H., The People of June, 1848, in: Price, R. (Hg.), 1975, 170-209. (= erweiterte Fassung des Aufsatzes in: AESC 29, 1974, 1061-91.)
Tilly, C./Tilly, L./Tilly, R., The rebellious century, 1830-1930, Cambridge/Mass. 1973.
Toutain, J.C., La population de la France de 1700 à 1959, in: Cahiers de l'ISEA Serie AF Nr. 3, Suppl. Nr. 133, 1963.
Trempé, R., Les mineurs de Carmaux, 1848-1914, 2 Bde, 1971.
Dies., Carmaux. Beitrag zur Genesis der Arbeiterklasse, in: Ziebura, G./Haupt, H.-G. (Hg.), 1975, 237-249.
Tudesq, A.J., Les grands notables in France (1840-49). Etude historique d'une psychologie sociale, 2 Bde, 1964.

Voici l'Aube. L'Immortelle Commune de Paris. Compte rendu analytique du colloque scientifique international organisé par l'institut Maurice Thorez (Palais du Luxembourg 6.-9. Mai 1971), 1972.

Waldmann, M. R., The Revolutionary as Criminal in 19th Century France. A Study of the Communards and Déportés, in: Science and Society 37, 31-55.

Ders., The Repression of the Communards, Canadian Journal of History 8, 1973, 225-245.

Weber, M., Wirtschaft und Gesellschaft. Grundriß der verstehenden Soziologie. Hrsg. von J. Winkelmann, Köln-Berlin 1964.

Williams, R. L., The Commune of Paris 1871, New York 1969.

Wippold, W., Die Pariser Kommune. Ihre Bedeutung für die Entwicklung der Lehre von der Diktatur des Proletariats, Berlin 1961.

Witzig, C., Bismarck et la Commune. La réaction des monarchies conservatrices contre les mouvements républicaines et socialistes (1870-1871) vue à travers les archives allemandes, in: Rougerie, J. (Hg.), 1973, 191-211.

Wolfe, R., The Parisian Club de la Révolution of the 18th Arrondissement 1870-1871, in: Past and Present 39, 1968, 81-119.

Wolter, H., Die Anfänge des Dreikaiserverhältnisses. Reichsgründung, Pariser Kommune und die internationale Mächtekonstellation 1870-1873, in: H. Bartel/E. Engelberg (Hg.), Die Großpreußisch-militaristische Reichsgründung 1871. Voraussetzungen und Folgen, Bd. 2, Berlin 1971, 235-305.

Wright, V., La loi de sûreté générale de 1858, in: RHMC 16, 1969, 414-428.

Ders., Le Conseil d'Etat sous le Second Empire, 1972.

Ders., The Coup d'Etat of December 1851. Repression and the Limits to Repression, in: Price, R. (Hg.), 1975, 303-333.

Zagorin, P., Theories of Revolution in Contemporary Historiography, in: Political Science Quarterly 88, 1973, 23-52.

Zeldin, Th., The political System of Napoleon III, London 1958.

Ders., Ollivier and the liberal Empire of Napoleon III, Oxford 1963.

Ders., France, 1848-1945, Bd. 1, Ambition, Love, and Politics, Oxford 1973.

Zeller, A., Les Hommes de la Commune, 1969.

Ziebura, G. unter Mitwirkung von Haupt, H.-G. (Hg.), Wirtschaft und Gesellschaft in Frankreich seit 1789, Köln 1975.